U0608840

国家出版基金项目
NATIONAL PUBLICATION FOUNDATION

朱旭东　丛书主编

中国教育改革开放 40 年

政策与法律卷

余雅风　蔡海龙　等　著

China
Education Reform
and Opening-up
40 Years

40

北京师范大学出版集团
BEIJING NORMAL UNIVERSITY PUBLISHING GROUP
北京师范大学出版社

丛书编委会

主 任 顾明远

丛书主编 朱旭东

编 委 (以姓氏笔画为序)

王本陆 王永红 王英杰 朱旭东

刘云波 刘宝存 余胜泉 余雅风

陈 丽 林 钧 和 震 周海涛

胡 艳 施克灿 洪秀敏 袁桂林

曾晓东 蔡海龙 魏 明

总　序

今年是改革开放 40 周年，40 年来我国教育取得了辉煌的成就。现在各个教育研究机构和出版机构都在总结 40 年的经验，出版各种丛书。这 40 年的成就是写多少书也说不周全的，但我想用五句话来做一个简要的概括。

第一，教育观念的转变。在解放思想的路线指导下，我们对教育的认识越来越深刻、越来越全面。特别是党的十八大以来，习近平总书记提出以人民为中心、教育公平是社会公平的重要基础、教育强则国家强的主张。今年教师节时，习近平总书记在全国教育大会上的讲话中首先强调教育对新时代坚持和发展中国特色社会主义的战略意义。他指出，教育是民族振兴、社会进步的重要基石，是功在当代、利在千秋的德政工程，对提高人民综合素质、促进人的全面发展、增强中华民族创新创造活力、实现中华民族伟大复兴具有决定性意义。教育是国之大计、党之大计。习近平总书记同时指出，教育的根本问题是培养什么人、怎样培养人、为谁培养人。中国共产党领导的社会主义教育，就是要培养德智体美劳全面发展的社会主义建设者和接班人。

第二，教育事业的发展。40 年来，我国全面普及了九年义务教育；学前教育已提前完成了《国家中长期教育改革和发展规划纲要（2010—2020 年）》提出的到 2020 年的指标，2017 年学前毛入园率达到 79.6%；高中阶段教育基本普及，2017 年毛入学率为 88.3%；高等教育，包括研究生教育实现了跨越式发展，2017 年各类高等教育在学总规模达到 3 779 万人，高等教育毛入学率达到 45.7%。2017年，全国有 2.7 亿人在各级各类学校学习，我国成为世界上受教育人口最多的教育大国。

第三，教育制度的创新。改革开放以来，我国逐步制定教育法律法规并不断完善。1980 年通过了《中华人民共和国学位条例》，之后，我国逐步制定了《中华人民共和国义务教育法》《中华人民共和国教师法》《中华人民共和国教育法》《中华人民共和国职业教育法》《中华人民共和国高等教育法》《中华人民共和国民办教育促进法》等，并根据教育事业的发展进行了修订或修正，使教育治理有法可依。现在希望尽早制定学前教育法、学校法，使幼儿园和学校的发展得到法律保障。

第四，教育科学的繁荣。改革开放之前，教育理论界人数很少，缺乏对教育实践中的理论问题和实际问题的研究。40 年来，中国特色社会主义教育理论体系初步形成，教育理论有了较大发展。教育科学的繁荣呈现出如下一些特点：一是改变了以前一本《教育学》一统天下的局面，恢复和创建了许多新兴学科，如教育哲学、教育经济学、教育社会学、比较教育学、课程与教学论等，研究成果丰硕；二是教育理论研究重视宏观战略研究，为我国教育事业发展的科学决策做出了一定的贡献；三是教育科学研究从书斋走向基层，教育理论工作者与广大教师共同开展教育研究，把教育改革落到实处，不仅提高了教育质量，而且积累了丰富的经验。

第五，从请进来到走出去。改革开放初期，我们打开窗户，发现世界教育已经走向现代化，于是我们如饥似渴地引进西方教育的先进理念、教育改革的经验，逐渐使我国的教育恢复起来，教育事业得到迅速发展。20 世纪 90 年代，我国教育学界开始走自己的路，创造中国特色社会主义教育理论和经验。特别是上海在 PISA（国际学生评估项目）中数次名列前茅，让外国学者对中国教育刮目相看。世界也在学习中国的教育经验。讲好中国教育故事是今后教育工作者的任务。我国多部教育著作已经被译成外文出版。2006 年，高等教育出版社就与 Springer 出版社合作出版了英文版杂志 *Frontiers of Education in China*，至今已 12 年，杂志受到外国学者的重视。这些都是中国教育走出去的标志。我们既要不断吸收世界优秀文明成果，又要讲好中国教育故事，让世界了解中国。

今后中国教育界应以习近平新时代中国特色社会主义思想为指导，贯彻落实党的十九大精神，深化教育改革，发展素质教育，推进教育公平，让每个孩子享有公平而有质量的教育。

北京师范大学出版社组织教育学术界同人，编写这套"中国教育改革开放 40 年"丛书，包括学前教育、义务教育、高中教育、高等教育、教师教育、职业教育、民办教育、终身教育、教育技术、课程与教学、政策与法律、关键数据与国际比较 12 卷。它是 40 年教育改革开放的总结，丰富了教育学术宝库。出版社要我写几句，是为序。

2018 年 11 月 5 日于北京求是书屋

目　录

第一章
发展与规范：
维护教育的公共性

教育按照什么目标来组织，取得何种结果，与国家教育制度的基本价值密切相关。[①] 现代教育是指由政府向社会成员提供，可以为每个社会成员消费的最基本的教育服务的总称。它是从多种观点出发，有目的、有计划地加以组织和运筹的，目的是实现广大国民的教育福利。[②] 在此意义上，现代的学校教育、社会教育具有显著的公共性，公共性构成了现代教育最基本的特性。

从教育的功能层面看，教育的公共性是指教育直接使个人受益、间接使社会受益的责任与功效。教育直接服务于学生学习并影响个人能力与发展、家庭状况，可以为个人带来合法的、可观的收益。同时教育会影响学校、社会、团体及社会文化的应有状态和国民经济的发展，通过促进人的全面发展来推动社会的全面进步，是一个与包括经济在内的文化社会的维持、发展、重组、再生产有关的事业，是人类社会赖以生存和发展的重要基础。改革开放 40 年，大力发展教育并积极采取措施规范主体行为，是我国教育政策与立法变

---

① 余雅风：《公共性：学校制度变革的基本价值》，载《教育研究》，2005(4)。
② ［日］筑波大学教育学研究会：《现代教育学基础》，214 页，上海，上海教育出版社，2003。

迁过程的主要内容，也是将维护和提升教育的公共性作为目标价值，并在教育改革与发展中具体落实的过程。

第一节　针对现代化建设需要，着力恢复正常的教育秩序

公共教育是广泛地以全国或全社会的规模提供受教育的机会，设立学校和其他教育机构来进行的，是国民素质、经济社会发展、综合国力提升的奠基性工程。改革开放初期，我国教育政策与法律的主要任务，就是充分认识并确认教育对社会发展的重要作用，恢复学校正常的教育秩序。1978 年 12 月，中国共产党第十一届三中全会的召开，实现了历史的转折，彻底否定了"以阶级斗争为纲"的政治路线，确立了以经济建设为中心，坚持四项基本原则，实行改革开放，建设中国特色社会主义的基本路线。我国社会主义建设事业进入新的历史时期，同时也向教育领域提出了新的挑战。面对国家现代化建设的需要，如何保障教育改革的顺利进行，如何促进教育在人的发展以及现代化建设中的重要作用，成为我国教育政策与法制建设面临的重要问题。邓小平从社会主义现代化的高度看教育，提出"教育要面向现代化，面向世界，面向未来"，要把沉重的人口负担转化为人才资源的巨大优势。从 1978 年开始，我国开始进入教育事业恢复和发展的重要时期，出台了相关政策与法律，以恢复、调整"文化大革命"中被破坏了的教育秩序。

一、恢复高考，为现代化建设培养人才

"文化大革命"期间，高等学校从应届毕业生中直接招生的制度遭到破坏，所实施的"自愿报名、群众推荐、领导批准、学校复审"的招生办法存在诸多弊端。1977 年 8 月 13 日至 9 月 25 日，教育部召开全国高等学校招生工作会议，讨论并制定了《关于 1977 年高等学校招生工作的意见》，恢复高等学校从应届毕业生中直接招生的制

度，实行自愿报名，统一考试，地市初选，学校录取，省、自治区、直辖市批准。1978 年 6 月 6 日，国务院又批转教育部《关于 1978 年高等学校和中等专业学校招生工作的意见》，取消了对录取高中毕业生比例的限制。

1979 年 11 月，邓小平明确指示"要建立学位制度"。1980 年 2 月 12 日，第五届全国人民代表大会常务委员会第十三次会议通过的《中华人民共和国学位条例》(以下简称《学位条例》)，规定了我国学位的种类、等级，授予学位的标准及办法，把在中国教育史上几经破坏的学位制度通过法律的形式确定下来，明确和落实了我国"尊重知识、尊重人才"的思想，是新中国成立以来第一部教育法律。

二、恢复学校教育秩序，倡导学科学、重教育

20 世纪 60 年代初期，经中共中央批准试行的《教育部直属学校暂行工作条例(草案)》《全日制中学暂行工作条例(草案)》和《全日制小学暂行工作条例(草案)》，在"文化大革命"期间遭到批判，正常的教育秩序被破坏。"文化大革命"后，刚复出的邓小平指出，"要把经济建设搞上去，科技是关键，教育是基础"，从而在全国掀起学科学、重教育的热潮。[①] 1978 年，为保障各级各类学校的正常有序运行，教育部着手开始学校工作条例的修订工作，并将修订稿提交给全国教育工作会议讨论。10 月 4 日，修订后的学校工作条例开始重新实施。

为了保证学校体育工作的正常开展，促进学生身心的健康成长，经国务院批准，国家教委、国家体委于 1990 年 3 月 12 日颁布了《学校体育工作条例》(以下简称《体育条例》)。《体育条例》包括总则、体育课教学、课外体育活动、课余训练与竞赛、体育教师、场地器材

---

① 温红彦：《"两基"：从蓝图到现实——实现"基本普及九年义务教育、基本扫除青壮年文盲"纪实》，载《人民日报》，2001-04-07。

设备及经费、组织机构和管理、奖励与处罚、附则九章，对如何开展学校体育工作提出了原则性的要求。这是一部全面、深入指导学校体育工作科学开展的教育行政法规，也是现阶段学校体育工作开展的重要依据和规范性文件。《体育条例》的颁布，使评估学校体育工作有了明确标准，充分体现了党和国家对学校体育工作的重视和关心，标志着我国学校体育工作进一步走向法治的轨道，对推动我国学校教育事业的发展和年青一代身心健康的全面发展具有深远的战略意义。

为了加强学校卫生工作，提高学生的健康水平，经国务院批准，国家教委、卫生部于 1990 年 6 月 4 日联合颁布《学生卫生工作条例》（以下简称《卫生条例》）。《卫生条例》包括总则、学生卫生工作要求、学校卫生工作管理、学校卫生工作监督、奖励与处罚、附则六章，对如何开展学校卫生工作做出了整体的规划和要求。它较系统地总结了新中国成立以来，特别是改革开放以来学校卫生工作的经验，吸收了国外的先进成果，成为一个内容全面、符合实际、具有中国特色的关于学校卫生的重要行政法规。《卫生条例》有力地促进了学校卫生管理工作的规范化、科学化，同时对增强人们的学校卫生工作意识和法治观念具有重要的作用，体现了党和国家对学生卫生工作的重视和关心。

三、受教育权入宪，明确国家发展教育事业的责任

1982 年 9 月 1 日，中共第十二次全国代表大会明确提出，"一定要牢牢抓住农业、能源、交通、教育和科学这几个根本环节，把它们作为经济发展的战略重点"，把教育置于与农业、能源、交通同等重要的战略地位。同年，全国人大通过了新修订的《中华人民共和国宪法》（以下简称《宪法》），确立了教育活动的基本法律规范。

《宪法》规定了公民的受教育权利。《宪法》第四十六条规定"中华人民共和国公民有受教育的权利和义务。国家培养青年、少年、儿

童在品德、智力、体质等方面全面发展"，将受教育权利作为公民的基本权利之一。

《宪法》规定了国家发展教育的职责。《宪法》第十九条规定："国家发展社会主义的教育事业，提高全国人民的科学文化水平。国家举办各种学校，普及初等义务教育，发展中等教育、职业教育和高等教育，并且发展学前教育。国家发展各种教育设施，扫除文盲，对工人、农民、国家工作人员和其他劳动者进行政治、文化、科学、技术、业务的教育，鼓励自学成才。国家鼓励集体经济组织、国家企业事业组织和其他社会力量依照法律规定举办各种教育事业。国家推广全国通用的普通话。"

《宪法》规定了教育管理的权限与体制。《宪法》在第八十九条、第一百零七条和第一百一十九条，规定了国务院、县级以上地方各级人民政府和民族自治地方自治机关领导和管理教育工作的权限。

《宪法》规定了父母对未成年子女的教育义务。《宪法》第四十九条规定"父母有抚养教育未成年子女的义务"，确立了家庭对子女的教育责任。

《宪法》规定了从事教育工作的公民有进行创造性工作的自由。《宪法》第四十七条规定："中华人民共和国公民有进行科学研究、文学艺术创作和其他文化活动的自由。国家对于从事教育、科学、技术、文学、艺术和其他文化事业的公民的有益于人民的创造性工作，给以鼓励和帮助。"

现代国家对教育的直接作用，其目的都在于全面组织和发展教育事业，更好地发挥教育在社会发展中的功能。世界上任何一个国家，无论其国家体制的形式如何不同，无论其实行集权制还是分权制，都必须在全国范围内从物资、人力及教育教学活动的实施等方面对教育进行社会组织和调控，以便更有效地发展教育。《宪法》对教育的相关规定，无疑可以最有力地推进教育的发展。同时，为依法治教提供了宪法依据，为教育法律制度建设奠定了基础，推进了我国教育法治建设的进程。

四、进行教育体制改革，重新定位中央与地方、政府与学校之间的关系

1983 年国庆节前夕，邓小平为北京景山学校题词："教育要面向现代化，面向世界，面向未来。"此后，"三个面向"成为教育工作的指导方针，对于开创教育工作的新局面起着至关重要的作用。"三个面向"是对传统教育观念的挑战，提高了对教育功能的认识，排除了教育"姓资""姓社"的问题，大胆寻求教育发展的共性，充分体现了开放办学、与世界教育交流和合作的思想。这些思想的输入，为我国的教育体制改革奠定了思想基础。

为了使教育体制尽快适应经济体制改革和科技体制改革的需要，1985 年 5 月 15 日至 20 日，中共中央、国务院召开改革开放后的第一次全国教育工作会议，讨论《中共中央关于教育体制改革的决定（草案）》。闭幕式上，邓小平发表讲话，系统论述了教育的重要战略地位和教育体制改革的重要性，要求各级领导要像抓经济工作那样抓教育，把教育体制改革的要求落到实处。5 月 27 日，《中共中央关于教育体制改革的决定》正式颁发。《中共中央关于教育体制改革的决定》总结了新中国成立以来，特别是党的十一届三中全会以来教育改革的经验，系统地提出了教育体制改革的指导思想、目标、任务和具体措施，是全面进行教育体制改革的纲领性文件。基础教育逐步形成了以县、乡为主的管理格局，中小学实行校长负责制，高等学校试行校长负责制，办学自主权逐步扩大，教育体制改革突破了传统的教育管理方式和利益格局。①《中共中央关于教育体制改革的决定》还强调"在简政放权的同时，必须加强教育立法工作"，明确

---

① 杜育红、梁文艳：《教育体制改革 30 年的辉煌与展望》，载《人民教育》，2008(19)。

了教育立法对教育发展的积极作用，也为我国教育立法奠定了政策基础。

在基础教育领域，1986 年 4 月 12 日第六届全国人民代表大会第四次会议通过了《中华人民共和国义务教育法》（以下简称《义务教育法》）。《义务教育法》明确了基础教育新的指导思想和管理体制，使我国基础教育的普及有了法律和制度的保障；明确了适龄儿童、少年接受义务教育的权利和义务；对于接受义务教育的对象、义务教育的年限、各地方实施九年制义务教育的方式，以及国家、学校、家庭和社会在普及义务教育中的义务做了规定，为九年制义务教育的实施和基础教育的发展奠定了法律基础。

在高等教育领域，1986 年的《高等教育管理职责暂行规定》和 1990 年的《普通高等学校评估暂行规定》，划分了中央各部委之间、中央与地方之间在管理高等教育方面的权限和职责，强调在加强国家宏观管理的基础上扩大高校的办学自主权。在内部管理体制上，从 1989 年开始，中央决定高等学校基本实行党委领导下的校长负责制，同时开始在学校内部人事、财务、教学、科研等方面进行改革。

在职业教育领域，1988 年 4 月发布的《关于农业中等专业学校招收农村青年不包分配班的若干规定》，改革了中等专业教育的领导体制和招生分配体制，强调扩大学校自主权，在面向农村的中等专业学校采取特殊的招生和分配办法。

在成人教育和扫盲教育领域，1987 年国务院批转了国家教委《关于改革和发展成人教育的决定》，强调把开展岗位培训作为成人教育的重点，提出要加快扫盲教育进度。1988 年 2 月 5 日，国务院发布的《扫除文盲工作条例》规定了扫盲教育的总体目标，是新时期加速扫除文盲进程的一项重要法规。

第二节　促进教育发展：我国教育政策与法律的主旋律

随着学校教育秩序的恢复以及改革开放的深入，人们对教育在推动社会经济发展、推进国家现代化建设方面的重要作用有了进一步认识，教育优先发展的战略地位从而确立。1992 年，党的十四大报告首次指出，"我们必须把教育摆在优先发展的战略地位，努力提高全民族的思想道德和科学文化水平，这是实现我国现代化的根本大计"。此后的党代会报告和中央全会文件多次强调在现代化建设全局中优先发展教育。2007 年，党的十七大报告第一次确定了"提高教育现代化水平"的重要要求。可见，改革开放以来，我国对教育的定位，就是把教育摆在优先发展的战略地位，同时要求教育自身现代化水平的提高。

以 1992 年邓小平南方谈话和党的十四大的召开为标志，我国进入了建立社会主义市场经济体制的新阶段。党的十四大正式提出了建立社会主义市场经济体制的目标，加快了我国政治、经济、科技体制改革的步伐。而此时我国的教育仍然呈现出总体落后的特征，不能适应加快改革开放和现代化建设的需要。如何促进教育发展，如何使教育体制和运行机制与日益深化的经济、政治、科技体制改革的需要相协调，成为亟待解决的问题。为此，中共中央和国务院于 1993 年 2 月 13 日发布了《中国教育改革和发展纲要》，提出教育体制改革要采取综合配套、分步推进的方针，加快步伐，改革包得过多、统得过死的体制，初步建立起与社会主义市场经济体制和政治体制、科技体制改革相适应的教育新体制。增强主动适应经济和社会发展的活力，走出教育发展的新路子，为建立具有中国特色的社会主义教育体系奠定基础。从发展的层面看，改革主要表现在以下几个重要方面。

一、初步建立教育法律体系，推动教育发展的有法可依

《中国教育改革和发展纲要》强调"抓紧草拟基本的教育法律、法规和当前急需的教育法律、法规，争取到本世纪末，初步建立起教育法律、法规体系的框架""加快教育法制建设，建立和完善执法监督系统，逐步走上依法治教的轨道"。为落实教育优先发展的战略地位，中国教育立法全面展开，教育事业也结束了无法可依的状况，开始走上法制化的轨道。1995 年颁布的《中华人民共和国教育法》（以下简称《教育法》）是教育的基本法律，该法第一条将立法宗旨明确规定为"发展教育事业，提高全民族的素质，促进社会主义物质文明和精神文明建设"。《教育法》是我国教育体制改革成果的结晶，规定了我国教育的社会主义性质，确立了教育优先发展的战略地位，强调了各级政府优先发展教育事业的责任，规定了公民的平等受教育权利，确认了教育的公益性质，规定了教育事业的基本发展方向。它的颁布与实施是我国教育法制建设进程中里程碑式的事件。

从 1993 年始，我国开始逐步建立起以《宪法》确立的基本原则为基础，以《教育法》为教育基本法，以《学位条例》、《义务教育法》、《中华人民共和国教师法》（以下简称《教师法》，1993 年）、《中华人民共和国职业教育法》（以下简称《职业教育法》，1996 年）、《中华人民共和国高等教育法》（以下简称《高等教育法》，1998 年）及《中华人民共和国民办教育促进法》（以下简称《民办教育促进法》，2002 年）六部教育部门法为核心，包括教育行政法规、部门教育规章和地方性教育法规、地方政府教育规章在内的教育法律体系。[①] 教育法体系的建立，以及与教育密切相关的《中华人民共和国国防教育法》（以下简称《国防教育法》）、《中华人民共和国未成年人保护法》（以下简称《未

[①]　劳凯声：《变革社会中的教育权与受教育权：教育法学基本问题研究》，58 页，北京，教育科学出版社，2003。

成年人保护法》）、《中华人民共和国预防未成年人犯罪法》（以下简称
《预防未成年人犯罪法》）及《中华人民共和国侵权责任法》（以下简称
《侵权责任法》）等其他部门法的颁布实施，实现了教育领域的"有法
可依"，同时也有力促进了教育的发展。

二、以普及义务教育为政策目标，大力推动基础教育发展

　　普及义务教育对于提高整个国民素质，促进经济社会和城乡协
调发展，构建具有中国特色的现代国民教育体系和建设学习型社会
具有重大的现实意义和深远的历史意义。1980 年，中共中央、国务
院《关于普及小学教育若干问题的决定》在分析普及小学教育的重要
性以及教育在现代化建设中重要作用的基础上提出，"在八十年代，
全国应基本实现普及小学教育的历史任务，有条件的地区还可以进
而普及初中教育"。然而，中国是个发展中国家，却承载着世界上规
模最大的教育。人口多，底子薄，经济落后，经济文化发展很不平
衡。特别是贫困地区多，人口居住分散，办学条件极差。据不完全
统计，20 世纪 80 年代初，全国中小学危房占校舍总面积的 16％，
其余的校舍也多是土草房、老祠堂、破庙宇和旧民房。[①] 1982 年的
全国人口普查报告显示，中国 29 个省、自治区、直辖市（台湾省除
外）的文盲和半文盲人口为 235 820 002 人，占总人口的 23.5％。[②]

　　根据我国经济和社会发展的新形势，1985 年《中共中央关于教育
体制改革的决定》第一次明确提出在全国有计划有步骤地普及九年义
务教育的任务，决心用强力普及九年义务教育。实施义务教育，最
紧迫的是经费问题。1986 年《义务教育法》明文规定"国家用于义务教
育的财政拨款的增长比例，应当高于财政经常性收入的增长比例，
并使按在校学生人数平均的教育费用逐步增长""地方各级人民政府

---

　　① 翟博、刘帆、时晓玲：《世纪的承诺——来自中国实现"基本普及九年义务教育和
基本扫除青壮年文盲"的报告》，载《中国教育报》，2001-04-09。

　　② 范宁：《制订〈义务教育法〉普及义务教育》，载《北京师范大学学报》，1985(5)。

按照国务院的规定，在城乡征收教育事业费附加，主要用于实施义务教育"。《中共中央关于教育体制改革的决定》也提出了教育经费的"两个增长"，并且规定，地方政府教育拨款的增长也要高于财政经常性收入的增长，"地方机动财力中应有适当比例用于教育，乡财政收入应主要用于教育"。这一系列规定，是筹措实施义务教育经费的重要保证。

党的十四大报告将"到本世纪末，基本普及九年义务教育，基本扫除青壮年文盲"作为 20 世纪 90 年代我国教育事业发展的重要目标。《中国教育改革和发展纲要》进一步明确，到 2000 年，全国基本普及九年义务教育，即以县统计占全国总人口 85％的地区普及九年义务教育，初中阶段的入学率达到 85％左右，全国小学适龄儿童入学率达到 99％以上。1992 年，国务院颁布了《中华人民共和国义务教育法实施细则》等一系列保障《义务教育法》实施的政策法规，全国各省、自治区、直辖市也相继制定了本地区实施九年义务教育的办法或条例。在此过程中，我国积极实施了"希望工程"（1989 年）、"春蕾计划"（1989 年）、"国家贫困地区义务教育工程"（1995 年）等来推进义务教育普及。从《中共中央关于教育体制改革的决定》提出普及九年义务教育的任务，到 2000 年年底，历经 15 年时间，我国九年义务教育的总规模达到 19 269.5 万人，实现了基本普及九年义务教育的目标。

21 世纪以来，随着我国经济社会的发展，基础教育领域的一系列困难或问题逐步得到克服或解决，如适龄儿童入学率不高、合格教师短缺、校舍安全不达标、教育经费拖欠等。尤其是近年来，教育投入大幅度增加，基础教育特别是农村教育的办学条件显著改善，课程改革、"两免一补"、营养餐等稳步实施，九年义务教育全面普及，有学上的问题得以解决。我国基础教育发展取得了举世瞩目的成就，并进入了新的历史阶段。①

三、强调高等学校办学自主权，促进高等教育大众化发展

计划经济下，我国自上而下实行高度集中统一管理。高校隶属行政部门领导之下，没有办学自主权，政府集举办者、管理者、办学者于一身。这种管理体制使得政府权力过大，行政化倾向明显，削弱了高校主动面向社会、面向市场的积极性，不利于高校办出特色，发挥优势。改革开放以来，伴随着社会主义市场经济的发展，高等教育条块分割的领导体制向中央和地方两级领导体制转变，改变了高校归部门所有的体制。国务院 1986 年发布的《高等教育管理职责暂行规定》，专门就当时的国家教委、国务院相关部委及省、自治区、直辖市人民政府的管理职责分别做了规定，还就扩大高校管理权限、增强高校适应经济和社会发展需要的能力做了规定。1990年，为了加强国家对普通高等教育的宏观管理，国家教委发布《普通高等学校教育评估暂行规定》，指导普通高校的教育评估工作。

在 20 世纪 80 年代教育体制改革的基础上，《中国教育改革和发展纲要》提出进一步深化改革的具体目标和任务，指出进行高等教育体制改革，主要是解决政府与高校、中央与地方、国家教委与中央各业务部门之间的关系，逐步建立政府宏观管理、学校面向社会自主办学的体制；在高校的招生和毕业生就业制度方面，要求改变全部按国家统一计划招生的体制，实行国家任务计划和调节性计划相结合，同时改革学生上大学由国家包下来的做法，逐步实行收费制度，改革高校毕业生"统包统分"和"包当干部"的就业制度，实行少数毕业生由国家安排就业，多数毕业生"自主择业"的就业制度。《中国教育改革和发展纲要》还提出改革对高校的财政拨款机制，逐步建

---

① 王嘉毅：《我国基础教育改革与发展的主要任务及其战略应对》，载《中国教育学刊》，2016(9)。

立起以财政拨款为主，其他多渠道筹措教育经费为辅的体制。

1998 年的《高等教育法》则明确提出高校具有七个方面的办学自主权。高校拥有了依法自主办学的权利，社会适应性、办学活力增强，教学、科研、社会服务的积极性大大提高。2002 年，全国普通高校招生规模达到 340 万人，毛入学率达到 15％以上。2006 年，招生规模达到 540 万人，在学总规模达到 2 500 万人，毛入学率提升到22％。高等教育实现跨越式发展，进入国际公认的大众化发展阶段。

四、确立民办学校合法性，发挥社会力量对教育发展的积极作用

民办教育是面向社会实施的，客观上有利于满足公民多样化的教育需求，有利于实现国民的教育福利。民办教育作为教育事业的重要组成部分，既要促进其社会功能的发挥，还要防止民办学校在运作过程中可能产生的妨害公共利益的行为，由此产生如何立法以对民办学校进行扶持、优惠并加以规制的问题。

新中国成立后，我国在所有制上实行公有制，包括幼儿园、小学、中学、大学在内的各级各类学校均为公有制学校，是教育行政部门的附属机构。1982 年《宪法》首次规定，国家鼓励各种社会力量举办各种教育事业。此后的《教育法》《义务教育法》《教师法》《职业教育法》《高等教育法》等教育法律中，都有涉及社会力量办学的条款。1987 年国家教委制定的《关于社会力量办学的若干暂行规定》和 1997年国务院颁布的《社会力量办学条例》则专门就社会主体办学进行了规定。民办教育初以公办教育的补充出现，在职业培训及其他非学历教育领域发挥了积极作用。但是，民办教育的地位和作用还没有得到应有的重视，扶持民办教育的各项措施仍有待进一步加强，另外还有一些民办教育发展的禁区需要打破。①

---

① 范国睿：《民办教育发展的保障与促进——解读〈中华人民共和国民办教育促进法〉》，载《教育发展研究》，2003(7)。

20 世纪 90 年代以后，民办教育在市场取向的经济体制改革的社会背景下获得快速发展，制定民办教育专门法律也越来越有必要。《民办教育促进法》及其实施条例的颁布实施，确立了民办教育在社会发展中的重要地位，明确了民办教育的公益事业属性，同时也确立了民办学校的合法地位。截至 2016 年，全国有民办学校 17.10 万所，在校生 4 825.47 万人，其他民办培训机构 1.95 万所。① 民办教育增加了教育服务供给，满足了社会多样化需求，在我国经济社会发展中发挥了重要的作用。

第三节　贯彻科学发展观，规范主体行为

始于 20 世纪 80 年代中期的中国教育体制改革，总体看是通过分权、择校和学校自主办学等改革措施，围绕发挥市场作用，促进学校提高效率展开的。通过引入市场机制向社会提供教育服务，改变我国长期计划体制下形成的政府管得过多过死、学校缺乏活力、教育服务单一和不足的状态，已成为我国前期公共教育体制改革的重要思路。在国家的强力推动下，教育事业获得了极大的发展。我国的教育改革与发展，同时也是在我国宪政国家建设的社会大背景下进行的。初具雏形的教育法体系基本上是在政府自上而下的推动下建立起来的②，总体看是为了实现发展的目的、通过"以法治教"而建立的，缺乏与教育内在价值的呼应，具有一定的法律工具主义色彩。由于缺乏对教育立法内生价值的考虑，教育立法在发挥社会所期待的、应有的社会功能和规范功能方面不能令人满意。在高速发展的过程中，教育领域也出现了系列改革伦理问题，"教育的产业

---

① 《2016 年全国教育事业发展统计公报》，http://www.moe.edu.cn/jyb_sjzl/sjzl_fztjgb/201707/t20170710_309042.html，2018-08-10。

② 余雅风：《法律变迁与教育的公共性实现》，载《教育学报》，2005(2)。

化"或"市场化"，就反映了一种非常明显的教育非公共化的倾向，教育的公共性面临挑战。

2002年，党的十六大针对社会经济发展的现实，做出了"我国正处于并将长期处于社会主义初级阶段，现在达到的小康还是低水平的、不全面的、发展很不平衡的小康，人民日益增长的物质文化需要同落后的社会生产之间的矛盾仍然是我国社会的主要矛盾"的判断，提出"全面建设小康社会"的目标。2003年党的十六届三中全会提出了科学发展观，并把它的基本内涵概括为"坚持以人为本，树立全面、协调、可持续的发展观，促进经济社会和人的全面发展"，坚持"统筹城乡发展、统筹区域发展、统筹经济社会发展、统筹人与自然和谐发展、统筹国内发展和对外开放"。科学发展，不仅对教育发展提出了新要求，同时对教育政策与法律的科学、理性提出了更高要求。

一、强化政府职责，促进教育平等

公平是教育领域永恒的话题，也是落实科学发展观"坚持以人为本"思想的基本要求。我国虽然在宪法、教育法律等一系列重要法律文件中都明确规定了公民享有平等的受教育权，但由于现实中人们社会经济地位的复杂差异性，以及立法与政策制定中应有的合理差别对待标准的缺乏或随意，导致了平等保护的制度性缺陷，公民受教育权难以从法定的平等权利变为现实的平等权利。现实中不均衡的教育资源配置，地域、城乡、校际差异的扩大，以权力、金钱为基础的强势择校，以"校中校""名校办民校""补课费"为表现的教育乱收费，以及公立义务教育中精英与平民的划分，使得教育不平等这一社会问题备受关注。① 维护教育平等，是教育公共性的基本

---

① 余雅风：《论公民受教育权平等保护的合理差别对待标准》，载《北京师范大学学报（社会科学版）》，2008(4)。

诉求。

（一）从"义务教育人民办"到"义务教育政府办"

农村基础教育实行"地方负责，分级办学，分级管理"的体制，虽然改变了过去教育由国家统包统管的局面，明确了各级政府特别是县镇两级政府的办学责任。但实践表明，义务教育的责任重心逐步下移，最后落实为"以乡镇为主"，造成农民收入增长缓慢，城乡差别、工农差别越来越大，城乡二元社会结构造成的矛盾越来越突出。随着乡镇财力的萎缩，分级办学，分级管理，"以乡镇为主"的农村基础教育管理体制难以维系农村教育的发展。基础教育阶段的学校必须完成国家对国民普及基本知识的职能，保障公民基本受教育权的落实，它所提供给受教育者本身的效益远远小于受教育者给社会所带来的效益，这类教育不应当由市场机制来运作，不适合由私人部门来提供，不应该像市场上的商品一样自由买卖、消费。[1]

针对农村基础教育发展存在的困难，2001 年 5 月，《国务院关于基础教育改革与发展的决定》发布，规定我国农村义务教育管理"实行在国务院领导下，由地方政府负责、分级管理、以县为主的体制"。针对农村在校生因贫失学，辍学率上升的趋势，2003 年《国务院关于进一步加强农村教育工作的决定》提出，要在已有助学办法的基础上，建立和健全扶持农村家庭经济困难学生接受义务教育的助学制度，争取到 2007 年全国农村义务教育阶段家庭经济困难的学生都能享受到"两免一补"（免学费、免杂费、补助寄宿生生活费），努力做到不让学生因家庭经济困难而失学。针对乱收费问题，2004 年 3 月，教育部、国家发展改革委、财政部下发了《关于在全国义务教育阶段学校推行"一费制"收费办法的意见》，要求从 2004 年秋季新

---

[1]　杨小芳、沈文钦：《教育改革应坚守教育的公共性——评〈新自由主义主导下的学校重建研究〉》，载《教育学术月刊》，2009(9)。

学年开学开始，在全国政府举办的普通小学和普通初中实行"一费制"①。为解决制约西部农村地区普及义务教育的"瓶颈"问题，2004年起，中央和省级人民政府共同组织实施"农村寄宿制学校建设工程"。2004 年到 2006 年三年时间，中央共下拨 90 亿元资金用于农村寄宿制学校建设，项目覆盖 23 个省（自治区、直辖市、兵团）的7 651 所项目学校，其中，西部地区批复项目学校 5 086 所。到 2006年年底，西部地区农村中小学新增校舍面积 1 076 万平方米，满足了207 万寄宿生的就学需求。

　　2006 年 6 月 29 日，第十届全国人大常委会第二十二次会议对《义务教育法》做了修订，首次确立义务教育免费原则。该法第二条第三款、第四款规定："实施义务教育，不收学费、杂费。国家建立义务教育经费保障机制，保证义务教育制度实施。"首次明确国家将义务教育全面纳入财政保障范围。该法第四十二条第一款、第二款规定："国家将义务教育全面纳入财政保障范围……国务院和地方各级人民政府将义务教育经费纳入财政预算，按照教职工编制标准、工资标准和学校建设标准、学生人均公用经费标准等，及时足额拨付义务教育经费，确保学校的正常运转和校舍安全，确保教职工工资按照规定发放。"该法还将当时实行的取消农村教育费附加和农村教育集资、加大对农村义务教育转移支付等有关政策上升为法律规范。

　　2006 年修订的《义务教育法》确定了经费保障新体系，使农村义务教育投入重心上移，重点加强中央和省级政府对义务教育公共投资和财政供给水平。该法第四十四条第一款规定："义务教育经费投入实行国务院和地方各级人民政府根据职责共同负担，省、自治区、直辖市人民政府负责统筹落实的体制。农村义务教育所需经费，由

---

　　①　"一费制"是指在严格核定杂费、课本费标准的基础上，一次性统一向学生收取费用。

各级人民政府根据国务院的规定分项目、按比例分担。"该法第四十五条第一款还规定："地方各级人民政府在财政预算中要将义务教育经费单列。"这是对过去"地方负责、分级管理""以县为主"的义务教育投入管理体制的重大调整，明确了各级政府的职责，完成和保证了"人民教育人民办"向"义务教育政府办"的根本转变。

（二）进城务工人员子女教育的"同城待遇"问题

伴随城市化进程的加快，越来越多的农村剩余劳动力流入城市。由此产生的进城务工人员子女义务教育问题成为中国社会转型期一个独特的社会问题：部分进城务工人员子女上不了学，还有大部分进城务工人员子女上不了好学校。2004 年，我国流动人口的规模达到了 1.4 亿，超过总人口的十分之一。而流动人口中的儿童，户口类型为农业户口的占 74%；也就是说，进城务工就业农民子女从数量上看已接近 1 500 万人。①。由于各项条件的限制，进城务工就业农民子女在接受义务教育上还存在诸多的障碍。2001 年，《国务院关于基础教育改革与发展的决定》指出，"要重视解决流动人口子女接受义务教育问题，以流入地区政府管理为主，以全日制公办中小学为主，采取多种形式，依法保障流动人口子女接受义务教育的权利"，确定了流动人口子女教育"两为主"的方针。

2003 年 1 月，国务院办公厅《关于做好农民进城务工就业管理和服务工作的通知》第六条规定："流入地政府应采取多种形式，接收农民工子女在当地的全日制公办中小学入学，在入学条件等方面与当地学生一视同仁……加强对社会力量兴办的农民工子女简易学校的扶持，将其纳入当地教育发展规划和体系，统一管理。"2003 年 9 月 17 日，经国务院同意，国务院办公厅转发教育部、中央编办、公

---

① 中央教科所教育发展研究部课题组：《中国进城务工就业农民子女义务教育研究》，载《华中师范大学学报（人文社会科学版）》，2007(2)。

安部、国家发展改革委、财政部、劳动保障部《关于进一步做好进城务工就业农民子女义务教育工作的意见》，规定："进城务工就业农民流入地政府负责进城务工就业农民子女接受义务教育工作，以全日制公办中小学为主。地方各级政府特别是教育行政部门和全日制公办中小学要建立完善保障进城务工就业农民子女接受义务教育的工作制度和机制，使进城务工就业农民子女受教育环境得到明显改善，九年义务教育普及程度达到当地水平。"随着相关政策的出台和保障措施的实施，进城务工人员子女义务教育普及问题逐步得到解决，以公办学校为主接收进城务工人员子女就学的格局在全国各地逐步形成。

2012 年 8 月，国务院办公厅转发教育部等部门《关于做好进城务工人员随迁子女接受义务教育后在当地参加升学考试工作的意见》，就做好进城务工人员及其他非本地户籍就业人员随迁子女接受义务教育后在当地参加中考和高考的工作做出部署，以保障进城务工人员随迁子女的公平受教育权利和升学机会。

（三）高考制度改革

1961 年，以省、自治区、直辖市为计划单位来配置高考资源的定额招生制度开始实施，自然人必须在户籍所在地参加考试，在实际录取学生时采取的是分省定额划线的办法。改革初期，高考制度在以能力为标准选拔人才、保证教育公平方面发挥了重要的作用，但同内容、同标准的考卷在各地的录取分数线上一直具有极大差异。在高等教育大众化的背景下，分省定额划线、差别对待不同地区之间公民高等教育入学机会的做法，使部分地区考生拥有了特权，引发对高等教育公平的诸多争议。改革开放后，随着人力资源在地区间的流动日益频繁，城市化进程也不断加快，与户籍相挂钩的高考制度越来越不能满足社会对高等教育机会的追求和优质教育资源的渴望，要求推进异地高考改革的呼声逐渐高涨。

2012 年 8 月，国务院办公厅转发教育部等部门《关于做好进城务工人员随迁子女接受义务教育后在当地参加升学考试工作的意见》，对于被社会广泛关注的"异地高考"政策提出了明确规定，要求各地在 2012 年 12 月 31 日前出台异地高考具体办法。2014 年 7 月，国务院发布《关于进一步推进户籍制度改革的意见》，创新人口管理，建立居住证制度，规定"以连续居住年限和参加社会保险年限等为条件，（居住证持有人——引者加）逐步享有与当地户籍人口同等的中等职业教育资助、就业扶持、住房保障、养老服务、社会福利、社会救助等权利，同时结合随迁子女在当地连续就学年限等情况，逐步享有随迁子女在当地参加中考和高考的资格"。针对"一考定终身使学生学习负担过重，区域、城乡入学机会存在差距，中小学择校现象较为突出，加分造假、违规招生现象时有发生"的问题，2014 年 9 月，国务院发布《关于深化考试招生制度改革的实施意见》，要求 2014 年启动考试招生制度改革试点，2017 年全面推进，到 2020 年基本建立中国特色现代教育考试招生制度，形成分类考试、综合评价、多元录取的考试招生模式。根据该意见关于"增加农村学生上重点高校人数。继续实施国家农村贫困地区定向招生专项计划，由重点高校面向贫困地区定向招生"的要求，2016 年 3 月教育部下发《关于做好 2016 年重点高校招收农村和贫困地区学生工作的通知》，实施国家专项计划和地方专项计划，定向招收贫困地区学生。上述文件的颁布，对于推动国家高考制度走向公平具有积极意义。

二、司法介入，推进依法治校

司法是一种与立法、行政有区别、相对应的国家活动①，一般来讲，司法也称为法的适用，是指国家司法机关依据法定的职权和程序，具体应用法律处理纠纷、裁断案件的专门活动，特别是法院

---

① 陈业宏、唐鸣：《中外司法制度比较》，6～7 页，北京，商务印书馆，2000。

的审判活动。① 在中国，一般认为，国家司法机关包括人民法院和人民检察院，是代表国家行使司法权的专门机关。司法作为实施法律的一种方式，对于实现立法目的、发挥法律的功能具有重要意义。实践中，政府行政部门的越权行为、渎职行为、违宪行为，以及学校在教育教学管理中实施的违法行为等，需要通过行政复议或行政诉讼的方式加以处理。在教育活动中，行政违法行为大量存在却又往往被忽视。教育的公共性作为一种立法价值，本身并不具有可诉性，但教育的公共性又是通过法律规范中各种权利（权力）和义务的规定表现出来的。法律规范中各种权利（权力）和义务的实现状况，意味着教育公共性的实现程度。

作为立法的基本目标价值，教育的公共性除了通过立法具体化为法律规范并落实于不同主体的权利（权力）义务当中得以实现外，在下述两种情况下，还需要通过司法途径得以实现：一是当公民、学校、教育行政机关或其他组织在相互关系中发生争议，致使法律规定的权利（权力）义务无法落实时，需要司法机关适用法律裁决纠纷；二是当公民、学校、教育行政机关或其他组织在实现权利（权力）和履行义务中出现违法和侵权问题时，需要司法机关适用法律制裁违法行为，恢复和实现权利（权力）。因此，有理由认为，司法对于实现教育的公共性具有重要意义，是教育公共性得以保障的最后屏障。②

（一）关注校园安全，维护学生人身权

《教育法》第四十三条第（四）项规定，受教育者享有"对学校给予的处分不服向有关部门提出申诉，对学校、教师侵犯其人身权、财产权等合法权益，提出申诉或者依法提起诉讼"的权利，为学生与学

---

① 张彩凤：《比较司法制度》，1页，北京，中国人民公安大学出版社，2007。
② 余雅风：《构建高等教育公共性的法律保障机制》，290页，北京，北京师范大学出版社，2010。

校之间由于人身权和财产权所引发的民事纠纷通过司法途径解决提供了法律依据。加之 20 世纪 80 年代以来的经济体制改革与医疗体制改革，单位和政府不负担个人的医疗费用，20 世纪 90 年代中期以来，在我国形成了学生状告母校的热潮。由于对学校与学生之间的法律关系缺乏明晰的认知，法律对责任的承担缺乏有效的规范，学校陷入屡告屡赔的境地，严重影响学校育人功能的发挥。

针对此问题，教育部于 2002 年颁布了《学生伤害事故处理办法》，就学校应当依法承担的责任、学生或者未成年学生监护人由于过错造成学生伤害事故应当承担的责任、相关经营者及学校以外活动组织者由于过错造成学生伤害事故应承担的责任、学校免责和不承担责任的情况等做了具体规定。其中，"学校对未成年学生不承担监护职责"的规定，获得了学界的一致认同。但由于该办法是国家的教育部门规章，法律效力较低，难以起到有效的规范作用。鉴于学生人身伤害纠纷对学校、对社会产生的巨大影响，2010 年实施的《侵权责任法》首次以法律的形式，在第三十八条、第三十九条、第四十条对学校作为责任主体的责任承担问题做了专门的规定，不仅为学生伤害事故的处理提供了法律依据，也对进一步落实学校的教育、管理职责提出了要求。

同时，我国也注意到学校、教师对学生的安全保护职责的意义。针对学生人身伤害问题，2006 年修订的《义务教育法》在第三章专门就学校的安全管理职责做了具体规定，同年修订的《未成年人保护法》也在第三章规定了学校的安全保护职责。通过这些具体化的规定，促进学校积极履行法定义务。2006 年，教育部、公安部、司法部等部门联合发布《中小学幼儿园安全管理办法》，就各部门的安全管理职责，学校的校内安全管理制度、日常安全管理、安全教育，校园周边安全管理，安全事故处理，奖励与责任做了具体规定。为加强校车安全管理，保障学生人身安全，2012 年我国颁布实施《校车安全管理条例》和《专用校车安全国家标准》。

（二）维护学生受教育权

根据全国人大常委会办公厅的解释，"受教育的权利是指公民有从国家获得接受教育的机会以及获得接受教育的物质帮助的权利"①。从受教育权的性质以及相关解释来看，受教育权作为宪法规定的公民的基本权利，国家有义务保障公民的受教育权从法定权利真正地转化为现实权利。首先，国家应为公民受教育权的实现提供机会，如提供学习的场所、师资、教育设施等。当公民缺乏实现此权利的能力时，国家应直接或鼓励社会力量为其提供物质帮助，包括采取政策性措施提供受教育的机会。其次，国家要在立法上明确受教育权的内容，并具体化为不同主体在教育中的权利（权力）和义务，同时明确不同主体不履行义务而应承担的法律责任。最后，当公民受教育权被侵害后，国家应保证公民获得适时、有效的司法救济。②

案例一③：田永，北京科技大学本科生。1996 年 2 月 29 日，田永在参加电磁学课程补考过程中，随身携带写有电磁学公式的纸条，中途去厕所时，纸条掉出，被监考教师发现。监考教师虽未发现田永有偷看纸条的行为，但还是按照考场纪律，当即停止了田永的考试。北京科技大学于同年 3 月 5 日按照"068 号通知"第三条第五项关于"夹带者，包括写在手上等作弊行为者"的规定认定田永的行为是考试作弊，根据第一条"凡考试作弊者，一律按退学处理"的规定，决定对田永按退学处理，4 月 10 日填发了学籍变动通知。但是，北

---

①　全国人大常委会办公厅研究室政治组：《中国宪法精释》，175 页，北京，中国民主法制出版社，1996。

②　余雅风：《论公民受教育权平等保护的合理差别对待标准》，载《北京师范大学学报（社会科学版）》，2008(4)。

③　该案例参见《田永诉北京科技大学拒绝颁发毕业证、学位证行政诉讼案》，载《中华人民共和国最高人民法院公报》，1999(4)。

京科技大学没有直接向田永宣布处分决定和送达变更学籍通知，也未给田永办理退学手续。田永继续在该校以在校大学生的身份参加正常学习及学校组织的活动。

1996 年 3 月，原告田永的学生证丢失，未进行 1995—1996 学年第二学期的注册。同年 9 月，被告北京科技大学为田永补办了学生证。其后，北京科技大学每学年均收取田永交纳的教育费，并为田永进行注册、发放大学生补助津贴，还安排田永参加了大学生毕业实习设计，并由论文指导教师领取了学校发放的毕业设计结业费。田永还以该校大学生的名义参加考试，先后取得了大学英语四级、计算机应用水平测试 BASIC 语言成绩合格证书。田永在该校学习的 4 年中，成绩全部合格，通过了毕业实习、设计及论文答辩，获得优秀毕业论文及毕业总成绩全班第九名。北京科技大学对以上事实没有争议。

被告北京科技大学的部分教师曾经为原告田永的学籍一事向当时的国家教委申诉，国家教委高校学生司于 1998 年 5 月 18 日致函北京科技大学，认为该校对田永违反考场纪律一事处理过重，建议复查。同年 6 月 5 日，北京科技大学复查后，仍然坚持原处理结论。

1998 年 6 月，被告北京科技大学的有关部门以原告田永不具有学籍为由，拒绝为其颁发毕业证，进而也未向教育行政部门呈报毕业派遣资格表。田永所在的应用科学学院及物理化学系认为，田永符合大学毕业和授予学士学位的条件，由于学院正在与学校交涉田永的学籍问题，故在向学校报送田永所在班级的授予学士学位表时，暂时未给田永签字，准备等田永的学籍问题解决后再签，学校也因此没有将田永列入授予学士学位资格名单内交本校的学位评定委员会审核。

北京市海淀区人民法院于 1999 年 2 月 14 日判决："一、被告北京科技大学在本判决生效之日起 30 日内向原告田永颁发大学本科毕业证书；二、被告北京科技大学在本判决生效之日起 60 日内召集本校的学位评定委员会对原告田永的学士学位资格进行审核；三、被告北京科技大学于本判决生效之日起 30 日内履行向当地教育行政部门上报原告田永毕业派遣的有关手续的职责；四、驳回原告田永的其他诉讼请求。"一审宣判后，北京科技大学提出上诉。北京市第一中级人民法院于 1999 年 4 月 26 日判决：驳回上诉，维持原判。

案例二：原告齐玉苓即"齐玉玲"，与被告陈晓琪原为山东滕州八中学生。在 1990 年的中考中，齐玉苓被山东济宁市商业学校录取，陈晓琪被淘汰。但陈在其父——原村党支部书记陈克政的策划下，冒名领取录取通知书，并以"齐玉玲"的名义从济宁市商业学校毕业，后分到中行山东滕州支行工作。1999 年 1 月 29 日，得知真相的齐玉苓以侵害其姓名权和受教育权为由，将陈晓琪、济宁市商业学校、滕州八中和滕州市教委告上法庭。同年，滕州中院一审判决陈晓琪停止对齐玉苓姓名权的侵害，赔偿精神损失费 3.5 万元，并认定陈晓琪等侵害齐玉苓受教育权不能成立。原告不服，向山东省高院提起上诉。在该案二审期间，围绕陈晓琪等的行为是否侵害了上诉人的受教育权问题，山东省高院向最高人民法院请示。2001 年 8 月 13 日，最高人民法院做出批复，认定"陈晓琪等以侵犯姓名权的手段，侵犯了齐玉苓依据宪法规定所享有的受教育的基本权利，并造成了具体的损害后果，应承担相应的民事责任"。2001 年 8 月 23 日，山东省高院依据宪法第四十六条、最高人民法院批复和民事诉讼法有关条款，终审判决此案：①责令陈晓琪停止对齐玉苓姓名权的侵害；②陈晓琪等四被告向齐玉苓赔礼道歉；③齐玉苓因受教育权被侵犯造成的直接经济损失 7 000 元和间接经济损失 41 045 元，由陈晓琪、陈克政赔偿，其余被告承担连带赔偿责任；④陈晓琪等被告赔偿齐玉苓精神损害赔偿费 50 000 元。

2001 年 6 月 28 日，最高人民法院审判委员会第 1183 次会议通

过的《关于以侵犯姓名权的手段侵犯宪法保护的公民受教育的基本权
利是否应承担民事责任的批复》全文如下：

山东省高级人民法院：

你院〔1999〕鲁民终字第 258 号《关于齐玉苓与陈晓琪、
陈克政、山东省济宁市商业学校、山东省滕州市第八中学、
山东省滕州市教育委员会姓名权纠纷一案的请示》收悉。经
研究，我们认为，根据本案事实，陈晓琪等以侵犯姓名权
的手段，侵犯了齐玉苓依据宪法规定所享有的受教育的基
本权利，并造成了具体的损害后果，应承担相应的民事
责任。

此复

这是最高人民法院第一次对公民因宪法规定的基本权利受到侵
害而产生的法律适用问题进行司法解释。"依据宪法规定"几个字，
无疑使这一司法解释具有了不同凡响的深厚意义。最高人民法院对
公民因在宪法上所享有的基本权利受到侵害而产生纠纷的法律适用
做出司法批复，表明公民在宪法上所享有的受教育的基本权利可以
通过诉讼程序获得保障，体现了宪法司法化的重大意义。

该批复一出，立即在法学界、司法界和社会上引起了强烈的反
响。虽然对于该案是否要通过适用宪法条款才能解决有不同看法，
但该批复和判决在制度层面上所具有的象征性意义得到一致肯定，
是"中国宪政史上的里程碑"。该司法解释以宪法名义保护公民所享
有的受教育的基本权利，可说是开创了宪法司法化的先例。"齐玉苓
案"所引出的虽然是一个吸引人和鼓舞人的话题，却也是一个复杂的
话题。在中国，如何建立起既符合宪政原理又适合中国国情的宪法
实施机制和宪法监督机制，特别是建立起对各种立法、司法和行政
行为的违宪审查制度，通过适当的机构（如宪法法院）来裁决"合宪有
效""违宪无效"，显然还有很长的路要走，还有很多工作需要做。随

着我国公民权利意识的不断增强，公民因在宪法上所享有的基本权利受到侵害而产生的纠纷接连涌现，而在普通法律规范中却又缺乏具体适用的依据。因此，实现宪法司法化，审判机关在诉讼过程中将宪法引入司法程序，使之直接成为法院裁判案件的法律依据，已显得十分必要。①

（三）维护教师职业权利

教师是学习者在受教育过程中最重要的协助者，学习者须借由教师以其专业知识与能力的协助，根据学习者的个体差异来辅导学生人格和知识与能力的健康发展。为使教师达成上述功能，协助学习者受教育权的实现，教师在工作中的聘任、待遇、工作条件、排课与工作环境等均应同样受到充分保障。②

案例三③：原告林某在 2000 年度西北大学教师职务评审中，申报教授任职资格，当年 11 月通过评审。评审结束后，被告西北大学以收到"反映林某在评审中'弄虚作假'的举报"为由，责成相关部门进行调查。2001 年 3 月，学校有关部门将调查结果告知林某，林某随后提出书面申诉意见。同年 5 月，林某向碑林区法院提出行政诉讼。同年 8 月，林某的诉讼请求被法院驳回，林某又上诉。2001 年 12 月，西安市中院将此案发回碑林区法院重审。在审理此案过程中，2001 年 11 月，西北大学教师职务评审委员会表决取消林某教授任职资格，做出《关于取消林××教授任职资格的决定》。对此，林某于 2001 年 12 月向碑林区法院另行提起行政诉讼，请求撤销学校的决定，并要求学校限期确认其教授任职资格，按照"评聘结合"的原则

---

① 劳凯声：《中国教育改革 30 年：教育政策与法律卷》，37～38 页，北京，北京师范大学出版社，2009。

② 余雅风、劳凯声：《科学认识教师职业特性，构建教师职业法律制度》，载《教育研究》，2015(12)。

③ 该案例参见吴蔚、秦娟：《通过教授资格又被取消　老教师状告西北大学》，载《华商报》，2003-03-13。

聘任他。

2002 年 12 月，碑林区法院一审判决，撤销西北大学的《关于取消林××教授任职资格的决定》，驳回原告其他请求。而学校认为，此案不属于行政诉讼之列，学校决定不是行政行为，对碑林区法院的判决不服。林某也觉得自己的诉讼请求没有完全实现。一审宣判后，双方均上诉。

2003 年 3 月，西安市中院终审判决时认为，西北大学做出的《关于取消林××教授任职资格的决定》属具体行政行为，涉及林某个人的权利和义务，符合法律规定的行政诉讼受案范围。林某在申报教授任职资格时，虽有部分填写内容不符合学校规定，但已根据学校要求做了更改，并经学校审核，认定林某具备申报教授的资格。因此，林某通过了西北大学教师职务评审委员会教授资格的评审。而西北大学就林某所进行的无记名投票表决，不能证明取消了林某教授任职资格经过教师职务评审委员会的复议。同时，因为林某的教授任职资格还没有最终确认，故维持原判。

（四）推进依法治校

在新形势下的学校管理工作中，应加强法律风险防范，有效减少学校、教师与学生之间的法律纠纷。这就要求在厘清学校与政府、学校与学生、学校与教师、学校与社会之间法律关系的基础上，对存在的法律风险进行分析，将学校管理纳入法治化轨道。2003 年，教育部《关于加强依法治校工作的若干意见》指出，随着教育法制建设的逐步完善，各地依法治校工作有了一定程度的进展，创造了一些好的经验和具有地方特色的依法治校工作思路。但是从总体上看，学校的法治观念和依法管理的意识还比较薄弱，依法治校的制度和措施还不健全，依法治校还没有完全成为学校的自觉行为，与依法治国基本方略的要求还有一定的差距。实行依法治校，就是要在依法理顺政府与学校的关系、落实学校办学自主权的基础上，完善学校各项民主管理制度，实现学校管理与运行的制度化、规范化、程序化，依法保障学校、举办者、教师、学生的合法权益，形成教育行政部门依法行政，学校依法自主办学、依法接受监督的格局。

针对 1990 年颁布的《普通高等学校学生管理规定》存在合法性的质疑，国家于 2005 年进行了第一次修订。新规定遵循"育人为本，依法建章，规范管理，加强监督"的指导思想和原则，体现了科学化、法治化、人性化和个性化的现代学生管理趋势，是当时高等教育的重要规章和高校学生管理的政策依据。随着高等教育综合改革的不断深化和《国家中长期教育改革和发展规划纲要（2010—2020年）》（以下简称《教育规划纲要》）的深入实施，高等学校教育管理和育人实践发生了巨大变化，以质量为核心、依法治校、民主管理等内容成为学校教育管理与服务的新内涵。原有规定的一些内容和条款已经与当前经济社会发展的形势不相适应，与高等教育改革发展的要求不相匹配，已经不能满足学生管理与服务的需要，相关制度亟须修改、补充和完善。2016 年，教育部对《普通高等学校学生管理规定》做了修订，着力增强了该规定的针对性、规范性和可操作性，对推进依法治校具有积极意义。

2012 年，教育部发布《全面推进依法治校实施纲要》。该纲要指出，随着社会主义民主法治和政治文明建设的推进，教育改革的不断深化，各级各类学校的发展环境、发展理念、发展方式正在发生深刻变化，迫切需要全面推进依法治校，加快建设现代学校制度。推进依法治校，是学校适应加快建设社会主义法治国家要求，发挥法治在学校管理中的重要作用，提高学校治理法治化、科学化水平的客观需要；是深化教育体制改革，推进政校分开、管办分离，构建政府、学校、社会之间新型关系，建设现代学校制度的内在要求；是适应教育发展新形势，提高管理水平与效益，维护学校、教师、学生各方合法权益，全面提高人才培养质量，实现教育现代化的重要保障。

为了保证教育法律、法规、规章和国家教育方针、政策的贯彻执行，实施素质教育，提高教育质量，促进教育公平，推动教育事业科学发展，2012 年，国务院颁布实施《教育督导条例》，对法律、法规规定范围的各级各类教育实施教育督导。

三、强调权利义务的一致，促进受教育者健康发展

作为独立的主体，学生在学习上享有自主权，在自我发展、兴趣爱好上有选择权，在人格上有受尊重的权利。我国《教育法》第四十三条确立了受教育者的权利，《未成年人保护法》设专章规定了学校、社会对未成年人权利的保护义务。对学生权利的尊重，是现代社会人的主体性得到尊重的一个表现，也是素质教育的应有之义。随着社会主义市场经济体制的建立和完善，民主与法治建设的深入，我国公民的权利意识普遍提升，知法、守法、依法维权的观念正在形成。

学生是一个社会的公民，学习是社会赋予人的义务，也是学生的职责，每个人必须对自己的成长负责、对社会负责。在现代社会，学生在教育系统中既享有一定的法律权利，又承担着一定的法律责任，每个学生都应该是权责统一的主体。不仅要确立学生主体的观念，明确学生的权责，提高其自觉性和主动性，更要增强学生的法纪意识，确保其教育行为合理合法。在走向权利的时代，在对待学生的权利问题上却出现了两个极端，一方面是学生权利遭受侵犯的事件屡屡发生，另一方面则是在强调保护学生权利的同时出现了学生违反义务、滥用权利的违法事件，这些都是对权利的侵害。

《小学生守则》（1981 年）、《中学生守则》（1981 年）、《小学生日常行为规范》（1991 年）、《中学生日常行为规范》（1994 年）自发布以来，对中小学生良好行为习惯的养成，以及学校形成良好的校风、学风、教风等都起到了重要作用。随着社会发展变化，中小学生思

想道德建设面临许多新的情况和新的问题，根据《中共中央国务院关于进一步加强和改进未成年人思想道德建设的若干意见》《公民道德建设实施纲要》的要求，2004 年，教育部对上述守则、规范进行了修订，将《小学生守则》和《中学生守则》合并为《中小学生守则》，对《小学生日常行为规范》《中学生日常行为规范》的内容进行了必要的调整和补充，形成新的《小学生日常行为规范（修订）》《中学生日常行为规范（修订）》。为了全面贯彻教育方针，引导高校学生形成良好的道德品质，养成文明行为习惯，教育部还对国家教育委员会于 1989 年制定的《高等学校学生行为准则（试行）》做了修订，于 2005 年印发了新修订的《高等学校学生行为准则》。

为贯彻落实党的十八大和十八届三中、四中、五中全会精神，落实《教育规划纲要》提出的工作任务，落实《法治政府建设实施纲要（2015—2020 年）》要求，全面推进依法治教，教育部于 2016 年制定发布了《依法治教实施纲要（2016—2020 年）》。该纲要提出要把加强青少年学生法治教育、培养学生法治观念，放在教育工作的突出位置，强化规则意识，倡导契约精神，弘扬公序良俗，实践法治的育人功能。要求编制《青少年法治教育大纲》，明确从基础教育到高等教育各学段法治教育的目标、任务、内容和要求，切实将法治教育纳入国民教育体系，并在中小学设立法治知识课程。要求到 2020 年，建立科学、系统的学校法治教育课程、教材、师资体系。同时要求积极推进青少年法治教育实践基地建设，健全青少年法治教育支持体系，提升中小学法治教育教师专业素质。

中小学生欺凌和暴力事件的频发，扰乱了社会公共秩序和学校教育秩序，败坏了社会风气，必须采取积极措施予以防治。由于在落实主体责任、健全制度措施、实施教育惩戒、形成工作合力等方面还存在薄弱环节，少数地方学生之间欺凌和暴力问题仍时有发生，损害了学生身心健康，造成了不良社会影响。为全面贯彻党的教育方针，落实立德树人根本任务，切实防止学生欺凌和暴力事件的发生，2016 年，教育部、中央综治办、最高人民法院、最高人民检察院、公安部、民政部、司法部、共青团中央、全国妇联九部门联合发布《关于防治中小学生欺凌和暴力的指导意见》，旗帜鲜明地提出了我国对于中小学生欺凌和暴力的积极防治态度，同时，抓住我国中小学生欺凌和暴力防治的着力点，针对实践中存在的制度缺陷和现实问题，提出了建设性的意见，有利于相关主体采取积极、有效的行动，防治中小学生欺凌和暴力。

四、在专业化的基础上，强调师德规范

从《教师法》第三条中教师"承担教书育人，培养社会主义事业建设者和接班人、提高民族素质的使命"的规定，以及对教师资格、教师专业化发展、教师权利义务的相关规定看，教师职业是依法承担国家公共教育职能的特殊职业，享有教育学生的职业权力。"教师是神圣的职业"，是"人类文明的传承者"，是"人类灵魂的工程师"，是"知识的重要传播者和创造者"，承担着全面贯彻党的教育方针的重大责任，肩负着办好让人民满意教育的重大使命。教师在执教过程中不但要遵守宪法、法律，还要遵守师德规范。为贯彻落实党的十七大精神，进一步加强教师队伍建设，全面提高中小学教师队伍的师德素质和专业水平，在广泛征求意见的基础上，教育部会同中国教科文卫体工会全国委员会对 1997 年国家教委和全国教育工会联合印发的《中小学教师职业道德规范》进行了修订，并于 2008 年印发了修订后的《中小学教师职业道德规范》。

极少数教师严重违反师德的现象时有发生，引起社会广泛关注，损害了教师的整体形象。但同时由于缺乏全国统一的、教师违反职业道德行为的处理标准和具体规范，学校、相关管理部门对教师的管理行为存在一定的盲目性，一些处理决定的做出在公平、公正性方面受到质疑。对此，教育部于 2014 年发布《中小学教师违反职业道德行为处理办法》，明确了严格禁止的十项师德红线行为，并从处分的形式、权限、程序、救济等几个方面做出规定，以规范教师职业行为，保障教师、学生的合法权益。

有偿补课是指公立中小学校及其在职教师收取经济报酬，对学生开展的补课、家教、辅导等行为。在有偿补课中出现了体罚、侮辱、课上不讲课下讲等违法、违规行为，有偿补课客观上还具有以下负面影响：①有偿补课主要涉及应试科目、部分教师，造成教师之间收入上的不平等甚至分化，严重影响教师工作的积极性，也使学校教育偏科现象进一步严重，阻碍了素质教育的实施。②有偿补课需要学生家庭具有一定的支付能力，造成学生之间由于经济原因而形成不平等，有的成为学生家庭的沉重负担。③有偿补课以收费为主要目的，使师生关系添加了权力压榨与金钱交易，导致教师权威受损，教师职业的社会声望下降，教育难以有效发挥作用。对此，教育部于 2015 年发布《严禁中小学校和在职中小学教师有偿补课的规定》，以规范中小学校办学行为和在职中小学校教师职业行为。

五、实施分类管理，强化民办学校管理

民办教育"一法一例"（即《民办教育促进法》及其实施条例）的颁布实施，实现了民办教育的有法可依，使大量民办学校具有了合法地位，也促进了我国教育法律体系的完善。但由于《民办教育促进法》在民办学校的定位和定性上存在混淆，既一概认同其为非营利性事业，又允许其取得合理回报，承认学校举办者是出资人，导致民办学校扶持和优惠政策难以落地。① 因此，其促进作用有限，也造成民办学校公共财政资助缺乏必要的考量与规范，教育公平受到挑战。2013 年 9 月，《民办教育促进法》被纳入国务院法制办教育法律

---

① 李连宁：《〈中华人民共和国民办教育促进法〉修订要为民办教育发展提供法律保障》，载《教育与职业》，2016(5)。

修订计划向社会征求意见。

2016 年 11 月 7 日，第十二届全国人大常委会第二十四次会议通过了《关于修改〈中华人民共和国民办教育促进法〉的决定》。此次修法的一个重要目的与内容是将民办学校分为非营利性和营利性两类，并在民办学校的扶持、税收和土地优惠、办学收益、收费及剩余财产处理方面对两类学校分别做出不同规定。实施民办学校的非营利性和营利性划分，有利于国家依据民办学校的不同类型设计具体规范，对落实《民办教育促进法》关于"促进民办教育事业的健康发展"的立法宗旨具有积极意义。

新修改的《民办教育促进法》于 2017 年 9 月 1 日起正式施行。此前，为保证举办营利性民办学校的合法性及法律体系的统一、协调，第十二届全国人大常委会第十八次会议于 2015 年通过了修改《教育法》和《高等教育法》的决定。《教育法》原第二十五条规定的"任何组织和个人不得以营利为目的举办学校及其他教育机构"修改为"以财政性经费、捐赠资产举办或者参与举办的学校及其他教育机构不得设立为营利性组织"，删除了《高等教育法》原第二十四条设立高等学校"不得以营利为目的"的规定。2017 年 1 月 18 日，教育部等部门又发布了《民办学校分类登记实施细则》《营利性民办学校监督管理实施细则》，对两类民办学校的登记及营利性民办学校的监督管理做出具体规定。

第四节　应对新挑战，致力于维护教育的公共性

改革开放 40 年，中国特色社会主义建设进入新时代。作为世界上人口最多的发展中国家，我国强调教育优先发展战略，教育事业全面发展，中西部和农村教育明显加强。建成了世界最大规模的教育体系，解决了世界近五分之一人口的受教育问题；教育公平取得

重大进展，弱势群体受教育权得到保障；教育质量得到明显提升，初步实现了由外延扩张向内涵发展的转变；教育改革活力显著增强，改革的成效逐步显现；教育对外开放不断扩大，教育国际化水平迈上新的台阶。[①] 人们受教育的权利得到了保障，全民族素质得到了提高，有力推动了经济社会发展。然而，从当前全球教育的发展来看，办好人民满意的教育依然面临问题与挑战。

一、应对新矛盾，着力解决不平衡、不充分问题

制定教育法律与政策是促进教育功能实现的一种手段，其目的是把根据教育规律确定的教育工作规律上升为一般的强制性规则，以此调节教育法律关系，避免教育工作的随意性及其他人为因素对教育的干扰，从而为教育功能的实现创造一个相对稳定的环境。法律与政策的价值选择，就是按照不同主体的需要，取舍、整合社会关系呈现出来的各种价值，包括经济价值衡量、政治价值衡量、道德价值衡量、历史传统价值衡量等。法律与政策的变革面临多种价值选择，因此法律与政策的生成是一个综合衡量多种价值的结果。未来，我们应该更多地关注法律与政策的质量，关键是要理解教育活动的基本价值诉求，准确把握教育改革的复杂性，必须由教育活动本身来决定并能够反映教育规律。否则，法律与政策在实践中就难以被执行和遵守，教育功能的实现就难以保证。

（一）发展与规范，回归教育的公共性

改革开放初期，我国认识到教育对个体和社会的重要意义，在恢复学校教育秩序的基础上，引入市场机制，大力发展教育事业。市场机制对教育的全面介入，不但促使各类学校开始注重节约资源，增强竞争意识并注重提高效益，而且增强了教育制度的灵活性、多样性、自主性，为满足受教育者需求，提高学校绩效并大量减轻国

[①]　杜占元：《面向 2030 的教育改革与发展》，载《教育研究》，2016(11)。

家投资教育的沉重负担，实现公民权利和社会公益创造了有利条件。然而，由于衡量成功学校的标准是其在教育市场中的绩效，市场机制中的学校注重追求可被测量的方面，而忽视教育这个特殊领域中一些极为重要的其他方面，如合作精神，扩大了强势群体与弱势群体之间的距离所导致的社会不公正和社会分裂。市场所具有的不确定性有可能导致办学者将承担较大的市场风险，作为举办者之一的国家也将承担责任。教育的市场化、产业化运作，很可能最终受益的仍是那些有能力支付这种教育的社会阶层，经济富裕的家庭有可能从教育资源中获得更多的益处，但对于家庭处境困难的学生来讲，可选择性仍是一个遥不可及的目标，并使原本就存在的阶层、种族、性别等方面的不平等更加严重。另外，教育的市场化运作赋予办学者更大的自主权，也给学校追求"营利性"预留了空间，但如果缺乏规制，教育的质量就难以保证。

　　虽然我国初步建立了教育法律体系，但基本上是在政府自上而下的推动下建立起来的。① 总体上是为实现改革目的、实现"以法治教"而制定的法律法规，缺乏与教育内在价值的呼应，具有法律工具主义的色彩。由于并未考虑法律法规的内生价值，我国教育法律法规并不能发挥社会所期待的、应有的社会功能和规范功能。在前期改革过程中，我国教育也出现了一些新矛盾、新问题，直接导致了教育的公共性危机。

　　一是法律法规未对政府的教育投入做具体的规定和要求，国家对教育发展的财政支持力度明显不足。改革过程中政府对学校的放权、将学校交由市场，更多的是基于经济的原因，公共教育不但未体现为社会每一个人提供最基本的教育服务的要求，而且教育资源不均衡、包括义务教育在内的不平等加剧。

---

　　① 余雅风：《法律变迁与教育的公共性实现》，载《教育学报》，2005(2)。

二是法律法规未具体规定政府的教育管理职责和法律责任，国家干预不力。在存在"搭便车"和规避责任的诱惑环境中，政府对教育的作用因市场的介入而弱化甚至退出，未对教育发展障碍和不良环境进行有效的引导、监控，乱收费、招生与择校黑幕、教育质量下降、高校巨额负债与教育腐败等问题凸现，公共利益未得到有效维护。

三是权力缺乏制约而体现社会整体利益的法律缺失，未体现以社会为本位。重管理权力和秩序、轻权利和社会诉求表现明显。除七部教育基本法和部门法外，十多部教育行政法规及七十多部部门教育规章（清理后）都是由行政机关制定，以管理为主要内容的占90％以上，体现出浓厚的对管理、秩序的偏好，对自由、权利的疏离。

进入 21 世纪，我国开始通过修法、制定政策对教育领域中的各方主体进行规范，强调政府职责，教师、学生权利义务的一致性，并对民办学校进行分类管理。2006 年修订的《义务教育法》，是目前获得好评最多的一部法律，其亮点一是将义务教育全面纳入财政保障范围，以改善薄弱校、扶持农村地区和民族地区、保障农村义务教育经费、保障家庭经济困难和残疾儿童接受义务教育、建立符合标准的安全学校等；二是加强政府的教育管理、监督职责，规定政府对义务教育经费进行审计监督，规范义务教育的办学行为，同时规定政府责任，并在教育立法中首次引入了问责制；三是以全社会每一个人平等接受义务教育的权利为本位，包括硬性规定全面免除学杂费、取消重点校和重点班、禁止乱收费，同时强调政府均衡安排义务教育经费的职责。这些都是教育公共性的核心内容和核心要求。2006 年《义务教育法》的颁布实施，体现了后改革时代我国教育立法向教育公共性的回归。

市场背景下各类主体对利益、效率的追求，管理倾向和效率取向的日渐泛滥，使得社会公共利益也难以得到有效保障，教育逐渐偏离公共精神，教育的公共性降低。公共性作为现代教育的基本属性，决定了教育法的属性。它是教育法的终极目的所在，是教育立法的内生价值和评判教育立法的基准价值，也是教育立法分析的基本理念和核心精神。就我们国家而言，教育改革的重要方向就是重建我们的教育制度，使其承担起实现教育正义的责任。[①] 通过法律与政策促进教育的大力发展，以促进社会、更多的人的发展；通过法律与政策对政府、学校、教师、学生及其他相关主体进行规范，以使其在享受权利的同时履行法定义务。让教育回归公共性，是改革开放 40 年我国教育法律与政策的重点内容。

(二)科学规范，提升教育的公共性

2017 年党的十九大召开，习近平总书记在工作报告中指出，保障和改善民生要抓住人民最关心最直接最现实的利益问题，并把优先发展教育事业放在今后任务的首位。当前，我国社会的主要矛盾已经转化为人民日益增长的美好生活需要和不平衡不充分的发展之间的矛盾。他指出，建设教育强国是中华民族伟大复兴的基础工程，必须把教育事业放在优先位置，深化教育改革，加快教育现代化，办好人民满意的教育。

当前，我国社会对教育的期待更多表现为对优质、公平、多样教育的需求。教育的不平衡发展主要表现为城乡、区域、学校、群体之间的教育差距，教育的不充分发展表现为在多项指标上，我国还落后于发达国家，教育水平不能令人满意。例如：择校热、学区房折射优质教育资源配置不均衡；入园难、入园贵反映出学前教育发展不充分；大学生就业难、企业招工难的现象，暴露出高校培养

---

① 金生鈜：《什么是正义而又正派的教育——我国教育改革的症结》，载《教育研究与实验》，2006(3)。

人才在适应国家社会所需上的"信息不对称"；近年逐步增多的大学生到职业学校回炉现象，引发人们对高等教育结构性矛盾和同质化倾向的反思；大班额、师生比问题反映教育质量与效率的重要指标未尽如人意；财政性教育经费占 GDP（国内生产总值）的 4％，与发达国家教育投入相比不高。

　　未来教育发展的任务和要求，同时也给我国教育立法与政策制定提出了任务和要求，即如何进一步完善教育政策与法律，解决我国教育发展不平衡不充分的现实问题。40 年来，我国的教育政策和法治化建设始终是在宏观的社会转型大背景下进行的，既面对一系列前所未有的机遇，同时也在不断经受社会变迁所带来的挑战。特别是 20 世纪 90 年代以来，伴随着社会主义市场经济的发展，教育体制发生了极大的变化。这种变化带给教育的除了正面效应外，还有许多负面影响，从而引发一系列改革伦理问题。这些问题如不能妥善解决，就有可能限制中国教育改革的发展空间，甚至对中国社会的进程产生消极影响。[1] 我们已经颇为熟悉的"教育的产业化"或"市场化"，就反映了一种非常明显的教育非公共化的倾向。大中小学都把获取经济利益、占有市场份额作为自己的主要任务。获取最大利润或利益，成为办学或教育的目的。我们教育的这种"私化"，放弃了教育的公共性，学校和教育的公共意识和公益意识日渐薄弱，使得教育和学校失去了公共价值的规范。[2] 当下，课外补习"绑架"学校教育、小升初择校竞争中公退民进以及新一轮的"名校办民校"，都在提醒我们需要警惕新的"教育产业化"。[3]

　　1978 年，党的十一届三中全会提出加强法制建设，提出了"有法

---

　　① 劳凯声：《中国教育改革 30 年：政策与法律卷》，前言，北京，北京师范大学出版社，2009。

　　② 金生鈜：《保卫教育的公共性》，载《教育研究与实验》，2007(3)。

　　③ 杨东平：《警惕新一轮的"教育产业化"》，http://www.sohu.com/a/214223591_112404，2018-08-10。

可依，有法必依，执法必严，违法必究"的十六字方针，彻底否定了
"文化大革命"。法律是治国之重器，随着中国特色社会主义法律体
系的形成，"有法可依"的问题基本解决。1997 年，党的十五届一中
全会提出"依法治国，建立社会主义法治国家"，把治国基本方略和
目标提升为"法治"，强调依照法律来治理国家和社会，法律是社会
生活的最高权威和最高裁判，是衡量国家、政府、社会组织和个人
行为的根本标准。2014 年，党的第十八届四中全会以全面推进法治
国家建设为主题，通过《中共中央关于全面推进依法治国若干重大问
题的决定》，提出了"科学立法、严格执法、公正司法、全民守法"的
法治工作新十六字方针。该决定分析了全面推进依法治国若干重大
问题，将"深入推进科学立法、民主立法"作为完善以宪法为核心的
中国特色社会主义法律体系的重要方面。2017 年，党的十九大报告
指出，"全面依法治国是国家治理的一场深刻革命，必须坚持厉行法
治，推进科学立法、严格执法、公正司法、全民守法"，要"推进科
学立法、民主立法、依法立法，以良法促进发展、保障善治"。

立法是指国家权力机关依照法定职权并通过法定程序，创制法
律和其他规范性文件的活动，是法所要促进的目标价值法律化的过
程，是公众意志的具体体现。立法是执法、司法、守法的基础，良
法才能保障严格执法、公正司法、全民守法。党的十九大报告将依
法立法与科学立法、民主立法并列为立法原则，是立法原则上的一
大变化。依法立法要求立法部门在立法时，一定要遵守宪法法律设
定的程序和实际权力的授权界限。良法是社会发展规律的反映，并
能够反映经济社会利益诉求。只有做到科学立法、民主立法、依法
立法，才能真正实现宪法法律至上，法律面前人人平等，最后实现
通过良法促进发展、保障善治。

教育是一种超越任何利益集团的，由公共价值导向的，以扩大
公共利益为目的的实践。作为公共事务，必须关注教育如何才能实

现社会正义、社会进步的政治生活的需要问题，关注公民的公共精神的健全发展。① 习近平总书记在 2013 年 2 月 23 日十八届中央政治局第四次集体学习时指出：人民群众对立法的期盼，已经不是有没有，而是好不好、管用不管用、能不能解决实际问题；不是什么法都能治国，不是什么法都能治好国；越是强调法治，越是要提高立法质量。提升教育的公共性，需要进一步提高教育法律与政策的科学性，通过科学规范，促进教育发展，保障教育的善治。

二、以公共性为目标价值，提高教育法律与政策的科学性

目前，在教育法律和政策的制定与完善过程中，准确把握教育活动和教育改革的复杂性，深入理解教育法律与政策的内生的基本价值，就成为提升教育法律与政策水准和改革决策质量的一个关键性的问题。无论是法律还是政策，都要遵循事物发展本身的规律。

法律与政策的科学性首先表现为法律与政策的价值理性。在法律与政策的发展变迁过程中，都不同程度地存在价值选择的两难困境和摇摆现象，其本质在于社会价值与个人价值的对立和统一。实现教育的公共性，首先应该消除法律与政策的价值偏失现象，建立中立性、价值内生性的价值规范体系。维护教育的公共性，是社会发展的必然要求，是社会诉求在教育上的反映。必须正确认识教育公共性的内涵，并将其作为教育法律、政策选择与安排的基本价值，使立法与政策的制定能够符合教育规律，真正体现教育公共性的要求。

教育影响具有广泛性。这集中表现在教育超越了"私域"的范畴，不仅仅影响单个人或团体，而且正在或将要对多数或绝大多数人、团体产生普遍的影响，并通常促使政府机构制定相应的公共政策。同时，教育问题可以超越地域的限制，而对一个国家内部的公共生

---

① 金生鈜：《保卫教育的公共性》，载《教育研究与实验》，2007(3)。

活产生相似的影响，也可以超越国界的限制，而对全人类的共同生活造成潜在或现实的影响。教育的公共性表现为它超越了人为的地理界限，不但对公民个人产生直接的影响，而且还会对整个社会产生影响，从而使所有社会成员都在客观上潜在地、共同地受益，没有一个个体或团体可以置身于其外。这样，教育问题的解决就不仅是为了满足公民个人的利益需求，而且也是为了实现具有社会共享性的公共利益。公共性是现代教育的基本属性，教育的公益性、平等性、民主性、科学性等特点均源于此。

第一，教育的公共性要求国家主动干预，维护公共利益。需要强调的是，国家并不等于政府。在现代社会产生以前，教育规模小，主要是教师、学生、家长等的个人活动。国家一般不直接管理教育，只是在幕后间接地影响着教育。例如，我国古代主要通过选士制度来影响教育，欧洲各国在 19 世纪以前，学校或由教会控制，或由自治城市领导，或学校本身自治。而在现代社会，教育是作为一种人人应该享有的普惠性利益由国家提供给全体公民的。教育的受益者不仅是某个个体、区域的群体，也是整个社会，甚至是未来世代，影响着社会公众共同的必要利益，但教育的普惠性会产生"搭便车"现象。教育作为一种以社会为本位的公益性事业不应该简单地等同于一般的商品，"单纯依赖市场提供一种渠道并不足以平衡社会对教育的供求关系"①，因为市场配置资源的动力是逐利机制，人们不但不能自发促成公益，而且还会将成本转嫁给公共利益，产生"公地的悲剧"②，导致教育的公益性危机。由公益性取代古代教育的私益性，是现代教育区别于以往任何一种教育的一个基本价值前提。民众的公共利益不可能由任何私人来提供和维护，必须通过国家财政

① 劳凯声：《面临挑战的教育公益性》，载《教育研究》，2003(2)。
② ［美］加勒特·哈丁：《生活在极限之内：生态学、经济学和人口禁忌》，1 页，上海，上海译文出版社，2001。

设立各种公共机构来实现，必须通过国家力量，建立学校制度并制定规范加以管理。在我国经济体制改革的宏观背景下，教育改革不能无视教育公益，国家必须设立各种公共机构，并采取积极、必要的手段加以维护。

第二，教育的公共性要求国家财政支持，改善整个社会的教育条件。现代社会产生之前，学校教育与生产劳动基本上是脱节的，构成一个很少变化的封闭系统，教育内容主要是为统治阶级服务的文化知识和教养，进学校、受教育只是少数人的特权。而在现代社会，教育的普及化和社会化成为广泛的社会诉求。当前，市场机制的介入，提高了教育资源的使用效率，促进了教育服务多元化，但市场法则只眷顾社会竞争中的获胜者，却无法从根本上解决教育发展不均衡、受教育机会不平等、公共利益毁损、乱收费等问题。为获得公平的发展机会，人们只能寄希望于国家提供财政支持，改善整个社会的教育条件，同时为弱势人群提供资助以使其能接受教育，获得参与未来竞争的能力。教育"在另一方面，它也具备了公共性和公产（共同生产）性的特征，这些特征又使它不适合于市场化"①，因此，世界上没有一个国家的教育是通过纯市场来运作的，公共财政拨款一直是教育经费的主要来源。通过国家的力量建立公立学校，向社会提供公共教育服务是政府保障教育机会平等的一个主要做法，是现代世界各国推行普及教育、实现教育机会平等的一项共同经验。② 我国的教育改革亦不能无视社会与个人对教育发展的诉求，弱化政府的经费投入责任。

第三，教育的公共性要求以社会为本位，维护每一个人的平等

---

① ［日］藤田英典：《走出教育改革的误区》，181 页，北京，人民教育出版社，2001。

② 劳凯声：《教育体制改革与改革伦理问题》，《首都师范大学学报（社会科学版）》，2011(4)。

受教育权。现代社会产生以前，经济生活落后，社会交往隔绝，不同等级之间界限森严，教育只为特权阶层服务，是以少数人为本位的，教育促进人和社会发展的功能受到极大的限制。而现代社会中，教育成为一种无排他性的普惠性利益和维系着国家、民族发展根本利益的重要领域和全局性事业。人们在接受教育的同时，不能排除他人接受教育。然而，各国教育发展普遍都面临着教育资源紧缺问题，教育资源的有限性必然引发竞争。而要使教育普及化和社会化所导致的复杂教育运行过程有序化、科学化并体现社会的整体利益，仅依靠市场法则抑或个人的努力是远远不够的。"我们进步的检验标准，不是看我们是否锦上添花，而是看我们是否雪里送炭。"①现实中人的自身能力和外在社会、经济条件千差万别，如果不加以规制，就难以消除教育资源分配中的特权和不公，而如果忽视人之间本身存在的不平等而片面强调绝对的无差别对待，又会导致事实上的不平等，教育依然难以排除以权钱为本位的嫌疑。"国家有义务保障全体国民平等接受教育的权利，除了教育机会均等地向每一个国民开放外，还必须以差别待遇的方式，使位于较不利社会地位的人，亦有获取资源的机会，尽可能参与社会的竞争"②，让教育真正以每个人为本位，使社会每个人都拥有受教育权的主体资格，捍卫每个人的平等受教育权利。

三、将教育的公共性内化为具体的法律、政策规范

法律与政策的科学性还表现为法律与政策的规范理性。它要求教育法律与政策的规则体系架构科学合理，充分反映和满足教育功能实现过程中对法律与政策的全方位要求。立法与政策制定是教育

---

① 《罗斯福选集》，139 页，北京，商务印书馆，1982。
② ［日］中村睦男、永井宪一：《生存权，教育权》，转引自李孟融：《福利国家的宪法基础及其基本权利冲突之研究》，见《法理学论丛——纪念杨日然教授》，236 页，台北，月旦出版公司，1997。

的公共性目标价值化为具体规范的过程，必须将这一价值具体化为行为准则，才有可能形成完善的责任机制的规范基础，教育的公共性目标才有可能达成。为说明并印证这一观点，我们可以对几个重要的教育领域或问题做分析。

（一）义务教育的规范

教育的公共性与自主性的关系具有彼消此长的特点。自主性越强，其公共性就相对越弱；公共性越强，其自主性就相对越弱。公共性越强，对学校、教师的权利限制越多，国家监督的强度、密度越高。自主性与公共性的关系变化取决于学校的性质。因此，对学校、教师权利的规范及对学校、教师行为的监督，也必须根据教育阶段、教育类型、学校接受国家经费投入及接受社会资助的情况，来决定规范与监督的强度与密度（见图 1-1）。

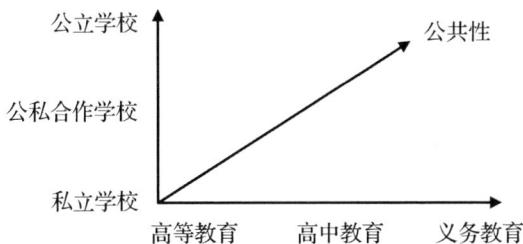

图 1-1 公共性与教育阶段、学校类型的关系

义务教育是由国家法律规定的，每一个公民都必须接受的教育，是国民素质得以提高的基础，是现代社会文明的标志。从教育阶段看，在义务教育阶段，涉及国家在教育上所负的宪法上的义务教育义务，也涉及公民受教育权利的实现，并且这一教育阶段正是人格及各种能力充分发展的关键阶段，同时也是受教育者心智尚未成熟、最容易受到伤害的阶段，法律对从事此阶段教育的教师应有最严密的规范，政府应有最严密的监督。相反，在高中教育至高等教育阶段，随着国家对教育所负义务的递减，公民人格及各种能力的逐渐完善，受教育者心智的渐趋成熟，应当允许教育有自由发展的空间，政府的监督强度也应随着教育阶段的变化逐步减弱，立法应赋予学校、教师更多的自由权利。

公立义务教育具有最强的公共性，它要求国家为每一个公民享受平等的受教育机会提供保障。在我国，随着义务教育公共品属性的进一步明晰，义务教育均衡发展，尤其是城乡义务教育公平问题备受关注。我国虽然在宪法、教育法律等一系列重要法律文件中都明确规定了公民享有平等的受教育权，《义务教育法》也规定"均衡安排义务教育经费""缩小学校之间办学条件的差距""均衡配置本行政区域内学校师资力量，组织校长、教师的培训和流动"等，但由于现实中人们社会经济地位的复杂差异性，以及立法应有的平等保护的制度性缺陷，公民受教育权难以从法定的平等权利变为现实的平等权利。全国和省域内公共教育资源地区间、城乡间存在许多差距，有些差距还较为突出。

为保护处境不利者的平等受教育权，《义务教育法》采取了相应的补偿性措施。该法中"采取措施，保障农村地区、民族地区实施义务教育""完善农村教师工资经费保障机制""鼓励和支持城市学校教师和高等学校毕业生到农村地区、民族地区从事义务教育工作""鼓励高等学校毕业生以志愿者的方式到农村地区、民族地区缺乏教师的学校任教""农村义务教育所需经费，由各级人民政府根据国务院的规定分项目、按比例分担""县级人民政府编制预算，向农村地区学校和薄弱学校倾斜""设立专项资金，扶持农村地区、民族地区实施义务教育"等规定，就是"补偿平等"的集中体现。

然而，实施补偿的方式应该是什么？补偿是否应有合理的限度？2013 年秋季，景洪市实施学生"营养计划"，市公办农村义务教育阶段学校和城市义务教育阶段农村户口学生全部享受该计划。"城区就读的农村富裕家庭学生享受了该计划，而城市贫困家庭的孩子却不能享受。同时，人为地把学生分为城乡两部分，没有体现教育的公平。"①基于我国经济发展严重不平衡、教育资源和教育发展条件的巨大差异性，东西部之间、发达地区与欠发达地区之间、农村与城市之间无论在教育资源的数量、质量及实际享有的教育的水平上都存在明显的差距。国家采取相应措施区别对待，增加对欠发达地区的教育投入，为实现事实上的平等而允许落后地区、落后地区受教育者享有相对较多的公共教育资源，适当限制发达地区对公共教育资源的享有，是符合公平这一价值取向的。但是，"补偿平等"并不是永远合理的法则，它只是特定社会条件下为达成平等所采取的技术性措施。2016 年，教育部"阳光高考平台"陆续公布了当年全国重点高校对农村学生的单独招生计划，诸多著名高校招生向农村学生倾斜，北京大学、清华大学、中国人民大学、北京师范大学等在京重点高校启动了农村学生专项招生，录取优惠最高可降至一本线录取。农村学生如何界定？招生倾斜名额确定的标准是什么？怎样的界定才体现高考招生真正向弱势群体的倾斜？确定怎样的名额才不造成逆向歧视？我们需要设定受教育权平等保护的判别标准，以对受教育权平等保护做一个更为根本的合理解释②，防范逆向歧视的产生。

　　城乡义务教育发展的更深层次的差距是城乡义务教育的质量差距。③ 虽然《义务教育法》将"提高教育质量"作为考量义务教育发展的重要维度，并从教师、教育教学、经费与条件、质量监督等四个方面做出要求，但由于配套法律制度的缺失，质量公平的保障存在

---

　　① 张媛：《全国人大常委会义务教育法执法检查组在景洪检查：将有限编制更多用于教学保障》，载《法制日报》，2013-10-30。
　　② 余雅风：《论公民受教育权平等保护的合理差别对待标准》，载《北京师范大学学报(社会科学版)》，2008(4)。
　　③ 张乐天：《促进教育公平关键在提高农村义务教育质量——对实施新修订的〈义务教育法〉的几点思考》，载《教育学术月刊》，2007(1)。

障碍。① 表现为：第一，《义务教育法》对教师入职资格、教师职务和教师培养做了规定，但基本上是重申《教师法》的规定，对《教师法》存在的问题没有突破，城乡师资质量差距依然严重，农村教学工作往往处于一种"维持"或"应付"状态。第二，《义务教育法》规定"学校和教师按照确定的教育教学内容和课程设置开展教育教学活动，保证达到国家规定的基本质量要求"，教育教学要"促进学生全面发展"，但目前国家课改政策缺乏权威性与法律化，与城乡教育现实有较大的差距，《教育法》规定的"学校教育评估制度"亦无具体规范，以至于"重点率""升学率"成为评价的单一标准。农村学校教育仍陷入单一的"题海战术"中，窄化为"语文＋数学"的教育。第三，《义务教育法》建立的国家财政拨款属于宏观性质，主要用于人员经费和学校建设，没有专门的义务教育质量提升的财政支持立法。"随着我国新型城镇化建设和户籍制度改革不断推进，现行义务教育经费保障机制已不能很好适应新形势要求。"②美国《不让一个孩子掉队法案》(*No Child Left Behind Act*)关于联邦政府投入的经费的规定就明确指出：联邦政府的钱将投放在能有效促进义务教育质量的项目和实践上，经费将以改善学校办学条件和提高教师质量为目标。尽管稳定、持续和大量的财政投入是学校教育质量提高的基础，但是投入的增加并不必然意味着教育质量的提高。③ 城乡间现代信息技术教育、外语教育、科技活动和社会实践活动开展质量差距明显。第四，《义务教育法》规定的教育质量及义务教育均衡发展的督导制，属于《教育法》《教育督导条例》规定的教育督导制的范畴，由于缺乏实质

---

① 余雅风：《义务教育质量有效保障的法律分析》，见劳凯声：《中国教育法制评论》第 9 辑，120～121 页，北京，教育科学出版社，2011。

② 《国务院关于进一步完善城乡义务教育经费保障机制的通知》，http：//www.moe.edu.cn/jyb_xxgk/moe_1777/moe_1778/201511/t20151130_221655.html，2018-08-10。

③ 郑春光：《试析美国学校财政政策与教育质量提高》，载《教育发展研究》，2006 (20)。

性的改进方案和责任追究条款，造成督导对普遍存在的辍学、教育质量低的现象无能为力。第五，从《义务教育法》本身来讲，也需要就城乡义务教育质量平等做出合理的补偿性规定，以质量平等带动城乡教育的公平与均衡发展。

促进义务教育公平，需要政府的积极行动。需要以提高农村义务教育质量为抓手，实现教育法律体系中不同部门、层级的法律、法规与制度在教师、教育教学、教育质量监控、经费与条件保障等要素上的协调、支撑与配合。具体而言，应从如下几方面努力：第一，完善教师立法，除了根据社会发展与教育规律对教师资格制度、教师聘任制度、教师教育制度、教师福利待遇保障制度做出具体、科学的规范，还要就改善农村师资状况的具体规则做专门规定。第二，实施教育投入立法，强化中央和省级政府对义务教育的投入职责。设立义务教育的基本投入基准和学校建设标准，确保贫困地区儿童能够获得基本的教育资源与条件保障。建立贫困地区教育发展专项基金，设立促进义务教育质量提高的专项基金或财政支持款项，对义务教育质量提升实施专门的、持续的财政支持。第三，通过立法建立具有可操作性和权威性的基本的国家课程标准，明确不同类型课程设置的目标、内容及基本要求。在明确义务教育质量的评价以所有学生的全面发展为原则的基础上，建立义务教育国家标准评估系统。第四，在相关部门法中明确各级政府对农村教育的经费投入、条件保障职责及投入不足的法律责任；明确政府、教育行政部门的教育质量监督、督导职责及失职的法律责任；明确学校向学生监护人提供了解教学资源、教育教学信息（如学校评估报告、教师的教学水平评估及学生的成绩统计）等教育质量信息的职责及失职的法律责任。通过明晰职责与法律责任，保证促进义务教育质量平等法律规范的强制性、有效性。

义务教育是一种基础性、保障性、公益性的教育，是免试免费、就近入学、非竞争性、非选拔性、非淘汰的教育，是以学生为中心，以学生的健康发展和终身幸福为本的教育，是公共性最强的教育。当下，课外补习白热化、义务教育"公退民进"和"名校办民校"及"教育产业化"等现象，不但让学生失去了身心健康、学习兴趣、想象力和好奇心，更让义务教育面临公共性危机。我们需要回到教育价值和教育理想的层面，重新认识义务教育的属性、价值、功能，从根本上改变应试教育制度，善待学生，使其免于恐惧，使其能够快乐、健康成长。

（二）民办教育的规范

2016 年 11 月 7 日，第十二届全国人大常委会第二十四次会议审议通过了《关于修改〈中华人民共和国民办教育促进法〉的决定》，于 2017 年 9 月 1 日起正式施行。从《民办教育促进法》修改的思路和主要内容看，无论是激励还是限制措施，均以营利与否为标准，以利益规制为主要考量，设置不同的规则区别对待。只是在办学领域方面，对营利性民办学校实施义务教育做了禁止性规定。《民办教育促进法》对两类民办学校激励措施、限制措施的设定，其背后体现了国家怎样的价值取向与引导？民办学校除了营利与非营利之分，还存在学历教育与非学历教育、义务教育与非义务教育之分，加上资产构成、土地来源等不同情况，即使同为非营利性民办学校，依然会呈现极其复杂的样态。在两类民办学校的政府扶持及收费办法上，《民办教育促进法》对地方政府做了授权性规范。那么，地方政府是否只需按照非营利性和营利性分类，就上述两项对民办学校设计两套整齐划一的方案？如果不是，同类民办学校不同管理方案的确立应依据怎样的原则？其背后的分析基础为何？2016 年 12 月《营利性民办学校监督管理实施细则》的出台，似乎欲强化对营利性民办学校的监督管理。那么，对非营利性民办学校是否可以放松管制？从这些问题看，民办学校分类规范面临理论基础难题。

民办教育具有公共性，由此构成国家介入其中并通过立法确立权利义务关系的理由。公共教育并非对"私教育"的否定，也不是舍弃教育的私事性。"学校教育和社会教育则是以少年和成人为对象，广泛地以全国、全社会的规模，提供教育的机会，设立教育的机构来进行的。这种教育的目的是在机会均等的原则下，适应个人的能力，尽可能丰富多样地实现国民的教育福利。在这个意义上可以说，现代的学校教育、社会教育具有显著的公共性。"①民办教育是面向社会实施的，客观上有利于满足公民多样化的教育需求，有利于实现国民的教育福利。民办教育的公共性，从教育的功能层面回应了国家采取积极有效措施，支持民办教育发展，同时为民办教育发展提供制度保障的理由问题。民办教育作为教育事业的重要组成部分，既要促进其社会功能的发挥，还要防止民办学校在运作过程中可能产生的妨害公共利益的行为，由此产生如何立法以对民办学校进行扶持、优惠并加以规制的问题。

公共性差异，为民办学校分类规范提供了分析基础。从教育的基本属性——公共性视角，可以对民办学校分类进行有力的解释，亦可以对《民办教育促进法》关于非营利性和营利性的分类提供理论支持。基于非营利性内含的不取得办学收益、办学结余全部用于办学的限制，使举办非营利性民办学校具有了为公益或其他非营利的目的，因而具有较强的公共性。营利性民办学校的举办者可以取得办学收益，具有办学结余的产权，使举办营利性民办学校的资产具有投资的性质，与非营利学校相比，公共性较弱。为了公益目标的达成，修法确实给予了非营利性民办学校更大的政府扶持、土地和税收优惠力度，体现了立法对具有较强公共性民办学校的支持、引导。

---

①　[日]筑波大学教育学研究会：《现代教育学基础》，214 页，上海，上海教育出版社，2003。

民办教育的公共性，使民办教育立法有了目的价值和法律规范的分析维度。以维护和引导民办学校的公共性发挥作为民办教育立法的目的价值：一方面，公共性决定民办学校分类规范的标准。民办学校具有公共性差异，公共性越强，法律监督的力度越强、范围越广；公共性越弱，法律监督的力度越弱、范围越小。另一方面，公共性决定民办学校规范的重点和面向，并通过对民办教育法主体及其权利(权力)义务的规定来实现。

民办教育的公共性，从教育的固有特性层面回应了国家采取积极有效措施，介入民办学校的举办与运作，对民办学校进行监督、管理的理由问题，同时也回应了国家介入民办教育应有的边界问题。一方面，维护和引导公共性作为立法的目的价值，使得民办教育立法有了规范的重点和面向，包括保证公共经费合理使用、维护教育品质、防止产生负的外部效应、维护公民基本权利、保证信息公开等①；另一方面，要确立必要的行政法治原则，在维护和引导层次差异的民办学校公共性的同时，还要尊重和保障其办学自由权，对非涉及公共性的方面给予举办者充分的选择权，这也是民办教育立法的特殊性所在。表现在立法上，应该是通过对民办教育法主体及其权利(权力)义务的规定来实现。

(三)高等教育的规范

高等教育的公共性表现为：第一，高等教育可以左右学校、社会及团体、社会文化的应有状态和国民经济的发展，是一个与包括经济在内的文化社会的维持、发展、重组、再生产有关的事业。它所提供的产品或服务由人们共同占有和享用，具有为整个社会服务的公共职能，是人类社会赖以生存和发展的重要基础。第二，高等

---

①　周志宏：《私人兴学自由与私立学校法制之研究》，548 页，台北，学林文化事业有限公司，2001。

教育直接服务于学生学习并影响个人能力与发展、家庭状况，可以为个人带来合法的、可观的个人利益。第三，在前二者的基础上，国家运用公共经费、社会资源举办、扶助、运作和管理高等教育，以确保高等教育功能的实现。

由于政府具有替代市场组织并配置资源、替代公民选择偏好与决策的能力，泛化并整合社会不同利益的功能，因此，在我国传统的高等教育公共性理念和假设中，全面政府化被认为是确保公共性的最有效的途径。在我国长期的计划体制下，公共性强调的是社会公益性与社会秩序，教育政策的价值取向是强调行政权的权威，而将公民的权利置于行政权的权威之下，不太强调公民个体基本权利的保障。政府教育行政活动的范围和强度不断扩大，政府往往以行政命令等方式介入教育各个领域，甚至涉足个人私事。20 世纪 80 年代以来，高等教育的公共性理念在制度形态层面和功能层面都发生了动摇。

从高等教育公共性理念的制度形态层面看，第一，高等教育的办学模式由政府包办走向了办学主体的多元化。第二，高等教育的投资体制由单一的国家公共财政拨款体制走向多渠道的经费筹措体制，高等教育的教育成本分担理论和"缴费上学"正在成为一种共识。[1] 第三，高等教育的运行和管理由政府直接管理走向间接宏观监控。从高等教育公共性理念的功能层面看，由于高等教育具有形成和评价受教育者能力、实现受教育者人权和民主社会等功能，因此，"教育机会平等一直被当作教育体系的组织原则"[2]。而当前，高等教育的有偿化、高等教育的可选择性和消费者权利保护、受教

---

[1]　邬大光：《我国高等教育大众化的基本特征与政府的责任》，载《教育研究》，2002 (3)。

[2]　[日]藤田英典：《走出教育改革的误区》，208 页，北京，人民教育出版社，2001。

育者个性自由化发展等观念的普及，都使高等教育机会的平等性发生动摇。

有研究表明，市场导向的改革也带给教育诸多的负面效应，削弱了高等教育的公共性。

市场化公益行为必须有必要的限度。市场化公益行为是办学主体通过某种市场化的方式来获得社会的教育资源，以一种与政府途径相平行的市场途径向社会提供教育服务，为此享受教育服务的人必须交纳一定的学费，而投入教育资源的人则必定要获得一定的经济回报……这是一种不同于传统的新的教育提供方式。与政府所提供的教育不同，市场化公益行为意味着把教育这种公共物品经过转化，进入市场，并通过市场运作来向社会提供。[1] 政府在寻求教育投入多样化、通过市场机制扩大教育机会的同时，不能将自己的使命与责任转嫁给学校和消费者，"教育改革既要对全球变化和国内形势做出反应，也要体现对民主决策方式的承诺和对社会公正的追求"[2]。对于公共教育的成功和运作而言，"当我们建立起这样一种民主化的结构框架，政府仍然应该在其中扮演重要的角色……政府官员和机构十分重要。他们可以……督促学校遵守法律和为学生设计考试"[3]。"事实上，各种各样的教育活动也正是按照市场规律来实施的。如果只把这种服务理解为提供知识和照顾，就更没有理由否定其市场化。但在另一方面，它也具备了公共性和公产（共同生产）性的特征，这些特征又使它不适合于市场化。"[4]

让市场起作用，并不意味着否定政府的必要作用。政府对公立

---

① 劳凯声：《面临挑战的教育公益性》，载《教育研究》，2003(2)。

② ［英］杰夫·惠迪、萨莉·鲍尔、大卫·哈尔平：《教育中的放权与择校：学校、政府和市场》，60 页，北京，教育科学出版社，2003。

③ ［美］约翰·E. 丘伯、泰力·M. 默：《政治、市场和学校》，236 页，北京，教育科学出版社，2003。

④ ［日］藤田英典：《走出教育改革的误区》，181 页，北京，人民教育出版社，2001。

高等学校的管制，是基于公立高等学校三方面的法律职责：其一，必须向公众说明投入高等教育公共经费的使用情况；其二，高等教育领域必须遵循的法律制度；其三，协调高校之间的关系，减少和避免项目的重复设置，提高公共资源使用效率。基于公共性，为所有具有潜能的学生提供经济和教育方面的帮助和平等的教育机会；致力于新知识的探索，保证和提高教育质量，为社会提供知识、技术、文化等方面的社会服务；国家为高等学校和学生提供经费支持，以维护学校教育质量和学术质量，同时保证具有潜能的学生能进入学校学习；有效率地使用公共经费，提高教育质量和学术水平，为社会服务；保证教育的中立性，实现教育与政治、宗教的分离……这些就成为世界各国规制高等教育公共性的核心内容。由于政府的公共行政"必须强调其公共性特质"，其关注的焦点在于公共利益，须在宪法的规范下运作。[①] 因此，法律途径成为公共行政的重要方式之一。其所谓法律途径，"主要是将公共行政视为在特定情境中应用法律与实施法律的活动"。这就是说，政府对教育的行政管理是一个法律实施的过程，必须重视法治与裁决。

　　高等学校同时具有自主性和公共性两方面的特征。自主性是高等学校教学、科研和学术发展的重要特性，要求高等学校具有不受政府随意限制和干预的空间。而国家对高等学校的限制和介入，则主要是基于高等学校的公共性。其实，自主性与公共性作为高等学校的两个方面的性质，国家的规范并非不能共存，而且可以相互促进：一方面，国家对高等学校进行的规范，应建立在保障和发挥高等学校的自主性基础之上。因为只有保障高等学校的自主性，才能够为学校教师创造宽松的学术研究、教育教学环境，为科研、学术

---

① ［美］戴维·H. 罗森布鲁姆、罗伯特·S. 克拉夫丘克、德博拉·戈德曼·罗森布鲁姆：《公共行政学：管理、政治和法律的途径》，14～15 页，北京，中国人民大学出版社，2002。

水平和教育质量的提高创造条件，保障学生学习自由权的实现；否则，就谈不上实现公共性。另一方面，国家对高等学校公共性的保证，有利于自主性的发挥。因为如果国家不能适当规范教育的公共性，则有可能引发不同主体的利益冲突和教育秩序混乱，不但直接对教师工作权、学生学习权产生损害，还会因教育的外部效应间接对社会产生损害。因此，在政府基于高等学校的公共性而加以限制、规范时，必须考虑高等学校的自主性，维护其自主权利，协调好高等学校自主性与公共性的关系。历史和实践都已证明，高等学校完全的责任履行与绝对的学校自治都是不存在的。[①] 因为完全的责任履行，就意味着高校彻底沦为政府控制下的一个政府机关，而绝对的学校自治、市场化又排斥和忽略了高等学校作为公共组织所应当承担的法律责任。因此，在政府与高等学校的关系问题上，重要的不是高等学校有多大的自治权，而是政府管理的界限和监督的力度问题，是如何构造高等学校与政府、高等学校与市场、政府与市场的关系的问题。在高等教育中，政府应该通过责任机制来保护社会公众在高等教育中的利益，同时，又为高等教育提供自主发展的环境。

（四）教师职业的规范

教师职业会涉及不特定多数学习者及其受教育权利的实现，教师的教育教学的成效将影响学习者人格的发展、身心能力的成长及知识技能的获得，并对教育事业产生影响。计划经济体制下，我国师范院校的毕业生由国家统一安排就业，教师队伍整体较为稳定。20 世纪 80 年代中后期，经济体制改革给教育带来巨大影响，一度出现教师停薪留职、辞职经商的情况，教师队伍的稳定性受到冲击，

---

① F. Newman，"Rising Expectation：Can States Help Renew Quality?" Change，1985(6).

教育事业发展出现潜在危机。为稳定教师队伍，1993 年 10 月 31 日，我国颁布了《教师法》。《教师法》确立教师的参与管理权，推进了学校决策走向民主、科学；确立教师职业的专业人员身份，促进了教师专业化发展；确立教师聘任制与考评制，推动了教师管理的规范化。然而，无论是从立法背景还是从相关规定看，《教师法》的出台都具有一定的应景色彩，难以顺应时势并有效调整变化了的利益关系。

从教师职业的公务性来看：

第一，教师作为接受国家委托、承担国家公共教育职能的人员，应享有与其他承担国家公共职能的人员同样的特殊权利。《教师法》第三条明确规定教师"承担教书育人，培养社会主义事业建设者和接班人、提高民族素质的使命""履行教育教学职责"。然而，《教师法》忽视了教师职业的公务性，通过教师工资水平、医疗待遇、教师聘任制等一系列规定，将教师与公务员相区分，并未有相关制度与规定，使教师承担公共教育职能得到必要的法律一体性保障。由此造成《教师法》要求的基础教育阶段教师的福利待遇未落实，教师群体的工资水平事实上低于公务员，未实现"不低于或者高于国家公务员的平均工资水平"。第二，教师作为接受国家委托、承担国家公共教育职能的人员，在享有特殊权利保证其履行职责的同时，教师的行为还应受到与其他承担国家公共职能的人员同样的限制。由于教师职业的特殊性，《教师法》专门规定教师"应当忠诚于人民的教育事业"，履行"遵守宪法、法律和职业道德，为人师表"的义务。然而，《教师法》将教师与公务员相剥离，并未对教师履行公务行为做出相关、具体的规范，放任了教师执教行为。放任教师执教行为的后果是育人事业难以发挥正向作用。更为重要的是，《教师法》将教师的法律身份定位为与其他专业技术人员无异的职业，使得《公务员法》对公务员的禁止性规范不能适用于教师，也使得国家教育行政部门发布的《中小学教师违反职业道德行为处理办法》《严禁中小学校和在职中小学教师有偿补课的规定》等师德规范缺乏法律依据和法理基础。

从教师职业的专业性来看：

第一，《教师法》虽确立了教师专业人员的法律身份，但对教师作为专业人员应具有的专业权利缺乏必要的考量，也未确立有效的机制进行保障。教师职业是一种专门的职业，需要经过专门的培养和经常性的培训才能胜任。因此，教师职业具有不可替代性。[①] 在当下缺乏职业规范引导的舆论、媒体面前，在学生"绝对权利"观下，教师丧失了有限的教育自由权。而在应试制度的束缚下，教师异化成教育流水线中的工序。第二，教师是承担公共教育职能的专业人员，在享有教育权的同时，其教育自由的内容与行为必当受到限制。教师负有探求真理、发展学术和培养学生能力的责任，包括承担教学、教育引导学生、承担学校工作、研究进修、社会服务的义务。正是基于这个责任，法律才赋予教师以教育自由权。这个权利是由法律专门规定的，必须是与学术、教学内容有关的。在这个前提下，教师享有对学术内容讲什么、讲多少、如何讲、在哪儿讲（选择实验室、教室、实习地等）、何时讲（确定讲授的合适学期等）的自由。因此，教师的教育自由权，其实是教师在学术的范围内实施教学的自由，与公民言论自由中讲与不讲的自由存在相当的区别。

要使有关教师的法律法规科学、有效调整社会关系，使教师职业发挥社会期待的、应有的社会功能，需要对教师职业特性及要求有准确的认知。然而，我国目前有关教师的法律法规缺乏对教师职业内在要求与品质的必要考量，使得教师权利与义务失衡，导致教师问题凸显。作为承担国家公共教育职能的专业人员，教师职业不

---

① 劳凯声：《教师职业的专业性和教师的专业权力》，载《教育研究》，2008(2)。

可避免地同时具有公共性与自主性两个方面。国家规范教师职业的合理性基础，主要源自教师职业公共性。但必须顾及教师的权利维护，最主要的是促成教师职业公共性与自主性的协调。法律法规若要合理规范教师职业，必须解决教师职业的公共性与自主性的冲突。教师职业的公共性与自主性的关系具有彼消此长的特点，自主性越强其公共性就相对较弱，公共性越强其自主性就相对较弱。公共性越强，教师的权利限制越多，国家监督的强度、密度越高。公共性与自主性关系的变化取决于教师所在学校的性质、教育的阶段。因此，对教师权利的规范及对教师职务行为的监督，也必须根据教育阶段、教育类型、学校接受国家经费投入以及接受社会资助的情况，来决定规范与监督的强度与密度。

教师不仅需要具备一定的知识和胜任教学岗位的能力，还要具备高尚情操和廉洁敬业的自律意识。为避免教师不端行为可能引发的教育的负外部效应，应建立系统化的教育公务员管理制度，在教师履职、道德、服从、行为等方面履行与公务员类似的义务，在招聘、录用、晋职、考核、奖惩、交流、离职等方面强调政府干预和引导。

国家要确立教师的教育权，激发教师的教育自觉。教师的教育权特指教师作为专业人员在履行教育职责过程中利用自身专业技术自主组织教学活动、实施教学行为及其他相关教育行为的权力。一方面，它是法律赋予教师的、依法对学生实施管理和教育的专门权力，具有权威性。学生必须服从，其他任何人不能非法剥夺。另一方面，其实质意义是以教育学生、促进学生发展为终极目的，是对教师职业的义务性规定。作为教师必须遵守，既不得超越，也不得放弃。

第二章
走向新时代的教育公共治理

教育是关涉个体发展、社会进步和国家振兴的公共事业，公共教育管理体制改革和完善涉及政府、学校关系的调整，对于教育事业发展具有重要的意义和作用。改革开放以来，我国不断深化教育体制改革，通过恢复和重建教育秩序、改革和完善公共教育管理体制，实现了教育管理向教育治理转变，形成了政府宏观管理、学校自主办学、社会广泛参与的教育治理体系，为教育现代化目标的实现提供了强有力的制度支撑。

第一节　教育秩序的恢复和重建

从 1978 年开始，我国逐渐进入教育事业恢复和发展的时期。这一时期的主要任务是在十一届三中全会精神的指引下，恢复和重建被破坏了的教育秩序。

培养的学生大多"世界观基本上是资产阶级的"，是"资产阶级知识分子"。这就是教育界的"两个估计"。"两个估计"从根本上否定了新中国成立以来教育事业取得的成就，否定了广大知识分子在社会主义建设中的地位和作用。要肃清极"左"思潮对教育工作的影响，全面恢复和振兴教育，首先就必须推翻"两个估计"。

一、恢复高考

1977 年 8 月，刚刚恢复工作的邓小平就亲自召开了科学和教育工作座谈会，发表了著名的"八八讲话"，批评了"两个估计"，充分肯定了新中国成立后 17 年教育工作的成绩，肯定了知识分子是工人阶级的一部分，为教育战线全面拨乱反正、整顿教育教学秩序奠定了思想和理论基础。[①]

"文化大革命"期间，新中国成立以后逐步建立起来的全国普通高等学校统一招生制度遭到否定，高等学校的教育秩序彻底陷入混乱状态。直到 1972 年，大多数高等学校才开始恢复招生，但是明确规定：只选拔具有两年以上实践经验的优秀工农兵入学，不招收应届毕业生，取消文化考试，实行"自愿报名、群众推荐、领导批准、学校复审"的办法。1977 年，邓小平在关于科学和教育问题的谈话中，就尽快改变"文化大革命"中实行的高等学校招收工农兵学员制度，以及恢复高等学校招生考试制度问题，提出了两条重要意见：第一，高等学校要恢复文化考试招生制度；第二，提倡高等学校招生"两条腿"走路，允许高中毕业生直接上大学。1977 年 8 月 13 日，根据邓小平关于改革高等学校招生制度的指示精神，教育部在北京再次召开了高等学校招生工作座谈会，会议传达了"八八讲话"精神，经由代表们讨论产生了招生工作意见，报送给邓小平审阅修改。9 月 25 日，高等学校工作会议结束，会议确定了当年的招生政策，恢复高考终于确定下来。10 月 5 日，中央政治局会议讨论了招生工作文件。10 月 12 日，国务院正式批转了教育部根据邓小平指示制定的《关于 1977 年高等学校招生工作的意见》。该意见规定：废除推荐制度，恢复文化考试，实行德、智、体全面化考核，择优录取；修改

----

① 方晓东、李玉非、毕诚等：《中华人民共和国教育史纲》，279～283 页，海口，海南出版社，2002。

政审标准，贯彻"重在表现"的原则；考生要具有高中毕业或与之相当的文化水平。该意见还提出，凡是工人、农民、上山下乡和回乡知识青年、复员军人、干部和应届高中毕业生，只要符合条件都可以报考。具体招生办法是：自愿报名，统一考试，地、市初选，学校录取，省、自治区、直辖市批准。由于当年招生考试工作准备时间较短，所以由各省、自治区、直辖市命题。1978 年，教育部决定从当年起实行全国统一考试，全国统一命题，由各省、自治区、直辖市组织考试。与此同时，教育部还联合中国科学院着手恢复了研究生教育，研究生招生采取"本人自愿申请报考，经所在单位介绍，向招收单位办理报名手续，经过严格考试，择优录取"的办法，从 1978 年 5 月开始，在全国进行了招收研究生考试。恢复高考制度是教育战线拨乱反正的重要突破口，是教育事业全面恢复的一个重要标志。

二、整顿学校教育工作，恢复正常的教育教学秩序

"文化大革命"期间，我国各级各类学校的领导管理体制处于瘫痪状态，大量学校的校舍被挪作他用，许多学校被关、停、迁、并，对教育事业造成了严重的破坏。"文化大革命"结束以后，党和国家逐渐开始收回被占校舍，重新调整被关、停、迁、并的学校，重建学校领导管理体制。

（一）重建学校领导管理体制

为了扭转"文化大革命"期间被破坏的学校领导管理体制，教育部在总结经验的基础上，对各级各类学校的领导管理体制做出了统一规定：第一，高等学校实行双重领导，归口管理。教育部和省、自治区、直辖市教育行政部门领导和管理综合大学、多科性工业大学、高等师范学校；工、农、医、财经、艺术、体育等专科高等学校，由中央或省、自治区、直辖市有关业务部门为主负责管理。中等专业学校也由有关业务部门和教育部门实行双重领导，以业务部

门管理为主。第二，大中城市的中小学，一般由区教育部门领导为主；农村的中小学由县教育部门领导为主。由于农村中小学比较分散，可以在县的统一领导下，分出一部分工作交由公社、大队管理。第三，城市厂矿企业自办的普通小学，由城市教育部门统一领导管理。

（二）重新恢复和组建学校

"文化大革命"期间，许多学校因"停课闹革命"，校舍被占用，学校遭到严重破坏，这成为全面恢复学校教育工作的极大阻碍。为解决校舍问题，国务院于 1978 年 8 月 31 日批转了教育部《关于退还被占用校舍的请示报告》，要求不论任何单位占用学校的房屋、土地、家具、设备、车辆等，原则上都应无条件退还给学校，不得以任何借口拖延抵制。在中央的三令五申下，许多单位和部门逐步退回了占用的校舍。"文化大革命"期间，许多高等学校和中等专业学校被关、停、迁、并。"文化大革命"结束以后，国家把恢复和重新组建高校和中专作为全面恢复教育工作的重要任务。1977 年 5 月，经国务院批准，教育部首先恢复了西南政法学院，以后又陆续恢复了黑龙江商学院、郑州轻工业学院等。12 月 15 日，国务院批准撤销中央五七艺术大学的建制，恢复了原有的中央音乐学院、中央戏剧学院等 6 所艺术类学院。1978 年 4 月 1 日，国务院批准恢复和增设了广西轻工学院等 55 所高等学校。此后，北京政法学院、暨南大学、中国人民大学等高等学校也陆续得到恢复。经过全面恢复和重新组建高等学校和中等专业学校，在"文化大革命"期间被破坏的学校系统初步得到恢复和发展。

（三）恢复和整顿教育教学秩序

20 世纪 60 年代，教育部先后制定和颁布试行了《教育部直属高等学校暂行工作条例》《全日制中学暂行工作条例》和《全日制小学暂行工作条例》，对规范学校管理、稳定学校正常的教学秩序、提高教学质量起到了积极的作用。"文化大革命"期间，这些条例惨遭批判。
"文化大革命"结束以后，对这些规范性文件进行修订和重新颁布成
为恢复学校教育教学秩序需要解决的首要问题。1978 年 4 月，全国
教育工作会议在北京召开，与会代表讨论了《全国普通高等学校暂行
工作条例（草案）修改意见（讨论稿）》《全日制中学暂行工作条例（草
案）修改意见（讨论稿）》和《全日制小学暂行工作条例（草案）修改意见
（讨论稿）》。这三个试行草案是对 20 世纪 60 年代颁布试行的"高教
60 条""中学 50 条"和"小学 40 条"进行修改而成的，强调了教学工作
是学校的中心工作，要求学校保证课堂教学和书本知识教学的时间，
减少参加社会活动和生产劳动的时间，提高学校教育的质量。这些
草案的修订和重新颁布实施，对学校恢复必要的规章制度和教育教
学秩序起到了重要作用。

　　由于"文化大革命"的破坏，教材的出版和发行也面临着严峻的
问题。大中小学的课本供应不足，许多学校面临着学生上课没有教
材的问题。这些现象和问题引起了党和国家领导人的高度重视。邓
小平在 1977 年的"八八讲话"中指出："关键是教材。教材要反映出
现代科学文化的先进水平，同时要符合我国的实际情况。"同年，他
又指出："教材要组织专门班子编写。要编写集中，以供选择。"①
1977 年 12 月，教育部、国家出版事业管理局联合在河北涿县召开全
国教材出版发行工作会议。会议确定，中小学教材今后由教育部负
责统筹编写，高等学校和中等专业学校的教材，由教育部和国务院
各部委及所属出版社，按照专业对口的原则，分工负责编写、出版
工作。1978 年 4 月 3 日，国务院批准了此次会议的报告，恢复了"文
化大革命"前的教材编审体制和出版发行办法。此后，在中小学教育
方面，从 1977 年 9 月开始，教育部从各地方选调了各学科专家学者

---

　　① 方晓东、李玉非、毕诚等：《中华人民共和国教育史纲》，311 页，海口，海南出
版社，2002。

和经验丰富的教师，编写全国通用的中小学各科教学大纲（草案）和教材。在高等教育领域，1978 年 2 月 15 日，国务院批准教育部《关于高等学校教材编审出版工作的请示报告》和《关于高等学校教材编审出版工作若干问题的暂行规定》，规定了高等学校教材编审出版的分工办法，陆续恢复了各科教材编审委员会，积极开展工作。经过了近两年的努力，恢复和建立了教材编审机构和队伍，恢复了"文化大革命"前的教材编审体制和出版发行办法，编出了不同教育阶段的各科教材，改变了学校没有课本的状态，对恢复教育教学秩序，提高教育教学质量起到了促进作用。

（四）建立学位制度

新中国成立后，曾经多次酝酿建立学位制度，但由于种种原因均未付诸实施。十一届三中全会以后，邓小平再次提出要建立中国自己的学位制度。1979 年 3 月 22 日，中共中央正式做出建立我国学位制度的指示，并指定教育部牵头负责起草学位条例。1979 年 3 月，教育部会同国务院科技干部局联合成立了学位条例起草小组，拟定了《中华人民共和国学位条例（草案）》。经过多次修改，学位条例顺利进入国家立法程序。1980 年 2 月 12 日，经第五届全国人民代表大会常务委员会第十三次会议审议，《学位条例》顺利通过，自 1981 年 1 月 1 日起正式施行。《学位条例》规定我国实行学士、硕士和博士三级学位制度，规定了我国学位授予工作实行国家、省（自治区、直辖市）和国务院有关部委、学位授予单位三级管理。《学位条例》是我国第一部教育法律，它标志着新中国的学位制度从此诞生，也标志着中国教育开始走向法治轨道。

《学位条例》颁布实施以后，国务院学位委员会和各部委有关部门相互配合，逐步建立起了一套有关学位授予的运行管理机制。首先，国家建立了学位工作的领导机构。1980 年 12 月，国务院学位委员会成立。随后，各部委也相继建立了学位工作的领导和办事机构。

其次，国家制定了实施《学位条例》的文件，建立了国务院学位委员会学科评议组。1980年12月，国务院学位委员会召开了第一次会议，通过了《中华人民共和国学位条例暂行实施办法》和《国务院学位委员会关于审定学位授予单位的原则和办法》两个文件，并做出了成立国务院学位委员会学科评议组的决定。最后，国务院批准了我国博士学位和硕士学位的授予单位。1981年11月3日，在对申报的学位授予单位进行了初审筛选和复审评议之后，国务院正式批准了首批博士和硕士学位授予单位名单。学位制度的建立从根本上改变了我国高等教育的层次结构，学位体系和运行机制的建立有力地推动了我国研究生培养工作的发展，使得中国与国际高等教育的交流开始变得畅通。

（五）建立自学考试制度

"文化大革命"结束以后，国家和社会急需建设人才，人民群众也迫切要求提高自身教育水平，如何满足日益增长的教育需求成为一个亟待解决的问题。邓小平早在1977年就提出教育要"两条腿走路"的想法。在邓小平思想的指导下，1978年2月第五届全国人民代表大会第一次全体会议的政府工作报告提出，要建立适当的考核制度，业余学习的人们经过考核，证明达到高等学校毕业生同等水平的，应该在使用上得到同等对待。1978年4月，全国教育工作会议召开，教育部起草的《关于建立业余学习高等学校专业考核制度的初步意见》在这次会议上征求了意见，形成了《关于业余高等教育的考核办法(试行草案)》。之后，教育部在多方征求意见后又对《关于业余高等教育的考核办法(试行草案)》进行修改，形成了《自学考核办法(试行草案)》。1980年，教育部按照中央指示精神，在《自学考核办法(试行草案)》的基础上，又起草了《高等教育自学考试办法(试行草案)》。1981年1月13日，国务院批转教育部《关于高等教育自学考试试行办法》，决定建立高等教育自学考试制度，这标志着高等教育自学考试制度的正式建立。《关于高等教育自学考试试行办法》出台以后，北京、天津、上海等地相继开始了试点工作。到 1985 年，全国各省、自治区、直辖市都开展了高等教育自学考试的试点工作。高等教育自学考试制度的建立，是我国教育发展史上的创举，它独辟蹊径，满足了人民群众的教育需求，落实和扩大了人民的受教育权利。

（六）重建教师队伍，提高教师地位

教师是发展教育事业的主要力量，全面恢复和整顿教育的首要任务之一就是重建教师队伍。

1. 整顿中小学教师队伍

"文化大革命"期间，由于教育行政部门不能有效地管理教师，导致中小学教师队伍管理混乱、教师大量流失等一系列问题，严重影响教师队伍建设和学校发展的规模、速度。1978 年 1 月 7 日，国务院批准教育部《关于加强中小学教师队伍管理工作的意见》，对中小学公办教师和民办教师的管理、调配等工作做出了明确规定。根据这个文件精神，各地对中小学教师队伍进行了整顿，使得被破坏的教师队伍得以迅速恢复和重建。

2. 恢复和建立教师职务制度

1978 年 3 月 7 日，国务院批准教育部《关于高等学校恢复和提升教师职务问题的请示报告》。该报告提出，在国务院没有做出新的规定之前，仍执行 1960 年国务院发布的《关于高等学校教师职务名称及其确定与提升办法的暂行规定》。这就使中断多年的教师职称评定工作得到恢复。在高校恢复教师职务制度的同时，中小学也开始实行教师职务制度。1978 年 12 月 17 日，教育部、国家计委颁布了《关于评选特级教师的暂行规定》。该暂行规定下达以后，评选特级教师的工作在全国开展起来。从此，建立了中小学教师可以评特级教师的制度。

3. 恢复教师培训工作

"文化大革命"期间，我国教师队伍的数量和质量都出现了严重的滑坡，教师的教学能力和教学水平亟待提高。1977 年，教育部召开中小学师资培训工作座谈会，部署了中小学在职教师的培训工作，迅速恢复和重建了省级教育学院、教师培训学院和函授学院，地(市)级的教育学院、教师进修学院和县级进修学校，初步形成了省、地(市)、县、社、校在职中小学教师培训网，并形成了专职和兼职相结合的培训师资队伍，制定了各项规章制度，编写了大量教材和学习参考书。教师培训体系的建立，大大缓解了教师紧缺的现象，为进一步搞好教师培训工作奠定了基础。

第二节　改革教育管理体制的探索和实践

党的十一届三中全会以后，随着党和国家的工作重心转移到经济建设上来，我国的社会主义现代化建设进入了新的时期。但是，由于长期以来轻视教育、轻视知识、轻视人才的错误思想仍然存在，教育事业的发展还远远不能适应社会主义现代化建设的需要。从社会主义现代化建设的全局和中华民族历史命运的高度出发，改革开放的总设计师邓小平明确提出了教育要为社会主义现代化建设服务的思想，要求从教育体制改革入手，推动教育的全面改革与发展。自此，我国逐渐开始了改革教育管理体制的探索和实践。

一、颁布《中共中央关于教育体制改革的决定》

1980 年，党的十一届五中全会提出了"确定适合国民经济发展需要的经济体制，确定适合国民经济发展需要的教育计划和教育体制"的任务。1984 年，党的十二届三中全会通过的《中共中央关于经济体制改革的决定》提出："科学技术和教育对国民经济发展有极其重要的作用。随着经济体制的改革，科技体制和教育体制的改革越来越成为迫切需要解决的战略性任务。中央将专门讨论这方面的问题，并作出相应的决定。"1985 年，在《中共中央关于经济体制改革的决定》基础上，《中共中央关于教育体制改革的决定》紧接着出台。《中共中央关于教育体制改革的决定》总结了新中国成立以来，特别是十一届三中全会以来教育改革的经验，系统地提出和阐明了教育体制改革的指导思想、目标、任务和具体措施。《中共中央关于教育体制改革的决定》明确指出我国教育事业落后，教育体制存在严重的弊端，主要表现为：在教育事业管理权限上，政府有关部门对学校，特别是高等学校统得过死，使学校缺乏应有的活力，而政府应该加以管理的事情，又没有很好地管理起来。《中共中央关于教育体制改革的决定》指出，要从根本上改变教育不适应社会主义现代化建设需要的局面，必须从体制改革入手，有系统地进行改革。改革教育管理体制，在加强宏观管理的同时，坚决实行简政放权，扩大学校的办学自主权；调整教育结构，相应地改革劳动人事制度。《中共中央关于教育体制改革的决定》还提出了改革的具体措施：在基础教育领域，把发展基础教育的责任交给地方，有步骤地实施九年义务教育；调整中等教育结构，大力发展职业技术教育；在高等教育领域，改革高等学校的招生计划和毕业生分配制度，扩大高等学校的办学自主权。此外，还要加强教育法工作，提高教师社会地位和待遇，鼓励企业、社会团体、个人办学，鼓励捐资办学，等等。为了保证党和政府对教育工作的统一领导，《中共中央关于教育体制改革的决定》还提出要建立国家教育委员会，加强和改进对教育工作的宏观管理和指导。1985 年 6 月 18 日，第六届全国人大常委会第十一次会议决定，撤销教育部，改设国家教育委员会，作为国务院主管教育工作的综合部门，主要负责管理教育工作的方针政策和发展规划，指导和组织协调有关教育方面的工作，统筹部署教育体制改革。《中共中央关于教育体制改革的决定》的颁布和实施，对我国教育事业的改

革与发展起到了重要的推动作用。该文件提出的从体制改革入手，
简政放权，扩大学校办学自主权的改革思路，对我国教育管理体制
的改革和完善产生了持续和深远的影响。

二、简政放权，建立新型基础教育管理体制

基础教育管理体制是国家组织和管理基础教育的形式、方法和
制度的总称。它既包括政府对基础教育的行政管理制度，也包括基
础教育内部的行政管理制度。20 世纪 80 年代初期，我国的基础教育
管理体制基本上沿用了 50 年代末 60 年代初的做法，过于强调集中
管理导致中央和地方责任不明，管理效率低下，不利于调动各级政
府、社会各界和广大人民群众办学的积极性；而在基础教育内部管
理体制方面，过去实行的党支部领导下的校长分工负责制容易产生
权力和责任不对称的问题，必然导致效率低下和管理成本较高。

1. 建立地方负责、分级管理的基础教育管理体制

1985 年《中共中央关于教育体制改革的决定》出台以后，对传统
的基础教育管理体制进行改革被提上了议事日程。针对我国教育体
制存在的弊端，《中共中央关于教育体制改革的决定》提出了简政放
权，改革基础教育管理体制的任务，即改革中央对地方集中过度，
政府对学校统得过死的传统教育管理模式，建立以"地方负责、分级
管理"为核心的新型基础教育管理体制。在这一新型的教育管理体制
中，中央对基础教育只行使宏观规划和指导权，而将基础教育的办
学、投入和管理的权力全部下放给地方政府。在具体政策方面，《中
共中央关于教育体制改革的决定》提出，实行九年义务教育，实行基
础教育地方负责、分级管理的原则，基础教育管理权限属于地方，
除大政方针和宏观规划由中央决定外，具体政策制度计划的制定和
实施，以及对学校的领导管理、检查的责任和权力都交给地方。省、
地(市)、县、乡分级管理的职责如何划分，由各省、自治区、直辖
市决定。这就充分表明了国家把发展教育事业的权力和责任落实到

地方政府身上，使各个地方在新的管理体制下可以充分发挥自身的优势和潜力，加快教育事业发展。

2. 改革中小学校内部管理制度

为了进一步理顺中小学内部管理体制，《中共中央关于教育体制改革的决定》还提出："学校逐步实行校长负责制，有条件的学校要设立由校长主持的人数不多的有威信的校务委员会，作为审议机构。要建立健全以教师为主体的教职工代表大会制度，加强民主管理和民主监督。"《中共中央关于教育体制改革的决定》实施以后，一场以实行校长负责制为核心的学校内部管理体制改革逐渐在全国范围内开展起来。

校长负责制有利于实现学校管理权力与管理责任的统一，是提高中小学校管理效率，实现学校管理科学化的必然要求。校长全面负责学校的教育教学和行政管理工作，有利于增强学校的主体意识，最大限度地激发学校内部的办学活力。20世纪90年代以后，随着中小学校内部管理制度改革的不断深化，在中小学校实行校长负责的改革举措已经取得了较大进展，许多地方在试行校长负责制的过程中，还将校长负责制与定编聘任制、岗位责任制等学校内部的劳动人事制度的改革结合起来，进一步完善了学校内部管理制度。[①]

三、改革政府与大学关系，扩大高校的办学自主权

我国传统的高等教育管理体制形成于20世纪50年代，是与新中国成立初期高度集中的计划经济体制相适应的，是一个政府举办、计划调控、封闭办学、集中管理的体制。1985年《中共中央关于教育体制改革的决定》颁布实施以后，我国在高等教育管理体制方面，逐步地开始了一些改革的探索和尝试。

---

① 张继玺、杜成宪：《共和国教育60年（第3卷）：柳暗花明（1976—1992）》，108～120页，广州，广东教育出版社，2009。

1. 明确政府的管理权限，扩大高校的办学自主权

在原有的高等教育管理体制下，我国的高等学校大多是由中央部门和地方政府分别办学并直接管理的。条块分割的管理体制使得政府对高等学校的管理权限和管理责任没有得到清晰的界定，容易产生政府对高校管得过死以及政府的不同层级和不同部门之间管理职能交叉重叠的问题，严重限制了高等学校潜力和活力的发挥。1985 年《中共中央关于教育体制改革的决定》颁布实施以后，中央对这一体制的弊端有了更为深刻的认识。《中共中央关于教育体制改革的决定》认为，"当前高等教育体制改革的关键，就是要改变政府对高等学校统得过多的管理体制，在国家统一的教育方针和计划的指导下，扩大高等学校的办学自主权"，并且提出"要改革管理体制，在加强宏观管理的同时，坚决实行简政放权"。《中共中央关于教育体制改革的决定》还进一步详细列举了办学自主权的内容，例如，"在执行国家的政策、法令、计划的前提下，高等学校有权在计划外接受委托培养学生和招收自费生；有权调整专业的服务方向，制订教学计划和教学大纲，编写和选用教材；有权接受委托或与外单位合作，进行科学研究和技术开发，建立教学、科研、生产联合体；有权提名任免副校长和任免其他各级干部；有权具体安排国家拨发的基建投资和经费；有权利用自筹资金，开展国际的教育和学术交流，等等"。《中共中央关于教育体制改革的决定》还提出："对不同的高等学校，国家还可以根据情况，赋予其他的权力。"

根据这一决定的原则和要求，国务院于 1986 年 3 月发布了《高等教育管理职责暂行规定》，进一步明确了中央政府、地方政府和高校的权限和职能。其中规定，国家教委在国务院的领导下，主管全国高等教育工作，并附有贯彻执行党和国家有关高等教育的方针政策法律法规，制定高等教育工作的具体政策和规章等主要职责。国务院有关部门，在国家教委的指导下，负有管理直属的高等学校的

九项主要职责，省、自治区、直辖市人民政府负有管理本地区高等
教育的职责。这些政策文件的颁布实施，对于明晰政府对高等学校
的管理职责起到了重要的作用。该暂行规定还对人才培养、经费管
理、基建计划、干部管理权限、职称评定、教学科研和外事政策等 8
个方面做出了具体的规定。此后，国家教委又据此制定了一系列相
应的措施，对高等学校的财务管理、基本建设、招生录取等事项进
行了详细的规定，进一步落实了高校的办学自主权。

2. 改革高等学校内部管理体制

高等学校内部管理体制的改革也是这一时期高等教育管理体制
改革的重要内容。改革的主要内容包括：第一，实行校长负责制。
从 1985 年起，北京师范大学、北京工业大学等一批高校率先开始实
行校长负责制的改革。在改革的过程之中，这些学校还陆续建立起
校内决策审议制度、行政指挥制度、监督保证制度，进一步深化了
学校的民主管理。第二，实行教师职务聘任制度。1986 年 3 月，中
央职称改革领导小组转发了《高等学校教师职务试行条例及其实施意
见》之后，全国高校普遍实行教师职务制度。1987 年，教师职务聘任
工作已基本完成。1989 年，高等学校进一步健全教师考核制度，把
工作实效作为聘任与晋升教师职务的主要依据。第三，建立以岗位
责任制为中心的管理制度。在劳动人事制度改革的过程中，一些高
校逐步开始推行岗位聘任制，并把教师的工作业绩和劳动报酬结合
起来，有力地调动了教师工作的积极性。第四，推动高校后勤工作
改革。《中共中央关于教育体制改革的决定》提出，高等学校后勤服
务工作改革的方向是实行社会化，各高校以后勤服务社会化为总体
目标，以推行经济承包责任制为主要内容，不断推进学校后勤管理
体制的改革，逐步形成了以学校自营为主体，集体、社会企业为补
充的后勤服务体系。

四、改革管理体制，建立职业教育体系

新中国成立以后，我国职业教育逐渐形成了部门办学和地方办

学并举的体制。改革开放以后，这种国家和政府办学的局面逐渐地向全社会共同办学转变。在这种情况下，如何理顺中央与地方，政府与行业、企业、社会团体、公民个人之间的关系，成为职业教育体制改革至关重要的问题。《中共中央关于教育体制改革的决定》提出，中等职业教育主要由地方负责，中央教育部门只负责宏观管理和调控，中等及中等以下的各类职业技术学校主要由地方办学、地方管理。这一改革实施以后，职业教育领域逐渐形成了在政府统筹管理下，包括政府办学在内的多元协作、行业部门参与业务指导的管理体制。此外，《中共中央关于教育体制改革的决定》还指出，要"逐步建立起一个从初级到高级、行业配套、结构合理又能与普通教育相互沟通的职业教育体系"。根据《中共中央关于教育体制改革的决定》的要求，我国对中等教育机构进行了大规模的改革，通过对学生的分流在职业教育与普通教育之间逐渐搭建起有机联系的桥梁，职业教育的基本框架开始更为充实和完善起来。

第三节　公共教育管理体制的建立和完善

20 世纪 80 年代的改革教育管理体制的探索和实践，确立了我国教育体制改革的基本思路和方向，为进一步深化改革积累了非常宝贵的经验。但是从实际情况来看，教育工作中还存在许多问题，教育的体制和运行机制还不适应经济和社会发展的需要。1992 年 10 月，中共十四大在北京召开。会议提出了加快社会主义现代化建设步伐，建立社会主义市场经济体制的战略任务。如何进一步深化教育体制改革，建立适应社会主义市场经济体制和政治体制、科技体制改革需要的教育体制就成为这一时期教育改革面临的主要任务。在经过了多方面的研究和讨论之后，中共中央、国务院于 1993 年 2 月正式印发了《中国教育改革和发展纲要》。文件总结了新中国成立

40多年来，特别是十一届三中全会以来教育改革和发展的经验，分析了我国社会主义初级阶段的国情及教育工作面临的形势，确立了中国教育改革和发展的方针任务、目标战略和总体思想，提出了改革和完善教育的办学体制、管理体制、经费投入体制等方方面面的政策要求，使公共教育的管理体制得以建立起来并不断完善。

一、建立以政府办学为主体、社会共同参与的办学体制

新中国成立以后，我国逐渐形成了政府包揽办学的单一办学体制。这种政府包揽的格局不仅限制了社会各界参与学校办学的积极性，而且由于受到政府财政能力的限制，难以回应迅速发展的经济对各级各类人才的需求。改革开放以后，在党和国家的鼓励下，各民主党派、人民团体以及其他社会组织和知识分子积极着手创办了许多民办教育机构，社会力量办学开始迅速兴起。1978年以后，针对民间办学中出现的混乱无序现象，政府逐渐加强了对社会力量办学的规范与管理。《关于社会力量办学的若干暂行规定》《社会力量办学财务管理暂行规定》《社会力量办学教学管理暂行规定》等文件的出台，明确了社会力量办学的地位和办学的主体，使得社会力量办学逐渐走上了健康发展的道路。中共十四大以后，党和政府大力支持和引导社会力量办学。1992年颁布的《中国教育改革和发展纲要》进一步指出，国家对社会团体和公民个人依法办学应采取"积极鼓励，大力支持，正确引导，加强管理"的方针，并且就基础教育、高等教育和职业教育的办学体制改革提出了明确的要求。1995年颁布的《中华人民共和国教育法》规定，"国家鼓励企事业组织、社会团体、其他社会组织及公民个人依法举办学校及其他教育机构。任何组织和个人不得以营利为目的举办学校和其他教育机构"。1997年，国务院又颁布了《社会力量办学条例》。《社会力量办学条例》对社会力量办学的性质和地位做出了明确的规定，认为它"是社会主义教育事业的组成部分"，并且要求各级人民政府应当"将它纳入国民经济和社会

发展规划"。2002 年，全国人大常委会在《社会力量办学条例》的基础上制定了《民办教育促进法》。《民办教育促进法》明确规定"民办教育事业属于公益性事业，是社会主义教育事业的组成部分"。并就民办学校的设立、组织和活动，资产与管理，奖励与扶持等政策做出了全面的规定。《民办教育促进法》的颁布标志着我国的民间办学已经进入了依法办学、规范管理的发展阶段，极大地调动了社会各界办学的积极性，打破了之前政府包揽教育的办学体制，逐步实现了以政府办学为主体，社会共同参与办学的新型办学体制。

二、完善基础教育分级办学、分级管理的体制

20 世纪 90 年代，我国基础教育管理体制改革的主要任务仍然是继续完善"地方负责、分级管理"的体制。1993 年《中国教育改革和发展纲要》明确提出"中等及中等以下教育，由地方政府在中央大政方针的指导下，实行统筹和管理"，并且规定中央和地方的权限划分是"国家颁发基本学制、课程设置和课程标准、学校人员编制标准、教师资格和教职工基本工资标准等规定，省、自治区、直辖市政府有权确定本地区的学制、年度招生规模，确定教学计划，选用教材和审定省编教材，确定教师职务限额和工资水平等。省以下各级政府的权限，由省、自治区、直辖市政府确定"。1994 年 7 月，国务院又颁布了《关于〈中国教育改革和发展纲要〉的实施意见》，进一步明确了中央和省、地（市）、县、乡各级人民政府在基础教育管理上的权责划分。根据这一划分，国家负责制定有关基础教育的法规、方针、政策及总体发展规划、基本学制、课程设置和课程标准；设立用于贫困地区、民族地区、师范教育的专项补助基金；对省级教育工作进行监督、指导；等等。省级政府负责本地区基础教育的实施工作，包括制定本地区基础教育发展规划，确定教学计划、选用教材和审定省编教材；组织对本地区基础教育的评估、验收；建立用于补助贫困地区、少数民族地区的专项基金，对县级财政教育事业费有困

难的地区给予补助；等等。地（市）级政府根据中央和省级政府制定的法规、方针、政策，对本地区实施义务教育进行统筹和指导。县级政府在组织义务教育的实施方面负有主要责任，包括统筹管理教育经费，调配和管理中小学校长、教师，指导中小学教育教学工作，等等。乡级政府负责落实义务教育的具体工作，包括保障适龄儿童、少年按时入学。1999年，《中共中央国务院关于深化教育改革全面推进素质教育的决定》对基础教育管理体制做出了进一步的改革，要求加大省级人民政府发展和管理本地区教育的权力及统筹力度，促进教育与当地经济社会发展紧密结合，以及加大县级人民政府对教育经费、教师管理和校长任免等方面的统筹权。2001年，为了进一步提高基础教育发展水平，克服地方基础教育发展不平衡问题，国务院颁布了《关于基础教育改革与发展的决定》，进一步完善了基础教育管理体制。该决定指出，"我国的基础教育实行在国务院领导下，由地方政府负责、分级管理、以县为主的体制"。文件对各级政府发展基础教育的权限和责任进行了重新划分：国家确定义务教育的教学制度、课程设置、课程标准，审定教科书。中央和省级人民政府要通过转移支付，加大对贫困地区和少数民族地区义务教育的扶持力度。省级和地（市）级人民政府要加强教育统筹规划，搞好组织协调，在安排对下级转移支付资金时要保证农村义务教育发展的需要。县级人民政府对本地农村义务教育负有主要责任，要抓好中小学的规划、布局调整、建设和管理，统一发放教职工工资，负责中小学校长、教师的管理，指导学校教育教学工作。乡（镇）人民政府要承担相应的农村义务教育的办学责任，根据国家规定筹措教育经费，改善办学条件，提高教师待遇。2003年，教育部又颁布了《2003—2007年教育振兴行动计划》，要求进一步落实"在国务院领导下，由地方政府负责、分级管理、以县为主"的农村义务教育管理体制。该计划在重申各级政府应当承担对义务教育的保障责任的同时，还要求中央、省和地（市）级政府通过增加转移支付，增强财政困难县义务教育经费的保障能力。2006 年 6 月，为了促进义务教育的均衡发展，修订后的《义务教育法》对原有的以县为主的义务教育管理体制又进行了重新调整，其第七条明确规定"义务教育实行国务院领导，省、自治区、直辖市人民政府统筹规划实施，县级人民政府为主管理的体制"。这一规定突破了过去"以县为主"的体制，使得原来的义务教育"以县为主"的管理体制转变为新的"管理以县为主"的体制，强调了省级政府的统筹落实责任，对提高基础教育的整体发展水平，促进义务教育的均衡发展和实现教育公平具有重要意义。

三、建立政府宏观管理、学校面向社会自主办学的高等教育管理体制

高等教育管理体制的改革，涉及高等学校与政府和社会之间复杂关系的处理，关涉整个教育体制改革的成败，是 20 世纪 90 年代教育体制改革的核心问题。1993 年颁布实施的《中国教育改革和发展纲要》明确提出了进行高等教育体制改革的目标和任务，认为"进行高等教育体制改革，主要是解决政府与高等学校、中央与地方、国家教委与中央各业务部门之间的关系，逐步建立政府宏观管理、学校面向社会自主办学的体制"，并且提出了改革政府与高校的关系、加强高校与社会的联系、改革高等学校的招生就业制度和内部管理体制等方面的具体措施。

在政府与学校关系上，《中国教育改革和发展纲要》提出应当处理好政府与学校、中央与地方、国家教委与中央业务部门之间的关系，赋予高等学校在招生、专业调整、机构设置、干部任免、经费使用、职称评定、工资分配和国际合作交流等方面充分的自主办学权利，使得高等学校真正成为面向社会自主办学的法人实体。此后，国家教委在广东和上海等地展开了以共建和合作为主要形式的改革试点工作。1997 年，国务院总结改革试点工作的经验和教训，提出

了"共建、调整、合作、合并"的八字方针，大大加快了高等学校管理体制改革的步伐，使得高等学校由条块分割的管理体制逐渐转变为条块结合的管理体制。[①] 1998 年 8 月，第九届全国人民代表大会常务委员会第四次会议通过了《高等教育法》。《高等教育法》以法律的形式对我国高等教育的管理体制、高等学校的独立法人地位和办学自主权利等内容做出了明确的规定，逐渐建立起了政府与高等学校关系的基本框架。此后，政府又陆续推行了一些新的改革举措，对这一框架体系进行了进一步的改革和完善。1999 年，国务院提出要加强省级政府的统筹权力，形成在国家宏观政策指导下，以省级政府统筹为主的条块有机结合的新体制。同年，中央进一步提出要加大省级人民政府发展和管理本地区教育的权力及统筹力度，要求进一步明确省级政府的教育管理职责和权限，形成中央和省级人民政府两级管理、以省级人民政府管理为主的新体制，并且要求在落实和扩大高校办学自主权的同时，加强对高等学校的监督和办学质量检查，逐步形成对学校办学行为和教育质量的社会监督机制以及评价体系，完善高等学校自我约束、自我管理机制。此后，中央和省级人民政府两级管理、以省级人民政府管理为主的高等教育管理体制开始确立并逐渐完善起来。

在学校与社会关系上，《中国教育改革和发展纲要》延续了 20 世纪 80 年代教育体制改革的方向，要求高等学校的办学和科研必须坚持面向经济建设，大力开展技术开发、推广应用和咨询服务，兴办科技产业，使科技成果尽快转化为现实生产力。20 世纪 90 年代后期，随着经济体制改革的逐渐深入，强化高等学校与市场的有机联系成为这一时期高等教育体制改革的重要内容。1999 年，国家开始实施"高校高新技术产业化工程"，要求高校充分发挥自身优势，带

---

① 改革开放 30 年中国教育改革与发展课题组：《教育大国的崛起：1978—2008》，87～94 页，北京，教育科学出版社，2008。

动国家高新技术产业发展，为培育新的经济增长点做贡献。随后，一些基于市场机制的改革举措开始出台并且迅速付诸实践，这些措施包括：加强产学研合作，鼓励高等学校与科研院所开展多种形式的联合、合作；在高等学校集中的地区建立高新技术产业化基地；鼓励高等学校兴办高新技术企业，按照现代企业制度方式组建以高校为依托的高科技产业集团；建立健全高等学校高新技术产业化的保障机制；等等。从改革的结果来看，这些举措的推行不仅使高等学校拓宽了办学经费的来源，而且还使高等学校逐渐调整其教学、科研和社会服务的方向，切实增强了与社会的有机联系，真正成长为面向社会自主办学的实体。

内部管理体制的改革也是这一时期高等教育管理体制改革的重要内容。为激发学校的办学活力，《中国教育改革和发展纲要》提出应积极推进以人事制度和分配制度改革为重点的学校内部管理体制改革。改革的主要措施是在合理定编的基础上，对教职工实行岗位责任制和聘任制，在分配上按照工作实绩拉开差距。为与整个教育体制改革相配套，《中国教育改革和发展纲要》还提出了深化人事劳动制度改革的目标，要求改革高等学校职称评定和职务聘任制度，在高等学校实行聘任制。从此，教师聘任、按劳分配和奖励的制度逐渐在我国的高等学校之中建立起来。进入 21 世纪，教育部提出了继续深化学校内部管理体制改革，完善学校法人制度的政策目标，要求高等学校坚持和完善党委领导下的校长负责制，推进依法办学、民主治校、科学决策，健全学校的领导管理体制和民主监督机制。在这一政策的指引下，一些高校相继开展了以完善党委领导下的校长负责制和建立学校理事会制度、学术委员会制度、教职工代表大会制度等为主要内容的建设现代大学制度的探索和实践，逐步形成了"自主管理、自主发展、自我约束、社会监督"的内部管理体制。

四、建立专业和规范化的教师队伍管理体制

振兴民族的希望在教育，振兴教育的希望在教师。建设一支优质专业的教师队伍，是教育改革和发展的根本大计。为了提高教师的社会地位和专业水平，《中国教育改革和发展纲要》明确提出要通过加强师资培训工作、提高教师工资和福利待遇、对教师进行精神和物质奖励等政策措施，提高教师社会地位，改善教师的工作、学习和生活条件，努力使教师成为最受人尊重的职业。1993年，《教师法》颁布以后，我国的教师队伍建设逐渐迈入了法治化轨道。为全面贯彻落实《教师法》有关教师队伍建设的规定，1995年12月，国务院颁布了《教师资格条例》。随后，国家教委根据《教师法》的授权，颁布了《教师资格认定的过渡办法》。这些法律文件的颁布和实施，使对教师的资格认定、职务聘任、培养培训、考核奖惩等方面的工作有了明确的法律依据和制度规范，为教师队伍管理体制的形成奠定了基础。20世纪90年代末，为进一步推动教师事业的发展，国家陆续颁布了《面向21世纪教育振兴行动计划》和《中共中央国务院关于深化教育改革全面推进素质教育的决定》，对世纪之交的教师队伍建设提出了新的更高的要求。

在教师培养和培训方面，首先，国家建立了教师全员培训制度和骨干教师培训制度，使教师队伍的整体素质得到了显著的提升。其次，教育部对师范院校的层次和布局进行了调整，使得综合性高等学校和非师范类高等学校参与到中小学教师的培养和培训之中来。2001年以后，一个以现有师范院校为主体、其他高等学校共同参与、培养培训相衔接的开放的教师教育体系开始形成。2003年，教育部对原有的教师教育模式做出了进一步的改革和完善，通过将教师教育纳入高等教育的体系，逐渐建立了一个以师范大学和其他举办教师教育的高水平大学为先导，专科、本科、研究生三个层次协调发展，职前职后教育相互沟通，学历与非学历教育并举，促进教师专业发展和终身学习的现代教师教育体系。

在教师聘任方面，1993年《教师法》颁布以后，各地纷纷开始实行教师聘任制和全面聘任的改革实践，通过加强考核，竞争上岗，实现了教师队伍的整体优化。在落实和开展岗位聘任制的基础上，一些地方还探索了教师职务聘任制度的改革。2001 年以后，随着中小学人事制度改革的推进，教师职务聘任和岗位聘任逐渐统一起来。

在编制管理方面，1999 年，《中共中央国务院关于深化教育改革全面推进素质教育的决定》提出要加强对教师的编制管理工作，以精简富余人员，提高效益。2001 年，《国务院关于基础教育改革与发展的决定》进一步提出了加强中小学编制管理的目标和要求。《国务院关于基础教育改革与发展的决定》要求中央编制部门会同教育、财政部门制定科学合理的中小学教职工编制标准。省级人民政府要按照国家有关规定和编制标准，根据本地实际情况，制定本地区的实施办法。各地要核定中小学教职工编制，规范学校内设机构和岗位设置，加强编制管理。此外，《国务院关于基础教育改革与发展的决定》还提出要进一步调整优化教师队伍，实施教师资格准入制度，严格教师资格条件，坚决辞退不具备教师资格的人员，逐步清退代课人员，精简、压缩中小学非教学人员。2003 年以后，教育部又提出进一步改革和完善教师编制管理的意见，要求按照"精干、高效"的要求，科学设置学校机构和岗位。中小学和中等职业学校要依照按需设岗、公开招聘、平等竞争、择优聘任、严格考核、合同管理的原则，推行教职工聘任制度，实行"资格准入、竞争上岗、全员聘任"。高等学校要大力推进聘任制改革，提高新聘教师的学历学位层次，并通过深化学校内部分配制度改革，完善激励和约束机制。

五、建立以财政拨款为主、其他经费筹措渠道为辅的教育投资体制

20 世纪 90 年代以后，随着办学体制改革的逐步推进，教育事业的规模开始急剧扩大。如何有效增加教育经费的来源，处理好教育成本在国家、社会、集体和个人之间的合理分担问题成为这一时期教育投资体制改革面临的主要任务。面对教育经费紧缺，难以满足教育事业发展需要的难题，1993 年颁布的《中国教育改革和发展纲要》提出要改革和完善教育投资体制，增加教育经费；并指出，改革的主要思路是要"逐步建立以国家财政拨款为主，辅之以征收用于教育的税费、收取非义务教育阶段学生学杂费、校办产业收入、社会捐资集资和设立教育基金等多种渠道筹措教育经费的体制"。筹措教育经费的主要措施包括：逐步提高国家财政性教育经费支出占国民生产总值的比例；贯彻"三个增长"原则，提高各级财政支出中教育经费所占的比例；征收城乡教育附加费；提高非义务教育阶段学生学费标准；鼓励发展校办产业；鼓励捐资助学；等等。这些改革措施的推进，大大地拓宽了教育经费筹措渠道，使我国教育经费投入总量有了很大的增长。1995 年《教育法》颁布实施以后，《中国教育改革和发展纲要》所提出的有关教育投资体制改革的方案通过法律的形式固定了下来。《教育法》明确规定，"国家建立以财政拨款为主、其他多种渠道筹措教育经费为辅的体制，逐步增加对教育的投入"。此后，各级政府和其他社会组织纷纷开始探索增加教育经费投入的有效途径。

在基础教育领域，根据 1986 年《义务教育法》第十二条和 1992年《义务教育法实施细则》第十七条的规定，实施义务教育的学校可收取杂费，这使得杂费成为除政府财政投入之外，义务教育经费的一个重要来源。1999 年以后，国家逐渐增加了对教育经费的投入并且提出要逐步实现国家财政性教育经费支出占国民生产总值 4％的目标。政府在积极运用财政、金融、税收政策，鼓励社会、个人和企业投资捐助办学，增加教育经费投入的同时，也开始有意识地加强对教育经费的管理，严格禁止乱收费。针对人民群众反映强烈的学校乱收费问题，于 2001 年颁布实施的《国务院关于基础教育改革与发展的决定》，更加明确地提出要"坚决刹住一些地方和学校的乱收费，控制学校收费标准，切实减轻学生家长特别是农村学生家长负担"，并且要求在贫困地区实行"一费制"，在其他地区规范杂费和书本费收费标准和收费行为。2006 年，修订后的《义务教育法》对义务教育经费的保障机制做出了新的规定。其第二条第三款规定："实施义务教育，不收学费、杂费。"第四十二条第一款规定："国家将义务教育全面纳入财政保障范围，义务教育经费由国务院和地方各级人民政府依照本法规定予以保障。"这标志着政府开始全面承担起发展义务教育的职责，我国义务教育的经费筹措体制日益完善起来。

在高等教育领域，传统的经费筹措体制主要由政府财政拨款和高校事业收入两部分组成。1986 年，我国的高等学校开始招收收费的委培生和自费生。1989 年，大部分高校开始向学生收取学费。1993 年《中国教育改革和发展纲要》提出要提高非义务教育阶段学生学费标准，到 1997 年，全国所有高校都实行了上学收费制度，学费收入已经成为我国高等学校办学经费的一个重要来源。1998 年通过的《高等教育法》第六十条规定"国家建立以财政拨款为主、其他多种渠道筹措高等教育经费为辅的体制"。这标志着我国高等教育的投入体制已经初步形成。在建立和完善高等教育的收费制度的同时，我国还在高等教育领域建立起奖学金制度、勤工助学制度、特殊困难补助制度、学费减免制度、国家助学贷款制度等全方位资助学生上学的制度体系。此外，发展校办产业、增加学校收入、鼓励提倡社会力量捐资办学也是我国 20 世纪 90 年代以后解决教育经费不足的重要措施。这些措施对增加学校办学经费，缓解教育经费短缺的问题发挥了重要作用。

六、建立健全中国特色的社会主义法律体系

教育法制建设是整个国家法制建设的重要组成部分，其对于保障教育事业的健康有序发展发挥着不可替代的重要作用。十一届三中全会以后，我国陆续制定了《学位条例》和《义务教育法》，这是我

国教育法制建设的开端。1993 年《中国教育改革和发展纲要》提出要加快教育法制建设，争取到 20 世纪末，初步建立起教育法律体系的框架。此后，国务院和教育部组织教育界、法律界的专家经过深入研究，确定了这个法律体系的基本框架分为国家教育法律、教育行政法规及教育规章三个层次。

1995 年 3 月，第八届全国人民代表大会第三次会议通过了《教育法》，这是依据宪法制定的调整我国教育内外部关系的基本法律规范，在我国教育法律体系中发挥着母法或者根本大法的作用。《教育法》规定了我国教育的社会主义性质，规定了国家保障教育发展的一系列重大原则和法律措施，对教育的基本制度、学校法律地位、教育与社会关系等涉及教育事业的全局性问题做出了根本性和原则性的规定，为其他教育法律法规的制定提供了立法依据。《教育法》的颁布和实施，是我国教育法制建设的里程碑，它标志着我国教育从此走上了依法治教的轨道。

在制定和颁布《教育法》的同时，我国也加快了制定专门性教育法律的步伐。1993 年 10 月，第八届全国人大常委会第四次会议通过了《教师法》。这是我国历史上第一部专门为教师制定的法律，它以提高教师的法律地位和专业素养为宗旨，规定了教师的权利义务、资格任用、培养培训、考核奖惩等。《教师法》的颁布和实施，使我国的教师队伍建设走上了法制化和规范化的道路，对于建设一支高素质专业化的教师队伍发挥了重要作用。1996 年 5 月，第八届全国人大常委会第十九次会议通过了《职业教育法》。《职业教育法》对职业教育的地位作用、体系结构、方针原则、办学职责、管理体制和经费渠道等做出了明确的规范。《职业教育法》的颁布和实施，标志着我国的职业教育进入了法治轨道，为职业教育的改革和发展提供了强有力的法律保障。1998 年 8 月，第九届全国人大常委会第四次会议通过了《高等教育法》。《高等教育法》规定了高等教育的性质地位、高等教育改革发展的基本原则、高等教育的基本制度、高等教育的投入和保障、高等学校的法律地位和办学自主权以及高等学校教师和学生的权利和义务。2002 年 12 月，第九届全国人大常委会第三十一次会议通过了《民办教育促进法》。《民办教育促进法》规定了民办教育事业发展的总体原则、民办学校的设立、学校的组织与活动、教师与受教育者、学校资产与财务管理、扶持与奖励等。以上 7 部法律的颁布和实施，奠定了我国教育法律体系的基本框架。此外，国务院还制定和颁布了《残疾人教育条例》《教学成果奖励条例》《教师资格条例》《幼儿园管理条例》等教育行政法规，国家教育行政部门也发布了《教育督导暂行规定》《教师和教育工作者奖励暂行规定》《幼儿园工作规程》等部门教育规章。这些教育法律、教育行政法规和部门教育规章，与各省、自治区、直辖市以及有立法权的市的立法机关制定和颁布的地方性教育法规和地方政府教育规章，共同构成了中国特色社会主义的教育法律体系。①

第四节　指向新时代的教育公共治理变革

经过 20 世纪 90 年代的改革与发展，我国教育事业的发展已经获得了长足的进步。我们不仅建成了世界最大规模的教育，而且逐渐形成了适应中国国情的公共教育管理体制，保障了亿万人民群众的受教育权利。然而，面对国际竞争的加剧和来自社会政治、经济、文化等方面发展的挑战，我国教育的机制体制还不完善，学校的办学活力还不充足，使得我们的教育事业还不能完全适应国家经济社会发展和人民群众接受良好教育的要求。特别是进入社会主义建设新时代之后，党和国家提出了推进国家治理体系和治理能力现代化

---

① 中华人民共和国教育部：《共和国教育 50 年》，174～195 页，北京，北京师范大学出版社，1999。

的总目标，由此开启了我国公共教育管理体制向教育公共治理体系
的转变。

一、制定和实施《教育规划纲要》

为适应全面建设小康社会的新要求、人民群众对教育的新期待、
国际竞争的新形势，党中央、国务院决定研究制定《教育规划纲要》。
2008 年 8 月，这一工作正式启动。在经过长期深入调查、广泛征求
意见和反复论证修改之后，2010 年 6 月 21 日，中共中央政治局召开
会议，审议并通过了《教育规划纲要》。这是进入 21 世纪后我国第一
个教育规划纲要，也是指导此后 10 年教育改革发展的纲领性文件。
《教育规划纲要》确定了到 2020 年我国教育改革的战略目标，提出了
学前教育、义务教育、高等教育、职业教育等不同阶段类型教育的
发展任务，要求从办学体制、管理体制、经费投入体制等诸方面进
一步改革和完善公共教育的管理体制。

（一）改革办学体制

在办学体制上，《教育规划纲要》提出了进一步深化办学体制的
改革目标。强调在公益性原则指导下，健全政府主导、社会参与、
办学主体多元、办学形式多样、充满生机活力的办学体制，形成以
政府办学为主体、全社会积极参与、公办教育和民办教育共同发展
的格局。为实现这一目标，《教育规划纲要》提出了公办学校与民办
学校并举的发展思路，并且将支持与发展民办教育作为改革的重点
内容。《教育规划纲要》认为，民办教育是教育事业发展的重要增长
点和促进教育改革的重要力量，各级政府要把发展民办教育作为重
要工作职责，鼓励出资、捐资办学，促进社会力量以独立举办、共
同举办等多种形式兴办教育。为了支持和促进民办教育的发展，《教
育规划纲要》提出应对原有的政策与制度进行必要的改革，主要内容
包括：其一，依法落实民办学校、学生、教师与公办学校、学生、
教师平等的法律地位，保障民办学校办学自主权。其二，健全公共

财政对民办教育的扶持政策，支持县级以上人民政府根据本行政区域的具体情况设立专项资金，用于资助民办学校。其三，在探索营利性和非营利性民办学校分类管理的基础上，规范民办学校的法人登记，完善民办学校的法人治理结构，逐步建立政府依法管理民办学校的法律机制。上述这些改革措施的出台，勾画了我国办学体制的基本轮廓，明确了政府在支持和促进民办教育发展方面的权力和责任。

（二）改革管理体制

在管理体制上，《教育规划纲要》提出了"健全统筹有力、权责明确的教育管理体制"的改革目标，要求以转变政府职能和简政放权为重点，通过明确各级政府责任，规范学校办学行为，促进管办评分离，形成政事分开、权责明确、统筹协调、规范有序的教育管理体制。在这一体制中，中央政府统一领导和管理国家教育事业，制定发展规划、方针政策和基本标准，优化学科专业、类型、层次结构和区域布局。整体部署教育改革试验，统筹区域协调发展。地方政府负责落实国家方针政策，开展教育改革试验，根据职责分工负责区域内教育改革、发展和稳定。

在促进区域教育均衡发展和实现教育公平的大背景下，《教育规划纲要》还提出了强化省级政府教育统筹的改革主张，要求省级政府全面履行统筹行政区域内各级各类教育发展的责任。这些责任的具体内容包括：统筹管理义务教育的责任，推进城乡义务教育均衡发展，依法落实发展义务教育的财政责任；促进普通高中和中等职业学校合理分布，加快普及高中阶段教育，重点扶持困难地区高中阶段教育发展；促进省域内职业教育协调发展和资源共享，支持行业、企业发展职业教育；合理设置和调整高等学校及学科、专业布局，提高管理水平和办学质量；等等。

为实现政府教育管理职能的转变，《教育规划纲要》还对政府的管理职责和管理方式提出了新的要求。《教育规划纲要》认为，在管理职责上，政府要切实履行统筹规划、政策引导、监督管理和提供公共教育服务的职责，建立健全公共教育服务体系，逐步实现基本公共教育服务均等化，维护教育公平和教育秩序。在管理方式上，必须改变直接管理学校的单一方式，综合应用立法、拨款、规划、信息服务、政策指导和必要的行政措施，减少不必要的行政干预。此外，《教育规划纲要》还提出了增强政府决策的科学性和管理的有效性，以及培育教育中介组织推进教育公共治理的要求。

(三)改革经费投入体制

在经费投入体制上，《教育规划纲要》从教育支撑国家长远发展的角度出发，明确了教育投入是公共财政的重要职能，要求健全政府投入为主、多渠道筹措教育经费的体制，大幅增加教育投入。为了保障教育经费的来源，《教育规划纲要》对原有的投入体制进行了必要的改革和完善，采取了优化政府投入、增加社会投入、完善个人分担、鼓励公益捐赠四条途径齐头并进的改革措施。这些措施的主要内容包括：优化政府的财政支出结构，优先保障教育财政支出，落实教育经费逐年增长的要求；完善财政、税收、金融和土地等优惠政策，鼓励和引导社会力量捐资、出资办学，多渠道增加教育投入；完善非义务教育培养成本分担机制，根据经济发展状况、培养成本和群众承受能力，调整学费标准；完善捐赠教育激励机制，落实个人教育公益性捐赠支出在所得税税前扣除规定；等等。此外，《教育规划纲要》还对不同阶段的教育投入机制进行了改革。在义务教育阶段，将义务教育全面纳入财政保障范围，实行国务院和地方各级人民政府根据职责共同负担，省、自治区、直辖市人民政府负责统筹落实的投入体制。进一步完善中央财政和地方财政分项目、按比例分担的农村义务教育经费保障机制，提高保障水平。对于非义务教育，实行以政府投入为主、受教育者合理分担、其他多种渠

道筹措经费的投入机制。具体来说，学前教育建立政府投入、社会
举办者投入、家庭合理负担的投入机制；普通高中实行以财政投入
为主，其他渠道筹措经费为辅的机制；中等职业教育实行政府、行
业、企业及其他社会力量依法筹集经费的机制；高等教育实行以举
办者投入为主、受教育者合理分担培养成本、学校设立基金接受社
会捐赠等筹措经费的机制。为保障弱势群体的受教育权利，《教育规
划纲要》对农村、边远贫困地区、民族地区教育投入机制和国家资助
政策体系进行了改革。

　　《教育规划纲要》的制定和实施，在公共教育管理体制改革的过
程中发挥了承上启下的重要作用。一方面，它延续了 20 世纪 90 年
代以来教育体制改革的基本思路，并且根据变化了的形势，对公共
教育的办学体制、管理体制、经费投入体制进行了改革，进一步完
善了公共教育管理体制；另一方面，从发展的眼光来看，它所提出
的改革目标和思路，以及采取的改革措施，如转变政府职能、全面
推进依法行政、建立现代学校制度、培育教育中介组织等，已经包
含和体现了教育公共治理的原则和要求，为实现由教育管理向教育
治理的变革做出了不可或缺的铺垫。

二、加快推进教育治理体系与治理能力现代化

　　2013 年 11 月，中国共产党第十八届中央委员会第三次全体会议
在北京召开。会议通过了《中共中央关于全面深化改革若干重大问题
的决定》，确立新时期全面深化改革的总体目标是完善和发展中国特
色社会主义制度，推进国家治理体系和治理能力现代化。会议召开
以后，教育部认真贯彻落实会议精神，提出了深化教育领域综合改
革，加快推进教育治理体系和治理能力现代化建设的改革目标，正
式开始了由教育管理向教育治理转变的进程。

　　(一)转变政府职能，推进政府依法管理教育事务

　　积极转变政府职能，推进政府依法管理教育事务是实现依法治

国，建设社会主义法治国家的基本要求。十八届三中全会以后，教育部针对原有教育管理体制的问题，制定了全面提升教育治理能力的改革方案。

1. 实现政府教育职能的重组和优化

为了进一步落实简政放权的目标，首先，教育部进行了行政审批制度的改革，通过建立规范的教育行政审批制度，取消和下放了一大批审批事项；其次，大大减少了对学校的项目评审、教育评估、人才评价和检查事项；最后，进一步明确了中央和地方在教育管理上的分工，有效扩大了省级政府的教育统筹权。在改革的过程中，教育部还强化了制定国家教育标准，加强教育质量检测和实行教育督导的职能。

2. 建立科学民主的决策机制

科学民主的决策机制是提高教育行政决策质量和水平，确保教育事业顺利开展的前提条件。在全面推进依法行政的改革过程中，我国逐渐建立了公众参与、专家论证、风险评估、合法性审查、集体讨论决定的重大教育决策法定程序，并且通过座谈会、听证会、网络平台等方式，广泛听取公众和社会各界的意见建议。此外，教育部还积极推动建立了教育重大决策合法性审查机制、重大决策终身责任追究制度及责任倒查机制的改革尝试，这些改革措施的推行，有力地提升了教育决策的科学化和规范化水平。

3. 建立健全教育行政执法机制

长期以来，各级教育行政部门运用执法手段管理教育的意识不强、执法职责不清、执法能力不足、执法程序不健全等问题一直存在。针对这些问题，教育部提出了完善教育法律法规执法体系，规范教育行政权力行使程序的改革目标，要求加大教育行政执法力度，遵循法定职权与程序，运用行政指导、行政处罚、行政强制等手段，依法纠正学校的违法、违规行为，保障教育法律和政策有效实施。

2014 年起，我国逐渐开始了教育行政体制改革的试点工作，参加试点的上海、青岛、深圳等地的教育部门通过梳理教育行政部门的执法依据，明确和落实执法责任，整合调整行政执法力量，设立了专门执法机构或者队伍，探索了教育新政执法机制，逐渐建立起规范化、制度化的教育行政执法程序。

4. 推行权力清单和责任清单制度

权力清单制度是全面推进依法行政、建设法治政府的基本要求。十八届三中全会以后，为了进一步明确各级政府工作部门职责权限，形成边界清晰、责权一致的政府职能体系和科学有效的权力监督机制，我国逐渐开始了建立教育行政权力清单和责任清单制度的改革尝试，通过政府公报、政府网站等便于公众知晓的方式，向社会全面公开教育及相关政府部门职能、法律依据、实施主体、职责权限、管理流程、监督方式等事项，为公民、法人或者其他组织提供优质服务，让权力在阳光下运行。在教育部的推动下，一些地方还开展了负面清单管理的试点，使学校可在清单之外自主地行使办学权。

(二)推进政校分开，实行学校自主办学

1. 依法明确和保障学校的办学自主权

保障学校享有充分的办学自主权是激发学校办学活力的关键。我国一贯重视通过立法支持和保障学校的办学自主权。《教育法》《义务教育法》《高等教育法》《民办教育促进法》等法律法规明确规定了各级各类学校的办学权，为学校依法自主办学提供了必要的法律支撑。十八届三中全会以后，为进一步落实中央深化教育综合改革的精神，教育部提出要通过简政放权，进一步落实各级各类学校的办学自主权。在高等教育领域，教育部 2014 年发布了《关于进一步落实和扩大高校办学自主权完善高校内部治理结构的意见》，进一步扩大了高校在考试招生、教育教学、科学研究、教职工队伍管理、经费资产使用管理、国际交流合作等方面的自主权。在基础教育领域，随着政府职能和管理方式的转变，中小学校的校长负责制得到进一步的改革和完善，中小学校在育人方式、资源配置、人事管理方面的自主权逐渐得到落实。

2. 加强学校章程和配套制度建设

章程是学校的"宪法"，是推进教育公共治理、实现学校依法办学的重要保障。我国于 20 世纪 50 年代开始探索建设学校章程。2010 年出台的《教育规划纲要》明确要求"加强章程建设"，着重指出"学校要建立完善符合法律规定、体现自身特色的学校章程和制度，依法办学，从严治校，认真履行教育教学和管理职责"。此后各地纷纷开始了建设学校章程的实践。在高等教育领域，2011 年 7 月，教育部通过了《高等学校章程制定暂行办法》，就大学章程的性质和地位、内容、制定程序、核准与监督等问题做出了明确规定。根据这一办法，各高校陆续制定了新的大学章程或对原学校章程进行了修改，并且报教育部审核批准。在基础教育领域，2012 年 11 月，教育部印发《全面推进依法治校实施纲要》，要求普通中小学、幼儿园、中等职业学校也制定章程，到 2015 年形成一校一章程的格局。随后，各中小学校也开始制定学校章程。在开展学校章程制定工作的同时，教育部还做出了加强学校配套制度建设的改革要求，根据这一要求，各级各类学校开始从教学、科研、学生、人事、资产与财务、后勤、安全、对外合作等方面制定和完善管理制度，建立健全各种办事程序、内部机构组织规则、议事规则等，逐渐形成了统一规范的制度体系。

3. 完善学校内部治理结构

学校内部治理结构是指学校内部各利益主体在共同参与学校治理过程中所形成的法权关系及其运行机制，是各利益相关方的权力和责任在学校组织设计中的直接呈现。十八届三中全会以后，《中共中央关于全面深化改革若干重大问题的决定》将完善学校内部治理结构列为深化教育领域综合改革的重要内容。随后，教育部密集出台了一系列旨在完善学校内部治理结构的改革举措。2011 年 7 月，教育部通过了《高等学校章程制定暂行办法》，确立了高等学校治理的基本准则。2012 年 1 月，《学校教职工代表大会规定》开始实施，这一规定为教职工参与学校民主管理和监督，完善现代学校制度提供了法律保障。2014 年 1 月，教育部发布了《高等学校学术委员会规程》，要求高等学校成立学术委员会，健全以学术委员会为核心的学术管理体系与组织架构，完善学术委员会的组织规则、职责权限与运行机制。2014 年 7 月，教育部又通过了《普通高等学校理事会规程（试行）》，要求高等学校建立并完善理事会制度，进一步完善了高等学校的内部治理结构。这一时期，中小学校的内部治理结构也取得了有效的进展。首先，国家对中小学校的校长负责制进行了进一步的改革和完善，建立了由学校负责人、教师、学生及家长代表、社区代表等参加的校务委员会，负责对学校章程、发展规划、年度工作报告，以及重大教育教学改革和涉及学生、家长、社区工作重要事项的决策等提出意见建议。其次，学校开展了家长委员会制度建设的实践，使家长能够参与到学校办学之中来，保障了家长对学校教育教学、管理活动实施监督、提出意见建议的权利。

（三）增强学校与社会的联系，促进更为广泛的社会参与

学校只有主动面向社会、服务社会，才能不断提高服务意识、服务能力、服务水平，增强学校面向社会自主办学能力，为社会各行各业的发展提供所需的人才。

1. 实行教育信息公开制度

信息公开是保证公民获取教育信息，参与教育公共治理的前提条件。十八届三中全会以后，教育行政部门首先落实了信息公开的要求，实现了重要改革方案、重大政策措施、重点工程项目公开征求意见，教育质量标准、教育质量监测结果和教育督导报告向社会

公开。随后，各级各类学校也建立起了信息公开的制度。2010 年 3 月，教育部通过了《高等学校信息公开办法》，对高等学校信息公开的内容范围、公开途径和要求、相应的监督和保障机制做出了规定，推动了高校信息公开制度的建立。2015 年，教育部又提出了完善校务公开制度的要求。根据这一要求，学校有关经费收支、招生就业、基本建设招投标、培养目标与课程设置、教育教学安排等社会关注的信息应当重点向社会公布；学校配置资源以及干部选拔任用、专业技术职务评聘、岗位聘用、学术评价和各种评优、选拔活动，要按照公平公开公正的原则，实现过程和结果的公开透明，接受利益相关方的监督。

2. 促进社会参与学校管理

社会参与是提高学校管理水平，增强学校与社会联系的有力途径。在中小学阶段，一方面，实行了中小学与社区合作的机制，通过开放教育资源和公共设施，参与社区建设，完善了学校与社区和企事业组织合作共建的体制机制；另一方面，逐步建立了家长委员会制度，充分发挥了家长委员会支持教育教学工作、参与和监督学校管理、促进学校与家庭沟通合作的作用。在高等教育领域，通过在决策咨询、教学科研、安全管理、学生实习实践等方面更多地引入社会资源，进一步扩大了高校与社会合作的广度和深度。

3. 支持社会组织开展教育评价

社会组织参与教育评价有利于保持中立性，既可以为政府决策提供参考，又可以为学校改进工作提供依据。为促进和规范社会组织参与教育评价，政府采取了一系列的政策措施，包括：培育一批专业的教育服务机构，整合教育质量监测评估机构，完善监测评估体系；推动教育行业协会和专业学会进行组织变革，使其逐步承担起参与社会评价的功能；充分利用市场机制，向专业机构和社会组织购买教育评价服务；扩大科技、文化等部门和新闻媒体对教育评价的参与；等等。

推进教育治理体系和治理能力现代化的改革，适应了新时期加强国家治理体系和治理能力的要求，有利于根据教育发展的自身规律和教育现代化要求，构建以政府、学校、社会之间新型关系为核心，政府宏观管理、学校自主办学、社会广泛参与的格局，有利于实现政府、学校和社会之间的管办评分离，形成现代教育的公共治理体系，不断提升教育治理能力。

三、教育公共治理变革的未来与展望

改革开放 40 年来，我国不断深化教育体制改革，逐步调整政府、学校和社会之间的关系，实现了传统意义上的公共教育管理体制向新的教育公共治理体系的变革。然而，从新的实际情况来看，人民群众对高质量多样化教育的需求不断增长，使现有的教育供给机制及教育治理体系难以适应这一社会变革的要求。这就需要我们根据社会主义建设新时期教育改革与发展的现状与问题，进一步加以研究和探索，从治理理念、治理目标、治理结构和治理方式等方面，实现教育治理的根本变革。

（一）治理理念的变革：从公共管理到公共服务

治理的兴起源自 20 世纪 90 年代的政府和市场双重失灵现象，人们试图以治理机制联合公共与私人的机构来管理共同事务，增进公共利益。从本质上来说，治理是一种由共同的目标支持的活动，治理活动的主体未必是政府[①]，也可以是其他社会公共或私人的组织和个人。

与治理相区别的是，现代政府的公共管理源自 20 世纪 80 年代，它是随着现代政府职能的不断扩张和财政支出的不堪重负而出现的

---

① James N. Rosenau，*Governance Without Government：Order and Charge in World Politics*，Cambridge，Cambridge University Press，1995，p. 5.

一种试图取代传统公共行政的管理模式。其基本主张是在政府公共部门引入私营部门的管理方法和竞争机制，用以降低政府成本，提升公共服务效率，增强公共服务对公民需求的回应性。我国自 20 世纪 80 年代以来的教育体制改革，从某种意义上来说较多地受到了这种公共管理主义的影响，其所采取的改革措施在表现形式上与西方国家流行的公共管理模式具有较多的相似性。这说明我们对于教育治理的理解还没有摆脱"管理主义"模式的窠臼。从治理理论本身的含义来说，治理既不是统治，也不是指行政和管理，而是指政府对公共事务进行治理，它是掌舵而不是划桨。[①] 治理的根本目的是更好地实现公共利益，因此它要求政府积极转变其职能，扮演好公共服务提供者的角色，通过鼓励民众积极参与，促成相互对话和彼此合作，以达成公共目标。

(二)治理目标的变革：增进和扩大教育公共利益

我国自 20 世纪 90 年代以来的教育体制改革在推进政府简政放权、扩大学校办学自主权、吸纳社会资源提供公共教育服务等方面取得了卓有成效的进展，但与此同时也不可避免地带来了一些教育公平的问题，引发了人们对公共教育的认同危机。未来教育治理的变革应当充分认识到教育公平的价值，自觉将公益性确立为教育的基本价值目标，不断改进和完善公共教育的治理机制，增进和扩大教育公共利益。以公益性为基本价值目标的教育，必须认识到公共教育的本质属性是公共性和公益性，公共教育的治理机制应当保障公民享有平等的受教育权利作为逻辑起点。以公益性为基本价值目标的教育，还要求政府全面正确履行管理和发展教育的职责。在公共教育的治理体系中，政府角色的转换并不意味着政府可以放弃或

---

① 毛寿龙、李梅、陈幽泓：《西方政府的治道变革》，6～7 页，北京，中国人民大学出版社，1998。

者削弱发展公共教育的责任，而是要求政府转变治理机制，联合公共和私人的力量，在增加教育供给的同时，提供更加公平的教育服务。另外，以公益性为基本价值目标的教育，还要求制定基本教育服务的标准，通过"底线均等"的制度设计，确保公益性和普惠性有据可依。①

(三)治理结构的变革：实现多元协作共同治理

在我国教育体制改革的过程中，政府始终占据着主导的地位，独自扮演了政策供给者和政策实施者的角色，其他社会组织和个人尽管可以通过某些途径参与到改革的过程中来，但很少能够获得与政府平等对话的机会。进入社会主义现代化建设的新时期，随着社会发展的加速，这种政府主导的治理结构极有可能因为信息的不完全性和理性的有限性，难以应对瞬息万变的社会情况和多样化乃至相互冲突的教育诉求，这就要求逐步改变政府主导的教育治理结构，积极推动其他公共或私人力量的参与，实现多元协作共同治理。从根本上来说，治理作为一种创新机制，之所以能够起到克服政府与市场的双重失灵的效用，根本原因就在于治理的主体不局限于源自政府的公共机构和行为者，各种公共的和私人的机构只要其行使的权力得到公众的认可，都可以加入到教育治理的体系中来，并且部分地分担原先由政府承担的管理责任，从而形成一个自主治理的网络。

(四)治理方式的变革：全面实行教育法治

法治是治理的基本要素和必然要求。对于现代国家而言，法治的目标不仅在于规范公民的行为，更在于约束和控制政府权力，以保护公民的自由、平等及其他基本权利。要实现公共教育治理方式

---

① 蔡达峰：《推进基本公共教育服务均等化　夯实社会公平的基石》，http://www.cppcc.gov.cn/zxww/2012/03/12/ARTI1331539388941978.shtml，2018-08-10。

的变革，就必须贯彻落实依法治国方略，全面实行教育法治。全面
实行教育法治，必须将法律作为公共教育治理体系的最高准则，任
何政府机构、社会组织、公民个人都必须遵守宪法和法律的规定，
做到法律面前人人平等。全面实行教育法治，必须加强教育法治建
设，合理界定政府、学校、社会在教育治理方面的权利和义务，强
化政府的教育治理责任，明确社会组织和个人参与教育治理的权利、
义务及程序，实现多元治理主体合作共赢，推动教育事业健康发展。
全面实行教育法治，还须积极培育法治思维和法治文化，运用法治
方式调节教育关系、维护教育秩序、协调教育冲突，形成政府依法
治教、学校依法办学、社会依法参与的法治文化。

第三章
提升公立学校办学水平，
办人民满意的学校

改革开放 40 年间，从幼儿园到大学，从城市到农村，公立学校服务人数持续增加，财政投入力度不断加大，保障范围大力拓展，同时政府积极简政放权，在办学体制、招生模式、内部管理和育人模式等方面持续改革，以适应社会转型与教育发展需求，更积极地体现相应阶段公立教育的公益性。整体而言，公立学校作为公共教育的主要承担者，积极承担了党的十八大报告所提出的"办好人民满意的教育"的历史使命，办学水平有了很大提升，并将在面向未来的发展中得到进一步提升。

第一节　从事业单位到法人资格：
社会转型中的公立学校定位

改革开放 40 年来，公立学校在社会关系系统中所属的法律类别、具有的法律属性、所享有的权利和承担的义务在适应社会转型的进程中发生了显著的变化。法律身份及其权能的这些变化，体现了政府的办学思路，决定了公立学校作为一类社会组织在社会系统中的定位，也决定了公立学校有怎样的行为能力、能够以怎样的行为方式开展办学活动。因此，对公立学校的法律身份及相应的社会定位的考察，是讨论公立学校系统变革的至关重要的维度和视角。

一、整体性社会中类似行政机关内设机构而存在的事业单位

自 20 世纪 50 年代，我国建立了以行政机关为核心的"主体一元化"社会格局，所有社会组织和个体全然依附或隶属于国家，高度集中化、同质化。这种"主体一元化"社会以一套完整的包括行政机关和企业、事业单位的"单位体制"为依托实现。所谓"单位"，顾名思义，是指整体中的一部分。在单位体制这种社会调控的组织形式中，整个国家以一个巨大的行政组织网络统整起来，所有的社会组织都纳入行政隶属系统之中，而所有社会成员都被纳入到这些隶属行政的社会组织之中。所有的"单位"，不论是政府行政机关，还是企业或事业单位，也不论其具体的社会职能是什么，都是国家行政组织网络中的一环，代表官方意志行事。由此，国家权力可以通过单位体制纵深至城乡的每一个角落，在举国范围内统一控制和分配社会资源。

在教育领域，全能型政府包揽了从举办到办学、管理的一切权力。所有学校，无论是幼儿园、中小学还是大学，均为公立学校，由国家设立，由公共财政全额拨款维持并以行政命令的方式进行高度集中的管理，作为计划经济体制下的一个组成部分而存在。学校与政府一体同构，只是政府的附属机构，单纯执行政府意志。虽然学校能够实际地实施教育教学，进行内部管理并与其他社会主体进行业务和经济上的往来，但是学校的自主空间极为有限，在人事、经费、课程、招生等办学的核心要素上都只有执行权而没有最终的决策权。大到学校的发展路线、办学规模、发展速度、办学质量等事关学校办学规划的宏观战略，小至学校的经费投入与分配、教师选任与管理、学生的招生与分配等学校办学的具体运营事宜，都必须服从政府的行政指令。政府与学校之间存在着严格的支配与被支配、控制与被控制的行政等级关系，学校完全没有外在于政府的主

体地位和办学自主权。根据 1963 年《国务院关于编制管理的暂行办法（草案）》规定的"凡是为国家创造或改善生产条件，促进社会福利，满足人民文化、教育、卫生等需要，其经费由国家事业费开支的单位为事业单位"，学校作为政府举办、经费由国家事业费开支的从事教育教学工作的专门组织，其社会定位为"事业单位"。改革开放之初，国家仍然深受计划经济体制影响，以超经济的强大的单位体制对社会进行调控，公立学校的"事业单位"的定位也因此延续下来。1984 年《关于国务院各部门直属事业单位编制管理的试行办法（讨论稿）》中规定："凡是为国家创造或改善生产条件，从事为国民经济、人民文化生活、增进社会福利等服务活动，不是以为国家积累资金为直接目的的单位，可定为事业单位，使用事业编制。"根据这一概念界定，公立学校作为由国家财政维持、提供公共教育服务并且并不以营利为目的的社会组织，依然属于典型的"事业单位"。在这一时期，即使中央政府已经宣布实施改革开放，公立学校仍然是市场无涉的相对封闭的社会领域，几乎没有外在于政府的独立意志，具有浓厚的行政化特点。

从法学的角度来看，"事业单位"这一由我国独创的制度，存在定位不清、功能复杂、类型多样的特点，并不是一个确定的法律概念。以比较的视角来看，计划经济体制下的公立学校事业单位，与大陆法系的德国、日本和中国台湾地区行政法学中隶属于"公共营造物"的"营造物机关"或者称"非独立营造物"相类似。所谓"公共营造物"，按照德国行政法之父奥托·梅耶的定义，指的是由公共行政的主体为服务于特定的公共目的而规定的人力、物力手段的综合体。①其中，有法人地位的营造物称为"营造物法人"或"独立营造物"，没有法人地位的则称为"营造物机关"或"非独立营造物"。② 计划经济

---

① ［日］盐野宏：《行政法》，479 页，北京，法律出版社，1999。
② 黄异：《行政法总论》，19 页，台北，三民书局，1992。

体制之下的公立学校，作为国家全额拨款事业单位，是国家行政系统中一个层级较低的组成"单位"，具有类似于行政机关内设机构的性质，没有独立的法人地位，但是缺乏如"营造物机关"那样相对确定的法律定位及权利义务关系。此时，公立学校与政府之间是内部行政法律关系，即行政主体代表国家对隶属于自身的组织、人员和财务进行管理的、由行政法所调节的关系。政府拥有公立学校所有行政事务的决定权，可根据行政管理的需要对学校的人事、财政、教学、研究等各个方面进行控制。公立学校作为内部行政的相对方，必须服从作为上级行政主管机关的政府的直接管理。政府对公立学校发布命令或者做出处分，属于内部行政行为；学校即使不服，亦不能就此提出复议或诉讼。政府出于管理的需要，可以将某些行政事务的决定权授权给学校，由学校自行决定。但是这种授权只是行政机关内部的授权，可由作为上级行政机关的政府自由决定，并没有法律进行规范。政府也可以不受法律约束，随时收回授权，或通过其他行政命令、措施使学校的权力在事实上落空。因此，在这一时期，公立学校作为政府全额拨款的事业单位，具有类似行政机关内设机构的性质，不具备独立的社会活动主体地位和办学自主权。

二、简政放权与公立学校办学自主权

改革开放后，随着经济体制的调整和社会结构的变化，"主体一元化"社会中形成的类似行政机关内设机构的公立学校办学定位与社会发展的需要日益脱节。政府对公立学校的严格控制导致学校办学僵化、效率低下，并且难以调动各方面力量拓展办学资源，严重限制了公立学校的发展和办学质量的提升。在急需依靠教育"多出人才、快出人才、出好人才"以大力建设社会主义的情况下，公立学校在办学体制上的弊端不仅受到了教育研究者的批评，也引起了决策层的关注。为形成既利于政府统筹管理，又能让学校具有适当的办学自主权，还能调动社会力量积极参与办学的新型的权力关系，

1985 年，《中共中央关于教育体制改革的决定》正式启动了办学体制改革。《中共中央关于教育体制改革的决定》指出："在教育事业管理权限的划分上，政府有关部门对学校主要是对高等学校统得过死，使学校缺乏应有的活力；而政府应该加以管理的事情，又没有很好地管起来。……要从根本上改变这种状况，必须从教育体制入手，有系统地进行改革。改革管理体制，在加强宏观管理的同时，坚决实行简政放权，扩大学校的办学自主权；调整教育结构，相应地改革劳动人事制度。还要改革同社会主义现代化不相适应的教育思想、教育内容、教育方法。"根据改革目标的上述表述，"简政放权，扩大学校的办学自主权"是教育体制改革的重要方向。因此，在这场对办学权力的再分配中，放权不仅包括从中央向地方这一向度，还包括从政府向学校放权这一在新中国教育历史上首次出现的新向度。

在高等教育阶段，根据《中共中央关于教育体制改革的决定》的安排，"简政放权"给予公立高等学校的办学自主权包括："在执行国家的政策、法令和计划的前提下，高等学校有权在计划外接受委托培养学生和招收自费生；有权调整专业的服务方向，制订教学计划和教学大纲，编写和选用教材；有权接受委托或与外单位合作，进行科学研究和技术开发，建立教学、科研、生产联合体；有权提名任免副校长和任免其他各级干部；有权具体安排国家拨发的基建投资和经费；有权利用自筹资金，开展国际的教育和学术交流；等等。"简政放权之下，政府与公立学校之间原有的"支配—服从"关系开始发生变化，特别是高等学校获得了一定程度的办学自主权。此后，1986 年国家教委、财政部又沿袭《中共中央关于教育体制改革的决定》的逻辑，制定了《高等学校财务管理改革实施办法》，规定高等学校有权按照"包干使用，超支不补，结余留用，自求平衡"的原则自主使用主管部门核定的预算经费；允许学校的后勤单位和校办工厂等采取"定额承包或其他形式的经济承包责任制"或"事业单位、企业化管理、独立核算、自负盈亏"的管理办法。高等学校在事实上成为一个经费独立的单位，也因此具有了与财权相应的独立承担民事责任的能力。

在基础教育阶段，"简政放权"的重点在于对政府的办学权力进行纵向分权，确定了"基础教育管理权属于地方。除大政方针和宏观规划由中央决定外，具体政策、制度、计划的制定和实施，以及对学校的领导、管理和检查，责任和权力都交给地方"的分级管理原则。1986 年，第六届全国人民代表大会第四次会议通过了《义务教育法》，该法第八条规定"义务教育事业，在国务院领导下，实行地方负责，分级管理"，标志着基础教育领域中央和地方之间的权力下放得到了法律的确认。

1992 年年初，邓小平的南方谈话解决了人们对如何定位和建设社会主义的迷茫，我国开始由计划经济体制向社会主义市场经济体制全面转轨。1993 年，中共中央、国务院颁布《中国教育改革和发展纲要》。作为改革开放后第二部就教育体制改革做出规划的重要政策性文件，《中国教育改革和发展纲要》将教育体制改革的目标定位为"建立起与社会主义市场经济体制和政治体制、科技体制改革相适应的教育体制"，为此需要"解决政府与高等学校、中央与地方、国家教委与中央各业务部门之间的关系，逐步建立政府宏观管理，学校面向社会自主办学的体制""改变政府包揽办学的格局，逐步建立以政府办学为主体、社会各界共同办学的体制"。《中国教育改革和发展纲要》继续坚持了"简政放权，扩大学校的办学自主权"的改革思路，还新增了积极利用市场运作机制的改革思路，如：要求对社会团体和公民个人依法办学，采取积极鼓励、大力支持、正面引导、加强管理的方针；允许在国家有关法律和法规的范围内进行国际合作办学；运用金融、信贷手段，融通教育资金，支持校办产业、高新科技企业的发展；改革学生上大学由国家包下来的做法，逐步实行收费制度；改变全部按国家统一计划招生的体制；改革高等学校毕业生"统包统分"和"包当干部"的就业制度；对教职工实行岗位责任制和聘任制；进行学校内部管理体制改革，实现后勤服务社会化；等等。依据《中国教育改革和发展纲要》，公立学校切实地获得了一些办学自主权，资源配置的方式也因为市场力量的介入而开始发生深刻变化。但是，公立学校办学自主权是以政府自上而下的强制性制度变迁的方式实现的，而并非公立学校作为办学主体的自主意愿表达。因此，在之后的办学实践中，也出现了部分学校没有善用所具有的自主权的情况。

从公立学校的法律定位上看，自主权的获得并没有改变公立学校作为"国家全额拨款事业单位"的性质。这是因为，学校的办学自主权来源于政策文件而并非由全国人大制定通过的法律。因此公立学校的办学自主权尚未获得立法确认，无法通过法律得到保障，存在不确定性。公立学校是否具有办学自主权、能够在多大范围内行使办学自主权，取决于政府的放权。当政府决定不再由学校代为行使之前下放的决定权时，学校所获得的自主决定权随时可被收回。因此，学校办学自主权的行使最终仍受制于政府的意志，各级各类公立学校与政府之间依然存在以隶属性为基本特征的纵向的内部行政法律关系。

三、《教育法》的制定与公立学校法人资格

1985 年开始的办学体制改革由政府主动并且强制放权，数年的持续放权使得公立学校，特别是高等学校具备了一定的独立能力。为使公立学校能够适应社会主义市场经济的发展，进一步建立与政府、与社会的适当关系，释放办学活力，有必要就公立学校的自主办学权给予进一步的保障。在这一背景下，学界出现了重新定位公立学校的法律地位，赋予公立学校以法人身份的意见。所谓法人，是确立社会组织的民事权利主体资格的制度。法人制度源于古罗马

时期罗马法学者提出的"团体人格"理论，但直到市场经济高度发展后才真正成为经济生活中的一项重要制度。1900年实施的《德国民法典》首次规定了法人制度，此后资本主义各国的民商法立法中普遍确认了这一制度。在我国，法人制度的确立源自1986年《中华人民共和国民法通则》（以下简称《民法通则》）的颁布。该法根据是否从事营利性活动的标准，将我国的法人分为以营利为目的的企业法人和不以营利为目的的非企业法人两类。后者主要从事国家行政管理和各类非经济活动，具体包括了机关法人、事业单位法人和社会团体法人三类。根据《民法通则》第三十六条，法人具有"民事权利能力和民事行为能力，依法独立享有民事权利和承担民事义务"，因此不以营利为目的的非企业法人在民事活动中同样能够具有独立的民事活动主体地位，有能力独立承担责任，积极有效地减轻了国家举办社会事业的负担，提高了社会运行的效率。鉴于法人制度的上述优点，国家也开始探索学校法人地位的改革。1992年8月，《关于国家教委直属高等学校内部管理体制改革的若干意见》提出："国家教委直属高等学校是由国家教委直接管理的教育实体，具有法人地位。"同年9月，国家教委党组《关于加快教育改革和发展的若干意见》进一步提出"通过立法，逐步确立高等学校的法人地位"的发展思路。1993年《中国教育改革和发展纲要》也要求"在政府与学校的关系上，要按照政事分开的原则，通过立法，明确高等学校的权利和义务，使高等学校真正成为面向社会自主办学的法人实体"。

1995年颁布的《教育法》第三十一条正式确立了学校的法人地位。该条规定："学校及其他教育机构具备法人条件的，自批准设立或者登记注册之日起取得法人资格。学校及其他教育机构在民事活动中依法享有民事权利，承担民事责任。学校及其他教育机构中的国有资产属于国家所有。学校及其他教育机构兴办的校办产业独立承担民事责任。"该法第二十八条和第二十九条分别明确了学校享有的权利和应履行的义务。法人身份的获得为政府与学校之间的分权提供了法律依据，学校的办学自主权由此得到了法律的确认，公立学校能够独立地与其他民事主体发生各种民事法律关系，依法在财产、土地、劳动用工、捐赠等各类民事事务上自主决策。

1998 年《高等教育法》第三十条规定："高等学校自批准设立之日起取得法人资格。高等学校的校长为高等学校的法定代表人。高等学校在民事活动中依法享有民事权利，承担民事责任。"与法人身份相应，该法在第三十二条至第三十八条确立了高等学校在招生、学科和专业设置、组织实施教学活动、科学研究、对外科学技术文化交流与合作、内部组织和人员管理、财产管理和使用等方面享有各项自主权。公立高等学校的法人身份及与此身份相匹配的权利义务在法律层面得以明确。

当具备法人条件的公立学校取得法人资格后，公立学校与外部的法律关系相应发生改变，具有了两种确定的法律关系。其一，公立学校和政府之间，具有以政府对学校的行政管理为主要内容的传统的教育行政法律关系。教育行政法律关系是一种以权力服从为基本原则的纵向型法律关系。这种双方地位不对等的关系发生于政府对公立学校的教育行政管理过程中，其实质是国家对教育活动的领导、组织和管理。在此关系中，政府占据主导地位，代表国家管理教育事业，要求公立学校按照其规定行事。公立学校虽然享有《教育法》所规定的自主权利，但是也必须履行其法定义务并接受政府的领导和管理。若公立学校不履行其职责时，政府部门可依据行政管理的权力强制其履行；反之，若政府机关未履行自身教育职责时，公立学校无法对之予以强制，只能请求其履行，或通过提起申诉及行政诉讼的方式解决。教育行政法律关系在传统上以"命令—服从"的行政命令关系为基本特征。但是在我国朝向社会主义市场经济的发展过程中，政府行政体制日益规范化，行政管理也日益科学化、民主化，政府在对公立学校的管理中更积极地使用了行政指导和行政合同等柔性的行政管理手段，这也使教育行政法律关系日益具有民主化的特征。其二，公立学校具有由法人身份带来的，在民事活动中，与包括政府在内的其他社会组织和个人之间发生的民事法律关系。在民事法律关系中，公立学校和其他各方当事人之间的法律地位平等。双方以自由自愿的意思表示为基础，以等价、有偿为主要原则，就可能发生民事所有和流转的权益达成一致意见。双方形成的民事法律关系受民法管辖。这种关系不仅可以发生在公立学校与企事业单位、其他社会组织和个人之间，也可以发生在公立学校与政府之间。例如，政府部门与高等学校签订委托培养合同，或者与基础教育学校签订学校托管合同。学校提供相应的教育服务，政府部门则需要遵循市场原则支付与服务对等的费用。合同一经签订就对双方产生了约束力，非经双方协商一致不得取消，任何一方违约都必须承担违约责任。[①]

　　根据1995年《教育法》第二十五条规定的"任何组织和个人不得以营利为目的举办学校及其他教育机构"，取得法人资格的公立学校应当属于非营利性法人。国务院1998年10月颁布的《事业单位登记管理暂行条例》第二条规定，事业单位是"国家为了社会公益目的，由国家机关举办或者其他组织利用国有资产举办的，从事教育、科技、文化、卫生等活动的社会服务组织"。可见，公立学校属于事业单位。再比照《民法通则》对非营利性法人的划分，公立学校显然应当定位为"事业单位法人"。但是"事业单位法人"并不能完整和准确地反映公立学校的法律性质。原因在于，从实际的办学情况来看，公立学校在进行学生处分、学位颁发等活动中，还具有代行政府授权的公权力的重要特点。因此，20世纪90年代末至21世纪初以"田

---

　　①　劳凯声：《变革社会中的教育权与受教育权：教育法学基本问题研究》，255～256页，北京，教育科学出版社，2003。

永案""刘燕文案"为代表的学生诉学校浪潮中，司法部门在实践中重新审视公立学校的法律身份，使用了"法律法规授权组织"这一概念来定位公立学校在行使公权力时的法律身份。虽然这一概念仍然存在模糊之处，但是公立学校的行政主体地位确实因此得到明晰，公立学校的内部管理行为也纳入了法治轨道。

一方面，法人资格的确立和学校权利的法律保障，极其有力地推动了办学体制改革，加强了公立学校与社会的联系，释放了公立学校的办学活力和创造力。在积极利用市场机制的教育改革中，这也使市场因素快速地介入。另一方面，立法在给予公立学校法人资格时，忽视了对学校作为非营利性组织在民事权利方面应有的限制；同时法律法规授权学校从事公共服务，履行公权力，因此公立学校事实上也是一类特殊的行政主体，但是其行为并没有从公法的角度受到必要的规约。公立学校法律定位与办学权力转换过程中的规约缺失，使公立学校在取得法人资格之后获得了可与企业比肩，且远比国外同类学校大得多的办学权力。在发展教育的正式目标和利益寻租的个体动机的综合驱动下，公立学校办学体现出了"诱致性制度变迁"特征，学校充分利用法人的民事权利，创新出诸多前所未有的教育资源分配方式和人才培养方式。典型情况如以下六类：①公立学校的象征性市场化运作，即将学校或教育设施的署名权这种公共产品象征性地转化为一种有价的署名商品，并通过市场运作来出售。这种形式存在于各级公立学校中。②公立学校的局部运作市场化。除了与国家长远利益相关的办学活动由公共财政给予支持外，将后勤管理、校办产业等按照市场化方式运作，进行产业化开发。③公立学校"一校两制"的市场化运作。包括公立高等学校下设非独立二级学院、公立学校举办独立的"校中校"等。这类新设机构的建设或办学通过市场方式进行运作，经费主要来自通过捐资、合资、银行贷款、合作办学等不同渠道吸纳的民间资金。④改制学校的市场化运作。公立基础教育学校引入市场机制，建立起以资产公有、日常经费自筹、办学自主为特征的"公校私营""公办民助"等不同形式的改制学校，以解决优质教育的供需矛盾问题。⑤股份制学校的市场化运作。由政府牵头，以股份制的融资方式吸引社会各方面力量广泛参与学校办学活动，以集聚民间资金，解决办学经费不足的问题。⑥教育中介组织的市场化运作。社会转型和教育发展的过程中，产生了协调和沟通学校与政府、学校与社会之间关系的教育中介组织。从运作方式来看，教育中介组织包括半官方的、中立的和市场化的三种类型。① 这些新举措及其形成的公立学校办学中与市场的自由交易关系，极大地丰富了教育样态、提升了办学活力并拓展了办学资源。但是，市场机制缺乏制约深度地渗透公立学校系统，导致国有资产流失、乱收费、教育腐败、公共教育资源分配有失公平等负面现象的出现与加剧，对公立学校，特别是公立义务教育学校的公益性构成严峻挑战。②

四、《义务教育法》的修订与公立义务教育学校的合理定位

1995 年《教育法》第三十一条对学校法人资格的表述为："学校及其他教育机构具备法人条件的，自批准设立或者登记注册之日起取得法人资格。"这意味着学校并不能无条件地成为法人，而必须以"具备法人条件"为前提。公立学校是否具有法人地位，还需要进一步分析。在高等学校方面，根据《高等教育法》第三十条所规定的"高等学校自批准设立之日起取得法人资格"，公立高等学校具有确定的法人地位，其成立之初必须具备法人条件，如果已成立的高等学校不具备相关条件，那么必须通过办学体制的改革使自己具备法人的构成

---

① 劳凯声：《重构公共教育体制：别国的经验和我国的实践》，载《北京师范大学学报(社会科学版)》，2003(4)。

② 劳凯声：《在教育改革中坚守公立学校的公益性》，见《中国教育法制评论》第 6 辑，14～28 页，北京，教育科学出版社，2009。

要件。而在基础教育学校方面，相关立法和政策文件始终语焉不详。因此，如果公立中小学要取得法人资格，必须首先满足我国《民法通则》第三十七条提出的四个条件：其一，依法成立；其二，有必要的财产和经费；其三，有自己的名称、组织机构和场所；其四，能够独立承担民事责任。公立中小学毫无疑问都具备"依法成立"的条件，也普遍都有自己的名称、组织机构和场所，但是大量办学实力薄弱的中小学缺乏独立的办学财产和经费，也并不具备独立承担民事责任的能力，从而难以具备取得法人资格的全部条件，并不能成为实质上的"法人"。在基础教育办学由地方负责，其中主要是由县、乡为主进行管理的情况下，鉴于我国经济与社会发展的巨大城乡差异和区域差异，公立中小学在法人条件上的上述缺失难以在短期内得到解决。因此，虽然在实践中，公立中小学校长有时也以学校的"法人代表"的身份与其他社会组织或个人签订各种民事合同，但公立中小学的法人身份是名不副实的。

在义务教育阶段，公立学校的法人资格问题不仅是一个是否能在短期内实现的操作层面的问题，其合理性还存在学理上的质疑。义务教育是完全公益性的事业，义务教育阶段的公立学校是由国家举办的公益性机构，由政府财政经费负担，面向所有适龄儿童、少年提供教育服务。因此，公立义务教育学校实际是专门承担公共教育职能的政府下设机构，其办学权的获得和教育职能的行使都必须以行政法和教育法为依据，办学行为也必须受到政府的管制，在涉及行政法律关系的大量事务中，应当归属公法管理。从国际比较的视野来看，无论是德、意、法、日等大陆法系国家，还是如英、美这样的英美法系国家，其公立义务教育学校在法律上都定位为教育行政主体的下属机构，基本不具有法人地位。[①] 因此，无论是从我

---

① 彭虹斌：《大陆法系与英美法系国家公立中小学法律地位比较与启示》，载《外国中小学教育》，2011(5)。

国的实际情况还是从国际经验来看，公立义务教育学校不仅不满足民法上的法人条件，而且不具备成为民法意义上的法人的合理性。另外，虽然有学者从大陆法系的公法理论研究的角度提出，公立义务教育学校应当属于公法人，但是由于在财政上依赖政府、人事权不完全独立、教育教学内容受政府规定和监督，公立义务教育学校事实上受到国家的高度控制，并不具备公法人所必需的完全自治条件。因此，德国、日本等大陆法系国家均未给予这类学校以公法人身份。在法国，除从属于大区的高中之外，小学和初中也不具有公法人资格。[1] 综合来看，就我国的公立义务教育学校来说，如果给予其与法人身份相匹配的自主权利，则与其机构性质和职能不符。以转制学校改革为代表，20 世纪 90 年代中期以后的公立义务教育学校办学体制改革出现了侵蚀教育公益性的种种乱象。这些乱象与学校在政府办学经费投入不足的情况下，获得了和其性质、职能不相符的办学权密不可分。

2006 年修订的《义务教育法》第二条第二至四款规定："义务教育是国家统一实施的所有适龄儿童、少年必须接受的教育，是国家必须予以保障的公益性事业。实施义务教育，不收学费、杂费。国家建立义务教育经费保障机制，保证义务教育制度实施。"第四十二条第一款、第二款规定："国家将义务教育全面纳入财政保障范围，义务教育经费由国务院和地方各级人民政府依照本法规定予以保障。国务院和地方各级人民政府将义务教育经费纳入财政预算，按照教职工编制标准、工资标准和学校建设标准、学生人均公用经费标准等，及时足额拨付义务教育经费，确保学校的正常运转和校舍安全，确保教职工工资按照规定发放。"根据这两条，公立义务教育学校完全由国家举办，办学经费由公共财政支出，之前部分下放给学校的

---

[1]　彭虹斌：《作为政府下属机构的公立中小学法律地位研究》，载劳凯声、余雅风：《中国教育法制评论》第 12 辑，26～37 页，北京，教育科学出版社，2014。

财权收归政府统筹管理。这一变化强化了国家在义务教育中的职能，体现了国家在义务教育办学上以更积极的方式承担责任以保障义务教育的公共性。与此同时，义务教育阶段公立中小学完全失去法人所必需的"财产和经费"以及相应的"独立承担民事责任"的能力。换言之，根据 2006 年《义务教育法》，公立义务教育学校明显不具备法人条件，没有法人资格。以 2006 年《义务教育法》的规定为依据，2006 年后国家以教育公平为目标、以均衡发展为手段，加大了义务教育的财政投入和保障力度，同时也出台了一系列政策文件，加强了对公立义务教育学校的办学体制、收费规范、人员聘任、经费使用、办学标准、招生规范、课程教学等办学各个方面的规范化管理。国家秉持以强制促公益、以规范促公益的办学思路，以一种"去法人化"的态度对公立义务教育学校的办学行为进行调整，使之在立法上和事实状态上都回归了承担公共教育职能的政府下设机构的定位。当然，这种调整并不等于完全回归改革之前公立义务教育的办学状态，学校依然享有《教育法》所保障的若干自主权，只是其自主权的行使要受到法律的限制和政府的规范，以更好地维护义务教育所具有的、远高于其他教育领域的强公共性，也更有益于政府统筹资源促进义务教育均衡发展，从而能够更好地为适龄儿童、少年提供公平而有质量的义务教育公共服务。

2011 年 3 月，《中共中央国务院关于分类推进事业单位改革的指导意见》要求"按照社会功能将事业单位划分为承担行政职能、从事生产经营活动和从事公益服务三个类别"，并进一步将从事公益服务的这个类别划分为"承担基本公益服务，不能或不宜由市场配置资源"的公益一类和"可部分由市场配置资源"的公益二类，公立义务教育学校被明确定位于公益一类之中。尽管公立义务教育学校作为"公益一类事业单位"的法律地位、权利义务与管理方式还需要在进一步的事业单位改革中予以明确，但是义务教育的强公共性和政府在公立义务教育学校办学中的控制权再次被强调，而市场则被限定了义务教育办学中的行为边界。

2015 年 12 月，全国人大常委会通过了《教育法》修正案。值得注意的是，除因前文新增条款而将原第三十一条顺延至第三十二条之外，修正后的《教育法》并未对 1995 年《教育法》第三十一条的内容做出调整。该条款表述仍然为："学校及其他教育机构具备法人条件的，自批准设立或者登记注册之日起取得法人资格。学校及其他教育机构在民事活动中依法享有民事权利，承担民事责任。学校及其他教育机构中的国有资产属于国家所有。学校及其他教育机构兴办的校办产业独立承担民事责任。"由此可知，虽然 2006 年《义务教育法》的修订消解了义务教育阶段公立学校的法人资格，但是，国家绝不否认公立义务教育学校所具有的合理限度内的办学自主权。事实上，为解决政府加大统筹给公立义务教育办学带来的"统得过死"的种种弊端，2010 年《教育规划纲要》、2012 年《国务院关于深入推进义务教育均衡发展的意见》、2013 年《中共中央关于全面深化改革若干重大问题的决定》继续坚持简政放权，提出了诸如"深入推进管办评分离""完善学校内部治理结构"等必然以公立学校办学自主权为基础的改革思路，并鼓励开展公办学校联合办学、委托管理等积极调动公立义务教育学校发挥自主办学的创造性的试验。更进一步说，新修正的《教育法》有关学校法人资格的规定或许也说明，如果我国的法人制度进一步发展创新，能够构建出可准确定位公立义务教育学校的性质和职能的一类法人制度时，国家并不排斥赋予公立义务教育学校法人资格的可能性，从而体现了我国教育法律的规范性与灵活性并重。

五、事业单位改革与公立高等学校法人治理体制的构建

1998 年《高等教育法》确认了公立高等学校自批准设立之日起即取得作为民事主体的事业单位法人资格，此后的司法实践中以"法律

法规授权组织"来描述其行政主体地位，公立高等学校因此成为横跨公私法两界的"双界性"主体。作为"事业单位法人"，公立高校是依法具有可独立支配的资产的办学实体，具有承担民事责任的能力，能够独立参与民事领域的活动，包括各类经济活动。作为法律法规授权的行政主体，公立高等学校具有承担行政责任的可能性，其行政性质的行为依法可诉。这种双重的复杂身份，使得公立高校难以简单归类为公权行使的主体或者私权行使的主体。公立高校在公权领域和私权领域都具有一定的自主权，但是自主权的边界及相应的法律责任却并不清晰，这就为公立高校的权利与权力滥用提供了制度条件：高等学校履行公法领域的职务时，存在以私权名义规避公法责任和公法约束的机会；同时在进行私法领域的活动时，也存在以公权名义规避私法责任和私法约束的可能性。这种情况之下，公立高校办学中有可能滋生出种种滥权现象，损害公共教育的公益性。

无论是革除公立高校的法人资格还是彻底放权以消解其行政主体权利，都是既不利于办学活动的开展也不符合办学初衷的。在公立高校的法律定位问题上，"既不应使公立学校的改革倒退到国家垄断的老路，也不应把其完全推向市场。为此，公立学校因其活动目的和服务对象的特殊性而应成为一类介乎公法与私法之间的，非政府、非企业的特殊的社会组织，应赋予其特别的法人地位，并以此为依据对其权利和义务做出必要的规定，使公立学校既能成为独立自主的办学实体，同时又能体现这类组织机构所特有的公共性质"①。然而，现实地看，要构建一类新的特别法人制度，在理论层面需要教育法学研究的深度发展；在实践层面，则仅以教育法之力无法实现，有赖于我国的公私法律体系进行切合社会结构变迁的整体性创新。

---

① 劳凯声：《回眸与前瞻：我国教育体制改革 30 年概观》，载《教育学报》，2015 (5)。

因此，建构一套相对完善的界分标准以厘清具体权利的属性，避免公立高等学校权利行使的混乱，是公立高校在"双界性"的法律定位中必须进一步解决的问题。作为法律身份确定的一类"事业单位法人"，公立高校的法人权利的边界在一定程度上取决于事业单位本身的性质、结构与管理方式。虽然 1986 年《民法通则》就已经界分出了一类"事业单位法人"，并且 1993 年中共中央印发的《关于党政机构改革的方案》和《关于党政机构改革方案的实施意见》就明确提出，事业单位改革以"政事分开""事业单位的社会化"为改革方向，但是由于事业单位类型繁多、功能复杂，因此，长期以来，我国各项事业仍然都一直处于由政府直接组织的状态。政事之间人事管理不分、产权不分、体制僵化、法制不健全、缺乏有效激励与约束，是包括公立高校在内的各类事业单位在管理体制上普遍存在的突出问题。因此，公立高校公权与私权的合理界分，从其实现的现实路径上说，需要以事业单位管理体制的科学调整为基础。2008 年，中共中央十七届二中全会通过《关于深化行政管理体制改革的意见》，对深化事业单位改革提出了"按照政事分开、事企分开和管办分离的原则，对现有事业单位分三类进行改革"的思路。该文件要求将"主要承担行政职能的，逐步转为行政机构或将行政职能划归行政机构；主要从事生产经营活动的，逐步转为企业；主要从事公益服务的，强化公益属性，整合资源，完善法人治理结构，加强政府监管"。按照改革要求，事业单位改革整体深化，特别是在文化事业单位改革和医药卫生体制改革方面成效相对明显。2011 年制定的《关于分类推进事业单位改革的指导意见》沿袭分类改革的发展思路。这一文件将公立高等学校划分为"可部分由市场配置资源"的公益二类，这为公立高等学校法律定位的进一步明晰提供了契机。公益二类"继续将其保留在事业单位序列、强化其公益属性"，需要在五年内"在人事管理、收入分配、社会保险、财税政策和机构编制等方面改革取得明显进展，管办分离、完善治理结构等改革取得较大突破"。

在完善中国特色社会主义现代教育体系的过程中，与事业单位分类改革的思路一致，国家加大了公立高等学校办学体制改革的力度。2010 年，《教育规划纲要》提出了完善大学治理、建设中国特色现代大学制度的发展规划。现代大学制度的建设，一方面，重视建立大学自主办学权的法治规约与保障；另一方面，强调大学的法权治理，以大学章程建设和治理结构完善为主要抓手。此后，政府出台了一系列政策文件积极推进公立高校"良法善治"与"共同治理"的法人治理体系建设：2011 年 11 月，教育部发布《高等学校章程制定暂行办法》；2014 年 1 月，教育部发布《高等学校学术委员会规程》；2017 年 2 月，教育部颁布新修订的《普通高等学校学生管理规定》；2017 年 4 月，教育部、中央编办、国家发展改革委、财政部、人力资源社会保障部联合发布《关于深化高等教育领域简政放权放管结合优化服务改革的若干意见》。系列政策文件以形成学术自治、权益保护与国家监督的良性互动与制衡关系为导向，就公立高校与政府、与内部师生成员及与社会的关系进行了澄清或调整，积极地构建权利与权力间边界清晰合理的公立高校法律地位的法权结构。随着公立高校的法人治理体系的日益完善，公立高校滥权行为受到了更加严格的制约，办学自主性与公共性之间关系得到了更好的协调。"双界性"法人的弊病在此过程中有所改善，并可期待在未来进一步的改革中逐步化解。

第二节　从"要办学"到"办好学"：
向优质、公平的公立基础教育学校变革

公立基础教育学校的公共性以面向所有适龄、适格的公民提供公平的受教育机会为基础，以提供公平基础之上的优质教育为更高

要求。为坚守公立基础教育学校的强公共性，40 年来，政府积极履行办学责任，不仅"要办学"，更致力于"办好学"，不断加大办学投入、提升办学质量并积极进行办学体制改革以释放办学活力，不仅出台了大量专项政策就公立基础教育学校办学予以保障，更在法律层面和若干对教育事业进行战略布局的重要政策文件中就公立基础教育办学做出了安排，为提供"公平而有质量"的基础教育服务不断努力。

一、公立基础教育学校 40 年改革政策回顾

回顾 40 年教育政策法律中有关公立基础教育学校的内容，可以看到，虽然公立基础教育办学的方方面面一直持续发展，但是不同时期的发展都有其与时代相结合的具体特点：前 20 年具有"效率优先，兼顾公平"的价值倾向，后 20 年则具有"公平优先"和规范办学的发展特征。其中，每一个 10 年都有其相对侧重的发展点，使得这 40 年的发展大体呈现出四个阶段。

20 世纪 80 年代，在全面恢复和发展公立基础教育学校办学秩序的过程中，"普九"和优先发展重点学校是两大工作重点。1978 年后，伴随着改革开放和以经济建设为中心的发展路线转型，教育事业重新整顿，公立基础教育学校积极恢复和发展。在总结历史经验教训的过程中，"教育必须为社会主义建设服务，社会主义建设必须依靠教育"成为社会共识。为多出人才、快出人才、出好人才，邓小平同志提出了"把最优秀的人集中在重点中学和大学"的思路。[1] 1980 年 10 月，教育部颁发了《关于分期分批办好重点中小学的决定》，将办好重点中小学置于战略高度。1985 年 5 月颁发的《中共中央关于教育体制改革的决定》对改革开放后教育体制改革首次进行了纲领性的宏观布局，指出"教育体制改革的根本目的是提高民族素质，多出人

---

[1] 《邓小平文选》第 2 卷，40 页，北京，人民出版社，1993。

才、出好人才"，在公立基础教育学校方面，要求基础教育办学实施"由地方负责、分级管理"的原则，"在加强宏观管理的同时，坚决实行简政放权，扩大学校的办学自主权"，学校逐步实行校长负责制。1986 年出台《义务教育法》就义务教育学校的办学职责、管理体制和经费来源等进行了规定，为普及九年义务教育和与之相应的义务教育学校的发展奠定了法律基础。

20 世纪 90 年代，随着社会主义市场经济体制的确立，在继续加大投入力度普及九年义务教育的同时，引入市场力量进行公立学校改制和建立教育法律体系依法办学成为公立基础教育学校办学中的新思路。1993 年中共中央和国务院印发的《中国教育改革和发展纲要》、1994 年国务院颁发的《关于〈中国教育改革和发展纲要〉的实施意见》在国家政策层面允许市场力量加入到公办学校的办学体制改革中来，进行"民办公助""公办民助"等形式的办学新尝试。1995 年通过的《教育法》在法律层面对包括公立基础教育学校在内的各级各类学校的法律地位、设立条件、权利义务、管理制度、经费来源等进行了规定，进一步为公立基础教育学校的规范发展提供了法律保障。

进入 21 世纪，随着基本"普九"目标的实现和教育发展水平的提升，公立基础教育学校的发展中进一步强化政府责任，采取了大量措施保障受教育权利的平等享有并以素质教育为抓手进一步提升教育质量。1999 年 6 月，《中共中央国务院关于深化教育改革全面推进素质教育的决定》在世纪之交明确了 21 世纪公立基础教育学校"以提高国民素质为根本宗旨""面向全体学生""全面推进素质教育"的办学任务。2001 年 5 月《国务院关于基础教育改革与发展的决定》明确指出"必须把基础教育摆在优先地位并作为基础设施建设和教育事业发展的重点领域，切实予以保障"，提出义务教育实施"在国务院领导下，由地方政府负责、分级管理、以县为主的体制"，并就保障农村义务教育、推进素质教育、建设中小学教师队伍和推进办学体制改革等改革重点问题做出了具体安排。2006 年全国人大常委会通过了修订后的《义务教育法》，此次修法首次确立了义务教育的免费原则并进一步强化了义务教育的国家责任，提出"义务教育经费投入实行国务院和地方各级人民政府根据职责共同负担，省、自治区、直辖市人民政府负责统筹落实的体制"。

2010 年以来，在全国全面"普九"目标顺利实现的基础上，公立基础教育办学进入了以办学资源均衡配置为条件保障、以现代学校制度建设为制度保障、以立德树人为根本任务的发展新阶段。2010 年 7 月正式发布的《教育规划纲要》提出"推进义务教育均衡发展"的具体任务，要求"推进义务教育学校标准化建设，均衡配置教师、设备、图书、校舍等资源"，缩小校际、城乡、区域差距；要求深化办学体制改革，建设现代学校制度，完善中小学学校管理制度，以符合现代化理念的规范办学，释放办学活力，提升办学质量。为保障均衡目标的实现，在重申义务教育全面纳入财政保障范围的同时，文件还规定"实行国务院和地方各级人民政府根据职责共同负担，省、自治区、直辖市人民政府负责统筹落实的投入体制"。2012 年 9 月，国务院发布《关于深入推进义务教育均衡发展的意见》，提出从推动优质教育资源共享、均衡配置办学资源、合理配置师资资源、保障特殊群体平等接受义务教育、全面提高义务教育质量、加强和改进学校管理和加强组织领导与评估工作等方面深入推进义务教育均衡发展，计划实现"2020 年，全国义务教育巩固率达到 95％，实现基本均衡的县（市、区）比例达到 95％"的目标。2012 年 11 月，党的十八大报告要求"把立德树人作为教育的根本任务"。2013 年，《中共中央关于全面深化改革若干重大问题的决定》在"深化教育领域综合改革"中要求坚持立德树人的教育方针，大力促进教育公平，并提出管办评分离，完善学校内部治理结构的办学思路。2014 年，教育部印发《关于全面深化课程改革落实立德树人根本任务的意见》，指出立德树人是发展中国特色社会主义教育事业的核心所在，是培养德智体美全面发展的社会主义建设者和接班人的本质要求。2017 年 10 月，党的十九大报告以习近平总书记新时代中国特色社会主义思想为指导，提出"努力让每个孩子都能享有公平而有质量的教育"，指明了新时代公立基础教育办学的前进方向。随后，同年 12 月 4 日，教育部印发《义务教育学校管理标准》，在明确义务教育学校的基本理念的基础上，明确了义务教育学校具有保障学生平等权益、促进学生全面发展、引领教师专业进步、提升教育教学水平、营造和谐美丽环境、建设现代学校制度等 6 大管理职责、22 项管理任务、88 条具体内容，将"公平而有质量的教育"落实进义务教育学校的管理规范之中。

二、普及与规范：公立基础教育学校 40 年改革成就

统览 40 年，政府一直致力于公立基础教育的发展。在教育百废待兴时便坚定地"要办学"，并且积极进行办学体制改革，以与各时期社会发展需要和政府财政能力相匹配的方式积极发展公立基础教育，通过教育立法与政策制定保障并规范办学，教育投入迅速增加，办学条件显著改善，教育改革逐步深化，办学水平不断提高，公立基础教育的方方面面都取得了显著成就。在新时期更是提出了"公平而有质量的教育"这一"要办好学"的明确目标，积极坚守着公立基础教育的公平性。

（一）基础教育普及程度与保障范围不断扩大

基础教育之所以为"基础"，在于其作为"对国民实施基本的普通文化知识的教育"①，提供的是一个人在社会中生存所必需的最低限度的知识、准则、经验和能力的教育。其"基础性"不仅针对受教育

---

① 顾明远：《教育大辞典》第 1 卷，71 页，上海，上海教育出版社，1990。

者的个体发展，也针对整个社会乃至国家的发展。① 因此，在 40 年的教育发展过程中，扩大基础教育办学规模、普及基础教育并不断加大对基础教育的保障力度，一直是教育事业发展中最重要的工作之一，也是公立基础教育办学成就的重要体现。

初等教育最早成为普及教育的工作目标。1978 年 10 月和 1979 年 1 月，教育部先后出台《关于检查普及农村小学五年教育的通知》《关于继续切实抓好普及农村小学五年教育的通知》，要求农村地区普及小学五年教育。1980 年 12 月，中共中央、国务院颁布《关于普及小学教育若干问题的决定》，做出了在 20 世纪 80 年代全国基本普及小学教育的规划，并要求具有较好条件的地区在 1985 年之前完成这项工作。1982 年 12 月颁布的《宪法》第十九条在新中国历史上首次就普及义务教育做出规定，明确"国家举办各种学校，普及初等义务教育"。1983 年 8 月，教育部出台《关于普及初等教育基本要求的暂行规定》，明确了普及初等教育的基本指标。

1985 年 5 月，《中共中央关于教育体制改革的决定》，在中央文件中首次要求"有步骤地实行九年制义务教育"，将普及义务教育的学段延长至初中毕业。1986 年 4 月，第六届全国人大第四次会议审议通过《义务教育法》，在法律层面正式确立了我国的九年义务教育制度。该法对义务教育的性质、年限、保障等一系列重要问题做出了制度设计。为了更好地贯彻落实《义务教育法》，1986 年 9 月，国务院办公厅批转了国家教委等部门《关于实施〈义务教育法〉若干问题的意见》；1992 年 3 月，国家教委又发布了《中华人民共和国义务教育法实施细则》，就义务教育管理体制、实施步骤、办学条件、实施保障、管理与监督、适龄儿童的就学、教育教学工作等问题予以落实。经过十余年的努力，至 1992 年，全国共建立小学 71.3 万所，

----

① 石中英：《如何理解基础教育的"基础性"》，载《人民教育》，2005(24)。

教学点 15 万个，入学率达 97.2%，在校生年巩固率达 98% 以上，基本实现了普及初等义务教育的目标。①

20 世纪 90 年代，普及教育的攻坚重点转入基本普及九年义务教育。1993 年中共中央、国务院印发的《中国教育改革和发展纲要》明确提出在 20 世纪 90 年代实现基本普及九年义务教育、基本扫除青壮年文盲的目标。1995 年 3 月颁布的《教育法》第十八条也就义务教育制度及其义务方进行了规定。为确保"基本普九"目标的达成，1995—2000 年，中央财政投入专款 39 亿元，地方配套资金 87 亿元，教育部和财政部联合实施了第一期"国家贫困地区义务教育工程"。到 2000 年，我国如期实现基本"普九"目标。

2000 年后，国家进一步加大普及教育的力度，义务教育逐步走向免费。免费首先从经济困难的西部贫困地区和农村地区开始实施。2003 年国务院出台的《关于进一步加强农村教育工作的决定》要求在农村地区义务教育中实施"两免一补"。其中，中西部农村地区家庭经济困难学生由"中央财政继续设立中小学助学金，重点扶持"。"两免一补"积极有效地减少了贫困地区义务教育阶段学生辍学情况，强化了"普九"的成果，也为农村地区公立基础教育学校的发展提供了强有力的制度保障。2006 年修订的《义务教育法》第二条更进一步在法律层面上规定，"实施义务教育，不收学费、杂费。国家建立义务教育经费保障机制，保证义务教育制度实施"，强化了义务教育学校办学的财政保障，减轻了学校办学中筹措经费的压力，有利于义务教育学校集中注意力专心育人。同时，该法第十二条明确规定，"父母或者其他法定监护人在非户籍所在地工作或者居住的适龄儿童、少年，在其父母或者其他法定监护人工作或者居住地接受义务教育的，当地人民政府应当为其提供平等接受义务教育的条件"，为随迁

① 方晓东、李玉非、毕诚等：《中华人民共和国教育史纲》，378 页，海口，海南出版社，2002。

子女在居住地的公立学校平等入学提供了法律保障。2008 年 7 月 30 日召开的国务院常务会议决定，从 2008 年秋季开始，在全国范围内全部免除城市义务教育阶段学生学杂费，并为享受城市居民最低生活保障政策家庭的义务教育阶段学生继续免费提供教科书，对家庭经济困难的寄宿学生补助生活费。就此，免费义务教育的范畴扩展到全部义务教育就学人口，补助范围也囊括了城乡贫困人群。2015 年 11 月，国务院发布《关于进一步完善城乡义务教育经费保障机制的通知》，规定从 2017 年春季学期开始，统一城乡义务教育学生"两免一补"政策，对城乡义务教育学生免除学杂费、免费提供教科书，对家庭经济困难寄宿生补助生活费。义务教育的"免费"属性就此完全落实。

国家普及基础教育的目标总是随着教育水平的发展而不断提升。在全面"普九"任务顺利完成、义务教育全面免费的基础上，2010 年《教育规划纲要》提出到 2020 年实现"普及高中阶段教育"和"普及学前一年教育，基本普及学前两年教育，有条件的地区普及学前三年教育"的目标。2010 年 11 月，国务院出台《关于当前发展学前教育的若干意见》，就学前教育的资源扩大、教师队伍建设、经费投入、准入管理、安全监管、收费及相应的统筹协调机制做出了规定，计划以多种渠道、多种形式的资源投入普及学前教育，并提出国家实施重点支持中西部地区的农村学前教育项目。2017 年 3 月 24 日，教育部、财政部、国家发展改革委和人力资源社会保障部联合发布《高中阶段教育普及攻坚计划（2017—2020 年）》，就普及高中教育的总体要求、重点任务、主要措施和组织实施进行了规划。2017 年 10 月，党的十九大报告再次重申了"普及高中阶段教育"的发展规划。

（二）基础教育学校资源投入战略适时变化

一个人口多、底子薄、经济落后的发展中国家，在履行其提供公共基础教育的义务时，不可避免的一个难题是：如何对有限的资源进行合理分配，以更好地适应社会和个人的发展需要。从公立基础教育学校的资源配置政策来看，40 年间，中国政府适应不同时期国家财力和社会发展的具体情况，从重点投入到均衡配置，灵活而有效地解决了这一难题。

"文化大革命"结束后，社会各项事业百废待兴，急需"多出人才、快出人才、出好人才"。但是在贫困地区多、人口居住分散、基础教育规模庞大、教育经费短缺、办学条件差的情况下，基础教育的发展也面临现实的资源不足问题。因此，这一时期在公立基础教育学校的发展上，政府格外重视经费和资源的投入产出比，在努力提升公立基础教育学校整体办学质量的同时，努力办好重点学校以集中培养"最优秀的人才"成为现实的权宜之计。1978 年 1 月教育部颁发《关于办好一批重点中小学试行方案》，对重点中小学的举办目的、任务、规划、招生办法和管理等进行了部署，并公布了 20 所部属重点中小学名单。自此，"文化大革命"十年间中断的"重点学校"政策再次恢复。1980 年 10 月，教育部颁发了《关于分期分批办好重点中小学的决定》，称办好重点中小学为"战略措施"，并对重点中小学的办学规模、办学条件、教育经费和基建投资等提出了明确具体的要求。1983 年 8 月，教育部在《关于进一步提高普通中学教育质量的几点意见》中重申了"继续办好重点中学"，也提出"同时努力把占绝大多数的一般中学分期分批办好"。在政策的大力支持下，全国迅速建立起了部属、省属、市属、县属四级重点中小学体系。相比普通学校，重点中小学的人员配置、经费投入、办学条件、教育教学管理等各方面都获得了明显的政策倾斜。而相比中小学，学前教育显得受到"冷落"。在教育财政极其紧张的情况下，政府对学前教育的资源投入难免捉襟见肘。除极少数由政府举办的幼儿园外，绝大多数幼儿园都是由企事业单位或社会力量举办的。

将相对优质的资源大量投入重点中小学，固然快速提升了部分优秀人才的培养效率，但毕竟现实地加剧了学校之间的差距，使得进入不同学校的学生实际获得的教育质量和升学机会存在巨大差别，与基础教育的强公共属性不符。因此，当特别困难的时期过去后，这一政策注定被取消。1995 年 3 月 18 日正式颁布的《教育法》明确规定，"公民不分民族、种族、性别、职业、财产状况、宗教信仰等，依法享有平等的受教育机会""受教育者在入学、升学、就业等方面依法享有平等的权利"。上述规定明确了公民的平等受教育权并将其具体落实至入学、升学、就业等方面。此后，国家政策层面取消了"重点学校"这一办学思路。1996 年，国家教委颁布《关于规范当前义务教育阶段办学行为的若干原则意见》，明确要求"义务教育阶段不设重点校、重点班、快慢班"，标志着基础教育学校资源投入模式的转向。在高中阶段，1995 年，国家教委颁布的《关于评价验收 1 000 所左右示范性普通高级中学的通知》，虽然延续了重点学校的办学思路，要求于 1997 年前后有计划、有步骤、分期分批建设验收 1 000 所左右示范性高中，但文件中不再使用"重点高中"的说法，而以"示范性高中"代替。

　　为维护公立基础教育的公共性，保障公民平等受教育权利，2000 年后，在全国达成基本"普九"目标的情况下，办学资源的投入战略开始明确转向，财政经费更倾向于投入西部贫困地区和农村地区。2002 年 4 月，国务院办公厅印发《关于完善农村义务教育管理体制的通知》，其中就农村义务教育的管理机制、保障机制和监督机制进行了安排，以保证农村义务教育办学的各方面投入。2003 年 9 月，国务院发布《关于进一步加强农村教育工作的决定》，落实了中央、省和地(市)级政府在农村义务教育办学中分别承担的财政投入责任。同年 12 月，国家科技教育领导小组会议通过了《国家西部地区"两基"攻坚计划(2004—2007 年)》，为落实西部地区的基本"普九"，中央财政投入 100 亿元资金。2005 年 12 月，国务院颁发《关于深化农村义务教育经费保障机制改革的通知》，提出"逐步将农村义务教育全面纳入公共财政保障范围"，为农村义务教育学校的办学进一步提供了强大有力的政府财政支持。为改善贫困地区和农村义务教育学校的办学条件，教育部先后启动了"全国中小学危房改造工程"（2001年）、"农村寄宿制学校建设工程"（2004 年）、"农村中小学远程教育工程"（2004 年），还实施了"'十一五'期间中西部地区特殊教育学校建设规划（2008—2010 年）"（2007 年）、"农村义务教育薄弱学校改造计划"（2010 年）等一系列专项工程，积极改善中西部和农村学校的办学硬件。

在政府的努力之下，城乡、区域间生均预算内教育经费日趋均衡，但生均公用经费、仪器设备情况和高级教师的比例等对学校办学条件和教育质量具有更重要意义的指标却仍然存在悬殊的区域、城乡乃至校际差异。① 针对这一问题，2002 年 2 月，教育部在《关于加强基础教育办学管理若干问题的通知》中提出"积极推进义务教育阶段学校均衡发展"的解决思路。2005 年 5 月，教育部颁发《关于进一步推进义务教育均衡发展的若干意见》，把推进义务教育均衡发展作为一项重要任务，要求"有效遏制城乡之间、地区之间和学校之间教育差距扩大的势头，积极改善农村学校和城镇薄弱学校的办学条件，逐步实现义务教育的均衡发展"。2006 年修订的《义务教育法》第二十二条第一款规定："县级以上人民政府及其教育行政部门应当促进学校均衡发展，缩小学校之间办学条件的差距，不得将学校分为重点学校和非重点学校。学校不得分设重点班和非重点班。"该规定在法律层面上明确要求取消重点学校，并确立了"促进学校均衡发展"的义务教育办学资源配置战略。此后，为落实义务教育学校的均衡发展，教育部先后出台了《关于贯彻落实科学发展观进一步推进义

---

① 鲍传友：《"后普九"阶段义务教育公平的主要矛盾与政府责任》，载《教育发展研究》，2008(Z1)。

务教育均衡发展的意见》(2010年1月)、《县域义务教育均衡发展督导评估暂行办法》(2012年1月)，《教育规划纲要》要求到2020年基本实现区域内义务教育均衡发展。2012年9月，国务院发布《关于深入推进义务教育均衡发展的意见》，从均衡配置办学资源、合理配置教师资源、推动优质教育资源共享、保障特殊群体平等接受义务教育、加强和改进学校管理、全面提高义务教育质量及建立义务教育均衡发展推进的责任机制几方面，进行了战略部署。为保证义务教育阶段公立学校办学水平均衡，针对贫困和农村地区，教育部联合相关部委还专门制定了《关于全面改善贫困地区义务教育薄弱学校基本办学条件的意见》(2013年12月)、《全面改善贫困地区义务教育薄弱学校基本办学条件底线要求》(2014年7月)，并通过特岗教师计划、国培计划、城乡教师轮岗交流制度等系列政策积极提升农村学校的师资水平，促进贫困地区和农村地区学校的办学条件改善。2018年年初教育部召开的教育新春发布会上，新闻发言人介绍，截至2017年，全国有2 379个县(市、区)达到义务教育发展基本均衡水平，占全国总县数的81%。① 义务教育学校的校际差距问题得到显著改善。

与义务教育阶段的教育资源均衡配置战略相应，在国家财力提升与教育发展的过程中，学前教育和高中阶段教育作为基础教育的"头尾两站"也改变了集中资源重点办学的投入方式。从《教育规划纲要》提出要普及学前教育和高中阶段教育开始，政府积极地加大了对这两个学段教育机构的资源投入。学前教育方面，2010年国务院《关于当前发展学前教育的若干意见》不仅提出要加强幼儿教师队伍建设、幼儿园准入管理，还对社会力量举办面向大众、收费较低的普惠性幼儿园采取政府购买服务、减免租金、以奖代补、派驻公办教

---

① 樊未晨：《教育部：全国81%的县义务教育发展实现基本均衡》，载《中国青年报》，2018-02-28。

师等多种方式予以支持，更明确要求各级政府"新增教育经费要向学前教育倾斜"。从 2011 年开始，教育部联合国家发展改革委、财政部、人力资源社会保障部，以县为单位共同实施了三期"学前教育三年行动计划"，加大财政投入和政策优惠，从普惠园建设和管理、办园体制、成本分担机制、教师队伍、质量监管和业务督导等方面全面构建普及学前教育的资源配置体系。2015 年修正的《教育法》新增第十八条——"国家制定学前教育标准，加快普及学前教育，构建覆盖城乡，特别是农村的学前教育公共服务体系"，更以立法形式确立了国家普及学前教育，特别是构建农村学前教育公共服务体系的责任。高中阶段教育方面，伴随着普通高中的特色化发展政策，政府投入不仅大量增加，而且资源配置日益均衡，学校自主办学的活力得到释放，在资源充足、差异化发展的过程中，大量普通高中学校的办学特色和办学质量得以提升。

（三）农村基础教育学校布局动态调整

以合理、有效的方式进行学校布局是尽快普及并提升基础教育质量的关键，也是政府维护公立基础教育公共性、保障公民平等受教育权利的应尽职责。广大农村地区地势多样、人口分布情况复杂、经济发展水平普遍较低且教育资源相对有限，从而农村学校布局不仅是公立基础教育发展中的重点问题，也现实地成为难点问题。为解决好这一难题，在 40 年中，政府积极探索并及时进行政策调整，在曲折中积累经验，动态优化农村基础教育学校的布局。

改革开放之初，鉴于农村地形地貌多样、基础教育凋敝、缺乏师资和民众对教育的重要性缺乏充分认识的状况，农村基础教育学校布局以"就近"为首位原则。1980 年 12 月，中共中央、国务院《关于普及小学教育若干问题的决定》指出："鉴于我国经济文化发展很不平衡，自然环境、居住条件差异很大，必须从实际出发，因地制宜，采取多种形式办学。力求使学校布局和办学形式与群众生产生活相适应，便于学生就近上学。在办好全日制学校的同时，还应举办一些半日制、隔日制、巡回制、早午晚班等多种形式的简易小学或教学班（组）。这类学校的学习年限和教学要求，可以不拘一格，只要学好语文、算术即可。"1986年的《义务教育法》在确定国家实施九年义务教育的同时，还在第九条中规定了"地方各级人民政府应当合理设置小学、初级中等学校，使儿童、少年就近入学"。1986年国家教委等部门《关于实施〈义务教育法〉若干问题的意见》重申"可在贫困边远、居住分散的地区举办适当减少课程门类、适当调整教学要求的村办小学或简易小学"。虽然多种形式的简易小学无法提供与全日制学校质量相当的教育，但是在教育发展水平极其低下的时期，这确实是保证公众能够接受最基本的教育的现实而有效的选择。在法律政策规划之下，20世纪80年代，中国农村基本形成了"村村有小学，乡乡有初中"的低重心、网点下伸、分散办学的基础教育学校布局模式，为农村子弟接受教育提供了极大的便利，从而卓有成效地促进了农村基本"普九"目标的快速实现。但是这一模式的问题也是不可回避的：布点太多，办学难以形成规模效益。在办学经费有限而又需要进一步提升农村基础教育办学质量时，大量规模小、生源少、条件差、质量低的乡村学校不仅无力，且构成了现实的财政压力。

进入20世纪90年代，随着计划生育政策所带来的学龄人口减少，部分省份开始以整合教育资源、提高规模效益为目标小幅度地调整学校布局，将农村小学和初中进行集中。在国家层面上，1992年8月，国家教委、国家计委、人事部和财政部联合发布的《关于进一步改善和加强民办教师工作若干问题的意见》指出，民办教师的"调整整顿工作要同合理调整学校布局、定编定员以及民办教师职务评聘工作结合起来。要根据就近上学的原则，在保证农村小学合理的服务半径的前提下，调整学校布局，精简人员，提高办学效益"。

这一以"提高办学效益"为目标，进行农村学校人员精简和调整布局的文件，标志着我国农村学校布局政策即将发生调整。1992 年 3 月，国家教委颁发《中华人民共和国义务教育法实施细则》，规定"小学的设置应当有利于适龄儿童、少年就近入学。寄宿制小学设置可适当集中。普通初级中学和初级中等职业技术学校的设置，应当根据人口分布状况和地理条件相对集中"。由"学校布局和办学形式与群众生产生活相适应"的"因地制宜，就近入学"到建立"寄宿制小学"并"集中"办学，政策话语出现转向。

以"国家贫困地区义务教育工程""三片地区"为试点，我国开始了农村学校趋向集中办学的布局调整。"国家贫困地区义务教育工程"于 1995 年启动，由国家教委和财政部合作实施，中央财政专项经费支持，旨在推动农村义务教育的全面普及。该工程根据义务教育普及情况将全国分为一到三片，其中三片地区的 9 个省、区"多为边疆、少数民族聚集区，虽然人口只有 2 亿人，但国土面积接近全国的三分之二，县（旗）占全国总数的 26.3%。少数民族人口占全国少数民族人口总数的 87%。山地、沙漠、草原占很大比例，自然灾害频繁，贫困面很大"①。国家教委、财政部于 1997 年 8 月发布的《关于进行"国家贫困地区义务教育工程""三片地区"项目规划和可行性研究工作的通知》要求"在地广人稀、交通不便的地区，应集中办好一批寄宿制学校"。在政策导向下，截至 2000 年年底，"国家贫困地区义务教育工程"所覆盖的项目县，在义务教育普及率显著提升的同时，小学数量由项目启动前的 20.36 万所减少至 18.69 万所，减

---

① 《陈至立在三片地区国家贫困地区义务教育工程签字仪式暨新闻发布会上的讲话》，http://www.people.com.cn/GB/jiaoyu/8216/42366/42375/3072136.html，2018-08-10。

幅达 8.2%①，撤并学校以集中办学的规模效益在此充分彰显。

2001 年，《国务院关于基础教育改革与发展的决定》要求："因地制宜调整农村义务教育学校布局。按照小学就近入学、初中相对集中、优化教育资源配置的原则，合理规划和调整学校布局。"农村小学和教学点"要在方便学生就近入学的前提下适当合并，在交通不便的地区仍需保留必要的教学点，防止因布局调整造成学生辍学"。自此，全国范围内运动式的农村学校"撤点并校"布局调整拉开帷幕。所撤之"点"为"教学点"，所并之"校"为农村小规模完小。2002 年 5 月，国务院发布《关于完善农村义务教育管理体制的通知》；2003 年 6 月，财政部发布《中小学布局调整专项资金管理办法》；2003 年 9 月，国务院发布《关于进一步加强农村教育工作的决定》；2004 年 2 月，教育部和财政部联合发布《关于进一步加强农村地区"两基"巩固提高工作的意见》。从国务院到相关部委，接连出台的上述有关农村教育的政策文件不断推进农村中小学布局调整工作。2004 年 5 月，国务院办公厅转发《国家西部地区"两基"攻坚计划(2004—2007 年)》，根据该计划，中央财政在 2004—2007 年投入 100 亿元用于中西部农村地区寄宿制学校的建设，进一步加快了农村学校布局调整工作的落实速度。鉴于撤点并校在集中教育资源、提高办学规模效益方面的显著成效，各地方行政部门也积极响应。从 2000 年至 2010 年，全国农村初中数由 3.93 万所减少至 2.87 万所，减幅达 26.97%；小学数由 44.03 万所锐减至 21.09 万所，减幅高达 52.10%；而同期农村小学生人数减幅仅为 37.08%，这意味着农村小学撤并的数量严重

---

① 《中国教育年鉴 2001》，转引自杨东平、王帅：《从网点下伸、多种形式办学到撤点并校——徘徊于公平与效率之间的农村义务教育政策》，载《清华大学教育研究》，2013 (5)。

超出学生减幅。①

    大规模撤点并校在快速集中资源、升级农村学校软硬件的同时，也为教育带来了各方面负面影响：农村学生上学远，寄宿制影响学生身心健康，租房极大加重家长经济负担，校车通勤增加安全隐患，县级中学出现超大班额与超大规模办学，乡村文化与乡土认同断裂，等等。在上学不便与经济负担的压力下，农村小学生辍学率甚至有所上升。种种问题引起公众关注的同时，也引发了农村学校布局调整政策的再调整。2006 年，教育部连发《关于切实解决农村边远山区交通不便地区中小学生上学远问题有关事项的通知》和《关于实事求是地做好农村中小学布局调整工作的通知》，要求农村小学和教学点调整保证学生就近入学，严防以布局调整为名减少教育投入。2010 年 1 月教育部发布的《关于贯彻落实科学发展观进一步推进义务教育均衡发展的意见》进一步要求"对条件尚不成熟的农村地区暂缓实施布局调整，自然环境不利的地区小学低年级原则上暂不撤并"。2012 年 7 月，教育部公布《规范农村义务教育学校布局调整的意见（征求意见稿）》，同年 9 月《关于规范农村义务教育学校布局调整的意见》由国务院办公厅正式下发，该政策文件明确表示"坚决制止盲目撤并农村义务教育学校"，就学校撤并提出"制定、论证、公示、报批"的工作程序，规定了不得撤并的情形，要求"已经撤并的学校或教学点，确有必要的由当地人民政府进行规划、按程序予以恢复"，并要求"办好村小学和教学点"。实施十余年的农村义务教育学校"撤点并校"布局调整政策就此宣告终结。

    回顾农村基础教育学校布局政策 40 年的曲折发展，可获得的经验是：公立基础教育办学必须坚守教育公共性，以人为本，实事求

---

    ① 数据综合自《中国教育统计年鉴 2000》和《中国教育统计年鉴 2010》。《中国教育统计年鉴 2000》，北京，人民教育出版社，2001；《中国教育统计年鉴 2010》，北京，人民教育出版社，2011。

是地从具体政策对象的现实情况出发，从儿童的全面发展的需要出发，将公民受教育权利的平等实现放在首位，让受教育者及其家庭获得便利可接触的教育机会。在此前提下提升学校办学质量，才能够让学生及其家庭更好地享有优质教育。

（四）公立基础教育学校办学体制持续优化

为释放基础教育学校活力，提升办学水平，基于对教育公共性的不同理解，40 年间，政府在坚持简政放权的过程中，在公立基础教育学校外部的"政府—市场—学校"关系上进行了不同取向的改革，并积极推动学校开展内部管理模式的改革创新，逐步推进了适应时代要求的基础教育阶段现代学校制度建设。

改革开放之前的公立基础教育学校完全由政府办学，学校作为事业单位，如同政府的行政机构，缺乏自主性，从而也难以发挥办学的主动性和创造性。针对这一问题，1985 年颁布的《中共中央关于教育体制改革的决定》提出要"坚决实行简政放权，扩大学校的办学自主权""实行基础教育由地方负责、分级管理的原则""学校逐步实行校长负责制"。根据这一政策，公立基础教育学校的管理权由中央政府向地方政府下放，并且开始强调校长的办学责任。

1993 年中共中央、国务院印发的《中国教育改革和发展纲要》是改革开放后最高决策层有关教育改革的第二部文件。《中国教育改革和发展纲要》在延续 1985 年《中共中央关于教育体制改革的决定》所体现的"效率优先"的改革思路的基础上，更进一步提出要"初步建立起与社会主义市场经济体制和政治体制、科技体制改革相适应的教育新体制"的改革目标，并提出"运用金融、信贷手段，融通教育资金"等一系列市场化的举措。《中国教育改革和发展纲要》首次对教育与市场的关系进行了正式表态，并且给予了充分肯定，为公办学校利用市场机制进行办学体制改革提供了政策依据。在政策导向下，改革的先行者们自发进行公办学校的办学体制改革，以市场的资源配置方式和管理方式运营公办学校，创新出了一系列在不同程度上将公办学校与市场联系在一起的改制学校。① 这些针对办学体制的大胆创新，有效地拓展了办学资源，极大提高了办学效率，从而获得政策支持。1994 年，国务院颁发的《关于〈中国教育改革和发展纲要〉的实施意见》指出，"企事业单位和其他社会力量可按国家的法律多渠道、多形式办学，有条件的地方，也可实行民办公助、公办民助等形式"。至此，政策层面正式允许市场力量加入到公办学校的办学体制改革中来。此后还有若干重要政策再三肯定了公办民助等类型的改制学校：1996 年，《全国教育事业"九五"计划和 2010 年发展规划》提出"现有公办学校在条件具备时，也可以酌情转为'公办民助'学校或'民办公助'学校"。1997 年，国家教委《关于规范当前义务教育阶段办学行为的若干原则意见》指出，在"保证教育资源的充分利用，保证国有资产不流失"的前提下，"各地在义务教育阶段办学体制改革中，可依实际情况实行公办民助、民办公助、社会参与、举办民办学校等多种形式"。由于利用市场力量的办学体制改革能够给学校带来直接的经济效益，因此在短时间内迅速铺开。以产权为划分标准，改制学校主要有三大类型：一是产权不变，仍属于公办学校，但按民营机制运行，即所谓"公办民助""国有民营""国有民办"；二是有偿或无偿地进行不同程度的产权转让，变公办体制为民办体制；三是新建合作型学校，引入社会力量，以承办或股份制方式与政府合作办学，变公办体制为混合体制。②

多种形式的公立学校改制，在激发办学活力、提高办学效率的同时，也出现了一些问题。部分改制学校产权不清、滥用自主权寻租、收费过高，甚至出现简单出售、转让公办学校的国有资产流失

---

① 劳凯声：《回眸与前瞻：我国教育体制改革 30 年概观》，载《教育学报》，2015 (5)。

② 汪明：《公办中小学办学体制改革问题的探讨》，载《教育研究》，2005(8)。

问题。这些负面行为严重侵蚀了教育的公益性，也引发了公众的批评。公立基础教育办学体制相关政策开始转向。2002 年，《民办教育促进法》对公办学校举办的民办学校提出了"应当具有独立的法人资格，具有与公办学校相分离的校园和基本教育教学设施，实行独立的财务会计制度，独立招生，独立颁发学业证书"的"四独立"要求，对改制学校的办学规范和国有资产保护做出了要求。2005 年年底，国家发展改革委和教育部联合出台《关于做好清理整顿改制学校收费准备工作的通知》，指出"一些地方在进行公办中小学体制改革试点过程中，存在办学性质不清、改制行为不规范、收费过高等问题，甚至简单地出售、转让公办学校，偏离了教育宗旨和办学体制改革方向，在社会上产生了很大的负面影响，广大群众反映强烈"，需要"做好中小学改制学校及其收费的清理整顿工作"，"从 2006 年 1 月 1 日起，各地全面停止审批新的改制学校，并对改制学校的有关情况进行全面调查"。这一政策的出台，标志着改制学校政策由肯定向否定的实质性转向。2006 年 4 月教育部等七部门联合发布的《关于2006 年治理教育乱收费工作的实施意见》再次重申"对以改制为名乱收费的学校进行全面清理"，将改制学校的定位从"教育体制改革的一部分"转变为教育领域清理整顿"乱收费"的重点。2006 年，修订后的《义务教育法》第二十二条第二款规定，"县级以上人民政府及其教育行政部门不得以任何名义改变或者变相改变公办学校的性质"。至此，从 1993 年开始的义务教育阶段公办学校改制宣告结束。根据法律规定，各地已有的改制学校纷纷进行办学体制的再次选择，在公办和民办两个身份中择一从之。① 在高中阶段，《教育规划纲要》将高中阶段教育纳入基础教育普及工作的范畴后，2011 年 11 月，教育部、国家发展改革委联合发布了《关于进一步做好普通高中改制学校

_____

① 何颖：《我国公办学校办学体制改革中的市场参与——基于历史制度主义范式的分析》，载《首都师范大学学报（社会科学版）》，2016(6)。

清理规范工作的通知》，要求"在 2012 年秋季学期开学前完成普通高中改制学校的清理规范工作"。基础教育阶段公立学校改制自此结束，充分体现了政府办学的价值选择从改革开放前 20 年间所重视的效率优先转变为致力于促进教育平等。

仅仅叫停改制学校，并不能解决公办学校办学体制方面存在的种种弊病，因此，在"后改制时代"，政府继续探索优化公立基础教育学校办学体制的可能路径，提出了建设现代学校制度的改革目标。《教育规划纲要》要求"建设现代学校制度"，并就"完善中小学学校管理制度"做出了框架性安排，同时在"深化办学体制改革"方面要求"坚持教育公益性原则，健全政府主导、社会参与、办学主体多元、办学形式多样、充满生机活力的办学体制……各地可从实际出发，开展公办学校联合办学、委托管理等试验，探索多种形式，提高办学水平"。2012 年《国务院关于深入推进义务教育均衡发展的意见》提出以建立学校联盟、探索集团化办学、实施学区化管理等措施来推动优质教育资源共享。这些以"跨学校组织"联合办学的措施均打破了公立学校办学中传统的以单体学校为单位的资源分配体制。2013年《中共中央关于全面深化改革若干重大问题的决定》提出"深化教育领域综合改革""深入推进管办评分离"和"完善学校内部治理结构"的改革思路。2014 年《国务院关于创新重点领域投融资机制鼓励社会投资的指导意见》提出"采取特许经营、公建民营、民办公助等方式，鼓励社会资本参与教育""建立健全政府和社会资本合作（PPP）机制"。2015 年，教育部发布《关于深入推进教育管办评分离促进政府职能转变的若干意见》，再次提出"推进管办评分离，构建政府、学校、社会之间的新型关系"。2010 年以来，有关公立基础教育办学体制的上述新政策，旨在适应社会经济和文化发展的基本要求，构建具备完善的学校法人制度、秉持先进的现代教育理念、促进师生和谐发展的现代学校制度。这一制度的构建从学校内外部两方面分别着力：在学校内部，构建有利于学校自主发展的自组织机制；在学校外部，调整政府、市场与社会三方面力量在办学中的职能与互动关系，建立并完善学校均衡发展的外部环境。

（五）基础教育学校课程教学积极改革

基础教育学校的办学质量以育人水平为最终检验标准。40 年间，为提升育人水平，国家积极适应时代发展对人才知识能力结构的要求，适时进行课程教学改革，以各种政策积极促进学生全面发展，从而使公立基础教育学校育人质量不断提升。

十年"文化大革命"彻底否定了以文化知识为核心的教学，严重破坏了新中国成立以来基础教育课程建设的成果。"文化大革命"结束后，教育领域"拨乱反正"，基础教育课程也开始重建。1978 年 2 月，教育部颁发《全日制十年制中小学教学计划（试行草案）》，恢复了"文化大革命"前实施的分科课程模式和主要课程，并于当年秋季开始使用新编写的全国通用中小学各科教材。1981 年 3 月，教育部发布《全日制五年制小学教学计划（修订草案）》；4 月，教育部再发布《全日制六年制重点中学教学计划（试行草案）》和《全日制五年制中学教学计划（试行草案）的修订意见》，着手进行中小学课程和教学建设。1984 年 8 月，教育部又颁布了《全日制六年制城市小学教学计划（草案）》和《全日制六年制农村小学教学计划（草案）》，以匹配部分地区小学学制"五变六"的调整。在此调整过程中，为保证教材质量，人民教育出版社相应地对不同学段的教材进行了修改，但这些教材均为"一纲一本"，由国家统编。统一制定的教学计划与统编教材，保障了教学内容与教学目标的稳定，是中小学校稳步提升教学质量的内容基础。

1986 年《义务教育法》正式颁布后，基础教育课程与教材建设进入了一个新的发展阶段，开始实施编审分开的教材编写制度，并以"义务教育—高中"的分段教学设计代替"小学—中学"的传统分段设计。1986 年 9 月，全国中小学教材审定委员会成立；1987 年 10 月，国家教委颁布《全国中小学教材审定委员会工作章程》，开始有领导、有计划地实现教材的多样化，以适应不同地区的需要，建立有权威的教材审定制度，促进中小学教材质量的提高。就此，我国中小学教材制度由国定制改为审定制。在义务教育阶段，1986 年 10 月，国家教委发布《义务教育全日制小学、初级中学教学计划（初稿）》以广泛征求意见。1988 年 9 月，国家教委在对"初稿"进行修订的基础上颁布了《义务教育全日制小学、初级中学教学计划（试行草案）》。为配合该"试行草案"，国家教委同时印发了义务教育阶段 24 个学科教学大纲的初审稿并在少数学校开展试验。经过 4 年的局部试行和修订，1992 年 8 月，国家教委正式颁布了《九年义务教育全日制小学、初级中学课程计划（试行）》和 24 个学科的教学大纲（试用），要求从 1993 年秋季学期起逐步推行至全国。该政策文件首次将以往的"教学计划"正式更名为"课程计划"。在教材方面，1988 年，国家教委开始组织编写适合于"五四"制、"六三"制学校使用的义务教育教材，共"八套半"。其中五套半于 1992 年通过国家审查，于 1993 年秋季开始供全国选用，形成了"一纲多本"的局面。在普通高中阶段，1990年 3 月，国家教委印发《现行普通高中教学计划的调整意见》，系统地调整高中教学计划，并对高中阶段语文、数学、外语、物理、化学、生物、历史、地理等学科的教学大纲进行修订，教材也进行了相应调整。1993 年 2 月，中共中央、国务院印发了《中国教育改革和发展纲要》，在基础教育方面要求"进一步转变教育思想，改革教学内容和教学方法，克服学校教育不同程度存在的脱离经济建设和社会发展需要的现象。要按照现代科学技术文化发展的新成果和社会主义现代化建设的实际需要，更新教学内容，调整课程结构"。1996年 3 月，国家教委颁布了《全日制普通高级中学课程计划（试验）》，提出普通高中课程以学科类课程为主、活动类课程为辅，并提出了

建设中央、地方、学校三级课程管理体系的构想，同时还印发了全
日制普通高级中学 12 个学科的教学大纲。通览从 20 世纪 80 年代中
期到 90 年代末的课程与教学政策，核心话语从以教师为核心的"教
学"转变为强调学生学习的"课程"，课程结构增加了选修课和活动课
等新类型，教材编写从国定制的"一纲一本"到适应不同学制和不同
地区特点的审定制的"一纲多本"，课程管理也具有加大地方和学校
权限的取向，整体表现出明显的权力下放，增加了课程教材的弹性
和灵活性，也激发了地方和社会参与课程开发的积极性，从而拓展
了学校教育中因地制宜、因材施教的制度空间，激发了公立中小学
在学校课程建设方面的活力与创造力，有益于中小学人才培养质量
的提升。

世纪之交，为推动"科教兴国"战略的实施，1999 年 6 月，《中共
中央国务院关于深化教育改革全面推进素质教育的决定》颁布，其中
提出，"调整和改革课程体系、结构、内容，建立新的基础教育课程
体系，试行国家课程、地方课程和学校课程"。以全面推进素质教育
为目标，新一轮基础教育课程改革正式启动。2001 年 5 月，《国务院
关于基础教育改革与发展的决定》明确提出要"加快构建符合素质教
育要求的新的基础教育课程体系"。2001 年 6 月，教育部印发《基础
教育课程改革纲要（试行）》。义务教育阶段的学校课程改革先行一
步。2001 年 7 月，教育部颁布了义务教育阶段 17 个学科的课程标准
实验稿，审定了 20 个学科的实验教材。当年秋季学期，全国 38 个
国家级实验区开始义务教育各学科课程标准及其实验教材的使用实
验。2005 年秋季，全国各地绝大部分小学和初中的起始年级启用了
新课程。高中阶段，2003 年 3 月 31 日，教育部印发《普通高中课程
方案（实验）》和 15 个学科的课程标准实验稿。2004 年秋季，普通高
中新课程在广东、山东、宁夏、海南等 4 省、自治区进行实验；
2005 年秋季开始，福建、江苏、浙江、安徽、辽宁、天津、北京等

省份相继进行高中新课程改革实验；2010 年秋季，高中新课程改革在全国推行。此轮基础教育课程改革将"每一个学生的发展"作为基本价值取向，对原有的课程目标、结构、实施、评价、管理各个环节进行系统变革。在课程目标上，要求改变过于注重知识传授的倾向，强调形成积极主动的学习态度和正确的价值观，以"知识与技能，过程与方法，情感、态度与价值观"这一新构建的三维体系界定课程目标；改变课程结构过于强调学科本位、科目过多和缺乏整合的现状，注重课程结构的均衡性、综合性和选择性；改变课程实施过于注重书本知识、机械训练的现状，加强课程内容与学生生活、社会发展的联系；改变课程评价过分强调甄别与选拔的功能，发挥评价促进学生发展、教师提高和改进教学实践的功能；改变课程管理过于集中的状况，实行国家、地方、学校三级课程管理，增强课程对地方、学校及学生的适应性。全面课程改革在对基础教育阶段的教学内容进行适时调整的同时，形成了百花齐放的教材编写格局和层次丰富、适应办学差异的三级课程管理体系，改变了过去片面重视学生知识获得的教学观，提升了中小学生的全面发展水平。

21 世纪开始的课程改革中也存在教材质量参差不齐、以高考为代表的考试评价体系和课程改革脱节等问题，因此，《教育规划纲要》在对人才培养模式进行规划时，表示需要"适应经济社会发展和科技进步的要求，推进课程改革，加强教材建设，建立健全教材质量监管制度"。在十八届三中全会明确了中国特色社会主义事业以"立德树人"为根本任务后，2014 年 3 月，教育部发布《关于全面深化课程改革落实立德树人根本任务的意见》，就以课程为载体落实立德树人、全面深化课程改革做出了统筹布局，提出制定学生发展核心素养体系和学业质量标准、修订课程方案和课程标准、编写修订相关学科教材、改进学科教学的育人功能、加强考试招生和评价的育人导向、强化教师育人能力培养、完善各方参与的育人机制、实施研究基地建设计划、整合利用优质教育教学资源和加强课程实施管理等具体任务。此后，中小学课程教材政策主要从两个方面着力：其一，为适应国家育人目标的新发展，适时调整课程教材的内容。2014 年 8 月，中共中央政治局会议审议通过《关于深化考试招生制度改革的实施意见》，要求就基础教育阶段的考试评价制度进行改革。为匹配这一改革，2014 年 12 月，教育部出台《关于普通高中学业水平考试的实施意见》，要求普通高中"调整教学组织方式，满足学生选学的需要，把走班落到实处"。2017 年 12 月，教育部印发《普通高中课程方案和语文等学科课程标准(2017 年版)》，就普通高中的课程标准进行了调整，在语文等学科上改动颇大。各出版社相应进行教材的调整。其二，国家对教材管理的统筹力度相应加强。为保证中小学课程教学的育人质量，国家在一定程度上回收了之前下放的教材编写权。2016 年，中共中央办公厅、国务院办公厅联合发布《关于加强和改进新形势下大中小学教材建设的意见》，要求公立中小学自 2017 年 9 月 1 日起在"语文""历史"和"道德与法治"三科教学中统一使用教育部统编教材。2017 年 7 月，国务院下设的国家教材委员会成立，由各领域资深专家和有关部门负责同志组成，由中共中央政治局委员、国务院副总理刘延东任主任。国家教材委员会的职责在于指导和统筹全国教材工作，贯彻党和国家关于教材工作的重大方针政策，研究审议教材建设规划和年度工作计划，研究解决教材建设中的重大问题，指导、组织、协调各地区各部门有关教材工作，审查国家课程设置和课程标准制定，审查意识形态属性较强的国家规划教材。新中国成立后首次设立国家教材委员会，体现了党和国家对学校课程教材建设的高度重视，也为基础教育学校坚持社会主义办学方向、不断提升全面育人质量提供了强有力的支持。

三、公平与优质：公立基础教育学校发展的前景展望

40 年间，中国公立基础教育学校从"全国中小学危房占校舍总面

积的 16％，其余的校舍也不少是土草房、老祠堂、破庙宇或旧民房"①到全国 81％的县(市、区)达到义务教育发展基本均衡水平，取得了巨大的发展成就。2017 年 10 月，党的十九大报告提出"努力让每个孩子都能享有公平而有质量的教育"，明确了新时代我国公立基础教育的办学目标。同时，该报告又重申"普及高中阶段教育"，确定了当前及未来普通高中阶段公立学校以"普及"为重点办学任务；要求"幼有所育，学有所教""弱有所扶"，就学前教育的普及和特殊教育的发展做出了要求。2017 年 12 月，教育部出台《义务教育学校管理标准》，要求义务教育学校"提升治理能力和治理水平，逐步形成'标准引领、管理规范、内涵发展、富有特色'的良好局面，全面提高义务教育质量，促进教育公平，加快教育现代化，着力解决人民日益增长的美好生活需要和学校发展不平衡不充分问题"。由此可知，公平与优质，将是我国公立基础教育学校未来发展的两大任务。而结合政策要求和我国公立基础教育学校办学的现状来看，要达成"公平而有质量"的办学目标还需要从价值导向、育人目标、教育教学、校园建设和办学体制等多方面着手，全方位提升公立基础教育学校的办学水平。

(一)推进教育公平，实现学有所教、弱有所扶

公立基础教育作为具有强公益性的事业，以教育公平为其首要价值追求。公立学校对教育公平的践行，集中落实为以积极的办学行动保障学生受教育权利的平等。对受教育权利平等的理解，不能简单地拆分成"教育"和"平等"两个概念，而应当保证权利的平等基于教育，建立于教育活动特殊性的基础上。这种权利平等至少包含了形式平等和实质平等两个层次。

---

① 翟博：《人类教育发展史上的奇迹——改革开放 30 年中国推进全面教育的奋进历程》，载《教育研究》，2009(1)。

其一，在受教育权利的形式平等层次上，教育平等要求基础教育办学保证教育机会的同一可接触性。具体而言，需要在维护学生平等的入学权利的基础上保障学生在学习过程中获得平等的教育资源并且防止学生辍学、失学。过去40年在这一层次的平等上，政府做了大量工作，也取得了卓著成效。在法律层级上，《教育法》和《义务教育法》中均有条款明确受教育者享有平等受教育的权利，并要求国家对此予以保障。《教育法》第九条第二款规定"公民不分民族、种族、性别、职业、财产状况、宗教信仰等，依法享有平等的受教育机会"，第三十七条第一款规定"受教育者在入学、升学、就业等方面依法享有平等权利"，第十一条第二款规定"国家采取措施促进教育公平，推动教育均衡发展"。《义务教育法》第四条规定"凡具有中华人民共和国国籍的适龄儿童、少年，不分性别、民族、种族、家庭财产状况、宗教信仰等，依法享有平等接受义务教育的权利，并履行接受义务教育的义务"，第二十二条第一款规定"县级以上人民政府及其教育行政部门应当促进学校均衡发展，缩小学校之间办学条件的差距，不得将学校分为重点学校和非重点学校。学校不得分设重点班和非重点班"。在行政法规和部门规章层级上，前文梳理的有关普及基础教育、加大办学投入、调整学校布局及义务教育均衡发展的系列政策法规和规范性文件，都旨在保障基础教育阶段，特别是义务教育阶段的适龄人口平等就学。但是当前基础教育阶段，甚至义务教育阶段，仍然存在不同程度的不符合受教育权利形式平等的情况。部分地区的进城务工人员随迁子女在普通高中阶段由于缺乏政策保障而难以就读于公立学校，在义务教育阶段入学公立学校时面临种种现实阻碍；部分义务教育阶段公立学校依然采用竞赛、考级、考证等违背就近入学原则的选拔方式进行招生；部分中小学在教育教学过程中还存在以不同名义划分重点班和非重点班，并且在各种教育资源的分配中向重点班倾斜等情况；同时，由于历史积累的办学水平差异和教育资源获取能力的差异，公立中小学之间在办学条件和办学水平上也存在巨大差异，这种差异也为区域之间、城乡之间乃至学校之间学生获得公平的教育资源和学习机会带来了阻力。在此情况下，未来对基础教育阶段学生受教育权利形式平等的保障，重点在于遵循十八大以来的基础教育发展政策，巩固已有成果，进一步推进义务教育均衡发展并进一步推进学前教育和普通高中教育的普及。当然也应当注意，义务教育学校的均衡发展，应当以加大资源投入和积极创生新的优质教育资源的方式进行，而绝不能简单地"稀释"原有优质资源。

其二，在受教育权利的实质平等层次上，教育平等首先要求公立基础教育学校考虑个体在行使受教育权利时实际存在的权利能力差异，为需要帮助的学生提供适度支持。进入 21 世纪后，特别是在 2006 年《义务教育法》修订后，政府为解决西部、边远、农村地区适龄儿童、少年由于家庭经济条件导致就学困难的问题，投入了大量财政经费和政策支持，以"反向歧视"来实现对这些相对弱势群体的"补偿平等"。但是，在补偿的标准、实施的条件等具体操作层面，相关政策仍然有在科学测算的基础上进一步细化的必要。同时，对于残疾学生、留守学生及由于其他困难而需要在学习与学校生活中获得帮助的学生，公立义务教育学校还需要按照《义务教育学校管理标准》的要求建立系统的帮扶支持制度，相关政策支持力度也有必要加强。

在为弱势学生提供"补偿平等"的基础上，对教育平等更高水平的要求是，从教育促进人的发展这一基本功能出发，在重视人的发展的共性需要的同时，对人的禀赋、需要、兴趣和能力的差异给予平等的尊重，尊重人的发展特质，积极促进每个人有个性的全面发展。只要教育中的个体差异不是外源于个人所处的社会阶层等"等级"的差别，而是源自受教育者在水平维度上"类别"的异质性和倾向性，那么对之予以尊重就是对教育平等的更高层级的满足。[1] 即使在传递人类共享的基本知识、价值和能力，重视培养公民共性的基础教育阶段，学校教育也应当尊重差异、培养个性，根据个体发展的具体情况在一定程度上给予有所差别的教育，即给予具有不同特征的学生以平等的发展个性特长、成长成才的机会。这种更高层级的、以人的全面发展为目标的教育平等，要求允许受教育者在有能力的前提下，根据自身个性发展需要，在教育过程中进行自主选择，以获得最适宜自身发展的教育类型、教育机构、课程编排和学习方式。这种充分保障学生受教育权利平等的理想化状态，在短期内必然难以实现，但是从"办好人民满意的教育"这一目标出发，要解决人民日益增长的美好生活需要和不平衡不充分的学校发展之间的矛盾，公立基础教育必然需要朝这一理想状态努力。这一层次的教育平等的实现必然是一个长期工程而非短期任务，需要公立基础教育学校在观念、资源、教育教学和制度建设等方面全面提升。观念方面，需要进一步发展以资源均衡为主导的教育平等观，树立尊重个体发展差异的教育平等观。资源方面，需要政府适应社会经济发展水平，加大基础教育的经费投入、师资投入、信息技术投入、基建投入等各方面投入，也需要学校、社会以多种形式进一步拓展办学资源。教育教学方面，需要构建起尊重学生差异且有益于学生进行合理自主选择的、多样化的课程教学模式。制度建设方面，需要进一步简政放权并积极推动学校办学体制改革，鼓励学校进行教育教学模式创新和内外部治理模式创新，积极创生并充分利用优质教育资源，实现特色发展，为学生提供更多的在学习过程中合理自主选择的可能性。十八大以来的教育政策，特别是十九大提出的"公平而有质量"的办学目标及其系列战略规划和具体措施，已经在一定程度

---

① ［美］彼得·布劳：《不平等和异质性》，13～15 页，北京，中国社会科学出版社，1991。

上体现了上述几方面的发展思路。未来我国公立基础教育办学的高水平公平值得期待。

(二)发展素质教育，构建促进学生全面发展的育人模式

自 1999 年《中共中央国务院关于深化教育改革全面推进素质教育的决定》实施以来，公立基础教育学校就以提高国民素质为宗旨，以培养学生的创新精神和实践能力为重点，为造就"有理想、有道德、有文化、有纪律"、德智体美等全面发展的社会主义事业建设者和接班人而积极实施素质教育。近 20 年的努力，在一定程度上改变了过去基础教育中存在的重智育轻德育，特别是单纯重视应试学科的现象，积极促进了学生的全面发展。2012 年党的十八大报告提出"把立德树人作为教育的根本任务"后，公立基础教育学校教育中又进一步以德育为首，统筹课堂、校园、社团、家庭、社会五个教育阵地，加强了对学生成长过程和成长价值的关注，进一步促进学生的全面发展。"全面发展"的人才培养目标，充分体现了基础教育办学的公平追求和质量追求一体两面，因为当基础教育发展到了较高水平时，对教育公平的追求必然要求育人结果的公平，即要求平等地促进全体学生的全面发展。在当前与未来，公立基础教育学校办学，应当继续落实"立德树人"这一中国特色社会主义教育事业的核心要求，深化课程改革，加强课堂教学、校园文化建设和社团组织活动的密切联系，促进家校合作，广泛利用社会资源，科学设计和安排课内外、校内外活动，以《义务教育学校管理标准》的相关规定为参照，进一步促进学生德、智、体、美、劳各方面素质的全面发展。具体途径有以下几条。

第一，以道德与法治教育为引领，培养社会主义国家的合格公民。公立基础教育学校的未来发展中，有必要从内容和形式两方面继续加强相关工作，提高学生的理想信念、道德品质和法治意识。在内容方面，公立基础教育学校在落实《中小学德育工作指南》《中小

学生守则》的过程中，需要坚定不移地培育和践行社会主义核心价值观、实施爱国主义教育、弘扬中华优秀传统文化并促进学生对习近平新时代中国特色社会主义思想的理解，特别需要加强此前在中小学育人过程中相对薄弱的法治教育，大力落实《青少年法治教育大纲》的要求，加快完成法治教育从一般的普法活动到学校教育的重要内容，从传授法律知识到培育法治观念、法律意识的转变。在形式方面，一方面，学校需要统筹资源，创新德育形式。学校需要以符合学生身心发展规律、匹配学生认知能力水平、适应当代学生信息获取和接收方式的实施原则，进一步探索课程育人、文化育人、活动育人、实践育人、管理育人、协同育人等多种途径，努力形成全员育人、全程育人、全方位育人的德育工作格局。同时需要将学生思想品德发展状况纳入综合素质评价体系，以评价为引领，将德育和法治教育工作落至实处。另一方面，学校还需要构建党组织主导、校长负责、群团组织参与、家庭社会联动的系统的德育和法治教育工作机制，并加强经费、师资、设施及其他各方面的资源保障。

第二，深化课程改革，在智育过程中注重知识与能力的有个性的共同发展。在适应社会发展需要进行课程内容改革的过程中，基础教育学校需要在重视学生知识和技能的获得的同时，加强学生学习能力和学习兴趣的培养，因材施教，帮助学生学会学习，养成良好的学习习惯、独立思考的主动性和积极探究的思维品质，并重视学生丰富情感态度的体验，将三维目标落到实处，深度发展学生智能。在回应当前及未来的考试招生制度改革时，基础教育学校的教育教学应当秉持"以人为本"的价值观，在培养共性的同时尊重差异，以适宜学生有个性的全面发展且切合学校办学条件实际情况的方式开展课程教学改革，提供丰富的、具有差异性优势的学习资源，增加学生在学习过程中的自主选择机会，并培养学生的自主选择能力。

第三，身心健康并重，发展学生健康体格。公立基础教育学校需要加强学生心理健康教育，进一步落实《中小学心理健康教育指导纲要》，加强师资建设和设施建设，积极拓展心理健康教育资源，重视学生生涯发展教育，完善中小学心理辅导工作机制。加强中小学体育教育，完善场地和设施器材建设，开足上好体育课，保证学生锻炼时间，建立常态化的校园体育竞赛机制。落实《国家学生体质健康标准》，定期开展学生体检和体质健康监测并及时向家长反馈，建立学生健康档案，将学生参加体育活动及体质体能健康状况等纳入学生综合素质评价。

第四，加强美育，提升学生艺术素养，培养学生审美情趣与审美能力。艺术教育以艺术类课程为主要载体，学校首先需要保证开齐、开足国家课程，避免课时挪用。在此基础上，应积极利用乡土资源和社会资源开发具有民族和地域特色的艺术教育选修课程，建设艺术社团或兴趣小组，组织开展面向全体学生的艺术活动，与各类文化艺术场馆及文化艺术团体合作开展艺术教学和实践活动，培养学生的艺术爱好与特长。同时，需要政府加大投入，加强公立基础教育学校艺术教育的师资和教学场所的建设。

第五，锻炼劳动能力，培养学生生活本领。针对学校教育与生产劳动相对脱节，学生相对缺乏劳动机会和劳动意识的情况，公立中小学应当进一步落实教育部、共青团中央和全国少工委于 2015 年7 月颁发的《关于加强中小学劳动教育的意见》，加强劳动教育，通过家校合作使学生形成良好的劳动习惯、掌握生活技能并培养其吃苦耐劳的精神，通过开展综合实践活动帮助学生了解各类生产劳动、增强劳动能力和社会适应能力。

（三）优化教育质量，以专业化促进教育教学水平提升

公立基础教育学校需要积极回应人民群众日益增长的对优质教育的需求，不断提升教育教学的质量。学校首先需要遵循《义务教育学校管理标准》及其制定理念，在课程建设、教学实施、评价体系的

建立和教育教学资源的供给中，把握以学生发展为本的基本原则。在课程建设方面，学校需要在严格遵守国家有关教材、教辅管理规定的前提下，进一步积极开展课程改革，构建全面实施国家课程、合理开设地方课程和校本课程、积极落实综合实践活动课程的课程体系，秉持全科育人的理念创新课程实施方式。在教学实施上，学校需要积极构建充分尊重学生的个体差异，结合学生的学习兴趣、动机和个别化学习需要因材施教的教学文化；结合现代信息技术的发展，建立基于过程的学校教学质量保障机制，及时改进教学；采取多种教学方式并创新作业方式，提升学生学习的主动性和积极性。在评价方面，学校需要进一步落实综合素质评价，建立学生综合素质档案，做好学生成长记录，避免以考试分数作为评价学生的唯一标准；义务教育学校需要进一步探索实施等级加评语的评价方式。在教学资源配置方面，学校还需要加强图书馆、实验室、功能教室的建设与应用，规范教学资源和设施设备的管理与维修保养。

要实质性地提升教育教学质量，关键在于提升教师的教育教学水平，建设专业化的教师队伍。因此，在当前和未来的发展中，公立基础教育学校在建立健全教师聘任制度、遴选合格教师的同时，还需要重点加强教师职后教育，引领教师专业化发展。这一工作需要从以下三方面入手：其一，需要加强教师管理和教师职业道德建设，促进教师树立坚定的职业信仰并恪守《中小学教师职业道德规范》，将立德树人作为自己的专业使命。针对当前基础教育中时有出现的教师违反职业道德的行为，如违规有偿家教、体罚或变相体罚学生、挖苦歧视学生、收受家长礼物等，学校应当严格禁止。在教师管理方面，公立基础教育学校应当完善教师岗位设置、职称评聘、考核评价和待遇保障机制，合理计算班主任工作量并落实班主任津贴，保障教师合法权益；应当以人为本，关心教师生活状况和身心健康，做好教师后勤服务，丰富教师精神文化生活并有效疏导教师工作压力。其二，需要切实提升教师教育教学能力。学校应当加强教师教育技能和教学基本功训练，引导教师学习经典，为教师营造乐于学习和专业提升的工作氛围；应当积极开发各渠道资源，认真组织校本教师培训，鼓励教师参加各级各类专业培训，并为教师在职攻读学位创造便利，拓展教师学习教育教学理论、学生发展心理学和各学科教学相关知识的机会；应当积极组织校本教研，构建定期开展集体备课、听课、说课、评课的校本教研制度，鼓励教师参与和申报各级各类教育研究项目，提高教师专业能力；应当积极促进现代科技和教育教学的深度融合；应当加强班主任队伍建设，提升班主任组织管理和教育能力。其三，需要建立教师专业发展的支持体系。公立基础教育学校应当完善教师培训制度，制定教师培训规划，指导教师制订专业发展计划，建立教师专业发展档案，落实每位教师 5 年不少于 360 学时的培训要求；应当积极引进优质培训资源，定期开展专题培训，促进教研、科研与培训有机结合，发挥校本研修基础作用；应当鼓励教师利用网络学习平台开展教研活动，建设教师学习共同体。

(四)保障安全健康，营造和谐美丽校园环境

基础教育阶段的学生主要是身心均处于发育阶段的未成年人，体力和抵御危险的能力弱，学前教育和小学教育阶段的学生尤为如此。因此，基础教育学校办学理应以保障学生安全健康为基本红线，在此基础上积极营造和谐美丽的校园环境，保障青少年儿童在安全安心、健康向上且富有特色文化气息的氛围中愉快学习、全面发展。

在基础教育学校的安全与健康管理方面，近年来国家出台了系列政策规范，如 2006 年 6 月教育部等十部委联合发布的《中小学幼儿园安全管理办法》，2013 年 3 月教育部出台的《中小学校岗位安全工作指南》，2017 年 4 月国务院办公厅颁布的《关于加强中小学幼儿园安全风险防控体系建设的意见》等。这些政策文件就基础教育学校

安全与健康管理工作进行了相对细致的部署，未来公立基础教育学校办学应当结合学校实际情况进一步落实相应政策，在加强学校基础设施安全卫生建设的同时，建立具有针对性的、切实可行的校园安全与健康管理制度，其中特别需要加强制定预防和应对不法分子入侵、自然灾害和公共卫生事件等突发事件的应急预案，构建防治校园欺凌和暴力的治理机制。

在学生安全健康教育方面，根据 2007 年 2 月国务院转发的由教育部制定的《中小学公共安全教育指导纲要》、2008 年 12 月教育部印发的《中小学健康教育指导纲要》和 2014 年 2 月教育部印发的《中小学幼儿园应急疏散演练指南》，基础教育学校应当分学段展开六个模块（预防和应对社会安全、公共卫生、意外伤害、网络信息安全、自然灾害、影响学生安全的其他事故或事件）的公共安全教育和五个领域（健康行为与生活方式、疾病预防、心理健康、生长发育与青春期保健、安全应急与避险）的健康教育，并且通过实战型应急疏散演练提高师生的逃生自救能力。公立基础教育学校办学过程中应当切实落实相关规定，尤其需要结合学校所在区域的地势地形、社会发展和学生特点，有针对性地确定安全和健康教育的重点主题，并且积极与学生家庭、所在社区及公安消防、交通、治安、卫生、地震等部门合作，以生活技能教育为基础，加强安全与健康教育的实践性、实用性和实效性。从当前基础教育学校常见的安全健康问题和我国公共安全防护的需要来说，公立基础教育学校有必要重点强化预防溺水和交通安全教育，普及疾病预防、营养与食品安全，以及生长发育、青春期保健的知识和技能，并且保证定期开展针对各类突发事件的应急演练。

在校园文化建设方面，公立基础教育学校在未来发展中应当将校园文化建设纳入学校特色发展的系统规划中整体考量，结合学校的区域特点、历史积淀、当前优势和育人目标，确定学校文化建设的具体目标和实现方案，营造健康向上、充满特色且有益于学校内涵发展的学校文化。在此过程中，学校需要从以下三方面综合发力：其一，需要重视优美的校园空间文化的构建，做好校园净化、绿化、美化工作，合理设计和布置校园，有效利用空间和墙面，建设生态校园、文化校园、书香校园，发挥环境育人功能；其二，需要重视积极上进的精神文化建设，在课程教学中渗透学校办学理念与育人理想，并以科技节、艺术节、体育节、读书节等形式因地制宜地组织丰富多彩的学校活动；其三，需要构建融合了办学特色和依法治教精神的制度文化，将学校内部治理体系和治理机制的构建与学校特色发展目标相结合，以完善的、具有校本特色的制度保证学校优秀文化的稳定传承。

(五)建设现代学校，构建充分释放办学活力的办学体制

自 1985 年《中共中央关于教育体制改革的决定》提出"坚决实行简政放权，扩大学校的办学自主权"以来，办学体制改革一直是我国基础教育改革和发展的重要内容之一。如何在学校内部与外部进行合理的权责分配，以及以怎样的方式进行这种分配，这两个关乎办学体制的问题是公立基础教育学校释放办学活力、提升办学质量的核心与关键。《教育规划纲要》提出"建设现代学校制度"的发展目标，为公立基础教育学校的办学体制改革指明了方向。公立基础教育学校要建立依法办学、自主管理、民主监督、社会参与的现代学校制度，需要依法依规进一步扩大学校在教育教学、选人用人、考核评价、职称评定、经费使用等方面的自主权，提高学校制定和落实规章制度的能力，建立自主办学、多元参与、职责分明、权力制衡的治理结构，坚持"依法治教，规范管理"。要实现这一目标，一方面，需要政府进一步简政放权、管办分离，以落实和扩大学校的办学自主权；另一方面，需要公立基础教育学校自身构建依法自主办学的运行体制，具备建设现代学校的能力。以公立基础教育学校为主体

来说，当前及未来的重要发展任务是：在政府办学政策给予的制度空间内，厘清学校内部关系，构建多元参与的学校治理结构。要实现这一目标，至少需要从以下三个方面努力。

其一，建立健全民主管理制度。公立基础教育学校首先应当加强学校章程建设，以章程规定办学目标，统一学校内部的规章制度建设，理顺各种关系，并依章程对办学进行监督和评估，即以章程管理为引领，建立自主办学、职责分明、权力制衡的学校治理结构，坚持"依法治教，规范管理"。在此过程中，公立基础教育学校也有必要进一步完善校长负责、党组织发挥政治核心作用、教代会和工会参与民主管理、社会和家庭参与办学监督的管理体制和运行机制；进行以服务学生成长和课程教学发展为导向的组织结构改革，构建符合所处学段的人才培养任务和符合本校实际办学特征的扁平化管理模式，设计并试行符合现代学校要求的管理制度、课程制度和财务制度；落实校务会议等民主决策方式，设置信息公告栏进行校务公开，建立教师、学生、家长充分参与的问题协商机制，以有效化解相关矛盾，并以少先队、共青团、学生会、社团等学生组织为主导，构建学生自我管理和参与学校治理的相关机制；加强社会参与的监督制度建设，不断建立健全民主、科学、规范的现代学校治理制度。

其二，提升依法科学管理的能力。在构建民主、科学、规范的现代学校治理制度的同时，公立基础教育学校也应当提升依法治教和科学管理的能力，以充分发挥学校治理制度的积极功效。就此，公立基础教育学校首先需要增强教师的法治观念，积极组织教职员工学习《宪法》《教育法》《义务教育法》《教师法》和《未成年人保护法》等法律，提升依法治教、依法治校的能力。在学校章程及各类校规制度的建设过程中，应当注重教师参与，以提升教师对学校制度规章的理解与运用能力。在管理技术方面，公立基础教育学校应当制定学校发展规划，确定年度实施方案，客观评估办学绩效；可积极尝试将学校管理与现代信息技术的发展相结合，以信息化、数字化来简化和规范校务办公流程，提升管理效率并加强学校办学资料的归集、存档。同时，公立基础教育学校也应当加强对学校法律事务的重视，委任具有相关专业知识的人员负责相关工作，建立学校法律顾问制度，充分运用法律手段维护学校合法权益。

其三，构建和谐的家庭、学校、社区合作关系。构建现代学校制度，要求公立基础教育学校在法治的价值基础和制度框架中建立平等协商合作的多元共治结构，以使办学活动贯彻民主、平等、法治、契约精神等现代社会价值观。学生家长和学校所在的社区是公立基础教育学校办学的重要利益相关者，也是公立基础教育学校除政府以外最为重要的办学资源供给者，学校办学理应加强与家庭和社区的合作关系，积极将二者纳入学校治理体系之中。公立基础教育学校在未来的办学工作中，需要进一步健全和完善家长委员会制度，建立家长学校，设立学校开放日，提高家长在学校治理中的参与度，形成育人合力；需要引入社会和利益相关者的监督，密切学校与社区联系，促进社区代表参与学校治理；需要主动争取社会资源和社会力量支持学校的改革发展；同时也有必要在有条件的情况下，将体育文化设施在课后和节假日对本校师生和所在社区居民有序开放，反哺社区。

第三节　走向高等教育强国：
公立高等学校系统的改革与发展

一、高等教育改革 40 年政策回顾

（一）简政放权，扩大高校办学自主权

1985 年 5 月 27 日，《中共中央关于教育体制改革的决定》颁布，其中关于高等教育的主要改革措施包括：①改变政府对高等学校统

得过多的管理体制。在国家统一的教育方针和计划的指导下，扩大高等学校的办学自主权，加强高等学校同生产、科研和社会其他各方面的联系，使高等学校具有主动适应经济和社会发展需要的积极性和能力。②改革高等学校招生的计划制度和毕业生分配制度。改变高等学校全部按国家计划统一招生、毕业生全部由国家包下来分配的办法，实行国家计划招生、用人单位委托招生、在国家计划外招收少数自费生三种办法。③为调动各级政府办学的积极性，实行中央、省(自治区、直辖市)、中心城市三级办学的体制。④为加强党和政府对教育工作的领导，成立国家教育委员会负责掌握教育的大政方针，统筹整个教育事业的发展，协调各部门有关教育的工作，统一部署和指导教育体制的改革。⑤鼓励各民主党派、人民团体、社会组织、离退休干部和知识分子、集体经济单位和个人，遵照党和政府的方针政策，采取多种形式和办法，积极自愿地为发展教育贡献力量。

《中共中央关于教育体制改革的决定》明确了中央、省(自治区、直辖市)、中心城市的三级办学体制，扩大了地方和高校的办学自主权，即国家统一领导，分级管理，增强高等教育的社会适应性，发挥高等教育对促进经济和社会发展及科技进步的潜力。1986年的《高等教育管理职责暂行规定》划分了中央各部委之间、中央与地方之间在管理高等教育方面的职责权限。

(二)中央和地方两级管理，高校自主办学

为了逐步建立与社会主义市场经济体制、政治体制和科技体制相适应的高等教育体制，1993年1月，国务院批转国家教委《关于加快改革和积极发展普通高等教育的意见》，指出"高等教育管理体制的改革方向是，逐步实行中央与省(自治区、直辖市)两级管理、两级负责为主的管理体制"。1993年2月，中共中央、国务院印发了《中国教育改革和发展纲要》，指出高等教育体制改革主要是解决政府与高等学校、中央与地方、国家教委与中央各业务部门之间的关系，逐步建立政府宏观管理、学校面向社会自主办学的体制。主要改革措施包括：①改革办学体制，改变政府包揽办学的格局，逐步建立以政府办学为主体、社会各界共同办学的体制，逐步形成以中央和省（自治区、直辖市）两级政府办学为主、社会各界参与办学的新格局。②调整政府与学校的关系，按照政事分开的原则，通过立法，明确高等学校的权利和义务，使高等学校真正成为面向社会自主办学的法人实体；政府要转变职能，由对学校的直接行政管理，转变为运用立法、拨款、规划、信息服务、政策指导和必要的行政手段进行宏观管理。③调整中央与地方的关系，进一步确立中央与省（自治区、直辖市）分级管理、分级负责的教育管理体制。中央直接管理一部分关系国家经济、社会发展全局并在高等教育中起示范作用的骨干学校和少数行业性强、地方不便管理的学校。在中央大政方针和宏观规划指导下，对地方举办的高等学校的领导和管理，责任和权力都交给省（自治区、直辖市）。④调整国家教委与中央各业务部门的关系，由国家教委负责统筹规划、政策指导、组织协调、监督检查、提供服务。中央各业务部门要加强对本行业的人才预测和规划，协助国家教委指导本行业的人才培养工作，负责管理其所属学校。⑤改革高等学校的招生和毕业生就业制度，改变全部按国家统一计划招生的体制，实行国家任务计划和调节性计划相结合。改革学生上大学由国家包下来的做法，逐步实行收费制度。改革高校毕业生"统包统分"和"包当干部"的就业制度，实行少数毕业生由国家安排就业，多数由学生"自主择业"的就业制度。⑥改革对高等学校的财政拨款机制，充分发挥拨款手段的宏观调控作用。

　　1995 年 7 月，国务院办公厅转发国家教委《关于深化高等教育体制改革的若干意见》，提出高等教育管理体制改革的目标是"形成中央和省、自治区、直辖市人民政府两级管理、分工负责，以省、自治区、直辖市人民政府统筹为主，条块有机结合的体制框架"。这一阶段的高等教育管理体制的重点是淡化和改革学校单一的隶属关系，加强省级人民政府的统筹。1997 年 1 月，国家教委出台了《关于转变职能，加强宏观管理，扩大直属高校办学自主权的若干意见》，提出要根据高等教育管理体制改革的目标，加强地方政府对所在地区学校的统筹权，还要求进一步改进管理决策体系，加强社会参与，促使决策民主化、科学化。

（三）以法律的形式确立高校的两级管理体制

1998 年 8 月，第九届全国人民代表大会常务委员会第四次会议通过《高等教育法》，对前一阶段高等教育体制改革的成果进行了巩固。如第十三条规定："国务院统一领导和管理全国高等教育事业。省、自治区、直辖市人民政府统筹协调本行政区域内的高等教育事业，管理主要为地方培养人才和国务院授权管理的高等学校。"第十四条规定："国务院教育行政部门主管全国高等教育工作，管理由国务院确定的主要为全国培养人才的高等学校。国务院其他有关部门在国务院规定的职责范围内，负责有关的高等教育工作。"第二十五条规定："……设立高等学校的具体标准由国务院制定。设立其他高等教育机构的具体标准，由国务院授权的有关部门或者省、自治区、直辖市人民政府根据国务院规定的原则制定。"第二十九条规定："设立高等学校由国务院教育行政部门审批，其中设立实施专科教育的高等学校，经国务院授权，也可以由省、自治区、直辖市人民政府审批……"第六十条第二款规定："国务院和省、自治区、直辖市人民政府依照教育法第五十五条的规定，保证国家举办的高等教育的经费逐步增长。"

1999 年的《面向 21 世纪教育振兴行动计划》和《中共中央国务院关于深化教育改革全面推进素质教育的决定》，进一步强调中央和省级政府两级管理、分工负责，进一步简政放权，加大省级人民政府管理本地区教育的权力，形成在国家宏观政策指导下，以省级政府统筹为主的条块结合的新体制。

（四）政校分开，管办评分离

2010 年 7 月，中共中央、国务院印发《教育规划纲要》，对 2010—2020 年我国高等教育改革与发展做出了纲领性的规划。主要改革措施包括：①建设现代学校制度，推进政校分开、管办分离。适应国家行政管理体制改革要求，明确政府管理权限和职责，明确各级各类学校办学权利和责任；落实和扩大学校办学自主权，高等学校按照国家法律法规和宏观政策，自主开展教学活动、科学研究、技术开发和社会服务，自主设置和调整学科、专业，自主制定学校规划并组织实施，自主设置教学、科研、行政管理机构，自主确定内部收入分配，自主管理和使用人才，自主管理和使用学校财产和经费。②改革办学体制，健全政府主导、社会参与、办学主体多元、办学形式多样、充满生机活力的办学体制。③改革管理体制，以转变政府职能和简政放权为重点，深化教育管理体制改革，提高公共教育服务水平。明确各级政府责任，规范学校办学行为，促进管办评分离，形成政事分开、权责明确、统筹协调、规范有序的教育管理体制；加强省级政府教育统筹，完善以省级政府为主管理高等教育的体制，合理设置和调整高等学校及学科、专业布局，提高管理水平和办学质量；转变政府教育管理职能，各级政府要切实履行统筹规划、政策引导、监督管理和提供公共教育服务的职责，建立健全公共教育服务体系，逐步实现基本公共教育服务均等化，维护教育公平和教育秩序；提高政府管理的有效性，整合国家教育质量监测评估机构及资源，完善监测评估体系，定期发布监测评估报告。加强教育监督检查，完善教育问责机制。

综上，20 世纪 80 年代的高等教育改革主要是调整国家与高校之间的关系，改变政府对高等学校统得过多的管理体制，下放高等教育权力，强调在加强国家宏观管理的原则下，扩大高等学校的办学自主权。90 年代的高等教育改革主线是改变高校的三级管理体制，形成中央和省级人民政府两级管理。2000—2010 年，国家在继续完善中央和省级人民政府两级管理，以省级人民政府管理为主的高等教育管理体制的同时，扩大高等教育规模。例如，2002 年 6 月颁布的《全国教育事业第十个五年计划》提出：要全面完成高等教育管理体制改革和布局结构调整，建立、健全中央和省级人民政府两级管理、以省级人民政府管理为主的新体制；深化办学体制改革，拓宽办学渠道，增加新的教育资源，以各种形式扩大办学规模，使各类高等教育在学人数增加到1 600万人左右，高等教育毛入学率达到 15％左右。

二、高等教育改革成就斐然

（一）高等教育规模不断扩大，人民群众接受高等教育的机会增多

改革开放以来，我国的高等教育发生了翻天覆地的变化，这不仅体现在高等教育规模从稳定发展到急剧扩张，也体现在高等教育管理体制改革不断深入，政府、学校、社会之间的关系逐步理顺。经过 40 年的努力，我国的高等教育实现了从精英教育向大众化教育的跨越。从总体规模上看，我国高等教育规模已居世界第一，成为名副其实的高等教育大国。例如，1978 年，我国高等教育的毛入学率不足 1％，全国本专科在校生只有 85.63 万人，研究生 1.09 万人；2007 年，我国的高等教育毛入学率达 23％，各类高等教育总规模超过 2 700 万人。在高校招生数上，1977 年，全国普通高校录取本专科生 27.3 万人，次年增至 40.15 万人；1997 年，普通高校录取本专科生数首次突破百万，达到 100.04 万人。1999 年开始，全国共招收本专科生 154.86 万人，研究生 9 万余人，本专科招生数比上年增长 43％。由此，我国高等教育规模进入快速发展时期，拉开了"扩招"的大幕。2004 年之后，增长速度放缓，2007 年发布的《国家教育事业发展"十一五"规划纲要》提出，"要适当控制招生增长幅度，相对

稳定招生规模"，并将毛入学率达到 25％作为"十一五"期间高等教育事业发展的目标之一。在高校数量与在校生数上，1977 年，我国普通高校只有 404 所；2007 年普通高校数量达到 1 908 所，增长了近 4 倍；普通高校在校生数量从 1977 年的 62.53 万人增长至 2007 年的 1 884.90 万人，增长了近 30 倍。在研究生规模上，1978 年共招生 1.07 万人，2007 年研究生的招生数增长到 36.06 万。在一定程度上，我国的高等教育规模跨越式发展已经完成，开始进入逐步发展、稳定规模、重在提高质量和实现公平的阶段。

2010 年颁布的《教育规划纲要》要求把提高质量作为高等教育发展的核心任务和建设高等教育强国的基本要求；以重点学科建设为基础，继续实施"985 工程"和优势学科创新平台建设，继续实施"211 工程"和启动特色重点学科项目，加快建设一流大学和一流学科；提出"到 2020 年建成一批国际知名、有特色、高水平的高等学校，若干所大学达到或接近世界一流大学水平，高等教育国际竞争力显著增强"的目标。自《教育规划纲要》实施以来，我国高等教育的整体质量和水平明显提升，高等教育国际竞争力显著增强。根据 2014 年高等教育第三方评估报告，我国的高等教育规模在实现跨越式发展后持续增长，提前完成了《教育规划纲要》提出的阶段目标任务。比如，2014 年，在校生规模达到 3 559 万人，居世界第一，高校数量为 2 824 所，居世界第二，高等教育毛入学率达到 37.5％，提前完成了《教育规划纲要》预定的 36％的阶段目标任务。2000—2014 年，高校录取人数的年平均增长率为 10.7％，录取率由 59％提高到 74.33％，是 1978 年的 12.3 倍。每十万人口平均在校大学生数增幅超过 3 倍，毕业生占当年新增城镇人口比例从 12.86％提高到 61.62％，高校毕业生已经成为促进经济社会发展的重要生力军。

各类重大工程整体提升高等教育质量，高等教育科研承载能力增强，科研水平显著提升。经"985 工程""211 工程"及特色学科项目等平台拉动，高等教育核心竞争力不断提高，部分学科跻身国际一流行列。在英国 QS"2015 年世界大学学科排名"中，前 400 强中有 58 所中国内地大学，仅次于美国，位列全球第二；前 50 强中有 7 所中国内地大学，入选学科总数位列全球第五、亚洲第一。在"2015 年亚洲大学排行榜"中，中国内地百强大学达到 21 所，取代日本（19 所）傲居亚洲之首。《美国新闻和世界报道》及汤森路透集团"2015 年全球顶尖大学排行榜"中，中国内地 27 所大学跻身全球前 500 强，超越日本成为亚洲龙头。在学科前 50 强中，有 23 所中国内地大学在 12 个学科领域入选。高等学校承载科研能力大幅提升。2005—2013 年，高等学校承担科研项目成倍增加并超过同期其他科学研究与开发机构。高校基础研究在全国占绝对优势，基础研究经费在全国占比超过一半。高等学校科技成果占 70％以上。2010—2014 年，高校共获国家自然科学奖 583 项，技术发明奖 1 328 项，科技进步奖 3 577 项。高校获得的国家科技奖励占 70％左右。2005—2013 年，高校科技论文占全国比例一直在 70％以上。高等学校专利授权数从 8 843 件增加到 84 930 件，增加了 8.6 倍。

办学条件得到根本改善，高校师资队伍持续扩大，人才培养质量提升。2010—2014 年，全国高校占地面积净增 15 502 万平方米，增幅为 9.9％。高校教学及辅助用房、实验实习及行政办公用房面积净增 7 004.38 万平方米，增幅达到 15.33％。高校教学科研固定资产净增 4 867.25 亿元，增幅高达 42.15％。教学、科研仪器设备资产总值净增 1 326.14 亿元，增幅高达 57％。高校教师队伍持续壮大，发展态势良好。1999—2014 年，教师队伍保持稳定增长，教职工总数达 233.6 万人，专任教师总数达 153.5 万人，教师队伍数量成为世界第一。专任教师中具有博士、硕士学历的比例超过 50％，中青年教师超过 70％。高校教学基本建设得到加强。特别是"本科教学工程"实施以来，重点建设了 1 500 个专业点，公布了 3 000 多个特色专业建设点。建设了 1 000 门精品视频公开课程和5 000门资源共享课。建设了 100 个成效显著、受益面大的实验教学示范中心。高校实验室空间得到了拓展。2009—2010 学年，全国普通本科高校共有实验室 28 156 个，实验室面积 2 785.67 万平方米。2012—2013 学年这 2 项数据分别为 29 964 个、3 102.26 万平方米，较 2009—2010 学年分别增长 6.4％、11.4％。

高等教育质量内外部保障体系不断走向成熟。2010 年起，国家开始对 2000 年以来的新建本科院校实施合格评估，截至 2014 年年底，已评估 143 所学校，覆盖了全国 28 个省（自治区、直辖市），占全国新建本科高校总数的 50％ 左右。2013 年起，对参加过上一轮评估的本科院校实施审核评估，完成了 18 所高校试点工作；倡导专业论证和国际同行评估。从 2009 年到 2014 年，工程教育认证的专业领域已由 10 个拓展到 14 个，年度认证专业数量由 30 个增加到 138个。截至 2015 年 11 月，通过认证的专业数量由 75 个增加到 318个，覆盖高校由 51 所增加到 106 所，大部分“985 工程”“211 工程”高校已参加认证。2012 年，中国完成了加入《华盛顿协议》的相关准备工作，并在 13 个专业领域开展了 69 个专业认证试点，建立了内外联动的质量保障机制。在评估引导下，各高校从质量标准、队伍建设、机构组织、监控手段及反馈改进机制等方面进行了大量的探索与实践，建立了有标准、有组织、有队伍、有监测、有反馈的内部质量监测评估体系；建立了质量报告发布制度，接受第三方评估。2011 年，国家要求 39 所“985 工程”高校编制教学质量报告；2012年，该范围扩大到“211 工程”高校；2013 年，扩大到全国所有公办普通高校。截至 2013 年年底，省一级专门的评估机构已经发展到 13家。这些成果都为我国实现从高等教育大国走向高等教育强国奠定了坚实的基础。

（二）改革高等教育管理体制，从管理向治理转变

在新中国成立的很长一段时间里，高校一直被当作政府行政机

构的附庸，在办学问题上都是政府一手包办，高校没有决策权。改革开放以来，政府与高校的关系一直是我国高等教育体制改革的重要内容。1985 年的《中共中央关于教育体制改革的决定》要求改变政府对高等学校管得过死的管理体制，在国家统一教育方针和计划的指导下，在加强国家对教育的宏观管理的原则下，扩大高等学校的办学自主权。1986 年，国务院发布《高等教育管理职责暂行规定》，对扩大高等学校的管理权限做出了明确规定，标志着政府与高校关系模式的转变。1993 年 2 月，中共中央、国务院印发了《中国教育改革和发展纲要》，要求逐步建立政府宏观管理、学校面向社会自主办学的新体制，通过立法明确高等学校的权利与义务，使高等学校真正成为面向社会自主办学的法人实体。1998 年 8 月通过的《高等教育法》，更是以法律的形式规定，"高等学校应当面向社会、依法自主办学，实行民主管理"。2010 年 7 月，中共中央、国务院印发的《教育规划纲要》要求以"转变政府职能和简政放权为重点"。"各级政府要切实履行统筹规划、政策引导、监督管理和提供公共教育服务的职责，改变直接管理学校的单一方式，综合应用立法、拨款、规划、信息服务、政策指导和必要的行政措施，减少不必要的行政干预"，"规范政府决策程序，重大教育政策出台前要公开讨论，充分听取群众意见"。在政府简政放权、逐步扩大高校自主办学权的同时，伴随着高校扩招，如何保障高校自主管理的质量就成为全社会关注的焦点，对高校进行评估就成为政府调控高等教育管理模式的重要手段和途径。

1985 年的《中共中央关于教育体制改革的决定》明确提出要"对高等院校的办学水平进行评估"。1990 年，国家教委颁布了《普通高等学校教育评估暂行规定》，为政府主导的高等教育评估提出了统一的规范。1992 年国家教委《关于加快改革和积极发展高等教育的意见》肯定了民间实施的高等教育评估的合法地位。1999 年，高等教育评估制度在《高等教育法》中获得了合法地位。2003 年，我国开启了 5 年一轮的高等学校本科教学工作评估。至此，我国已建立起政府对高等教育的问责机制，并通过教育问责加强对高等教育的宏观管理与指导。2010 年颁布的《教育规划纲要》，要求整合国家教育质量监测评估机构及资源，完善监测评估体系，定期发布监测评估报告；要求加强教育监督检查，完善教育问责机制。

由此可见，在高等教育管理体制改革过程中，政府在不断尝试改变传统的行政指令、计划管理的单一方式，探索高校管理手段的多样化。经过几十年的改革，我国已经实现了通过教育立法、教育评估、教育经费等对高等教育进行宏观指导的多样化管理模式。同时，政府也不再以"统治者"的姿态管理高等教育，而是以"合作者"的身份来治理高校，以实现政府对高等学校从控制到服务、从规制到协调的管理模式转变。

（三）不断探索高等教育的投资模式，回归教育的公共性

1987 年，国家开始推行非义务教育的成本分摊和回收制度，把原来的助学金制度改为奖学金、助学金和贷学金制度，并鼓励高等院校拓宽经费来源渠道。1989 年的《关于普通高等学校收取学杂费和住宿费的规定》肯定了高等教育应该实行成本分担和补偿制度。1992 年，我国高等教育开始较大范围地推行招生收费制度改革，提高自费学生比例及学费水平。1995 年，新的投资体制在《教育法》中以法律的形式被确定下来，即"国家建立以财政拨款为主、其他渠道筹措教育经费为辅的体制，逐步增加对教育的投入，保证国家举办学校教育经费的稳定来源"。1997 年，我国在全国范围内实现了普通高校的"并轨"，高等教育实行全面收费。高等学校学费制度在 1998 年的《高等教育法》中得以确立。至此，我国的高等教育投资体制开启了由单一经费来源向多渠道筹措经费的转型。2010 年的《教育规划纲要》要求"完善非义务教育培养成本分担机制，根据经济发展状况、

培养成本和群众承受能力，调整学费标准；完善投入机制。进一步明确各级政府提供公共教育服务职责，完善各级教育经费投入机制，保障学校办学经费的稳定来源和增长；高等教育实行以举办者投入为主、受教育者合理分担培养成本、学校设立基金接受社会捐赠等筹措经费的机制"。在推动高等学校多渠道筹措教育经费的同时，政府也一直在加大对高等教育的经费投入。例如，国家财政预算内分配给普通高等学校的教育经费从 2000 年的 504 亿元增长至 2005 年的 1 046 亿元，并从 2005 年开始大幅增长，到 2013 年，国家财政预算内的普通高等学校教育经费达到了 3 763 亿元。我国国家高等教育财政性经费占高等教育总经费的比例也在上升。例如，2005 年高等教育经费支出 2 117 亿元，其中政府财政拨款 885 亿元，占当年高教经费的 42%，非财政性经费收入包括学杂费、校办产业、社会捐集资、银行贷款、设立教育基金等达到当年高教经费的 58%。近年来，国家高等教育财政性经费占高等教育总经费的比例一直保持在 50% 以上，2013 年上升到 60.14%，其间有波动，但总体呈上升趋势。此外，根据教育发展的整体规划和部署，在原有教育经费分配方式的基础上，国家还实行了特殊的分配方式，比如，给予"211 工程""985 工程"高校更多的资金支持，提出"重点办好几所世界一流的大学，给予一定的资金支持"等。因此，我国的高等教育投资是以国家财政拨款为主，并不断探索其他多种渠道为辅的模式。目前我国的高等教育经费多元筹措格局中，其经费来源主要包括"财、税、费、产、社、基、科、贷、息"。

高等教育投资体制多渠道筹措教育经费格局的形成，支撑了高等教育规模的扩展，但是实现高等教育财政公平才是其更重要的理念。高等教育的入学机会在很大程度上取决于高考成绩。经济发达地区及富裕家庭的孩子相比经济不发达地区及贫困家庭的孩子，有更多接受高等教育的机会。鉴于高等教育实行多渠道筹措经费，政府就可以在基础教育中投入更多的资源，促进社会公共教育资源在全体社会成员中最大限度地实现公平分布。

(四)改革高等学校考试招生制度，强调教育公平

从 1983 年起，高等学校开始进行考试招生制度改革。1993 年的《中国教育改革和发展纲要》提出了高校招生和毕业生制度改革的总要求。1994 年，一些院校开始推行招生并轨改革，到 1997 年，全国实现了招生并轨，这也标志着高校招生制度的根本性变革。1999 年的《关于进一步深化普通高等学校招生考试制度改革的意见》的出台标志着新一轮高考改革的开始。党的十八大以来，中央把考试招生制度改革作为深化教育领域综合改革的一项重要内容。2014 年 9 月，国务院正式颁布《关于深化考试招生制度改革的实施意见》，提出了改革招生计划分配方式、改革考试形式和内容、改革招生录取机制、改革监督管理机制、启动高考综合改革试点五大任务。这是我国恢复高考以来，第一次以国务院名义发布的关于考试招生制度改革的文件。

40 年来，高校考试招生制度改革在考试科目、考试内容、录取体制及招考技术等方面进行了不断探索。例如，考试科目的改革先后实行过高中会考基础上的高考科目改革、"3＋2"及"3＋X"改革，部分省份探索过将学业水平测试与综合素质评价引入高校招生选拔评价体系的改革。考试内容从以知识立意为主到强调能力立意，注重对考生能力和素质的考查，再到进一步强调贴近时代、贴近社会、贴近考生实际，积极发挥高考对中学素质教育的促进作用。录取体制改革中逐步扩大高校招生自主权，将中央政府的统一领导权和省级政府的省域统筹权、高校招生自主权相协调。在招考技术上，推行网上阅卷、平行填报志愿和录取投档模式等改革。维护社会公平是高等教育招生制度改革承载的最基本的社会责任。40 年来，高校考试招生制度改革还在考试环境、招生秩序、促进区域和属地招生

公平等方面进行了有益尝试，并取得显著成效。比如：2004 年建立国家教育统一考试工作部际联席会议制度，开展了对考试环境的综合治理；2005 年建立国家教育考试诚信档案制度，实施高校招生"阳光工程"；2011 年启动国家教育考试标准化考点建设，国家和地方累计投入资金 75 亿元，共建成标准化考场 53 万个，对防范、打击考试舞弊和建设良好的考试环境发挥了积极作用；2000 年以来，招生计划持续向西部省份倾斜，到 2016 年高考录取率最低省份与全国的平均水平差距已经缩小到 4 个百分点以内；从 2012 年起面向贫困地区定向招生专项计划每年增加 1 万人，到 2016 年已达到 6 万人。这些政策措施都在促进我国高校招生制度不断趋于完善，继续发挥高考改革在促进社会公平、选拔人才、服务国家现代化建设等方面的重要作用。

（五）改革高等学校内部管理体制，逐渐走向规范化

改革开放以来，我国不断探索和深化高等学校内部管理体制改革，主要涉及内部政治权力与行政权力的关系，以及行政权力与学术权力的关系调整。在高等学校内部政治权力与行政权力的关系方面，高校先后实行党委领导下的校长分工负责制、校长负责制试点。1996 年，"党委领导下的校长负责制"经《中国共产党普通高等学校基层组织工作条例》确立下来；1998 年的《高等教育法》更是以法律的形式肯定"党委领导下的校长负责制"在高校内部管理体制中的地位，对党的领导职责和校长的职权分别进行了规定，并要求大学制定章程。2010 年 7 月，党中央、国务院颁布了《教育规划纲要》，要求各类高校依法制定章程，依照章程规定管理学校。2010 年 10 月，国务院办公厅下发《关于开展国家教育体制改革试点的通知》，提出"推动建立健全大学章程"，并确立了北京大学、中国人民大学、清华大学、复旦大学、浙江大学和吉林大学等 26 所高校为建立健全大学章程试点院校。在高等学校内部的行政权力与学术权力的关系方面，

1978 年的《全国重点高等学校暂行工作条例（试行草案）》提出，要尝试重新建立学术委员会制度，此后各高校开启了建立学术委员会制度的探索。1998 年的《高等教育法》第四十二条明确规定"高等学校设立学术委员会"，并界定了高等学校学术委员会的权限，即"审议学科、专业的设置，教学、科学研究计划方案，评定教学、科学研究成果等有关学术事项"。之后，国务院和教育部又相继出台了许多与大学学术委员会相关的政策法规。2010 年的《教育规划纲要》强调要"充分发挥学术委员会在学科建设、学术评价、学术发展中的重要作用"。2011 年的《高等学校章程制定暂行办法》明确规定，在大学章程中应当明确规定学术委员会及其他学术组织的组成及运行机制，保障学术委员会在学术事项上充分发挥咨询、审议、决策的作用，维护学术活动的独立性。2014 年的《高等学校学术委员会规程》第二条直接将学术委员会定位为学术管理体制的核心。这是第一部旨在推进学术委员会制度建设的规章，它的出台是国家教育行政主管部门持续推进现代大学治理结构优化、深化高等教育改革的重要成果。以上这些改革措施的出台与实施，对完善高校的法人制度，推进高等学校依法办学、民主治校、科学决策起到了重要作用，也是继续完善高等学校内部管理体制的制度保障。

三、未来之路：机遇与挑战并存

（一）全球化背景下的国际竞争："双一流"建设

高等学校是集中生产和传播知识、培养人才的地方。在知识经济和全球化时代，经济的发展愈发依赖于知识的生产、扩散和应用，世界各国在知识、人员、技术、资金等方面的联系也日趋紧密。由此，高等教育在国际竞争中也将发挥越来越重要的作用。当前我国高等教育已经实现了跨越式发展，高等教育规模世界第一，各类高校数量世界第二，高等教育毛入学率高于世界平均水平，在国际顶尖高水平学术期刊上发表论文数量稳居世界前列。但是，真正处于世界一流水平的学科并不多，能够达到世界一流水平的大学更少。
2015 年 10 月，国务院印发《统筹推进世界一流大学和一流学科建设总体方案》，提出"加快建成一批世界一流大学和一流学科，提升我国高等教育综合实力和国际竞争力"，为实现"两个一百年"奋斗目标和中华民族伟大复兴的中国梦提供有力支撑，并将"建设一流师资队伍""培养拔尖创新人才""提升科学研究水平""传承创新优秀文化""着力推进成果转化"等作为实现"本世纪中叶，一流大学和一流学科的数量和实力进入世界前列，基本建成高等教育强国"总目标的建设任务。因此，"双一流"建设能否实现预期目标不仅关系到我国能否在越发激烈的国际竞争中取得胜利，还关乎我国能否实现从高等教育大国到高等教育强国的历史性跨越，更关乎我国能否通过建设高等教育强国实现中华民族伟大复兴。

(二)高等教育国际化的挑战：人才外流与人才引进

20 世纪八九十年代以来，高等教育国际化进程加快。2015 年，联合国教科文组织发布的报告《反思教育：向"全球共同利益"的理念转变?》将"新一轮高等教育国际化"作为重要主题。过去 40 年里，中国积极融入经济全球化的潮流之中，经济全球化是推动高等教育国际化的主要动力。在一定程度上，中国是这股潮流中最有活力的经济体，是经济全球化过程中的受益者，也是高等教育国际化的重要助推者。在经济全球化和高等教育国际化的背景下，国家对出国留学生实行"走出去与引回来"，积极鼓励学生出国，也通过各种政策措施吸引外国留学生。在吸引外国留学生方面，我国不断完善来华留学制度。比如，当留学生数进入快速上升期时，2000 年教育部发布《高等学校接受外国留学生管理规定》，对留学生的学位证书、培养方式、课程设置、学籍管理、在校期间的具体管理等问题做出了规定，以提高教育质量，加强对来华留学生的管理。同年的《关于实施中国政府奖学金年度评审制度的通知》设置了多种奖学金，以吸引外国留学生。2010 年，教育部在全国来华留学工作会议上发布《留学中国计划》，提出"扩大规模、优化结构、规范管理、保证质量"的工作方针，继续推进来华留学事业的可持续发展，打造中国高等教育品牌。在鼓励出国留学方面，特别是进入 21 世纪以后，我国的出国留学工作进入繁荣发展期，政府不断扩大公派留学人员规模，及时公布到各国留学的信息，提供出国留学的渠道，并通过不断完善国外学历学位证书认证制度等多种方式，鼓励、引导留学人员回国工作。比如：2003 年，国家正式设立"国家优秀自费留学生奖学金"，扩大引进人才的范围，鼓励自费留学的优秀留学生回国工作；2007年，教育部颁布《关于进一步加强引进海外优秀留学人才工作的若干意见》以吸引高层次留学人才回归国土、报效祖国；2008 年年底实施"千人计划"，以鼓励和支持各层次海外人才回国工作。但是，高等教育国际化背景下，我国面临的出国留学人才流失问题依然严重。根据《中国留学发展报告(2012)》蓝皮书，1978—2011 年，中国的出国留学生达到 224.51 万人，是全球最大的留学生输出国，而同期留学回国人员总数仅为 81.84 万人，回归率仅为 36.5%，这意味着超过六成的留学生滞留海外。所以，如何扭转这一局面，吸引更多的留学生回国工作，就成为新时期促进我国"高等教育国际化"纵深发展所面临的重大挑战。

(三)高等教育大国向高等教育强国的转变：质量保障机制

我国的高等教育评估起步较晚。高等教育质量保障体系包括内部质量保障体系和外部质量保障体系两个部分。在外部质量保障方面，2003 年，教育部开始全面启动高等学校的教学工作评估，2004年，教育部成立了"教育部高等教育教学评估中心"，统一领导本科教学评估工作。评估虽然在保障和监督高等教育的质量上起到了一定的作用，但是，因为在评估技术、理论与实践等方面缺乏经验，我国的高等教育外部质量保障体系还存在诸多不足之处，也因此备受诟病。例如，尚未形成协调统一的评估体系，评估内容与指标存在局限性，评估队伍素质不高，缺乏不同评估主体之间的沟通渠道，无法协调政府、学校、公众三方面的需求与利益，评估中缺乏学校自我评估的地位等，限制了评估作用的发挥。2011年，《教育部关于普通高等学校本科教学评估工作的意见》确立了包括自我评估、教学基本院校评估、专业认证与评估、教学基本状态数据常态监测、国际评估在内的"五位一体"的本科教学评估制度，强调本科教学评估制度的整体性顶层设计，这对完善我国高等教育外部质量保障机制具有重要意义。在内部质量保障方面，我国高校的内部评估局限于教学质量评估和科研评估。其中，教学质量评估体系日趋完善，但是在具体的环节上还缺乏深度，例如，缺乏对教师自评的培训，各高校的教学评价水平不平衡。科研评估对保障科研质量起到了一定的积极作用，但是评估中存在的目的不明确、指标体系重数量轻质量、忽视人才培养等问题依然突出。目前，我国的高等教育已经完成以规模扩张为特征的外延式发展，全面提高质量、走内涵式发展道路成为新时期我国高等教育发展的主题。因此，建构全面、科学、有效的高等教育质量保障体系，助力中国高校实现由数量增加向质量提升的转变，是我国实现从高等教育大国迈向高等教育强国的重要战略，是实现高等教育强国的有力保障。

第四章
培养高素质的教师队伍

　　教师队伍是支撑教育现代化事业的核心要素，是培养担当民族复兴大任之时代新人的引擎。"兴国必先强师"，没有高素质的教师队伍，就没有高质量的教育事业，也难以培养出高素质的中国特色社会主义事业的建设者和接班人。改革开放以来，我国不断探索教师管理体制机制改革，日益加大教师队伍建设法治化力度，教师的社会地位、政治地位与职业地位不断提升，教师职业的公共属性得到彰显。回顾40年来我国教师队伍的建设、改革和发展历程，从国家—社会关系的变化出发，审视我国教师法律地位的变迁，总结教师管理制度改革的成绩与经验，分析培养高素质教师队伍未来面临的挑战，对于全面深化新时代教师队伍建设改革具有重大意义。

第一节　倡导尊师重教，积极建构现代化国家与教师的共生关系

　　教师身份及其社会经济地位的发展变迁历程，较为清晰地反映了国家与教师之间的深层次关系，体现出公共性与国家性的特点。从国家—社会关系的变化、教师职业的公共属性出发，审视我国教师的法律地位，可以发现它是国家教育战略与教育活动公共属性的

逻辑延伸与作用的结果，背后蕴含了深刻而生动的公共性价值内涵。

一、嵌入公共性：国家现代化进程中教师法律地位的变迁

我国公立学校教师的法律地位是一个处在改革与变化中的复杂问题，涉及如何确定教师的身份，如何设置教师的权利和义务，以及如何处理政府、学校与教师三者之间的关系等问题。作为国家教育责任的承载者和执行者，教师，尤其是公立中小学教师因其所从事教育教学活动与场所的国家性而内嵌着鲜明的公务属性。考察国家现代化历程中的教师法律地位变迁历程，需要先考察教师职业的内在要求与品质，以及教师职业法律制度。教师法律地位作为教师职业法律制度的重要观察窗口，体现了教师职业公务属性与专业属性的交融趋势。

（一）确立教师法律地位的价值基础是教师职业的公共性

由于现代教育在很大程度上是一种由国家举办、管理和监督的公共事业，教师根据法律规定的培养目标和教育标准实施教育活动，执行的是国家的教育公务[①]，教师职业在与国家的互动关系中体现公共性，因此，无论是德国、法国、日本等大陆法系国家将教师定位为国家公务员或教育公务员，还是美国、英国、澳大利亚等英美法系国家将教师定位为公务雇员，抑或是部分欧洲国家直接将教师定位为雇员，都是对教师职业公共属性的极大认可与重视。从教师职业的内在要求与品质来看，这种公共性主要源于"教师教育是整个教育系统中的内循环，它的资源来自教育系统，它的产品也回到教育系统，它补充、维持、增强着教育系统本身的活力"[②]，从而成为国家介入并规范教师职业的理由。

关于公立学校教师的法律身份问题，一直难有定论。新中国成

---

①　劳凯声：《教师职业的专业性和教师的专业权力》，载《教育研究》，2008(2)。

②　谢安邦：《论师范教育的特性》，见《教师教育研究》，1994(2)。

立至 1993 年《教师法》颁布之前，我国教师职业曾长期被定位为国家工作人员(干部)，在任用、晋升、工资、福利、退休、奖惩等方面一直适用国家干部管理的相关政策法规。教师与国家直接构成了一种隶属型行政法律关系，权益由国家保障，并接受国家的指导监督，具有比较明确的权利和义务①，具有鲜明的公共性。随着计划经济体制向社会主义市场经济体制转轨，出于减少公务员数量的考虑，1993 年《教师法》并未确立教师的公务员身份，而是在第三条规定"教师是履行教育教学职责的专业人员"，从法律层面将专业性因素纳入教师身份与地位的影响因素。第十七条进一步规定"学校和其他教育机构应当逐步实行教师聘任制。教师的聘任应当遵循双方地位平等的原则，由学校和教师签订聘任合同，明确规定双方的权利、义务和责任"，这意味着教师与政府之间的纵向型行政法律关系已经转化为性质不同的横向型民事法律关系。由此可见，教师在法律意义上的身份是专业人员，既非公务员，也非国家公职人员。教师职业的公务属性与专业属性呈现出交融的趋势。例如，《教师法》第二十五条、第二十九条即对教师和公务员做了比照式的规定，同时《教育法》第四条"全社会应当尊重教师"之表述，同样反映了教师职业具有公共属性。

(二)不同层次的法律法规综合规定了教师的法律地位为专业人员

从法律制度生成理论的视角看，中小学教师法律地位的确立绝非仅通过《教师法》的规定即可实现，而是需要完整的教育法律体系从不同层次、不同视角予以综合规定。从我国法律的效力等级来看，包括《教育法》《义务教育法》《教师法》等法律，《教师资格条例》《国务院关于贯彻实施〈中华人民共和国教师法〉若干问题的规定》等教育行

① 蔡海龙：《学校法律地位变迁中的教师身份与教师社会经济地位》，见劳凯声：《中国教育法制评论》第 6 辑，179 页，北京，教育科学出版社，2009。

政法规，《〈教师资格条例〉实施办法》等部门教育规章及地方性教育法规、地方政府教育规章在内的教育法律体系，共同保证了教师的权利、义务。从纵向上，各层次的法律规定动态互嵌，逐步深入细化，有利于保障教师法律地位的落实；从横向上，不同法律规定分别在不同层面、基于不同的侧重点对教师的法律地位辅以补充性规定，从广义上涵盖了政治地位、经济地位和社会地位等教师职业地位的方方面面。由于教师的专业身份和职责使命是确定教师法律地位的内在决定因素，因此，教师法律身份的确定不仅要考察教师与政府、学校等不同主体形成的法律关系，而且要着重考虑教师的社会经济地位，同时还应将教师的职业使命和功能提升至由法律进行规范的高度。《教师法》第四条提出"保障教师的合法权益，提高教师的社会地位"，以及第三条"承担教书育人，培养社会主义事业建设者和接班人、提高民族素质的使命"之表述，即是对广义上教师法律地位的呼吁与保护。[1] 同时，《教师法》在多处以公务员为标准，对教师的福利待遇等问题做了规定。例如，《教师法》第二十五条规定："教师的平均工资水平应当不低于或者高于国家公务员的平均工资水平，并逐步提高。建立正常晋级增薪制度，具体办法由国务院规定。"第二十九条第一款规定："教师的医疗同当地国家公务员享受同等的待遇；定期对教师进行身体健康检查，并因地制宜安排教师进行休养。"但是，从法律制度体系的完整性考虑，对教师法律身份与地位的界定应建立起包括教师职业准入、教育教学、专业权利与义务等体系化的内容体系。

（三）教师的权利与义务是表征教师法律地位的重要内容

在教育体制改革的浪潮中，传统的教师与政府、学校的法律关

---

[1] 蔡海龙：《学校法律地位变迁中的教师身份与教师社会经济地位》，见劳凯声：《中国教育法制评论》第 6 辑，179 页，北京，教育科学出版社，2009。

系发生了极大的分化和改组。但是，构建起与教师法律地位相称的权利义务体系还需通过日后修订《教师法》实现。从法律的视角来研究教师法律地位问题，则有必要将其转化为教师的权利与义务问题。就教师权利而言，具体包括实施某种行为的积极权利，要求义务人履行特定义务的消极权利，以及当合法权益受到侵害而寻求救济的权利；教师义务则指为实现教师的职业使命，教师必须依法以作为或者不作为的方式履行法律规定的职责，否则就需要承担相应的法律责任。[①] 该权利义务体系是教师法律地位的外在表现，教师依法享有的权利包括教育教学权、学术研究权、指导评价权、进修培训权、申诉权等内容，教师的义务与其职务、职责密切关联，并与权利内容相互统一。

(四)专业人员身份下的教师聘任制

教师法律地位具有公务性与专业性的双重特点，而作为教师聘任制度实现的重要载体，教师聘任合同相比一般的民事合同，应当具有一定的特殊性。一方面，政府相关职能部门和(或)学校是契约主体，以合意者的身份出现，为教师义务的设定留下了合意空间。而且，教师履行合同义务的行为更为积极，在合同履行中起主要作用。因此，教师聘任合同在根本上有别于行政行为，不能适用传统行政法规则。但另一方面，政府相关职能部门和(或)学校作为法律授权的教育教学的管理者，依法执行教师管理事务，体现了较强的公共性和公法性，这又决定了教师聘任合同不能混同于民事合同适用民事法规则，而应受独特的教育法原理支配，应适用教育法的特殊规则。[②]

---

① 程雁雷、廖伟伟：《教师权利义务体系的重构——以教师法律地位为视角》，载《国家教育行政学院学报》，2006(6)。

② 余雅风：《论教师聘任合同的公法规范与控制》，载《教育发展研究》，2008(22)。

二、彰显公共性：对公办中小学教师特殊法律地位的肯定

法律是确立教师法律地位的有机载体与直接依据，在《教师法》未进行修改的情况下，我国教师作为专业人员的法律地位依然未变。值得特别指出的是，2018 年 1 月，《中共中央国务院关于全面深化新时代教师队伍建设改革的意见》对公办中小学教师作为国家公职人员的规定表明，教师职业的公共属性将在既有"履行教育教学职责的专业人员"基础上进一步彰显并深化。

（一）突出公共属性成为教师地位转变的亮点

根据《中共中央国务院关于全面深化新时代教师队伍建设改革的意见》的基本思路，确立公办中小学教师国家公职人员特殊法律地位的目的在于，整合教师职业的专业属性与公共属性，推动教师专业化发展与教师管理规范化的统一。可以说，对教师法律地位的探讨实际上始于提升并保障教师的政治地位、职业地位和社会地位的良好愿望。这不仅是对实践中教师队伍建设困局的回应，也是对教师工作具有复杂性、示范性和科研创新性等特点的重视，有利于保障教师的合法权益。与以往停留在学术探讨层面不同的是，此次通过作为政策载体的行政规范性文件直接对教师的重要地位予以强调，在以往的教师管理中并不多见。毋庸置疑，在我国《教师法》制定多年且教师法律制度体系尚不健全的背景下，《中共中央国务院关于全面深化新时代教师队伍建设改革的意见》从政策层面予以规定具有重要意义。它关系到国家的教育责任如何体现、教育现代化如何实现；关系到如何保证教育的公平、公益与合理；关系到如何稳定中小学校的师资队伍，促进我国基础教育事业健康发展；还关系到教师能否完成作为新时代教育"梦之队"之"筑梦人"的神圣使命，以及如何培养高质量的师资队伍。

教师作为履行国家公共教育职能的人员，除在聘任、工资待遇、排课与工作环境等方面得到充分保障外，还应当享有包括福利待遇

权、退休金获得权、受抚恤权、保险权、职位保障权、请假休假及出差权、生活津贴获得权、年终考核晋级加薪权、获奖励权等公务员所享有的权利。① 然而，需要强调的是，虽然《中共中央国务院关于全面深化新时代教师队伍建设改革的意见》中关于"国家公职人员"的提法，将教师与普通劳动者或者自由职业者相区别，更加凸显了教师职业的公共性，但还不是从法律层面对教师身份的重新定位，实际上也并不代表教师的法律身份即为公务员。我国《公务员法》及《国家公务员暂行条例》仅将公务员界定为在各级国家行政机关中执行公务的人员，教师并未位列其中。在关于义务教育阶段教师法律身份争议多年而未决的情况下，《中共中央国务院关于全面深化新时代教师队伍建设改革的意见》尽管目前仍无法改变教师作为专业人员法律身份的窘境，但这一新提法无疑是国家对教师职业公共性的高度肯定与再次彰显，也必将为未来通过制定新法或者修订现行的《教育法》《教师法》和《义务教育法》等相关条款，重新对中小学教师身份进行定位，提供有益的政策参照与一定的政策基础。

（二）特殊法律地位关注到教师职业的专业性

《中共中央国务院关于全面深化新时代教师队伍建设改革的意见》在"国家公职人员"后加上"特殊"二字，并非政策制定者无意或随意为之。该规定在充分体现教师职业具有国家公职人员公共属性的同时，还充分体现了教师因与学校、教育的密切关联而具有特殊性。教师是具有组织性、学术性与公共精神的专门性职业，其伦理要求是对自己的学生应有爱心，在接受学生家长的委托下，与家长之间保持高度的信任关系。② 除享有国家公职人员享有的一般性权力之外，还应享有教学权、评价权及必要的惩戒权等专业性权力。

---

① 余雅风、劳凯声：《科学认识教师职业特性　构建教师职业法律制度》，载《教育研究》，2015(12)。

② 神田修：《学校教育与教职员的权利》，133 页，东京，学阳书房，1978。

就教师与国家的关系而言，公共性是国家介入教师及其教育工作的正当理由，但国家对教师规范的同时必须顾及对教师作为专业人员职业特殊性与专业权力的维护，在教师聘任、职务评定、考核奖惩、培养培训与责任承担等方面应做出专门性的规定。如此，通过公共性与专业性交融的规定阐述，旨在为教师履行职责使命创造相对稳定的制度环境。就教师与学校的关系而论，教师聘任关系是表征双方权利义务内容并与教师特殊法律地位紧密相关的现实议题。教师法律地位的特殊性，也意味着可以把教师聘任关系界定为以行政性质为主的特殊的复合型法律关系，即教师与学校之间既不是一般的民事法律关系，也不是典型的行政法律关系，而是兼具民事法律关系与行政法律关系的双重特点。这一特殊性质决定了教师聘任制的实施不仅应适用公法予以规制，体现教师职业的公共性特点，而且应与教师申诉及诉讼这些特殊的教师权利救济制度相适应。[①]

（三）强调公共责任旨在防范负面效应

由于教师职业兼具公共性与专业性，教师在享有特殊权利的同时，也必须承担起特殊的义务。基于此，《中共中央国务院关于全面深化新时代教师队伍建设改革的意见》明确了教师的角色职责，对教师应当履行的国家责任、政治责任、社会责任和教育责任等公共责任进行强调，形成了立体化的教师责任体系，并将此理念贯穿文件始终。其中，国家责任涉及严守国家秘密、服从并执行国家命令等，要求教师不得侵害国家利益、不得破坏国家安全；政治责任体现在为培养中国特色社会主义事业的合格建设者与接班人上；社会责任涵盖了教师为促进人类社会的文明进步所应承担的伦理性规约；教育责任则包括遵守特定的教师职业道德，在具体的教育教学行为中

---

① 劳凯声：《义务教育阶段的教师应当规定为公务员》，载《中国教师报》，2014-09-24。

尊重并保障学习者的受教育权利，对学校发展、教育发展产生积极的促进作用。

目前，《中共中央国务院关于全面深化新时代教师队伍建设改革的意见》对教师责任的规定，实际上是对教师法律责任的进一步拓展补充，体现了教师职业内在规定性与外在规定性的统一，是规范教师管理的重要政策依据。对教师责任进行全方位规定，既符合国外教育发达国家的共性做法，也是对教师职业公共性与专业性双重属性的回归。当然，随着经济社会的不断发展，教师的身份角色将会发生深刻的转变，这要求通过政策调适，对教师责任做出新的规定，以持续而有力地体现新时代赋予教师的不同责任，避免产生教育的负面效应。

三、公共性与专业性的统一：加快建构现代化国家与教师的共生关系

教师法律地位，内嵌着教师基于职业使命对自身权利与义务的基本诉求，也是教师职业公共性与专业性得以法律化的载体与表现。教师职业的公共性作为世界各国关于教师立法规范的共同价值基础，通过建构国家与教师的共生关系，形塑了审视教师身份与地位的法理框架，有利于实现教师法律地位价值目标与规范目标的统一。据此，教师的权益保障、职责履行，以及政府对教师的规范与管理都将得以实现。

（一）完善教育法体系，确认、保障、实现教师的特殊法律地位

教师特殊法律地位的实现是一项系统工程，而完善的教育法律体系作为现代化国家的意志载体，无疑是保障教师特殊法律地位实现的重要条件。随着现代化国家建设进程加快，教师与政府、学校与学生的关系日益表现出公法、私法法律关系的交融，以及不同类型权利义务结构体系的重叠，这也将进一步加剧当前我国教师法律地位模糊不清的窘境。尽管《中共中央国务院关于全面深化新时代教

师队伍建设改革的意见》对教师特殊法律地位的肯定在一定程度上可以体现出国家重视教师队伍建设的力度与决心，但是该政策文件显然无法对教师与政府、学校与学生之间的权利义务关系予以明晰，更没有使教师突破当前身份模糊的困局而获得与其法律地位相称的法律身份。但不可否认的是，该政策文件对教师职业公共性的彰显，可能或已经对教师身份地位的制度环境产生了冲击。未来应以《教师法》的修订为契机，将公共性作为立法价值规范，吸纳教育现代化目标与理念催生出的新的权利义务内容，从根本上厘清教师的法律地位，完善相应的权利义务结构体系。具体而言，可依据公共性理论，对因隶属不同教育阶段、不同教育类型而具有不同公共性强度的教师赋予差别化的法律地位规定，确认教师作为国家公职人员的身份保障权利、细化教师权益救济的法律条文规定，同时也应完善教师解聘、流动等相关法律规定。例如，公共性最强的义务教育阶段教师可立法赋予国家公务员身份并采取职位聘用制，严格依照《公务员法》进行管理；学前教育与高中阶段教育教师可以赋予教育公务员身份，以强化学前教育和高中阶段教育的公共性；高校和民办学校教师则可定位为雇员，主要依据聘用合同和教育法律法规进行管理[1]，从而有利于对教师特殊要求的实现。

（二）强化教师职业专业性，适应智能社会对人才的新定义与新要求

当前，人工智能正以超出人们预想的速度向前发展，人类开始步入以"智能"为核心特征的智能社会。2017年，人工智能首次被写入我国政府工作报告，上升为国家战略。人工智能正日益融入经济社会文化的方方面面，其发展正在引起一场新的社会革命，包括教育的革命，必将深刻影响我国未来教育与教师的发展。其实，智能

---

[1] 余雅风、劳凯声：《科学认识教师职业特性 构建教师职业法律制度》，载《教育研究》，2015(12)。

社会的发展，关键在于它引发了人们对人才的再认识和重新定义。①
智能社会中，什么样的人才能被称为"人才"呢？显然，能超越智能
机器人的人才是真正的"人才"。从有关人工智能研究的成果来看，
人工智能或智能机器人发展的弱项主要体现在社会性（价值）、情感
性和创造性三个方面。② 这意味着，未来智能社会的人才就是在社
会性（价值）、情感性和创造性这三个"不确定性"方面表现出独特优
势和特长的人，这也是未来教师在人才培养过程中应重点关注的三
个方面。实际上，在这三方面表现突出的人才，简言之，就是具有
创新精神、实践能力和社会责任感的创造性人才，这正与新时代中
国特色社会主义社会所要培养的人才具有高度契合性和一致性。这
种创造性人才是新时代智能社会持续健康发展的最重要的战略资源。

培养新时代智能社会所需的具备创新精神、实践能力和社会责
任感的创造性人才，是当代教师的神圣使命和职责所在。这实际上
意味着教师的一场革命和发展，对教师素质无疑提出了更高要求，
将更加凸显教师职业的专业性，教师职业也必然更加专业化。教师
要进一步增强自身的专业能力，以适应创造性人才培养的需要。而

---

① 随着无人驾驶技术（智能机器人替代了驾驶员）的发展，司机这个职业即将消失；
而翻译机的问世，使得翻译这个职业也岌岌可危；不难预见，传统坐诊医生、律师等职业
（人才）也将同翻译一样都将从我们身边消失而成为历史。这表明，未来社会连翻译、医生
和律师这类职业也可能不再是一类职业，也可能不再是一类人才。人工智能专家蒲戈光教
授认为，未来智能社会或智能时代，智能机器将成为社会关系的界面。人类的社会分工与
阶级分层将紧紧围绕智能机器展开，可以分为四类：第一，智能机器的制造者，未来会处
于整个社会关系的高级阶层。第二，被智能机器服务者，未来80%的人将处于该类。第
三，服务智能机器者。第四，远离智能机器者，他们主张回归自然。由此看来，在智能社
会，智能机器的制造者才是真正的人才。参见朱永新、徐子望、鲁白等：《"人工智能与未
来教育"笔谈（上）》，载《华东师范大学学报（教育科学版）》，2017（4）。

② 参见朱永新、徐子望、鲁白等：《"人工智能与未来教育"笔谈（上）》，载《华东师
范大学学报（教育科学版）》，2017（4）；伏彩瑞、关新、朱华勇等：《"人工智能与未来教
育"笔谈（下）》，载《华东师范大学学报（教育科学版）》，2017（5）；张玮佳：《关于人工智能
对教师影响的几点思考》，载《兰州教育学院学报》，2017（5）；何文洁、苏珊、雷灵：《教
师该如何走进"人工智能"》，载《现代教育报》，2017-12-04。

对教师的这种更高素质和更强的专业能力要求，应通过立法进一步赋予教师相应的专业地位，以便使教师的专业权力能得到更好的保障，也能得到更好的发挥。同时，也应按照责任权利对等或一致的原则，通过立法将社会对教师的职责、要求与教师的权利、利益相匹配、相一致，重新确认教师的基本权利，给予教师应有的社会地位与福利待遇。高素质、专业化的教师得到全社会应有的尊重和认可，教师职业的重要价值和重要地位得以彰显，智能社会所需的创造性人才的培养才可能实现。

（三）促进教师管理体制变革，实现保障权益与规范约束的动态平衡

鉴于现代化国家与教师之间的动态博弈过程，要突破教师的身份地位困局，急需进行教师管理体制变革及制度化建构，将对教师个体的权益保障统一于教师队伍建设和教育事业发展的系统之中。除却上述法律确权路径，也可依据教育法体系提供的参照与指引，将教师的法律地位真正贯彻、落实、体现于各个层次、各个环节、各个领域的教师政策之中。《中共中央国务院关于全面深化新时代教师队伍建设改革的意见》提供了教师管理体制变革的初步方向，为中小学教师未来可能具有公务员身份释放了信号。为进一步突出教师职业的公共性，法律应保障教师作为国家公职人员享有的权利，包括：福利待遇权、退休金获得权、受抚恤权、保险权、职位保障权、请假休假及出差权、生活津贴获得权、年终考核晋级加薪权、获奖励权等[①]；还应确立并保障教师作为专业人员享有的教育权，激发教师投身教育事业的热情。同时，强化教师规范的约束力，在招聘、录用、晋职、考核、奖惩、交流、离职等不同方面强调政府的适度干预和引导，使教师个体在国家现代化的进程中获得更为广阔的发

---

① 余雅风：《从教师职业的公共性看教师的权利及其界限》，载《教师教育研究》，2006(3)。

展空间。唯有依法依规对教师进行管理，才能在保障教师合法权益的同时促使教师有效地履行职责，也才能确保教师在充满多元价值冲突的现代化国家中，保持公共性与专业性相结合的法律地位，不再受身份地位不明朗问题的困扰。

随着我国教育改革步入"深水区"，科学认识教师职业特性、构建符合教育规律的教师职业法律制度已成为社会普遍关注的重要议题。为彰显教师作为"国家人"的身份属性，必然要加快建构现代化国家与教师的共生关系。这种共生关系体现在国家对教师法律身份的确认、对教师社会地位的确立、对教师合法权益的保护以及对教师法定责任的强化上。一方面，应增强教育法体系与以《中共中央国务院关于全面深化新时代教师队伍建设改革的意见》为代表的政策体系之间的良性互动与优势互补；另一方面，鉴于教育活动与教师职业的特殊性，国家实施法律规制或政策规制手段对教师进行规范管理时，需要保持适度的克制与谦抑，需要格外注重公共性、专业性与自主性的动态平衡，重点应保障教师在合法权益受到侵害时，向特定部门申诉并请求解决的权利。如此，造就"梦之队"的"筑梦人"图景才将值得期待！

第二节　促进专业发展，探索建立
多元开放型教师教育体系

改革开放 40 年来，伴随着中国经济、社会转型与教育变革，尤其是在始于"师道尊严"的"尊师重教"氛围中，教师的职业角色、专业发展和教学知能等问题受到广泛关注。同时，围绕着中国基础教育教师培养与培训的需求变化，教师教育的体系、制度和结构出现了重组、重构的动态过程。总体上，教师教育呈现出从传统的着眼于职前培养向同时关注职前培养与在职培训的教师教育概念转变，其中蕴含着由政府政策主导的改革与发展目标：一是从需求导向的数量、规模发展逐步向质量导向的结构调整与层次提升转变；二是从传统的职业准备与训练转向基于专业化理念的教师教育机构与教师自身的自主发展。[①] 为解决教育的"工作母机"问题，政府始于满足教育教学发展需要和构建教师教育制度两个方面的初衷，先后颁布实施了一系列教师教育政策，"亮点"频现，不断书写出教师素质能力提升的奋进之笔。

一、恢复师范教育地位，把好教师队伍"入口关"

1978 年，我国的师范教育体系开始步入恢复、重建之路。同年，教育部印发《关于加强和发展师范教育的意见》，要求全国各地建立师范教育网，积极扩大招生；强调要争取在 3—5 年内，使文化程度较低的小学教师、初中教师、高中教师，通过有组织、有计划的教育培训，大多数都能分别达到中师、师专、师范院校的毕业程度。[②] 1980 年 6 月，教育部召开第四次全国师范教育工作会议，提出师范教育是教育事业中的"工作母机"，重新确定了我国师范教育三级培养的模式，大大强化了师范教育的职前培养功能，并重申了各级师范教育的培养目标。为进一步促进各级师范教育走上正轨，国家先后颁布了一系列促进师范教育恢复和发展的政策文件。1980 年，教育部颁布了《关于办好中等师范教育的意见》，充分肯定了中等师范学校的重要地位，强调中等师范学校主要培养农村小学师资的办学方向，提出能否面向农村培养合格的小学师资，是关系到农村能否普及初等教育的关键。[③]

---

① 荀渊：《教师教育变革的基本逻辑与未来走向》，载《教育研究》，2014(10)。

② 何东昌：《中华人民共和国重要教育文献(1976—1990)》，1649 页，海口，海南出版社，1998。

③ 张斌贤、李子江：《改革开放 30 年来我国教师教育体制改革的进展》，载《教师教育研究》，2008(6)。

在恢复和强化师范教育的职前培养功能的同时，中小学在职教师的培训工作也在有序进行。1980 年教育部发布的《关于进一步加强中小学在职教师培训工作的意见》，强调制定和调整中小学在职教师培训规划，建立和健全在职教师进修的考核制度，改善教师进修院校办学条件等。①《中共中央关于教育体制改革的决定》(1985 年)提出"师范院校要坚持为初等和中等教育服务的办学思想，只有具备合格学历或有考核合格证书的，才能担任教师"，对师范教育制度的影响较为深远。此后，《关于加强和发展师范教育的意见》(1986 年)则进一步强调要将师范教育提高到发展教育事业的战略地位上来，明确师范教育要根据基础教育的实际情况进行层次和分工的划分，《义务教育法》(1986 年)也要求"国家采取措施加强和发展师范教育，加速培养、培训师资"，明确了政府在师范教育改革发展中的主导地位，将发展师范教育上升至法律的高度。在此段特殊时期，包括《中国教育改革和发展纲要》(1993 年)、《教师法》(1993 年)、《教育法》(1995 年)、《面向 21 世纪教育振兴行动计划》(1999 年)、《中共中央国务院关于深化教育改革全面推进素质教育的决定》(1999 年)等在内的法律、政策文件，形成了强调师范教育的叠加效应。应当承认，政府在决定发展师范教育上具有绝对权威，师范教育制度是国家与政府建构下的产物。

二、探索教师教育改革，重视提高教师培养质量

从师范教育向教师教育的转轨进程，就其内涵而言，至少包括以下几方面：一是作为高校扩张结果的高等师范院校层次上的整体性扩张，使得大部分师资培养快速步入可授予学位的专业教育行列，并积极开展教育硕士、教育博士层次的师资培养，从而首先在学历

---

① 何东昌：《中华人民共和国重要教育文献(1976—1990)》，1832～1834 页，海口，海南出版社，1998。

层次上实现师资培养质量的突破；二是在政策的引导、鼓励下，部分综合性院校(其中一部分是由师范院校升格或综合性院校合并了师范院校)开始参与师资培养，教师教育走向开放，以自主就业、择优聘用为基础的教师市场概念的引入，配合教师资格证书的实施，使得中小学师资的供需呈现多样化格局；三是以新课程改革为核心的基础教育发展已经转向注重内涵发展与质量提升的阶段，现有师资与师资补充在教育理念、教学方法等方面需要一个适应性的调整，从而满足基础教育改革对师资培育提出的质量要求；四是教师教育概念与终身教育理念的引入，使得教师职前培养、入职教育与在职培训构成一个完整的教师专业发展的支持系统成为共识，强调基于专业标准的专业教育与质量评估的教师教育专业化理念日益受到重视。①

1999 年是中国师范教育和教师教育的分水岭。世纪之交，《中共中央国务院关于深化教育改革全面推进素质教育的决定》拉开了中国教师教育改革的序幕，2001 年，《国务院关于基础教育改革与发展的决定》开始用"教师教育"概念取代之前的"师范教育"概念。2002 年，教育部《关于"十五"期间教师教育改革与发展的意见》正式对"教师教育"概念做出界定，指出其不仅包括师范生的职前培养，还包括对教师的入职教育和在职培训。

《教育规划纲要》明确指出，要"加强教师教育，构建以师范院校为主体、综合大学参与、开放灵活的教师教育体系"。2011 年颁布实施的《教师专业标准(试行)》和《教师教育课程标准(试行)》，则进一步丰富了我国教师教育制度的专业化内涵，即教师教育制度体系至少包括教师培养培训、资格认证、聘任、管理(包括评价及与此紧密相连的教师教育机构的认证与评估、教师教育课程评估)等方面。

---

① 荀渊：《1949 年以来我国教师教育的制度变迁》，载《教师教育研究》，2013(5)。

在 40 年的改革发展历程中，我国教师教育已经在逐步尝试建立不同于以往师范教育的全新的教师教育制度体系。教师资格证书制度作为一种外部质量控制手段，与教师专业标准与教师教育课程标准等内部质量控制手段共同建立起教师教育的质量保障体系。当然，在由师范教育向教师教育迈进的过程中，传统的制度与非制度力量共同影响着全新教师教育制度的建构方向与历程。但与此同时，从教育行政部门为教师教育制度转变所做的努力来看，全新的教师教育制度元素对教师教育实践活动的实施产生了较大影响。传统的师范院校已走上综合化发展道路，综合大学参与教师教育的局面开始形成，省级教育学院步入合并高潮，后师范教育时代的新教师教育范式正在形成。

三、强化教师培训实践，培养新型专业化队伍

随着多元开放型教师教育体系的逐步建立，教师专业发展的话语转变将教师培训问题推至教师教育体系的重要模块。1978 年，教育部在《关于加强和发展师范教育的意见》中扼要地提出"要大规模地培训中小学教师"。1985 年《中共中央关于教育体制改革的决定》及1993 年《中国教育改革和发展纲要》虽然已经将教师教育从职前培养延伸至职后培训，并在政策文件中出现了"培训在职教师""分期分批轮训教师""教师在职培训计划""教师进修"等表述，但对如何把教师在职培训与职前培养有机或有效地加以整体连接，仍然没有充分认识。直至 20 世纪末，教育部在《面向 21 世纪教育振兴行动计划》中明确表示，"要建立和完善教师的继续教育制度""要将教师职前与职后的教育培训相互贯通""要构建终身学习体系"，有效缓解了上述状况。

2002 年，教育部颁发的《关于"十五"期间教师教育改革与发展的意见》将教师培训的目标进一步调整为发展教师的创新精神和实践能力。2004 年，教育部颁布了《2003—2007 年教育振兴行动计划》，进

一步提出了以"新理念、新课程、新技术和师德培训"为内容的中小学教师培训新要求。2010年颁布的《教育规划纲要》明确提出"倡导教育家办学"的指导思想，要求"提高教师业务水平，完善培养培训体系，做好培养培训规划，优化教师队伍结构，提高教师专业水平和教学能力"。与此同时，中央财政支持启动了"中小学教师国家级培训计划"（以下简称"国培计划"），实施优秀骨干教师示范性培训、中西部农村教师培训、紧缺薄弱学科教师培训、班主任教师培训、学前教师培训、特殊教育教师培训等重要项目，为各地推进教育改革发展和开展教师培训输送一批"种子"教师；探索创新教师培训模式，开发教师培训优质资源，建设教师培训重点基地，为中小学教师，特别是中西部农村教师创造更多更好的培训机会，提供优质培训服务。2011年，教育部办公厅同时颁布了《关于开展示范性县级教师培训机构评估认定工作的通知》和《示范性县级教师培训机构评估认定标准》，对县级教师培训机构提出了多方面的要求。① 未来，加强县级教师培训机构的建设与发展将成为一大趋势，这在《中共中央国务院关于全面深化新时代教师队伍建设改革的意见》中亦有论述与体现。

此外，根据国务院办公厅印发的《乡村教师支持计划（2015—2020年）》的总体部署，教育部、财政部从2015年起决定改革"国培计划"的实施，集中支持中西部乡村教师校长培训，建立乡村教师专业发展支持服务体系，推进"国培计划"改革创新，持续提升乡村教师能力素质。2015—2016年，国家通过实施"国培计划"，采取顶岗置换、送教下乡、网络研修、短期集中、专家指导、校本研修等方式，总计培训中西部地区乡村中小学教师校长380余万人。特别是顶岗置换采取师范生顶岗实习与在职教师置换研修相结合的方式，

---

① 李瑾瑜、史俊龙：《我国中小学教师培训政策演进及创新趋势》，载《西北师大学报（社会科学版）》，2012(5)。

在提升师范生实习效果、缓解教师培训工学矛盾方面取得了显著效果。①

值得注意的是，1998 年之后颁布的多项有关教师教育的政策中，都反复提到了"教师的职前和职后教育要贯通""要建立开放型的中小学教师继续教育网络""要建立教师教育的新体系"，要有效使用"研修培训、学术交流、项目资助的方式"等。上述表述可以证明，我国的教师教育政策开始走出阶段性的割裂状态而逐渐走向总体性融合的有机连接阶段。

四、实施教师教育振兴行动，建设高素质、专业化的创新型教师队伍

根据 2018 年《中共中央国务院关于全面深化新时代教师队伍建设改革的意见》对新时代教师队伍建设进行的顶层设计，为实现"到 2035 年，教师综合素质、专业化水平和创新能力大幅提升，培养造就数以百万计的骨干教师、数以十万计的卓越教师、数以万计的教育家型教师。教师管理体制机制科学高效，实现教师队伍治理体系和治理能力现代化"的目标，教育部联合国家发展改革委、财政部、人力资源社会保障部、中央编办等部门印发《教师教育振兴行动计划（2018—2022 年）》，明确了 2018—2022 年教师教育振兴发展的目标任务与十大行动。

《教师教育振兴行动计划（2018—2022 年）》提出，经过五年左右的努力，办好一批高水平、有特色的教师教育院校和师范类专业，教师培养培训体系基本健全，为我国教师教育的长期可持续发展奠定坚实基础。师德教育显著加强，教师培养培训的内容方式不断优化，教师综合素质、专业化水平和创新能力显著提升，为发展更高

---

①　教育部：《关于政协十二届全国委员会第五次会议第 0540 号（教育类 051 号）提案答复的函》，2017-09-25。

质量更加公平的教育提供强有力的师资保障和人才支撑。

《教师教育振兴行动计划（2018—2022 年）》针对当前教师教育发展不平衡不充分的问题，从师德教育、培养规格层次、教师资源供给、教师教育模式、师范院校作用五个维度，提出五项重点任务，即：明确落实师德教育新要求，增强师德教育实效性；提升培养规格层次，夯实国民教育保障基础；改善教师资源供给，促进教育公平发展；创新教师教育模式，培养未来卓越教师；发挥师范院校主体作用，加强教师教育体系建设。

十大行动是《教师教育振兴行动计划（2018—2022 年）》的主体部分，具体包括师德养成教育全面推进行动、教师培养层次提升行动、乡村教师素质提高行动、师范生生源质量改善行动、"互联网＋教师教育"创新行动、教师教育改革实验区建设行动、高水平教师教育基地建设行动、教师教育师资队伍优化行动、教师教育学科专业建设行动和教师教育质量保障体系构建行动。作为一项全面性、体系化的教师教育公共政策，《教师教育振兴行动计划（2018—2022 年）》回应了人们对教师教育的长期关注与期盼。从目标与行动的具体内容看，振兴教师教育对教师教育的特定要素与组织实践予以充分关注，为促进教师教育结构逻辑与功能逻辑的统一铺设了理论可能，也为实现学术逻辑与实践逻辑的平衡创造了政策环境。

第三节　改革创新制度，推动教师队伍建设法治化进程

改革开放的 40 年，也是我国教师管理体制改革的 40 年。40 年来，伴随着教育改革日渐步入"深水区"，我国教师管理体制机制改革有序推进，教师教育管理日趋规范。特别是《义务教育法》《教师法》《教育法》《高等教育法》等几部涉及教师管理体制改革的法律陆续出台，《教师资格条例》《〈教师资格条例〉实施办法》《中小学教师资格

考试暂行办法》等教育行政法规、规章的接连颁布，共同奠定了我国教师队伍建设的法治基础。在当前教育领域"放管服"改革逐步深入的宏观政策引导下，教师队伍建设的"质量导向"鲜明，逐步形成了以资格制度改革为重点，以聘任制度改革为基础，以交流轮岗制度为载体，并以考核评价制度为标准的教师教育管理内容，教师队伍建设的法治化进程不断加快。

一、实施教师资格制度，促进教师专业发展

教师资格制度作为对教师实行的法定职业许可制度，是国家对专门从事教育教学工作人员的最基本要求，是我国建立以标准为导向的教师教育管理的改革起步，也是我国教师管理向规范化、法治化迈进的第一步。[①] 伴随着教师教育体系逐步走向开放，我国自 20 世纪 90 年代中期开始实行教师资格证书制度，由此成为现代教师教育制度建构的起点。

（一）教师资格制度的法规体系初步形成

1986 年，《义务教育法》首次提出我国将建立教师资格考核制度。1993 年颁布的《教师法》第十条"具备本法规定的学历或者经国家教师资格考试合格，有教育教学能力，经认定合格"之规定，直接将教师资格考试制度上升至法律层面。1995 年 9 月正式实施的《教育法》也规定"国家实行教师资格、职务、聘任制度"，明确了教师资格制度的法律地位。[②] 为贯彻落实《教师法》关于教师资格的规定与要求，国务院于 1995 年颁布《教师资格条例》，指出国务院教育行政部门主管全国教师资格工作，并对教师资格分类与适用、教师资格条件与认定等进行了详细规定，这标志着我国教师资格制度的正式建立。

---

① 管培俊：《关于教师教育改革发展的十个观点》，载《教师教育研究》，2004(4)。
② 陈尚琼、余仁胜：《我国中小学教师资格考试制度的回顾与展望》，载《课程·教材·教法》，2015(4)。

1999 年，《中共中央国务院关于深化教育改革全面推进素质教育的决定》对建设全面推进素质教育的高质量的教师队伍提出要求，规定"全面实施教师资格制度，开展面向社会认定教师资格工作"。为实施教师资格制度，教育部于 2000 年依据《教师法》和《教师资格条例》制定《〈教师资格条例〉实施办法》，首次规定申请者应具备法律规定的相应学历，各级各类师范教育类专业毕业生可持毕业证书直接认定相应的教师资格，而非师范生和社会人员需要参加相应的考试，考试合格后，方可申请教师资格认定，并对教师资格认定条件、资格认定申请、资格认定和资格证书管理做出了系统性规定。

教师资格制度的实施标志着我国教师教育政策逐步由计划导向走向标准导向。经过多年的实践探索，教师资格制度在保障新入职教师基本素养和促进教师专业化发展方面的功能不容小觑。基于教师资格制度，我国不仅建立起以严格的考核与认定程序为基础的教师职业准入制度，而且为我国非师范类高校参与教师培养提供了制度基础，更重要的是，它为我国教师管理制度改革开了先河。政府在教师管理中的职能发生了转变：从对教师教育师范院校的管理转变为对教师教育事业的管理，从对教师教育工作全面的直接管理转变为对教师教育质量的间接管理[1]，从直接的行政管控模式转变为间接的质量监管模式。但同时这一制度存在着"教师资格标准过于笼统宽泛，教师资格类别、等级单一，教师资格证书缺乏评估与更新机制"等问题[2]，尤其是 1999 年起实施的高校扩招政策和允许非师范院校参与教师教育政策，加之缺乏配套的教师教育机构资质标准和完善的教师教育质量保障体系，使得每年毕业的师范生质量参差不齐。

---

① 朱旭东、胡艳：《中国教育改革 30 年：教师教育卷》，165 页，北京，北京师范大学出版社，2009。

② 李子江、张斌贤：《我国教师资格制度建设：问题与对策》，载《教育研究》，2008 (10)。

(二)教师资格制度在改革发展中日臻完善

为提高教师队伍质量，教育部于 2009 年开始着手准备全国统一的中小学教师资格考试改革。2009 年 3 月，教育部印发《关于进一步做好中小学教师补充工作的通知》，强调教师资格认定中要进一步强化教育教学能力，要求"所有申请教师资格的人员必须通过由省级教育行政部门统一组织的教育教学能力测试"。2010 年 7 月，中共中央、国务院印发了《教育规划纲要》，指出"要完善并严格实施教师准入制度，严把教师入口关。国家制定教师资格标准，提高教师任职学历标准和品行要求"。同年 12 月，国务院办公厅印发《关于开展国家教育体制改革试点的通知》，明确指出要开展教师资格考试改革和教师资格定期注册试点。2011 年，教育部印发《关于开展中小学和幼儿园教师资格考试改革试点的指导意见》，首选在湖北、浙江两省开展试点工作，同时对考试标准、考试对象、报考条件、考试内容与方式、组织与实施等做出具体指导。2012 年 4 月，教育部办公厅印发《关于 2012 年扩大中小学教师资格考试改革和定期注册制度试点工作的通知》，选择河北、上海、广西、海南 4 个省份作为新增试点。2013 年是教师资格考试制度全面推开的一年，教育部先后印发《关于扩大中小学教师资格考试与定期注册制度改革试点的通知》《关于印发〈中小学教师资格考试暂行办法〉〈中小学教师资格定期注册暂行办法〉的通知》，决定从 2013 年下半年起，向全国推广中小学教师资格考试。[1] 至此，通过《教师法》关于教师资格制度的原则性规定，《教师资格条例》在原则规定基础上进一步的框架设计，以及《〈教师资格条例〉实施办法》的程序与方法指引，在《教育法》《义务教育法》及国务院、教育部出台的政策文件关于教师队伍相关规定的"伴奏"

---

[1] 陈尚琼、余仁胜：《我国中小学教师资格考试制度的回顾与展望》，载《课程·教材·教法》，2015(4)。

下，我国教师资格与考试制度的法律政策体系正式形成。

(三)新时代对教师资格制度提出新的要求

教师资格制度是现代国家保障教育质量的基本制度和现代教师教育制度的核心。经过几十年的改革实践，建基于教师资格制度、教师资格考试制度之上的教师教育标准体系初步形成。然而，现有教师资格制度在新时代面临着以下问题：《教师法》《教师资格条例》对教师任用资格标准规定较低、分类简单化，教师资格与学位、学历要求以及教师培养院校之间的关系有待进一步探讨与澄清，教师资格终身制存在固化弊端，等等。针对上述问题，有学者基于我国的基本国情，综合考虑了教师供需关系、不同教育发展水平等多种因素，提出了按照证书获得途径、年级阶段、学科类型、工作岗位等划分教师资格类型的标准(见表 4-1)①，建议与时俱进地提高不同类型教师的学位、学历标准。无独有偶，也有学者建议未来应回应我国教师教育转型发展的实际需要，适时修订教师资格制度的相关法规与政策，充分发挥其对教师队伍建设的正向促进功能。

表 4-1　我国教师资格划分标准的理想类型与种类

类型	种类
证书获得途径	传统教师资格证书、选择性教师资格证书、紧急性教师资格证书
年级阶段	中学教师资格证书、小学教师资格证书、所有年级教师资格证书
学科类型	艺术教师资格证书、外语教师资格证书、数学教师资格证书……
工作岗位	教学资格证书、学校管理资格证书、图书馆员资格证书

---

① 朱旭东、胡艳：《中国教育改革 30 年：教师教育卷》，233 页，北京，北京师范大学出版社，2009。

基于进一步提升教师队伍整体活力的政策初衷，2018 年《中共中央国务院关于全面深化新时代教师队伍建设改革的意见》对此做出了回应。文件在第四部分"深化教师管理综合改革，切实理顺体制机制"的第 16 条指出："完善教师资格考试政策，逐步将修习教师教育课程、参加教育教学实践作为认定教育教学能力、取得教师资格的必备条件。新入职教师必须取得教师资格。严格教师准入，提高入职标准，重视思想政治素质和业务能力，根据教育行业特点，分区域规划，分类别指导，结合实际，逐步将幼儿园教师学历提升至专科，小学教师学历提升至师范专业专科和非师范专业本科，初中教师学历提升至本科，有条件的地方将普通高中教师学历提升至研究生。"这在一定程度上满足了我国教师事业质量发展的现实需要，从政策的角度对现行教育法律法规无法有效调整与规范的内容进行了有力回应。

二、推进教师交流轮岗，逐步实施"县管校聘"

教师是促进教育发展的重要人力资源，由于教师资源配置不均衡引起的教育不均衡问题日渐引起重视。教师交流政策可以说是义务教育均衡发展政策的产物，加上受到国外教师定期交流制度的影响，通过教师交流轮岗促进义务教育的均衡发展成为我国较长时期内的政策议题。

（一）教师交流政策的历史演进与"县管校聘"的提出

运用何种规则对教师资源进行配置，本质上属于教师人事制度问题。在计划经济时代，教师人事制度具有单位所有制与地区所有制的特点，呈现出相对稳定、固定且封闭的特征，同时沉淀出了教师职业极其稳定的心理。随着城乡二元经济社会结构导致的城乡教育差距逐渐凸显，我国城乡教育的差距越来越大，尤其体现为城乡教师的整体素质差距显著。教师交流政策出台的目的就是改变师资分配的城乡不均衡状态，实现城乡教育一体化。

1. 城乡教师交流政策

1996—2006 年的教师交流政策主要体现为促进城市与乡村之间的师资流动。1996 年，国家教育委员会印发的《关于"九五"期间加强中小学教师队伍建设的意见》提出："要积极进行教师定期交流，打破在教师使用方面的单位所有制和地区所有制，促进中小学教师在学校和地区之间的交流。要建立教师流动的有效机制，采取切实的政策措施，鼓励教师从城市到农村，从强校到薄弱学校任教。通过实行教师定期交流，促进教育系统内部人力资源的合理配置，加强薄弱学校的建设与发展，缓解农村边远地区中小学对教师的需求。"2001 年，《中共中央国务院关于深化教育改革，全面推进素质教育的决定》提出"鼓励大中城市骨干教师到基础薄弱学校任教或兼职，中小城市(镇)学校教师以各种方式到农村缺编学校任教"。同年，教育部印发《中小学教师队伍建设"十五"计划》，提出建立教师转任交流制度，鼓励和组织城镇教师到农村学校或薄弱学校任教，有条件的地区可先行先试，以逐步实现教师交流定期化、制度化。2003 年，国务院《关于进一步加强农村教育工作的决定》提出完善教育对口支援制度，要求建立城镇中小学教师到乡村任教服务期制度，建立地(市)、县区域内城乡"校对校"教师定期交流制度。2005 年，教育部《关于进一步推进义务教育均衡发展的若干意见》提出建立区域内骨干教师巡回授课、紧缺专业教师流动教学、城镇教师到农村学校任教服务期等多项制度，积极引导超编学校的富余教师向农村缺编学校流动。2006 年，教育部《关于大力推进城镇教师支援农村教育工作的意见》进一步提出重点推进城镇教师支援农村教育工作，鼓励通过城乡教师流动，不断优化和提高农村教师队伍的结构和素质。

2. 县域教师交流政策

2006 年修订的《义务教育法》为县域内的教师交流提供了直接的法律依据。法律规定指出"县级人民政府教育行政部门应当均衡配置本行政区域内学校师资力量，组织校长、教师的培训和流动，加强对薄弱学校的建设"。2010 年，《教育规划纲要》进一步提出要推进义务教育均衡发展，实行县（区）域内教师、校长交流制度。2013 年，《中共中央关于全面深化改革若干重大问题的决定》对"实行公办学校校长教师交流轮岗"进行了再次重申。

3."县管校聘"的提出

无论是城乡之间的教师交流，还是县域内教师交流政策的提出，均面临着教师是"学校人"的制度性障碍。即人事部门对教师编制的管理以学校为单位，教师的人事、档案、日常任用与管理均由所在的学校负责。因此，在未突破"学校人"制度瓶颈的情况下，教师的轮岗交流必然牵涉人事、档案等关系的变动。源于教师人事档案、编制管理的权限属性与层次较低，要破解教师交流的困境，必然要提高教师人事档案、编制管理的层级。

基于教师交流面临的体制机制障碍，依据《义务教育法》第三十二条"县级人民政府教育行政部门应当均衡配置本行政区域内学校师资力量，组织校长、教师的培训和流动"之授权，"县管校聘"作为一项新的制度选择和制度创新，成为教师人事管理体制的一项重大变革。"县管校聘"相对于"校管校聘"而提出，"县管"是指县级教育行政部门按照职能分工，依法履行对中小学教师的公开招聘、职务评聘、培养培训、调配交流和考核等管理职能；"校聘"则要求学校依法与教师签订聘用合同，负责教师的使用和日常管理。① 在此制度之下，义务教育学校教师、校长由县级政府统一管理，实现了校长和教师由过去的"学校人"转变为教育系统的"系统人"。"县管校聘"在教师交流政策动态演进的背景下提出，有利于推进教师交流走向深入。"县管校聘"在 2014 年 8 月 13 日颁发的《关于推进县（区）域内

---

① 汪明：《"县管校聘"是教师管理体制的重大变革》，载《中国教育报》，2015-04-17。

义务教育学校校长教师交流轮岗的意见》中首次出现，具有法律层面和政策层面的双重依据。以此为据，全国各省份也先后出台配套政策，对"县管校聘"制度的贯彻落实予以细化。

（二）"县管校聘"的制度设计仍需进一步细化

根据义务教育学校校长教师交流轮岗这一专项性政策的规定，县级教育行政部门会同有关部门制定本县（区）域内教师岗位结构比例标准、公开招聘和聘用管理办法、培养培训计划、业绩考核和工资待遇方案，规范人事档案管理和退休管理服务。学校依法与教师签订聘用合同，负责教师的使用和日常管理。教师交流轮岗经历纳入其人事档案管理。国家层面将推动义务教育教师队伍"县管校聘"示范区建设，总结推广各地成功经验，全面推进"县管校聘"管理改革，为教师交流轮岗工作提供制度保障。

"县管校聘"改革作为我国义务教育均衡发展的制度创新毋庸置疑。但由于此改革涉及不同学校、不同教师群体的核心利益，利益相关者的政策认同不统一必然会加剧政策实施的复杂性。随着"县管校聘"制度在各地的广泛实施，其存在的行政协调困难、经费投入不足以及对教师惯有工作生态的破坏等潜在的制度风险为广大学者与行政官员所担忧，政策实施面临诸多困境。要破解"县管校聘"的实施困局，至少应在政策关怀上照顾到有困难的特殊群体，允许其按照相关的程序申请调整交流时间或者地域。同时，与教师交流制度配套的安居房建设、宽带安装、饮水卫生等生活条件改善的工作也应及时提上日程。未来，我们应在实施"县管校聘"教师流动政策中更加尊重教师的自主选择权，在交流期限上实行累加激励，辅以实施梯度教师交流模式，保障教师交流的实效。

（三）新时代背景下教师交流的政策走向

2018 年 1 月印发的《中共中央国务院关于全面深化新时代教师队伍建设改革的意见》对实行义务教育教师"县管校聘"进行了重申与强

调。要求推进县域内义务教育教师交流走向深入，实行教师聘期制，推动城镇优秀教师向乡村学校、薄弱学校流动。值得一提的是，《中共中央国务院关于全面深化新时代教师队伍建设改革的意见》进一步提出实行学区（乡镇）内走教制度，要求地方政府基于实际给予补贴。作为新时代教师专项性政策对教师交流制度做出的全新部署，为了减少教师交流存在的政策阻力，增进政策对象对政策实施的理解，"县管校聘"的深入推进必须遵守正当程序原则的基本要求，亦即符合"最低限度的程序保障"。具体而言，应保障"县管校聘"政策的实施以不侵犯交流教师的合法权益为合理界限。

新时代教师交流政策的科学化实施与推进，亟须加强政策主体、政策客体与政策环境的有机融合，精准对接教师资源配置的现实需求；同时完善城乡之间、地区之间、学校之间政策执行的协同度，推动以"县管校聘"为特征的教师交流政策有效实施。应当说，在当前的经济、社会及教育发展大环境下，以"县管校聘"为制度突破口，敏感识别并积极排除教师交流存在的障碍性因素，虽非治本之策，却是缓解教师资源配置不均衡的刚性之需。

三、优化考核评价制度，保障教师实有权利

教师考核评价制度涉及"考核""评价"两项行为，是指国家教育行政部门、各级各类学校按照相关法律法规的规定，围绕法定事项对教师进行的综合性考察与评定行为。作为教师管理制度的重要一环，教师考核评价制度具有教育政策与教育法律的明文规定。1985年《中共中央关于教育体制改革的决定》指出："要逐步建立系统的教育评价和监督制度。"《教育法》第三十五条则规定，国家通过考核、奖励、培养和培训提高教师素质，加强教师队伍建设。《教师法》更是在第五章对教师考核机构、内容、原则与结果等事项进行了具体规定，在第二十四条对教师考核结果作为受聘任教、晋升工资、实施奖惩的依据进行了特别强调。在此，教师"考核"与"评价"具有内

在的一致性，"考核"的目的即在于为"评价"提供依据与参照。

（一）中小学教师考核评价：从重业绩到重师德

计划经济时期，教师考核评价制度并未受到应有重视。为改变此状况，国家于 1986 年颁布《小学教师职务试行条例》《中学教师职务试行条例》并印发实施意见，在中小学教师职务评聘中规定考评内容与标准。《教师法》第二十二条、第二十三条、第二十四条分别就教师的考核明确规定了三项具体条款：①学校或者其他教育机构应当对教师的政治思想、业务水平、工作态度和工作成绩进行考核。教育行政部门对教师的考核工作进行指导、监督。②考核应当客观、公正、准确，充分听取教师本人、其他教师及学生的意见。③教师考核结果是受聘任教、晋升工资、实施奖惩的依据。1997 年，国家颁行的《中小学教师职业道德规范》从师德师风的角度对教师考核评价做出了规定。2001 年颁布的《基础教育课程改革纲要（试行）》提出："要建立促进教师不断提高的评价体系。强调教师对自身教学行为的分析与反思，建立起以教师自评为主，校长、教师、学生、家长共同参与的评价制度。"这是从教育教学的核心领域出发，对教师提出的考评要求。为进一步发挥教师考核评价的正向激励与引导作用，2009 年，国务院审议通过《关于义务教育学校实施绩效工资的指导意见》，旨在以绩效工资为激励杠杆，撬动教师工作积极性，从而促进教师专业发展。

从近年来出台的中小学教师考核评价的相关规定看，考评标准呈现出由教育教学业绩向师德师风侧重的趋向。在教育法治新时代，习近平总书记更是多次强调要把加强师德师风建设作为培养高素质教师队伍的内在要求和重要保证。师者为师亦为范，学高为师、德高为范，教师的职业特性决定了教师必须是道德高尚的人群；教师是学生道德修养的镜子，师德是深厚的知识修养和文化品位的体现，师德需要教育培养，更需要教师自我修养；教师的道德情操最终要体现到对所从事职业的忠诚和热爱上来。这些重要论述生动呈现了教师道德情操的具体表征。做一个高尚的人、纯粹的人、脱离了低级趣味的人，应当是每一名教师的不懈追求和行为常态。"师也者，教之以事而喻诸德者也"，教师要取法乎上，见贤思齐，不断提高道德修养，不断提升人格品质，用模范的言行举止为学生树立榜样，用高尚的人格魅力引领学生的心灵，努力成为塑造学生品格、品行、品位的"大先生"。①

（二）高校教师考核评价：从重绩效到重发展

改革开放 40 年来，高校教师考核评价经过了由重绩效向重发展过渡的发展历程，形成了定性考评与定量考评相结合、以定量考评为主的评价原则。1979 年，教育部制定《关于高等学校教师职责及考核的暂行规定》，对助教、讲师、副教授、教授的职责提出了明确的要求，并要求具体从政治表现、业务水平、工作成绩三个方面对教师进行考核。政治表现主要是看教师的思想政治表现、道德品质和工作态度，业务水平主要是看教师的教学、科学研究工作的业务水平和创新精神及能力，工作成绩主要是看教师在教学、科学研究等各项工作中的贡献。考核办法主要强调平时考查，并在平时考查的基础上实行每学年或每学期一次的定期考核，明确了考核结果作为表扬、奖励和教育教师的依据。以此规定出台为标志，高等学校对教师的定期考核走上了正常化轨道。但由于考核标准制定得较为笼统，造成了考核实际操作中的困难。为此，1981 年教育部发布了《关于试行高等学校教师工作量制度的通知》，1982 年教育部又紧接着公布了《关于当前执行〈国务院关于高等学校教师职务名称及其确定与提升办法的暂行规定〉的实施意见》。进入 20 世纪 90 年代，《高等教育法》作为高等教育领域的专门性法律，在第五十一条第二款中明确

---

① 中共教育部党组：《努力做中华民族"梦之队"的筑梦人》，载《光明日报》，2018-02-08。

规定:"高等学校应当对教师、管理人员和教学辅助人员及其他专业技术人员的思想政治表现、职业道德、业务水平和工作实绩进行考核,考核结果作为聘任或者解聘、晋升、奖励或者处分的依据。"上述专项性政策文件及《高等教育法》的相继出台与实施,表明我国高校教师考评开始由单纯的定性评价转入重视定性与定量评价相结合的阶段,并逐渐走向法治化轨道。

需要指出的是,2015 年,教育部《关于进一步加强和改进新形势下高校宣传思想工作的意见》对教师坚守政治、法律和道德三条底线做出了要求。2016 年,教育部印发《关于深化高校教师考核评价制度改革的指导意见》,对高校教师考核评价做出了专门性规定,将考核评价作为高校教师选聘、任用、薪酬、奖惩等人事管理的基础和依据。文件要求积极探索建立高校教师"代表性成果"评价机制,提出完善同行专家评价机制,探索以"代表性成果"和实际贡献为主要内容的评价方式,将具有创新性和显示度的学术成果作为评价教师科研工作的重要依据。文件从加强师德考核、突出教育教学业绩和教学质量考核、重视社会服务考核、完善科研评价导向、引领教师专业发展、推动建立各类评估评价政策联动机制等方面大力推进教师评价,激发高校教师教书育人、科学研究、创新创业的生机活力。文件提出推行师德考核负面清单制度,建立教师师德档案。将师德表现作为教师绩效考核、职称(职务)评聘、岗位聘用和奖惩的首要内容。高校教师有师德禁止行为的,师德考核不合格,并依法依规分别给予相应处分,实行师德"一票否决"。2017 年,教育部会同人力资源社会保障部印发《高校教师职称评审监管暂行办法》,进一步落实高等学校办学自主权,做好高校教师职称评审权下放后的监管工作。紧接着,教育部启动了高校教师考核评价改革示范校遴选工作,公布中国人民大学等 40 所"高校教师考核评价改革示范校",引领高校教师考核评价制度改革。

此外，教育部、中央编办、国家发展改革委、财政部、人力资源社会保障部五部门于 2017 年联合发布《关于深化高等教育领域简政放权放管结合优化服务改革的若干意见》，使高校教师职称评审权彻底下放至高校，这一举措引起了广泛关注。与 1986 年国家教育委员会发布的《高等学校教师职务试行条例》明确对公立高校教师职称评审权采用"备案"与"审定"相结合的管理方式且探索实行"双轨制"不同，此文件将包括教授与副教授在内的高等学校教师职称评审权完全下放至高校，"由高校自主组织职称评审、自主评价、按岗聘用"，彻底打破了公立高校教师职称评审权的"双轨制"格局。

(三)回应新时代要求：构建符合岗位特点的考评制度

《中共中央国务院关于全面深化新时代教师队伍建设改革的意见》基于现行教师考评制度存在的主要问题，提出"建立符合中小学教师岗位特点的考核评价指标体系，坚持德才兼备、全面考核，突出教育教学实绩，引导教师潜心教书育人。加强聘后管理，激发教师的工作活力。完善相关政策，防止形式主义的考核检查干扰正常教学。不简单用升学率、学生考试成绩等评价教师。实行定期注册制度，建立完善教师退出机制，提升教师队伍整体活力。加强中小学校长考核评价，督促提高素质能力，完善优胜劣汰机制"。值得注意的是，《教育法》《高等教育法》《教师法》等法律关于教师考核评价的规定较为原则化，更多的是以教育部发布部门规章乃至规范性文件的形式予以规定，这使得既有法律对教师考评的规定过于粗疏。一方面，立法未能厘清教师考核评价行为的法律性质；另一方面，立法对教师考核评价的组织程序缺乏必要的规定。立法的卸责为政策文件的介入提供了正当性，一系列政策文件的公布意在加强对教师考核评价的约束规范。因此，未来应如何建立起符合教师岗位特点的考核评价制度留给法律与政策层面的探索空间仍然较大。

第四节 关注特殊群体，重点聚焦乡村教师队伍建设

改革开放 40 年来，在大力推进教师队伍建设发展的过程中，乡村教师作为特殊的教师群体，其队伍建设在不同时期得到了不同程度的政策支持。从制度意义上说，乡村教师队伍建设政策应密切关注乡村教师和城市教师、民办教师和公办教师的属性差别，充分考虑乡村学校与乡村教育的现实需求，避免"城市中心"主义的不妥倾向。

一、不同时期的乡村教师政策

改革开放初期，我国乡村教师中大多数均为民办教师或代课教师，随着"民转公""清退代课教师"等政策的实施，直至 2000 年，民办教师与代课教师不再占据乡村教师队伍建设政策的主体。

（一）改革开放初期以民办教师为中心的乡村教师政策

由于特殊的历史背景和社会发展状况，改革开放初期，我国民办教师队伍建设的主要目标是建立起基本稳定的秩序，保证乡村教师整体素质良好。

1. 补充和认定政策

1978 年国务院批转教育部《关于加强中小学教师队伍管理工作的意见》，提出对民办教师要加强管理，对民办教师的招聘要县级部门根据县域内教育工作的需要统一规划。对民办教师的招聘程序强调本着能力为重的原则，学校、大队提名，公社推荐，县级教育行政部门批准发给任用证书。这一政策将民办教师的管理权限上调至县级教育行政部门，调整了之前学校、大队、公社各自均可以聘任民办教师的乱象。同时，为了避免各地毫无计划地一哄而起，1981 年教育部转发了《河北省关于整顿民办教师队伍经验的通知》，要求对

民办教师进行全面的考核。考核合格的发给证书；不合格但是可以从事学校教育工作的发给试用证书，但是需要督促其继续学习，经过一段时期考核合格再发给合格证书；不合格的予以辞退。至此，乡村民办教师的补充和认定政策基本确定。[①]

2. 待遇政策

从改革开放开始至 20 世纪末，我国经济社会转型和发展较快，关于民办教师待遇的政策变化比较频繁。1983 年中共中央、国务院发布的《关于加强和改革农村学校教育若干问题的通知》提出对民办教师逐步实行全面工资制度。1984 年，国务院发布的《关于筹措农村办学经费的通知》指出，此后农村中小学教师全部实行工资制度，并且不再区分公办教师和民办教师，一视同仁。在其他待遇方面，民办教师享受与公办教师同等的待遇保障政策。但由于受到长期存在的观念掣肘，以及乡村教师管理权限集中于乡镇的低层级状态，该时期乡村教师队伍相关政策的执行效果并不理想。

3. 培训与专业发展政策

考虑到民办教师群体的特殊贡献，在改革开放初期师范院校大多倾向于招收民办教师，并将此倾斜性支持计划视为对其培训的重要途径。自 20 世纪 90 年代开始，国家教委即在多个场合多次要求师范院校重视从民办教师中招收学生。在这种思路的引导下，1993年颁布的《中国教育改革和发展纲要》提出师范院校要逐步扩大在民办教师中招生数量的名额。与之相对应，地方基于实际条件，对中央要求的民办学校招生政策大力配合。应当说，师范院校这种定向招收政策是特定条件下的特定产物，一定程度上促进了乡村教师的专业成长与发展。

---

① 王红蕾、吕武：《改革开放以来我国农村教师政策的演进与改革路径》，载《现代教育管理》，2017(5)。

4. 民办教师转正政策

为稳定教师队伍并提高教育质量，1978 年国务院批转教育部《关于加强中小学教师队伍管理工作的意见》，提出公办教师的减员由教育部门在民办教师中按照减员数量进行补充。1980 年，中共中央、国务院《关于普及小学教育若干问题的决定》就民办教师占教师总数的比例过大问题，提出国家应该每年安排一定的指标用于将合格的民办教师转为公办教师。这一政策成为民办教师大规模转为公办教师的开端。1983 年中共中央、国务院发出《关于加强和改革农村学校教育若干问题的通知》，提出根据国家的当前需要和实际情况每年安排一定劳动用工指标用于民办教师转为公办教师。同年，《关于普及小学教育若干问题的决定》提出"师范院校每年都要招收一部分民办教师"。1991 年之后，在国家教委的要求下，每年都安排一定数量的名额用于教师转正。1993 年颁布的《中国教育改革和发展纲要》提出各地应根据本地经济社会发展水平，逐渐加大民办教师每年转正的比例，尽快降低民办教师在整个教育系统中的比例。[①]

5. 民办教师的消逝与第一次乡村教师政策体系的瓦解

1986 年 12 月，国家教育委员会、劳动人事部等联合颁发《关于下达 1986 年从中小学民办教师选招公办教师专项劳动指标的通知》，强调今后不再补充民办教师。此后，乡村民办教师的补充基本停止，受"民转公"、师范院校定向招生、辞退等政策的影响，民办教师规模逐渐减小。直至 2000 年，乡村民办教师完全消化完毕，标志着第一次乡村教师政策体系的瓦解。

---

① 王红蕾、吕武：《改革开放以来我国农村教师政策的演进与改革路径》，载《现代教育管理》，2017(5)。

（二）20 世纪 80 年代后期至 90 年代末以"民转公"和师范院校毕业分配为中心的乡村教师政策调整

1983 年，中共中央、国务院发布《关于加强和改革农村学校教育若干问题的通知》，提出有关高校要为农村培养各类急需的人才，同时从当前高校毕业生中分配一定比例人员到农村学校任教。然而，这一政策初衷受到现实的较大制约，并未成为乡村教师补充的主要来源。到 20 世纪 80 年代后期，随着"民转公"数量的增加，乡村教师的结构开始发生变化，以师范院校毕业分配和"民转公"教师为主体的乡村教师群体逐渐形成。

1. 补充政策的调整

1993 年，中共中央、国务院发布《中国教育改革和发展纲要》，提出在社会主义市场经济条件下需要逐步建立教师录用考核制度。1996 年以后，乡村教师的补充途径主要是统一组织的师范招录考试。进入 21 世纪后，探索多年的教师招录考试开始制度化，并逐步扩大范围。2005 年，人事部出台《事业单位公开招聘人员暂行规定》，要求除了部分特殊的事业单位外，其他的部门招聘必须执行凡进必考原则，从而确立了乡村教师补充的招考政策。

2. 待遇及保障政策调整

虽然关于教师待遇与地位的保障政策在 1985 年《中共中央关于教育体制改革的决定》和 1986 年《义务教育法》中即有涉及，但受到财政条件的现实制约，具体政策直到 20 世纪 90 年代才逐步落实。自 2001 年起，根据《国务院关于基础教育改革与发展的决定》，乡村教师工资的管理和发放的权限调整至县一级政府，并特别对西部部分地区和国家级贫困县予以中央财政扶持。2005 年，《国务院关于深化农村义务教育经费保障机制改革的通知》出台。文件提出深化农村义务教育经费保障机制的改革，成为乡村教师待遇及保障政策调整的重要依据。

3. 培训政策

20 世纪 90 年代初，乡村教师培训政策的核心在于学历达标。1993 年，《中国教育改革和发展纲要》提出通过师资补充和在职培训，让教师的学历能够达到小学教师中师水平和初中教师大专水平的程度。2001 年，随着课程改革如火如荼进行，提高教师的教育技术应用能力，成为主要的培训目标。

(三)21 世纪初至今以统筹城乡、向乡村倾斜为目标的乡村教师政策

伴随着我国义务教育均衡发展的新要求，教育面临的新局势和新局面对调整乡村教师政策提出了迫切要求。城乡一体化成为制定教师分配、流动、福利待遇等政策的重要原则和目标。

1. 教育均衡发展背景下的乡村教师补充政策

为吸引更多的优秀人才来乡村任教，充实乡村教师队伍，提高乡村教师队伍整体素质，国家制定和出台了多项相关政策，为乡村教师队伍的补充开辟新的渠道。2006 年 2 月，中组部、人事部等部委联合发布《关于组织开展高校毕业生到农村基层从事支教、支农、支医和扶贫工作的通知》，计划从 2006 年开始连续 5 年，每年招募 2 万名高校毕业生，主要安排到乡镇从事支教、支农、支医和扶贫工作(简称"三支一扶")，支教是其中重要的一部分。同年 5 月，教育部、财政部、人事部、中央编办联合发布《关于实施农村义务教育阶段学校教师特设岗位计划的通知》，通过公开招募高校毕业生到西部"两基"攻坚县县以下农村义务教育阶段学校任教，引导和鼓励高校毕业生从事农村教育工作。2007 年，国务院办公厅转发教育部等部门《教育部直属师范大学师范生免费教育实施办法(试行)》，决定在教育部直属师范大学实行师范生免费教育，免费师范生毕业以后必须到中小学任教。2010 年，教育部决定进一步扩大"农村学校教育硕

士师资培养计划"（简称"硕师计划"）规模，并与"特岗计划"结合实施。基于弱势补偿原则，乡村教师补充倾斜成为当前政策的主要方向。

2. 教育均衡发展背景下的乡村教师待遇政策

2015 年 6 月，国务院办公厅发布《乡村教师支持计划（2015—2020 年）》，提出全面落实集中连片特困地区乡村教师生活补助政策，根据学校的艰苦和边远程度由中央财政予以奖补。各地要按规定将符合条件的乡村教师住房纳入当地住房保障范围，统筹予以解决。为解决乡村教师队伍建设面临的"下不去、留不住、教不好"等"三不"难题，该计划对乡村教师的待遇给予较大程度的倾斜。

3. 教育均衡发展背景下的乡村教师编制与职称政策

我国中小学教师编制政策主要经历了 1984 年、2001 年和 2014 年三次调整。1984 年 12 月，教育部发布《关于中等师范学校和全日制中小学教职工编制标准的意见》，提出主要依据标准班数核定中小学教师及职工的编制。2001 年，国务院办公厅转发中央编办、教育部、财政部《关于制定中小学教职工编制标准意见的通知》，对城市、县镇、农村规定了不同的师生比编制标准。这种城乡倒挂的编制标准和基于教育财政压力和规模效益要求之下进行的农村中小学布局调整，造成了农村中小学教师编制的紧缺。2014 年，中央编办、教育部、财政部发布的《关于统一城乡中小学教职工编制标准的通知》将县镇、农村中小学教职工编制标准统一到城市标准。然而，由于小规模学校和小班额的广泛存在，乡村学校教师编制的紧缺问题并未得到真正的缓解。乡村教师职称政策的调整主要发生在 2010 年以后。国家出台的《教育规划纲要》《关于加强教师队伍建设的意见》等文件均提出，在教师补充、工资福利、职称、编制等方面继续推进和创新向乡村学校倾斜的政策。

2018 年新出台的《中共中央国务院关于全面深化新时代教师队伍

建设改革的意见》对乡村教师队伍建设也给予了重点关注。文件指出：要深入实施乡村教师支持计划，关心乡村教师生活。认真落实艰苦边远地区津贴等政策，全面落实集中连片特困地区乡村教师生活补助政策，依据学校艰苦边远程度实行差别化补助，鼓励有条件的地方提高补助标准，努力惠及更多乡村教师。加强乡村教师周转宿舍建设，按规定将符合条件的教师纳入当地住房保障范围，让乡村教师住有所居。拿出务实举措，帮助乡村青年教师解决困难，关心乡村青年教师工作生活，巩固乡村青年教师队伍。在培训、职称评聘、表彰奖励等方面向乡村青年教师倾斜，优化乡村青年教师发展环境，加快乡村青年教师成长步伐。为乡村教师配备相应设施，丰富精神文化生活。

值得肯定的是，在以均衡为政策导向的乡村教师政策建构中，无论是中央政府还是地方各级政府均做了巨大的努力，并确实取得明显成效。然而，由于乡村教师不仅存在高低学段的层次之分、不同学科教师的特性之别、不同艰苦程度的任教学校分布，包含着身份与地位、资格与编制、补充与流动、待遇与荣誉、培养与培育等综合议题，而且涉及各级政府及其职能部门、高等院校、教师培训机构、乡村校长与教师、城市校长与教师等政策制定者、政策执行者、政策对象和潜在影响者等多主体之间交错复杂的关系，尤其在决策影响了资源分配和不同组织的利益时，部门利益、派别利益的分量就会凸显，未来乡村教师队伍建设问题依然任重而道远。

二、乡村教师政策的变迁逻辑与特点

乡村教育具有公共性，也具有一定的政治属性。为维持乡村教育的公共属性、体现教育公平，乡村教师队伍建设问题一直位于教师队伍建设的重要位置。纵观改革开放 40 年乡村教师政策的变迁轨迹可以发现，政策整体呈现出如下特点。

（一）乡村教师政策变迁与乡村教育发展具有一致性

改革开放以来，随着教育改革迈进"深水区"，乡村教师政策由最初的调整恢复逐步转变为现阶段的全面深化。20 世纪八九十年代，《中共中央关于教育体制改革的决定》(1985 年)、《教师法》(1993 年)等较为侧重教师基本政策体系的建立。21 世纪初，在国家关注农村发展、农村教育的背景下，乡村教师政策备受关注，例如，2003 年，国务院发布《关于进一步加强农村教育工作的决定》。现阶段，乡村教师队伍面临的多重矛盾与问题对出台综合性的乡村教师政策提出了要求，在此背景下，"组合拳"战略的《乡村教师支持计划(2015—2020 年)》顺利出台。

（二）乡村教师政策内容由单一原则走向综合灵活

与政策变迁阶段相对应，乡村教师政策整体取向表现为由单一原则走向综合灵活。自 1978 年始，乡村教师政策变迁大致经过了由追求教师队伍稳定、学历合格到强调教师专业发展和提高教师素质的动态过程。例如，1981 年颁布的《关于调整中、小学教职工工资中若干具体政策问题的处理意见》，主要关注教师工资待遇问题，通过提高工资待遇等措施，补充教师数量，努力维持教师队伍稳定。1999 年，《中小学教师继续教育规定》的出台反映了教师政策关注重点转变为开展继续教育，保证教师学历合格。2000 年出台的《〈教师资格条例〉实施办法》及随后颁布的《关于首次认定教师资格工作若干问题的意见》，要求实施教师资格认定、实施教师聘任制，则体现出政策旨在促进教师的专业化发展。2006 年至今，尤其是《乡村教师支持计划(2015—2020 年)》《中共中央国务院关于全面深化新时代教师队伍建设改革的意见》对乡村教师建设方方面面问题的关注，是对当前乡村教师队伍建设不平衡、不充分问题的有力回应。

（三）乡村教师政策对象由一般性走向专门性

纵观整个政策发展历程，乡村教师作为政策对象受到决策者关注，经历了由内嵌于农村教育政策、教师政策之中逐步过渡到专门制定乡村教师政策的漫长过程。1993年新中国第一部专门的、针对全体教师的法律《教师法》是对教师队伍的整体性规定。近年来，专门针对乡村教师的政策大量涌现，且分类多、覆盖面广，受关注度持续升温。政策不仅涉及源头培养、就业引导、交流支援三个师资补充环节，覆盖职前准入、职中培训、职后管理三层教师质量提升，还从提高乡村教师待遇、统一城乡编制、职称评聘倾斜等多角度、多措并举努力促进乡村教师队伍建设。

三、乡村教师政策存在的主要问题

（一）政策概念界定与可操作性有待提高

首先，"乡村"和"农村"概念使用模糊不清，影响了政策的有效执行。目前我国政策文本对城乡界定未能达成统一，例如，《中国统计年鉴》（1999年）有9个部分43张表格涉及城乡内容，但其划分口径几乎各不相同。① 因此，大多数教师政策文本中都不会涉及对乡村范围的准确定义，并由此影响了对乡村教师政策的准确解读和有效执行。21世纪初，乡村教师问题才日益受到重视，最具代表性的要属2006年农村教师"特岗计划"的出台，但此时政策文本还是使用"农村教师"一词。一直到2010年后，伴随"乡村教师"一词的明文使用，我国乡村教师政策对象才更加聚焦，如《关于落实2013年中央1号文件要求对在连片特困地区工作的乡村教师给予生活补助的通知》。

其次，政策文本制定模糊不清，实施操作泛而不精。伴随2015年《乡村教师支持计划（2015—2020年）》的出台，乡村教师看似迎来了春天，但是实际上政策内容在操作层面普遍泛而不精，只有大条

① 刘冠生：《城市、城镇、农村、乡村概念的理解与使用问题》，载《山东理工大学学报（社会科学版）》，2005（1）。

框，细则的制定落实要靠"地方"。这种决策模式是符合我国地域辽阔、区域之间差别大的实际情况的，即党和国家层面制定全国统一的、宏观性的政策，侧重把握"方向性"，而实施操作细节则交给地方政府或教育行政部门具体规定。在实践中，受各地实际情况和政策执行者素质等多方面影响，一些地方政府和教育行政部门在制定政策实施细则时，往往对政策执行环境中的各种因素考虑不全，未能充分评估政策实施环境、不利因素，预测实施效果等，导致政策实施走样。

(二)政策措施缺乏延续性且顾此失彼，未能整体推进

首先，政策缺乏系统性、延续性和科学性。纵观中小学乡村教师政策，各阶段政策杂乱繁多，没有形成统一、完整的体系，多是从一时需要出发。同时，由于地方政府追求短期政绩、官员不定期调整等原因，乡村教师政策的延续性、科学性问题也相对突出。经验型政策制定造成了政策在实施过程中"前后雷同""不定期间断""自动消失"等问题。以"前后雷同"为例，我国分别在 1980 年、1983 年、1986 年短短几年间，就下发了三个重复性很强的关于加强在职中小学教师培训工作的意见。

其次，同一时期各类乡村教师政策有时顾此失彼，不能整体推进。教师政策受到政治、经济等社会大环境的影响，每个历史阶段政策取向各有侧重点，这在一定程度上符合新事物由无到有，逐渐发展的规律，但也从侧面反映出各阶段政策间的断层。例如，20 世纪 80 年代侧重补充教师数量，20 世纪 90 年代主攻教师学历合格，进入 21 世纪更强调提升教师质量。现阶段虽然强调从"下得去、留得住、教得好"全方位打造优质乡村教师队伍，但教师政策以促进教师"下得去"和"教得好"为重点，最具代表性的当属"特岗计划"和"国培计划"，而对涉利多、操作难的"留得住"环节关注较少。

（三）政策缺少追踪评估，不利于适时调整

在实际中，因缺乏全面、客观、科学的政策评估而导致的政策问题百出。有的问题显而易见，如免费师范生政策；而有的问题则有待进一步论证，如"国培计划"的培训质量问题等。在现行以政府评估为主导、第三方追踪评估缺乏的背景下，政策执行与政策结果反馈之间存在信息不对等，不利于政策及时调整和改进，也无法适应教育治理水平和治理能力现代化的时代要求。

四、乡村教师政策的改进建议

（一）加大乡村教师政策倾斜力度，确保实施操作更为精准

国家应加大对乡村教师政策的倾斜力度，进一步明确权责、细化分工，确保实施操作有效可行，协同推进乡村教师政策的贯彻落实。考虑到我国地区、城乡之间乡村教师队伍情况大不相同，国家政策难以制定统一具体规定，现就国家层面提出如下建议：一方面，以把握政策整体方向为主，密切关注政策实施动态，及时制定并适时调整政策方向，为地方政府落实乡村教师政策提供航标并保驾护航；另一方面，需要大力完善政策实施监管与问责制度，以督导地方制定并落实细则，从而有力确保乡村教师政策实施操作的执行力度。地方政府作为政策实施操作的主体，应在中央指导、督查之下，总结以往乡村教师政策经验和问题，借鉴其他地方的典型经验，克服敷衍制定政策的弊端。同时，以《乡村教师支持计划（2015—2020年）》为抓手，制定具有针对性、操作性、可行性的地方配套政策，在新时期着力从生活待遇、城乡编制、职称评聘等方面向乡村教师予以倾斜，进一步稳定优质的乡村教师队伍。

（二）保证乡村教师政策延续性，协调各项政策整体推进

我国乡村教师政策从散落于教育类、教师类大政策到发展成为专门政策，经历了从无到有、从零散到系统、由片面到全面的过程，

虽取得一定进展，但也面临着新的挑战。以往"单条腿"走路的政策方式，某种程度上已经不能有效缩小城乡师资差异，需要"多方齐抓共管"，才能促使乡村教师政策的贯彻落实更加全面有效。例如，要从"下得去、留得住、教得好"三个方面共同推进乡村教师队伍建设，拓展教师补充渠道、完善教师培训、提高教师待遇、提升教师地位，努力形成规模适当、结构合理、素质优良、扎根乡村的教师队伍，为教育现代化提供坚强的师资保障。在教师政策的制定与实施过程中，应适当增加促进教师发展方面的内容。例如，切实提高教师的物质待遇和社会地位，让教师在生活中无后顾之忧，以便全身心地投入到引领社会进步的工作中。尤其是在行政管理系统中，要尽量做到政教分家，在教育教学中要赋予教师更多的自主权，以充分发挥教师的自主性和能动性。

（三）完善政策追踪评估机制，促进政策适时调整

政策评估是乡村教师政策发展完善的必要环节，是及时、有效地促进政策调整的关键。具体措施有以下四条：第一，推动评估主体的多样化。国家应突破以往政府内部政策评估的自闭性和非正式性，增加第三方机构等进行专业、科学的外部政策评估，促进政策评估主体的多样化，集思广益为政策调整改进建言献策。第二，探索评估方法的多元化。我国可以采用定量与定性相结合的政策评估方法，既重视事实描述又重视价值评估，关注自下而上与自上而下的研究并举，做到准确、规范，有效收集基层政策实施第一手资料，为改进政策提供可靠依据。第三，注重评估对象的广泛性。以评估政策影响为主，辅以对政策产出的评估，特别关注乡村教师个体、团体等不同对象在该政策制定、执行中的"声音"，以及这些观点看法对政策实施产生的影响，使政策改进更"接地气"。第四，确保评估过程的全面性。从乡村教师相关政策颁布之初即开始进行研究跟进，对政策进行事前、事中、事后全过程长期追踪评估，消除以往

评估只做事后评估的弊端，提高评估过程的规范性、合理性、全面性。

（四）探索基于大数据的乡村教师政策决策支持

大数据时代，应将基于大数据的预测、分析逐步融入乡村教师队伍建设的管理和决策中。经过多年的试点监测，我国已于 2015 年正式建立义务教育质量监测制度，从而为基于大数据的乡村教师政策决策支持提供了有力的支撑。国家应积极开展研究，努力探索和充分利用好基础教育质量监测技术、数据和结果，为乡村教师政策的规划、制定和评估提供专业、科学、有效的依据，完善决策环节，提升决策水平。

第五章

平衡学生的权利义务，
促进学生的全面发展

第一节　确立学生主体地位，保障学生权利

一、确立学生的权利主体地位

学生的法律地位是指学生以其权利能力和行为能力在具体法律关系中取得的一种主体资格，它通过学生的法律身份，以及学生在不同法律关系中享有的权利与应履行的义务来表现。改革开放 40 年来，随着教育体制改革的持续深入和学生观的转变与重塑，我国学生的法律地位也发生了深刻的变革。

新中国成立后，我国建立起了与计划经济体制相适应的高度集中的教育管理体制。在此体制之下，学校在学生事务方面缺乏基本的自主权：学生录取需要按照政府的招生计划进行，录取名额、专业及分数均有明确规定；学生在校内接受何种专业教育、安排哪些课程、如何进行教学活动，也由政府有关的专业课程设置及教学计划与大纲安排；学校的教育教学秩序及生活秩序管理虽由学校实施，但也受到政府的直接规制，学生管理主要依靠行政命令、遵循行政管理的逻辑。与此同时，由于"师道尊严"的历史传统、全面学习苏

联经验后教师本位的教育管理模式的扎根，以及社会本位的教育价值导向的影响，学生在学校教育中的主体地位长期被忽视，往往被定位为自觉的、机械的、顺从的、缺失主体性的"听话的人"，并被赋予了强烈的政治人色彩，其所应有的本质属性被淡化。学生管理则呈现出对稳定和群体秩序的偏好，对自由特别是对个体权利与自由的疏离，学生在教育过程，尤其是管理过程中基本丧失了主体能动性，其个性难以得到展示和发展。在高度集中的教育管理体制和传统学生观的影响之下，学生与学校间的法律关系实质是学生与政府间的行政法律关系，并具有显著的传统特别权力关系的特征。即学校对学生有总括性的命令支配权，只要是出于实现教育目的的需要，不需要特别的法律依据，就可以自由地发布命令规则。学校可以任意制定规则对学生的人身权、财产权、通信自由权和通信秘密权等权利进行限制，例如，可以要求学生放学后继续留在学校，体罚学生，没收学生的课外书、玩具或其他财物，扣留、检查学生的信件，私自搜查学生的宿舍及其物品，等等。当学生不服从上述命令时，学校有权行使公权力，对学生做出惩戒，直至开除学籍，这些措施也不需要特别的法律根据。如果学生对处分不服，只要不涉及学生作为公民的基本权利，就不能向法院申请司法救济。可见，学生仅被视为受教育者，是学校教育的客体、学校监护管理的对象，没有任何地位和权利可言。

改革开放后，特别是 20 世纪 90 年代社会主义市场经济体制确立以来，一方面，教育体制的深刻变革使得教育领域原有的社会关系格局和利益分配格局发生改变，教育领域逐渐发育出制约教育发展的学术、政府和市场三种力量，政府和学校的角色发生分化并逐步地形成主导教育运行的举办者、办学者和管理者三个主体。学校在学生录取、课程决定、教学安排、学生管理等学生事务方面的自主权日益扩大，并开始作为独立的法人实体与学生之间建立教育自由交易关系，学生的教育消费者意识和权利意识也与日俱增。另一方面，原有的学生观和教育观开始引起人们的反思，面向全体学生的全面发展的素质观逐渐成为各界共识，认为现代教育的实质在于激发学生作为人的主观能动性，提高学生的主体意识，让学生意识到自身存在的意义，激发其积极向上的精神。在批判传统学生观控制学生、压抑学生、被动学习基本精神的基础上，新的现代学生观逐渐形成，即认为学生是发展的人，学生是独特的人，学生是教育活动的主体，学生是权责主体。在此背景之下，加之依法治国进程的推进，以及"重要性理论""基础关系理论"等理论的发展对特别权力关系理论的修正，学生与学校之间传统的特别权力关系开始瓦解，学生的权利主体地位逐步确立，主要表现在以下两个方面。

第一，学生与学校之间多元法律关系的形成。学生与学校的法律关系不再是大一统的行政关系，而是向多元化的法律关系分化，并按照法治原则确定双方的权利和义务。学生与学校的法律关系主要包括两类：一种是教育行政法律关系，即由行政法调整的教育行政机关在行使其教育行政管理职能的过程中发生的各种社会关系的总称。教育行政法律关系反映的是国家与教育的纵向关系，其实质是国家如何领导、组织和管理教育活动。其特点包括：①学校是经由法律法规授权而行使教育管理职能的行政主体，依法享有教育行政管理权力，对其教育管理职责既不能随意转让，也不能任意放弃。②学校与学生之间通常处于命令与服从的不平等地位。③学校与学生的权利和义务是由法律规定的，双方不能自定权利和义务，而必须依据法律规范取得权利并承担义务。在招生录取、学籍管理、学生奖励、学生纪律处分、学历和学位证书的颁发等活动中，学生与学校之间存在教育行政法律关系。另一种是教育民事法律关系，即教育法律关系主体之间在平等基础上所发生的财产关系和人身关系。这类法律关系是在共同意思表示的基础上建立起来的，各个平等主体之间在教育教学活动中所引起的财产所有和流转是这类关系的基本内容。其特点包括：①它是由民法调整的法律关系，主要包括平等主体间的财产关系和人身关系。②学校与学生相互间不是隶属关系，而是平等的关系。③它是学校和学生作为民事主体在自主自愿的基础上形成的关系，任何一方都不得对另一方进行强迫。④学校与学生的权利义务通常是对等的、相互的，双方对对方既有权利又有义务。在教科书提供、教学设施提供、饮食和住宿提供、校园伤害事故处理等活动中，学生与学校之间形成典型的教育民事法律关系。

第二，学生作为公民和受教育者的法律身份的确认。不能因为学生的年龄小、阅历浅、能力不足而否定学生的独立人格和法律主体身份，同时也不能因其学生身份而否定其享有公民的基本权利，这两点已逐渐成为全社会的共识。由此，学生作为公民和受教育者所应享有的权利和履行的义务在法律上逐步被确定下来。一方面，学生是国家公民。我国《宪法》第三十三条第四款规定"任何公民享有宪法和法律规定的权利，同时必须履行宪法和法律规定的义务"。因此，学生作为具有独立法律人格的公民，不仅应享有公民的基本权利，包括政治权利、人身权利、社会经济权利、文化教育权利以及权利受到侵害后的救济权利，同时也要履行公民的基本义务，包括维护国家统一和民族团结的义务，遵纪守法和尊重社会公德的义务，维护国家的安全、荣誉和利益的义务，保卫国家和依法服兵役的义务，依法纳税的义务，等等。另一方面，学生是受教育者。《教育法》规定了学生作为受教育者拥有区别于其他公民的权利与义务。根据《教育法》第四十三条的规定，学生享有下列权利：①参加教育教学计划安排的各种活动，使用教育教学设施、设备、图书资料；②按照国家有关规定获得奖学金、贷学金、助学金；③在学业成绩和品行上获得公正评价，完成规定的学业后获得相应的证书；④对学校给予的处分不服向有关部门提出申诉，对学校、教师侵犯其人身权、财产权等合法权益，提出申诉或依法提起诉讼；⑤法律、法规规定的其他权利。根据《教育法》第四十四条的规定，学生应履行下列义务：①遵守法律、法规；②遵守学生行为规范，尊敬师长，养成良好的思想品德和行为习惯；③努力学习，完成规定的学习任务；④遵守所在学校或其他教育机构的管理制度。

可见，学生的主体性和独立人格已逐步得到法律的承认，并通过确定权利和义务的方式受到法律的保护，从而迈出了学生管理法治化的重要一步，为学生权利的真正实现奠定了坚实基础。

二、促进学生受教育权的实现

受教育权利是公民作为权利主体依照法律、法规的规定，具有的接受教育的能力或资格。在我国宪法中，早已把受教育权纳入了公民权利的范围，明确宣布"中华人民共和国公民有受教育的权利和义务"。为保障公民切实享有宪法所规定的受教育权利，我国制定了《教育法》《学位条例》《教师法》《义务教育法》《高等教育法》《职业教育法》和《民办教育促进法》共 7 部教育法律，国务院制定了《扫除文盲工作条例》《残疾人教育条例》等 10 余项教育行政法规，加上国家教育行政部门制定的部门教育规章，以及各省、自治区、直辖市和有立法权的市的立法机关制定的地方性教育法规和地方政府教育规章，初步形成了教育法律体系，为公民受教育权利从法定权利向现实权利的转化提供了有力的法律基础。在相关法律的大力保护和促进之下，我国公民的受教育权利不断得到实现，尤其在保障平等的受教育机会、增强教育制度的可选择性、推进学校学生管理的法治化方面取得了较显著的进步和成就。

（一）保障平等的受教育机会

享有平等的受教育机会，是公民受教育权利的应有之义和首要要求。它不仅要求消除一切基于种族、民族、性别、宗教信仰、家庭出身、财产状况等的歧视，而且要求对处于社会不利境地的人群给予不损害平等的倾斜性优惠和保护。改革开放以来，特别是进入21世纪以来，保障公民平等的受教育机会已经成为我国教育政策法律的重要主题和价值取向。而相关政策的重点则在于促进社会弱势群体平等受教育权利的实现，主要体现为如下三个方面。

第一，出台"两为主"政策和异地高考政策，促进农民工随迁子女平等受教育权的实现。伴随着城镇化进程的加快，越来越多的农村剩余劳动力流入城市，由此产生的农民工随迁子女教育问题成为中国社会转型期一个独特的社会问题，并得到了积极的政策回应。一方面，为保证农民工随迁子女平等地接受义务教育，解决城市义务教育容量与随迁子女入学诉求的供需矛盾问题，2001年，《国务院关于基础教育改革与发展的决定》确定了随迁子女教育的"两为主"方针，规定"要重视解决流动人口子女接受义务教育问题，以流入地区政府管理为主，以全日制公办中小学为主，采取多种形式，依法保障流动人口子女接受义务教育的权利"，明确了流入地区政府的管理责任和公办学校的教育责任。2006年修订的《义务教育法》第十二条第二款规定"父母或者其他法定监护人在非户籍所在地工作或者居住的适龄儿童、少年，在其父母或者其他法定监护人工作或者居住地接受义务教育的，当地人民政府应当为其提供平等接受义务教育的条件"，将流入地政府保障随迁子女平等受教育权的责任以法律的形式予以确定。2014年，中共中央、国务院印发的《国家新型城镇化规划（2014—2020年）》提出了"两纳入"的政策要求，即要将随迁子女义务教育纳入各级政府教育发展规划，纳入财政保障范畴，进一步明确了流入地政府解决随迁子女义务教育问题的主体责任。2015年12月，国务院颁布的《居住证暂行条例》和2016年8月《国务院关于实施支持农业转移人口市民化若干财政政策的通知》提出了"两统一"的政策要求，即统一以居住证为主要依据为随迁子女提供义务教育服务，统一随学生流动并携带"两免一补"资金和生均公用经费基准定额资金。从"两为主"到"两纳入"再到"两统一"，保障我国农民工随迁子女平等接受义务教育的政策不断深化发展，使随迁子女在城镇就学状况得到了极大改善。另一方面，为解决随迁子女接受义务教育后的升学问题，保证其享有与本地考生相同的高考资格，国务院办公厅于 2012 年 8 月转发教育部等部门《关于做好进城务工人员随迁子女接受义务教育后在当地参加升学考试工作的意见》，要求"各省、自治区、直辖市人民政府要根据城市功能定位、产业结构布局和城市资源承载能力，根据进城务工人员在当地的合法稳定职业、合法稳定住所（含租赁）和按照国家规定参加社会保险年限，以及随迁子女在当地连续就学年限等情况，确定随迁子女在当地参加升学考试的具体条件，制定具体办法"，并于 2012 年年底前出台实施方案。截至 2014 年，已有 20 多个省（自治区、直辖市）陆续公布了异地高考方案。虽然各地对家长准入条件、学生准入条件、报考院校类型与政策执行方式等方面的规定各不相同，但在促进和推动随迁子女在流入地继续升学方面都做出了积极有益的探索。2014 年 7 月，国务院发布《关于进一步推进户籍制度改革的意见》，提出建立居住证制度，结合随迁子女在当地连续就学年限等情况，居住证持有人可逐步享有随迁子女在当地参加中考和高考的资格，这将推动随迁子女平等入学权利的进一步落实。

第二，健全学生资助政策体系，不让一个学生因家庭经济困难而失学。我国的学生资助政策始于 20 世纪 50 年代颁布的人民助学金政策。1983 年，我国在此基础上开始着手完善普通高等学校学生资助政策，形成了初步的资助体系。1989 年普通高校试行学生收取学杂费制度后，国家教委分别于 1993 年和 1995 年下发《关于对高等学校生活特别困难学生进行资助的通知》和《关于对普通高校经济困难学生减免学杂费有关事项的通知》，确立起专门针对高校经济困难学生的资助政策。1999 年 6 月，国务院办公厅转发中国人民银行、教育部、财政部《关于国家助学贷款的管理规定（试行）》，决定从 1999 年 9 月开始试行国家助学贷款制度，进一步丰富了高校经济困难学生的资助形式。进入 21 世纪以后，随着教育公平逐渐成为教育政策的价值主旋律，我国对家庭经济困难学生的资助范围和力度不断加大，不仅从 2001 年开始对农村义务教育阶段贫困家庭学生就学实施"两免一补"政策，而且于 2007 年 5 月发布《国务院关于建立健全普通本科高校、高等职业学校和中等职业学校家庭经济困难学生资助政策体系的意见》，明确了普通高校、高职和中职学校家庭经济困难学生资助政策体系的主要内容。2010 年颁布的《教育规划纲要》明确提出"不让一个学生因家庭经济困难而失学"，推动了学生资助政策体系的全面完善。随着《关于建立普通高中家庭经济困难学生国家资助制度的意见》（2010 年）、《关于建立学前教育资助制度的意见》（2011 年）、《关于扩大中等职业教育免学费政策范围进一步完善国家助学金制度的意见》（2012 年）等一系列重要政策文件的颁布，目前我国已经形成了以政府为主导，学校和社会积极参与的，覆盖学前教育至研究生教育的学生资助政策体系，实现了"三个全覆盖"，即各个学段全覆盖、公办民办学校全覆盖、家庭经济困难学生全覆盖。在学前教育阶段，按照"地方先行、中央补助"的原则，地方政府对经县级以上教育行政部门审批设立的普惠性幼儿园在园家庭经济困难儿童、孤儿和残疾儿童予以资助。在义务教育阶段，统一城乡"两免一补"政策，对城乡义务教育阶段学生免除学杂费，免费提供教科书，对家庭经济困难寄宿生补助生活费；为集中连片特殊困难等地区农村义务教育阶段学生提供营养膳食补助。在中等职业教育阶段，建立了以免学费、发放国家助学金为主，学校和社会资助及顶岗实习等为补充的资助政策体系。在普通高中教育阶段，建立了以国家助学金、免除建档立卡等家庭经济困难学生学杂费、地方政府资助项目为主，学校和社会资助相结合的资助政策体系。在本专科教育阶段，建立了国家奖学金、国家励志奖学金、国家助学金、国家助学贷款、基层就业学费补偿贷款代偿、应征入伍国家资助、师范生免费教育、新生入学资助、退役士兵学费资助、勤工助学、校内奖助学金、困难补助、伙食补贴、学费减免及新生入学"绿色通道"等相结合的资助政策体系。在研究生教育阶段，建立了研究生国家奖学金、国家助学金、学业奖学金、"三助"岗位津贴、国家助学贷款、基层就业学费补偿贷款代偿、应征入伍国家资助、校内奖助学金及新生入学"绿色通道"等相结合的资助政策体系。

第三，完善残疾人教育的专门立法，保障残疾人平等地接受教育。我国立法机构和政府历来高度重视残疾人教育问题。1991 年开始施行的《中华人民共和国残疾人保障法》（以下简称《残疾人保障法》）专设第三章"教育"，对国家保障残疾人受教育权的义务、残疾人教育的基本原则和方针、为残疾人提供教育的各级各类教育机构及形式、特殊教育师资的培养和教学保障等内容进行了规定，勾勒出了保护残疾人受教育权的基本法律框架。1994 年颁布的《残疾人教育条例》作为针对残疾人教育的专门立法，对《残疾人保障法》中关于教育的相关要求进行了更为明确具体的规定，推动了残疾人受教育权的落实。进入 21 世纪以来，我国不断通过修订相关法律来回应经济社会发展对残疾人教育提出的新要求。2006 年修订的《义务教育法》规定了县级以上人民政府设置特殊学校（班）的义务，并明确将普通学校随班就读作为对残疾儿童实施义务教育的重要形式。2008 年，《残疾人保障法》做了全面修订，响应和体现了 2006 年修订的《义务教育法》的最新精神，将"着重发展义务教育"改为"保障义务教育"，并强化和明确了各级人民政府保障残疾学生顺利接受义务教育的具体职责，从而为残疾人平等地接受义务教育提供了重要的法律保障。随着党的十八大报告明确提出"支持特殊教育"，我国进一步加快了完善专门法律保障残疾人受教育权利的步伐。2017年，经过全面系统修订的《残疾人教育条例》正式颁布实施。这部新法特别强调保障残疾人平等受教育的权利，不仅将"国家保障残疾人享有平等接受教育的权利，禁止任何基于残疾的教育歧视"作为一项立法原则在总则中予以规定，而且从条件和机制上明确提出为残疾人提供帮助，从而消除因身心特性和功能障碍在平等享有受教育权利时遇到的困难。例如，要求从学前教育到高等教育，从普通教育到职业教育，都注重保护残疾人的平等受教育权，对符合法律、法规规定条件的残疾人申请入学不得拒绝招收；要求县级以上人民政府教育行政部门及其他有关部门、教育考试机构、学校都应为残疾人参加国家教育考试提供必要的支持条件和合理便利等。《残疾人教育条例》的修订调整更新了残疾人教育发展的理念，补充和完善了保障残疾人受教育权的制度，回应了实践中的热点和难点问题，在残疾人教育发展中具有里程碑式的意义。

（二）增强教育制度的可选择性

受教育的选择权是受教育权的重要内容之一，这意味着学生应有自由去接受教育，可以根据自己的兴趣爱好、能力水平选择教育。改革开放以来，随着社会结构由总体性社会向多元性社会的过渡和多元利益诉求的形成，受教育权的学习权性质及其所蕴含的主动性和选择性意蕴越来越受到各界认可，学生自我设计、自主学习、自我实现的愿望也愈加强烈。我国的教育政策法律对此进行了积极回应，致力于增强教育制度的可选择性来满足学生多元化的教育需求，主要表现在如下三个方面。

第一，改革高考制度，给予学生更多的选择机会。自1977年中共中央、国务院做出恢复高考的重大决定以来，国家教育行政部门几乎每年都会发布关于做好普通高等学校招生工作的政策文件，对高考招生工作进行部署。1981年、1983—1986年、2000—2017年全国普通高校招生录取工作的通知，都随文颁布了当年的普通高等学校招生规定；《中国教育改革和发展纲要》《教育规划纲要》《国务院关于深化考试招生制度改革的实施意见》《普通高等学校招生暂行条例》等文件亦明确指出了我国高考改革的方向。这些政策文件是我国高校招生工作的重要行动纲领。根据以上政策文件，恢复高考 40 年来，高考招生的基本原则从德智体全面发展，调整为德智体美全面发展；加分政策从注重对少数民族等弱势群体的政策补偿，逐步增加科技创新、志愿者服务等加分项目；高考科目从文理分科，设置文综、理综固定科目，改革为学生根据自身发展和高校要求自主选择三科参加等级考试；本科和高职高专院校分类考试，高职高专院校探索注册入学；英语等科目实行一年两考。这些改革举措都体现了以学生为本，给学生提供更多选择机会的重要价值取向。[1]

第二，完善普通高中课程政策，把学习的选择权还给学生。20世纪 90 年代中期，我国开始酝酿新一轮基础教育课程改革。2001年，教育部印发了《基础教育课程改革纲要（试行）》，标志新中国成立以来最广泛、最深刻的一次课程改革的正式启动。在此背景下，教育部于 2003 年印发了《普通高中课程方案（实验）》，启动了高中课程改革。该方案明确将选择性作为高中课程内容遵循的基本原则之一，规定各学科分类别、分层次设计多样的、可供不同发展潜能学生选择的课程内容，以满足学生对课程的不同需求。为落实选择性原则，该方案要求高中一年级主要设置必修课程，逐步增设选修课程，高三下学期则鼓励学生按照自己的兴趣和需要继续修习某些课程，获得一定学分；同时还要求学校建立选课指导制度，引导学生形成有个性的课程修习计划。2017 年，为落实党的十八大、十九大关于立德树人的要求，解决高中课改面临的问题和挑战，并与高考

---

[1]　钟秉林、王新凤：《我国高考改革的价值取向变迁与理性选择——基于 40 年高考招生政策文本分析的视角》，载《教育研究》，2017(10)。

综合改革相衔接，教育部颁布了《普通高中课程方案和语文等学科课程标准(2017 年版)》。该方案继续将选择性作为课程内容确定的原则之一，并为切实贯彻该原则进行了如下变化与改革：一方面，国家进一步优化了课程结构。考虑到高中学生多样化的学习需求及升学考试要求，在保证共同基础的前提下，适当增加了课程的选择性，为不同发展方向的学生提供有选择的课程。例如，调整外语规划语种，在英语、日语、俄语的基础上，增加德语、法语和西班牙语；将课程类别调整为必修课程、选择性必修课程和选修课程；进一步明确各类课程的功能定位，必修课程全修全考，选择性必修课程选修选考，选修课程，学生可以自主选择修习，可以学而不考或者学而备考，为学生就业和高校自主招生录取提供参考；等等。另一方面，国家强化了课程有效实施的制度建设。为保障学生课程选择权的行使，落实走班教学的新要求，方案进一步明确课程实施环节的责任主体和要求，增设"条件保障"和"管理与监督"等内容，强化各级教育行政部门和学校课程实施的责任。

第三，创新高校学生学籍管理制度，增强学生学习的灵活性。学籍管理是学校根据法律法规、教育政策和教育自身规律及学生身心发展特点制定的，有关学生入学注册、考核与成绩记载、升留(降)级、转系(专业)与转学、休学、停学、复学、退学、开除、毕业与毕业资格审查等方面的规章制度，并以此为依据对学生进行管理的活动。我国高校学生的学籍管理制度主要是由国家教委于 1990 年颁布的教育规章《普通高等学校学生管理规定》予以规定。《普通高等学校学生管理规定》于 2005 年和 2016 年进行了两次修订，都对学籍管理制度进行了改革，尤其是在学业考核评价、入学、休学等制度方面勇于创新，使我国学制的灵活性和多样性不断得到增强，给学生提供了越来越广阔的选择空间。2005 年修订的《普通高等学校学生管理规定》主要固化了高校教育教学改革的成功经验，如学科交叉渗透培养复合型人才的教学改革经验、校内校际教学资源共享的管理改革经验等，鼓励和引导高校建立并实施学分制、主辅修制、跨校修读制等新的有利于人才成长的成绩考核评价制度，新增"学生可以根据学校有关规定，申请辅修其他专业或者选修其他专业课程""完成本专业学业同时辅修其他专业并达到该专业辅修要求者，由学校发给辅修专业证书""学生可以根据校际……协议跨校修读课程。在他校修读的课程成绩（学分）由本校审核后予以承认"等规定。2016年修订的《普通高等学校学生管理规定》的改革创新则体现在：第一，允许新生申请保留入学资格。第二，施行更加灵活的学习制度，支持学生主修专业以外辅修校内其他专业，或者选修其他专业课程、跨校修读课程和参加开放式网络课程学习，激发学生的学习积极性和自主性。第三，鼓励学校开展社会实践、创新创业、在线课程的学习认证和学分认定制度建设，不断创新校内、校外课程共享模式，畅通学习成果转移转化渠道。第四，明确学分积累认可制度，学生在校学习期间所修课程及所获得学分，在学生因休学、退学等情况中断学业时，其在校学习已获得的学分可以予以保留，在复学或重新入学情况下，允许承认已修读课程的学分。第五，健全休学创业弹性学制。放宽学生学习年限，允许学生分段完成学业。对休学创业的学生，可以单独规定最长学习年限，并简化休学批准程序。

（三）推进学校学生管理的法治化

学校管理学生是学校为维护正常的教育教学秩序和生活秩序，保障学生身心健康，促进学生全面发展，依法对学生的行为进行引导和约束的活动。《教育法》第二十九条明确规定了学校针对学生的管理权，主要包括组织实施教育教学活动、招收学生或者其他受教育者、对受教育者进行学籍管理和实施奖励或者处分、对受教育者颁发相应的学业证书。从法律的角度来看，学校管理学生实质是学校运用法律赋予的学生管理权的过程。由于权力天然具有扩张性，在此过程中极易产生学校的学生管理权和学生的受教育权之间的紧张关系，学校的学生管理权在缺乏监督和制约的情况下很容易造成对受教育权的侵害。因此，为保护学生的受教育权免受来自学校的侵犯，我国先后颁布的《未成年人保护法》《义务教育法》《普通高等学校学生管理规定》《小学管理规程》等法律和规章，重点对最容易对学生受教育权造成损害的学籍管理权和纪律处分权进行了规范。其中，颁布于 1990 年的《普通高等学校学生管理规定》于 2005 年和 2016 年两次进行修订，成为我国不断更新教育管理理念，推进学校学生管理法治化的缩影和代表。从其相关文本内容的发展变化可以洞见改革开放 40 年来，我国通过规范和约束学校的学生管理权，不断加强受教育权保护的政策发展历程。

2005 年 9 月 1 日，修订后的《普通高等学校学生管理规定》正式取代 1990 年颁布的《普通高等学校学生管理规定》，开始施行。在依法治教进程不断加快和权利意识持续高涨的背景之下，2005 年的《普通高等学校学生管理规定》直面 20 世纪末以来高校因行使处分权屡被学生以受教育权受损为由告上法庭的现实问题，实现了从高校权力为本向学生权利为本的立法本位的转变，并重点对受教育权案件中引起争议最多的高校纪律处分权和校规制定权进行了规范。

一方面，1990 年的《普通高等学校学生管理规定》仅用四条规定了处分的形式、内容及有关的简单程序，给高校权力的恣意行使留下了很大的空间。而 2005 年的《普通高等学校学生管理规定》第五十二条至第五十九条对高等学校处分权的行使做了比较详尽的规定，对受处分的行为特征的描述采用了更为规范和清楚的法律用语，并且体现了行政法治的两个基本原则。一是比例原则，即行政主体在实施行政行为时应兼顾行政目标的实现和保护相对人的权益。在做出行政处罚时，如果所做决定可能对相对人的权益造成不利影响，应当将这种不利控制在尽可能小的范围内，使"目的"和"手段"之间处于适度的比例。2005 年的《普通高等学校学生管理规定》中第五十二条第二款规定"学校给予学生的纪律处分，应当与学生违法、违规、违纪行为的性质和过错的严重程度相适应"，正是此原则的体现。这使高校在行使处分权时有了一个"度"的标准，必须兼顾管理的目标和学生的利益，不能随意行使开除学籍等会严重影响学生受教育权的处分权。二是正当程序原则，即行政主体在做出影响相对人权益的行政行为时必须遵循正当法律程序，包括事先告知相对人、向相对人说明行为的理由和依据，听取相对人的陈述、申辩，事后为相对人提供相应的救济途径，以保证所做出的处分行为公开、公正、公平。2005 年的《普通高等学校学生管理规定》第五十六条至五十九条的规定体现了该原则，分别规定了高等学校做出处分前必须听取学生或其代理人的陈述和申辩，高等学校做出开除学籍处分的机构，以及高等学校做出处分的形式和送交、告知等义务。这就改变了"重实体、轻程序"的传统观念，程序正义的力量得以用来制约高等学校处分权的滥用。

另一方面，根据 1990 年的《普通高等学校学生管理规定》第六十八条"各高等学校可根据本规定制定实施细则"的规定，高等学校在制定校规时可选择根据或是不根据此规定，可以根据自己管理的需要制定各种千奇百怪的规定，将管理的触角深入学生生活的各个角落，并对学生的权利包括受教育权进行任意限制和干预。2005 年的《普通高等学校学生管理规定》第六十八条规定，"高等学校应当根据本规定制定或修改学校的学生管理规定，报主管教育行政部门备案"，"省级教育行政部门根据本规定，指导、检查和督促本地区高等学校实施学生管理"，把 1990 年的《普通高等学校学生管理规定》中的"可"这一模态词改为"应当"，体现了"高等学校根据本规定制定校规"这一自由权利向义务的转变。高校在制定校规时必须严格遵照《普通高等学校学生管理规定》，校规的制定必须符合法律、法规的规定，特别是在涉及限制、剥夺学生的基本人权或者增加其义务时，不得违背或者逾越法律、法规。它明确了校规的权限范围，在一定程度上体现了"法律保留原则"。而规定校规向教育行政部门的备案制度，以及教育行政部门对高等学校管理的监督权力，就把高校的校规置于行政监督之下，有利于从源头上防止违法、违规校规的出台。

2016年12月，教育部对2005年的《普通高等学校学生管理规定》做了全面修订。2016年的《普通高等学校学生管理规定》在阐明立法目的的第一条中，不仅在"维护普通高等学校正常的教育教学秩序和生活秩序"之前，加上了"规范普通高等学校学生管理行为"，强调行政法的控权意蕴，还将"保障学生身心健康"修改为"保障学生合法权益"，强调学生的权益，阐明了平衡学校管理权和学生权利的立法思路。在此价值理念的指引之下，2016年的《普通高等学校学生管理规定》在规范和制约高校学生管理权以保障学生受教育权方面主要做了如下两个方面的努力：第一，回应实践问题和现实关切，着力规范高校的学籍管理权。针对顶替上大学、非重点高校学生转入重点高校等侵犯学生受教育权的社会公共事件中暴露出的法律问题，在第二章"学籍管理"中新增关于取消入学资格的规定，并明确了入学后复查的内容和操作方法，从制度上和操作上减少和杜绝了冒名顶替、弄虚作假获得入学资格的可能性；同时明确了申请转专业的原则和不得转专业的情形，对于转学的条件，新增"特别需要"和"不适应本校学习要求"两种情况，并新增四条不得转学的条件。此外，针对频繁出现的学历、学位证书纠纷，新增一节"学业证书管理"，在整合已有规定的基础上新增有关学业证书信息变更和撤销学历、学位证书等方面的规定，加强了相关规定的针对性和可操作性，有助于学校行使学业证书管理权的规范化。第二，贯彻程序正义的法律保障理念和原则，进一步补充和完善关于奖励和处分的程序性规定。

为保障奖励的公平，规定学校对学生予以表彰和奖励，以及确定推荐免试研究生、国家奖学金、公派出国留学人选等赋予学生利益的行为，应当建立公开、公平、公正的程序和规定，建立和完善相应的选拔、公示等制度。同时，文件参照行政处分通知书的相关规定，对处分决定书应记载的内容进行了更加详细的说明；规定学校做出处分前应当告知学生事实、理由与依据，保障学生陈述和申辩的权利，学校做出的重大处分决定应当提交校长办公会决定并进行合法性审查；规范了处分决定及告知书的送达方式，包括留置送达、邮寄送达和公告送达；新增处分期限制度，规定"除开除学籍处分以外，给予学生处分一般应当设置 6 至 12 个月期限，到期按学校规定程序予以解除。解除处分后，学生获得表彰、奖励及其他权益，不再受原处分的影响"。

三、加强学生人身权利的保护

人身权利是人生存和发展的必要条件，是公民权利中最基本、最重要、内涵最为丰富的一项权利。它是指民事主体依法享有的，以在人格关系和身份关系上所体现的，与其自身不可分离的利益为内容的民事权利。人身权利可分为人格权和身份权，具体包括生命健康权、姓名权、肖像权、名誉权、荣誉权、隐私权、婚姻自主权、亲权等。

改革开放初期，在传统的特别权力关系下，由于学校在进行管理和教育教学的过程中过分强调学校秩序和管理权的重要性，学生在学校中的人身权利往往是受到忽视和限制的。一些教育行政人员、学校管理人员、教师法律意识淡漠，或者放任侵权行为的发生，或者疏于学校教育教学设施、校园的安全管理，致使学生的人身权利受到侵害。学生管理中的违法事件、学校事故导致的学生人身伤害问题被频频曝光；同时，学生的人身权利在受到来自学校的侵害后也难以得到有效的法律救济。自 20 世纪 90 年代以来，随着法治社会的发展和人权观念的增强，我国对学生人身权利的保护问题愈加重视，颁布了一系列教育法律法规以及有关未成年人保护的法律法规，逐渐建立起一套较为健全的学生人身权利保障机制。其中，在学生生命健康权和婚姻自主权保护方面取得的进步尤为显著，展现了改革开放 40 年来我国学生人身权利的逐步发展和落实。

（一）促进学生生命健康权的全面保护

生命健康权是指公民对自己的生命安全、身体组织完整和生理机能的健康所享有的权利，包括生命权、身体权和健康权。生命权是自然人维持生命和维护生命安全的权利；身体权是自然人保持其身体组织完整并支配其肢体、器官和其他组织的权利；健康权是自然人依法享有的以保持身体机能的健康为内容的权利。我国的教育法律和未成年人保护法律在总体上明确了各教育主体在学生生命健康权保护方面的义务和法律责任，勾勒出了学生生命健康权保护的总体法律框架。1993 年颁布的《教师法》规定教师应当制止有害于学生的行为或者其他侵犯学生合法权益的行为，批评和抵制有害于学生健康成长的现象，同时明确了教师体罚学生应承担的法律责任。1995 年颁布的《教育法》第四十四条规定"教育、体育、卫生行政部门和学校及其他教育机构应当完善体育、卫生保健设施，保护学生的身心健康"，并规定了教学设施重大安全事故的刑事法律责任追究。2006 年修订的《义务教育法》进一步明确了义务教育阶段政府、学校和教师在维护学生人身安全方面的法定职责，尤其强调各级人民政府及其有关部门应当履行依法维护学校周边秩序，保护学生、教师、学校的合法权益，定期对学校校舍安全进行检查，对需要维修、改造的及时予以维修、改造的义务，学校则应在学校建设方面符合国家规定的选址要求和建设标准，确保学生和教职工安全，应当建立、健全安全制度和应急机制，对学生进行安全教育，加强管理，及时消除隐患，预防发生事故。2006 年修订的《未成年人保护法》强调了学校对未成年人的人身保护职责，规定学校、幼儿园、托儿所应当建立安全制度和加强安全教育；不得在危及未成年人人身安全、健康的校舍和其他设施、场所中进行教育教学活动；安排未成年人参加集会、文化娱乐、社会实践等集体活动应当有利于未成年人的健康成长，防止发生人身安全事故；未成年学生在校内或者本校组织的校外活动中发生人身伤害事故的，应当及时救护，妥善处理，并及时向有关主管部门报告。同时规定学校、幼儿园、托儿所应当根据需要，制定应对各种灾害、传染性疾病、食物中毒、意外伤害等突发事件的预案，配备相应设施并进行必要的演练。在此基础之上，针对实践中造成学生生命健康权受损的突出问题，我国也制定了专门法规予以规范和解决，使学生的生命安全得到更加全面和细致的保护，主要体现在以下三个方面。

第一，促进学生伤害事故的积极预防和正确处理。学生伤害事故，即在学校实施的教育教学活动或者学校组织的校外活动中，以及在学校负有管理责任的校舍、场地、其他教育教学设施、生活设施内发生的，造成在校学生人身损害后果的事故，是学生生命健康权的最大威胁之一。特别是 20 世纪 90 年代以来，学校屡屡因此被告上法庭，相关法律责任的认定也存在较大争议。为此，教育部于 2002 年颁布了《学生伤害事故处理办法》，主要针对实践中反映突出的学生伤害事故责任的认定、事故的处理程序、损害赔偿等方面的问题做出了规定。《学生伤害事故处理办法》明确规定了学校对未成年学生不承担监护职责，明确了学校的安全教育、管理和保护的职责，具体规定了学校应当依法承担相应责任的情形和学生或者未成年学生监护人，以及其他有过错的当事人应当承担相应责任的情形，还规定了如果学校行为并无不当，学校不承担事故责任的情形。这部部门教育规章的制定，为积极预防和妥善处理在校学生伤害事故提供了重要的法律依据，填补了我国教育立法在处理学生伤害事故专项法规上的空白。2006 年，教育部等十个部门联合发布《中小学幼儿园安全管理办法》。作为我国第一个专门关于中小学安全管理的法规性文件，它明确了各行政部门的安全管理职责，规定了校内安全管理制度与管理要求以及校园周边安全管理职责与管理要求，涵盖了中小学安全工作的各个方面。同时，作为第一个与 2006 年修订的《义务教育法》配套的法规性文件，其从校内安全管理、校舍安全管理、校园周边安全管理三个方面对《义务教育法》关于学校安全的概括性规定做了更加全面具体的规定，并分设"校内安全管理制度""日常安全管理""安全教育"三章，以比较多的条款对校内安全问题做出全面具体的规定，有利于促进学校安全保护责任的切实履行。2010 年施行的《侵权责任法》第三十八条至第四十条专门对学生伤害事故中学校责任的承担依据、责任划分、归责原则和举证责任分配等做了明确规定。它以法律的形式再次肯定了学校对未成年学生不承担监护职责的观点，并突破了以往关于学校侵权责任的笼统性规定，把未成年学生的年龄因素纳入归责的构成要件，以此为标准，分别规定了学校的过错责任、过错推定责任和补充责任，从而对加强学校安全环境建设提出了明确要求，对预防学生伤害事故、落实对未成年学生生命健康的保护具有重要意义。

第二，加强校车安全管理。进入 21 世纪以来，校车安全事故频发，特别是随着 2001 年"撤点并校"政策的全面实施，农村地区的校车安全问题尤为突出，严重危害到学生的生命健康权利。在 2011 年甘肃正宁县特大校车安全事故的触发之下，国务院于 2012 年 4 月颁布实施《校车安全管理条例》，将校车安全问题正式纳入法治轨道，确立了保障校车安全的基本制度，为校车行驶画出清晰可辨的"安全线"。该条例对校车安全管理的政府职责、学校和校车服务提供者、校车使用许可、校车驾驶人、校车通行安全、校车乘车安全、法律责任等方面进行了全面规定，其中较为突出的内容亮点主要包括：

①明确以就近入学为原则，规定了县级以上地方人民政府合理制定和调整学校设置规划，保障学生就近入学或者在寄宿制学校入学的法定职责，同时应当充分听取学生家长等有关方面的意见；②规定县级以上地方人民政府应当采取措施，保障难以就近入学且公共交通不能满足上下学需要的义务教育阶段农村学生获得校车服务；③建立多渠道的校车经费筹措机制，并通过财政资助、税收优惠、鼓励社会捐赠等多种方式支持校车服务；④允许个体经营者提供校车服务，规定县级以上地方人民政府根据本地区实际情况，可以制定管理办法，组织依法取得道路旅客运输经营许可的个体经营者提供校车服务；⑤规定由政府批准校车使用许可，明确了教育行政部门、公安机关交通管理部门和交通运输部门的相应职责；⑥明确校车通行享有三项优先权，包括交通拥堵时的优先通行权、公交车专用车道使用权以及在机动车道的优先权利；⑦明确校车在高速公路、非高速的其他道路以及遇到特殊路况和天气时的最高时速；⑧规定校车须配备随车照管人员，同时明确随车照管人员应当履行的管理职责；⑨明确就近入园原则和幼儿专用校车的使用；⑩设置条例实行过渡期，为校车的有效供给提供保障。2012 年 4 月和 6 月，我国又陆续发布了"专用校车安全国家标准"《专用校车生产企业及产品准入管理规则》等规范性文件，规定了校车及座椅系统的各项技术指标和试验方法，明确了专用校车生产企业及产品的准入条件和管理制度，从而使我国的校车安全管理制度体系更加完善，有利于乘坐校车学生的人身安全保障。

第三，大力治理校园欺凌。随着 21 世纪网络社会的迅速发展，对学生的人身安全造成严重威胁和损害的校园欺凌和暴力事件频频被曝光，引起社会的广泛关注和政府的高度重视。2016 年 4 月，国务院教育督导委员会办公室印发《关于开展校园欺凌专项治理的通知》，要求在全国中小学包括中等职业学校开展为期九个月的校园欺凌专项治理：第一阶段为 4 至 7 月，主要是各校开展治理；第二阶段为 9 至 12 月，主要是开展专项督查。该政策文件的出台在一定程度上遏制了学生欺凌事件的频发，各地各校在提高防范意识、开展反欺凌专题教育和加强日常管理等方面取得了积极进展。2016 年 11 月，鉴于落实主体责任、健全制度措施、实施教育惩戒、形成工作合力等方面还存在薄弱环节，少数地方学生之间欺凌和暴力问题仍时有发生，教育部等九部门联合发布《关于防治中小学生欺凌和暴力的指导意见》，对防治学生欺凌和暴力事件提出了宏观性、原则性的指导意见，主要包括积极预防学生欺凌和暴力、依法依规处置学生欺凌和暴力事件、切实形成防治学生欺凌和暴力的工作合力三个方面，形成了我国校园欺凌治理的基本制度框架，为相关主体提供了有效的行动纲领和指南。2016 年 12 月，国务院教育督导委员会办公室印发《中小学（幼儿园）安全工作专项督导暂行办法》，将学生欺凌和暴力行为预防与应对纳入安全专项督导工作，进一步表明了政府大力治理校园欺凌的决心，推动了校园欺凌治理的切实进行。2017 年 11 月，教育部等十一个部门联合印发《加强中小学生欺凌综合治理方案》，在《关于防治中小学生欺凌和暴力的指导意见》的基础上提出了更为具体和更具针对性、操作性的防治措施，形成了六个治理新举措，包括：明确了学生欺凌的界定，提出了预防的具体举措，规范了处置程序，对学生欺凌的不同情形明确了惩戒措施，建立了长效机制，厘清了职责分工。《加强中小学生欺凌综合治理方案》的出台进一步完善了我国防治校园欺凌的制度体系，有利于促进中小学校园欺凌防治工作真正落到实处。

（二）推动学生婚姻自主权的逐步伸展

婚姻自主权是指自然人依照法律规定，自己做主决定其婚姻的缔结和解除，不受其他任何人强迫或干涉的人格权。① 它包括结婚决定权和离婚决定权两个方面。我国宪法和婚姻法确定了婚姻自由的制度。《宪法》第四十九条第一款规定"婚姻、家庭、母亲和儿童受国家的保护"，第四款规定"禁止破坏婚姻自由，禁止虐待老人、妇女和儿童"。《中华人民共和国婚姻法》第二条规定了婚姻自由制度，并在第六条规定了最低结婚年龄：男不得早于二十二周岁，女不得早于二十周岁。

学生的婚姻自主权主要是针对在高等院校就读的年满二十周岁的女学生、年满二十二周岁的男学生而言的。根据我国宪法和法律的规定，他们均应享有法定的婚姻自主权。然而，这一权利在改革开放之初却受到了严格的制约。随着时代的发展和社会的进步，婚姻自主权经历了一个从限制到剥夺再到伸张的过程，具体而言，可分为以下三个阶段。

第一阶段（1978—1983 年）：对在校学生的结婚年龄进行严格限制。1978 年教育部颁布的《高等学校学生学籍管理的暂行规定》第四条规定，学生在学习期间，要提倡晚婚。25 岁以下的不准结婚，擅自结婚者一律退学。26 岁以上的，经本人申请，学校批准，方能结婚。1981 年教育部发布的《关于高等学校在校学生结婚规定的通知》规定，高等学校在校学生，一般应是未婚者，如果有学生要求在学习期间结婚，则应先办理退学手续，但年龄在 30 岁以上要结婚和已结婚的，可继续留校学习。可见，在这一阶段学生仍有一定的婚姻自由，但是结婚年龄受到严格的控制，婚龄也从 26 岁被提高到 30 岁，反映出对学生婚姻自主权限制的日益加强。

第二阶段（1983—2005 年）：禁止在校学生结婚。1983 年教育部颁布的《全日制普通高等学校学生学籍管理办法》第三十一条规定：

---

① 魏振瀛：《民法》，655 页，北京，北京大学出版社，2000。

"一学期旷课超过 50 学时（旷课一天，按实际授课时间计）和在校学习期间擅自结婚而未办退学手续的学生，亦作退学处理。"第三十五条第（3）项规定："在校学生一般应是未婚者。学生如果在学习期间擅自结婚，则应办退学手续。"这一文件的出台标志着在校学生婚姻自主权的完全丧失。1990 年国家教委颁布的《普通高等学校学生管理规定》第三十条"在校学习期间擅自结婚而未办理退学手续的学生，作退学处理"的规定，则是对"禁婚令"的进一步重申。

第三阶段（2005 年至今）："禁婚令"的解除。2005 年教育部修订颁布的《普通高等学校学生管理规定》删除了 1990 年版本中"在校学习期间擅自结婚而未办理退学手续的学生，作退学处理"的规定。这就使在校学生重新获得了婚姻自主权，可以自由地行使结婚的权利，从而有利于依法治校的深入推进，减少因此产生的学生与学校之间的纠纷。

四、健全学生权利的法律救济机制

"没有救济就没有权利。"换言之，有权利必有法律救济，无法律救济的权利是无保障的权利。权利的法律救济作为一种寻求权利保障的行为或过程，对任何权利实现都是必不可少的，是权利实现的核心和灵魂，是"法定权利"转化为"实有权利"的可靠保障。因此，学生权利的真正实现必须依靠法律救济，通过法定的程序和途径裁决学生与学校、行政机关等主体之间的纠纷，使他们的合法权益获得法律上的补救。改革开放 40 年来，随着社会主义市场经济的不断发展，教育体制改革的持续深入，以及在缓慢但已成为不可逆转之势的法治进程中人们权利意识的日益增强，我国学生权利的法律救济途径也有所扩展，学生申诉、教育行政诉讼等机制日益完善，为学生合法权益的保护提供了可靠保障。

（一）完善学生申诉制度

学生申诉，即学生对学校给予的处分或处理不服，或认为学校和教师的行为侵犯了其合法权益，依照教育法律、法规或者规章的规定向主管机关或单位申诉理由，请求处理的制度。1990 年颁布的《普通高等学校学生管理规定》初步确立了高校学生申诉制度，其第六十四条规定，学校对学生的"处理结论要同本人见面，允许本人申辩、申诉和保留不同的意见。对于本人的申诉，学校有责任进行复查"。1995 年颁布的《教育法》最早以法律的形式确认了学生的申诉权，并对学生申诉的适用范围做了一定的规定，其第四十二条第四款规定，"对学校给予的处分不服向有关报门提出申诉，对学校、教师侵犯其人身权、财产权等合法权益，提出申诉或依法提起诉讼"是学生的权利。1995 年，《国家教委关于实施〈中华人民共和国教育法〉若干问题的意见》进一步将学生的申诉分为行政申诉和校内申诉。同年，由国家教委颁布的《关于开展加强教育执法及监督试点工作的意见》指出，行政申诉制度是政府、教育行政部门依法处理教师、学生申诉请求的制度，校内申诉制度是教师、学生、职员因对学校或者其他教育机构的有关职能机构或人员做出的有关处理决定不服，或认为其有关具体行为侵犯了自身的合法权益，申请学校或者其他教育机构依照规定程序进行审查处理的制度，并对行政申诉和校内申诉的受理范围和程序做出了较为明确的规定。

2005 年，教育部颁布了新的《普通高等学校学生管理规定》，用较大篇幅针对高等学校的学生申诉制度做出了较为详细具体的规定，标志着我国学生申诉制度的进一步完善。具体表现为：一方面，扩大了学生申诉的范围。根据 2005 年《普通高等学校学生管理规定》第五条关于学生享有"对学校给予处分或者处理有异议，向学校或者教育行政部门提出申诉"的权利之规定，学生申诉的范围不再局限于学校的处分行为，还包括学校的处理行为。另一方面，对校内申诉制度做了比较细致的规定。根据 2005 年《普通高等学校学生管理规定》第五十九条至第六十四条的规定，校内申诉制度的主要内容包括 6

项。①权利告知：告知学生可以提出申诉及申诉的期限。②机构设置：学校应当成立学生申诉处理委员会。③人员组成：学生申诉处理委员会应当由学校负责人、职能部门负责人、教师代表、学生代表组成。④受理范围：受理学生对取消入学资格、退学处理或者违规、违纪处分的申诉。⑤申诉时效：自接到学校处分决定书之日起5个工作日内提出。⑥申诉限制：从处分决定送交之日起，学生在申诉期内未提出申诉的，学校不再受理其提出的申诉。

2016年，教育部再次对《普通高等学校学生管理规定》进行修订，将"学生申诉"作为专门的第六章予以规定，彰显了申诉制度对于学生权益法律保护的重要地位。该规定对校内申诉制度和校外行政申诉制度做了进一步的完善，具体表现为：第一，健全学生申诉处理委员会的相关规定。在学生申诉处理委员会的组成方面，新增"负责法律事务的相关机构负责人"作为必要的组成人员，并可以聘请校外法律、教育等方面专家参加；同时要求学校应当制定学生申诉的具体办法，健全学生申诉处理委员会的组成与工作规则，提供必要条件，保证其能够客观、公正地履行职责。第二，对申诉及学校复查期限进行了更有利于学生维权的调整。将校内申诉的期限由"5个工作日"修改为"10日"，学生申诉委员会复查学生申诉的期限由"15个工作日"修改为"15日"，并规定情况复杂不能在规定限期内做出结论的，经学校负责人批准，可延长15日。学生申诉处理委员会认为必要的，可以建议学校暂缓执行有关决定。第三，对省级教育行政部门如何处理学生申诉做出了较为明确具体的规定。根据该规章第六十三条的规定，省级教育行政部门在处理因对学校处理或者处分决定不服提起的学生申诉时，应当听取学生和学校的意见，并可根据需要进行必要的调查。根据审查结论，区别不同情况，分别做出维持原决定、责令学校撤销决定、责令学校变更或重新做出决定、责令学校重新做出决定等不同的处理。第四，增设了对侵害学生合法权益及制定违法校规的学校及其工作人员的责任追究制度。根据该规章第六十五条的规定，学生认为学校及其工作人员违反该规章侵害其合法权益的，或者学校制定的规章制度与法律法规和该规章抵触的，可以向学校所在地省级教育行政部门投诉；教育主管部门则应当对做出前述违法违规行为的学校及其工作人员责令改正，并依法追究有关责任人的责任。

可见，我国的学生申诉制度经历了一个由概括式规定到具体制度建设的过程，它的建立完善具有十分重要的意义。第一，学生申诉制度就其本质而言，是为认为其合法权利受到学校侵犯的学生提供一种权利救济的途径，通过学校及上级教育行政部门与学生之间以相互尊重和沟通为基础的申诉程序的展开，及时公正地解决和处理在教育管理中发生的冲突和纠纷，明确了作为教育管理对象的学生在教育法律关系中的主体地位，淡化了管理者与被管理学生之间的上下级关系，体现了依法治教和依法治校的精神，彰显了"以人为本、权利本位"的教育人文关怀。第二，学生申诉制度在高校与学生之间创设了进行理性对话的场所，使双方可以交换各自的观点和意见，让当事学生参与到处理争议的申诉程序当中，通过程序正义的实现使学生获得对学校教育管理行为的理解与认同，增强对申诉处理决定的信任感，有利于和谐校园的建立和学校凝聚力的提升。第三，学生申诉制度的施行可以有效地破解教育管理者与学生之间"命令—服从"的单向作用关系，有助于学生在申诉权的行使过程中逐渐形成主体意识和发展主体能力，有效地培育与强化学生的法治意识，鼓励学生关注自己的合法权利，培养学生的责任意识，提升学生主体的自我教育能力，从而促进学生的全面发展。

（二）开启教育行政诉讼

行政诉讼，是指公民、法人或者其他组织认为行政机关和被授权组织的具体行政行为侵犯其合法权益而不服的，依法定程序向人民法院起诉，由人民法院依法受理，并在双方当事人及其他诉讼参与人的参加下，依法对具体行政行为的合法性进行审理并就相关行政争议做出裁决的审判活动及其诉讼制度。长期以来，由于受到传统的"特别权力关系理论"影响，当学生因为对学校的决定和处理不服而产生教育管理纠纷时，他们很难通过对学校提起行政诉讼来维护自己的合法权益。20 世纪 90 年代以后，随着民主法治进程的不断推进和公民权利意识的日益高涨，行政诉讼的大门开始向教育领域打开。尤其是在高等学校学生管理纠纷的解决方面，教育行政诉讼的司法实践取得了突破性的发展。

据相关资料，我国最早的高等教育行政诉讼案件是河南省平顶山市湛河区人民法院于 1996 年 7 月 16 日受理的刘国黎、王云、张芳、马超诉河南省平顶山煤矿技术学校责令退学、注销学籍案。该案件中，法院认为被告系法律法规授权的组织，从而确认了其行政诉讼的被告主体资格，并认为被告在处分学生的过程中适用法律错误和违反法律程序，最终判决撤销被告对四原告做出的责令退学、注销学籍的处分决定，并责令恢复四原告学籍。而标志着教育行政诉讼取得突破性进展的典型案例，是 1998 年发生的田永诉北京科技大学拒绝颁发毕业证、学位证案。这一案件对学校的法律地位、教育行政诉讼的受案范围以及合法性原则、正当程序原则等行政法原则在教育领域的运用等问题做出了具有突破性意义的回答，曾作为典型案例刊登于《中华人民共和国最高人民法院公报》1999 年第 4 期，为各地法院对此类案件的受理和审判提供了参考，为将行政诉讼机制引入学生与学校之间法律纠纷的解决奠定了实践基础。随后的 1999 年，又发生了引起广泛关注的刘燕文诉北京大学、北京大学学位评定委员会案。虽然该案件最后的结果令人遗憾，但法院再次向学生开启了行政诉讼的大门，并确立了学位纠纷案件审理中的正当程序原则立场，引起了全社会对大学自治与司法审查问题的热烈讨论，为相关司法实践的开展又一次提供了经典判例式的启示和指导。

　　田永案和刘燕文案之后，学生诉高等学校的行政诉讼案件呈现出较为明显的上升趋势。例如，2000—2004 年天津市法院共受理的23 件教育行政案件中，学生诉高校的占 60％。2003 年 10 月至 2005年 5 月，广州市两级法院已经处理了学生诉高校的行政案件 18 件，是年均处理该类争议最多者。2004 年一年里，杭州市西湖区人民法院受理并审结 10 例大学生状告母校的行政诉讼案件。在这些司法案件中，法院大都从保护处于相对弱势地位的学生的合法权益出发，受理案件并审查高校的管理行为。同时，原告学生的胜诉率也较高，在天津轻工业学院学生刘某诉学校勒令退学案、广东农工商职业技术学院学生郑某诉学校勒令退学案、南京农业大学学生王某诉学校拒发学士学位案、浙江大学学生姚某诉学校拒发学士学位案、昆明某大学机械工程学院学生彭某诉学校拒发本科毕业证案、福州大学学生穆某诉学校拒发毕业证和学士学位案、武汉理工大学（原武汉工业大学）学生王某诉学校拒发学士学位案、暨南大学学生武某诉学校拒发学士学位案等具有典型意义的案件中，绝大多数是学生胜诉。

　　2014 年 12 月，最高人民法院发布了对全国法院审判、执行工作具有指导意义的第九批指导性案例，将田永诉北京科技大学拒绝颁发毕业证、学位证案和何小强诉华中科技大学拒绝授予学位案列入其中，在裁判要点中明确指出：第一，高等学校对受教育者因违反校规、校纪而拒绝颁发学历证书、学位证书，受教育者不服的，可以依法提起行政诉讼；具有学位授予权的高等学校，有权对学位申请人提出的学位授予申请进行审查并决定是否授予其学位。申请人对高等学校不授予其学位的决定不服提起行政诉讼的，人民法院应当依法受理。第二，高等学校依据违背国家法律、行政法规或规章的校规、校纪，对受教育者做出退学处理等决定的，人民法院不予支持。第三，高等学校对因违反校规、校纪的受教育者做出影响其基本权利的决定时，应当允许其申辩并在决定做出后及时送达，否则视为违反法定程序。第四，高等学校依照《中华人民共和国学位条例暂行实施办法》的有关规定，在学术自治范围内制定的授予学位的学术水平标准，以及据此标准做出的是否授予学位的决定，人民法院应予支持。这两个教育行政诉讼指导性案例的颁布，阐明了司法机关对高等学校学位纠纷纳入行政诉讼受案范围的立场和态度，为各地法院审理同类案件提供了明晰的指导意见，表明教育行政诉讼的发展又向前迈出了坚实的一步。

第二节　立德树人，规范学生行为

随着改革开放以来我国学生权利保护法律体系的不断完善，学生权利逐步得到重视和伸张，学生的权利意识尤其是维权意识也日渐高涨，有力地促进了教育法治的发展。然而，在此过程中，学生以不正当方式维护自己利益的现象也开始出现。例如，因为班主任不让学生谈恋爱或穿出格服装，某中学曾发生学生"炒班主任鱿鱼"事件；因为穿了露脐装和超短牛仔裤参加学校的升旗仪式，上海某校老师让一女生回家穿统一服装，该女生到电视台曝光老师侵犯其上课的权利的事件；还有老师因正常地教育管理学生而遭受学生辱骂、殴打的事件；等等。学生滥用权利、违反义务的种种行为，不但在一定程度上影响了教师教育管理权的实现，影响了学校正常的教育教学秩序，而且不利于学生自身的健康成长和全面发展。因此，我国的学生政策法律也开始重视对学生行为的规范，着重培养学生良好的行为习惯，增强学生的责任感和法治意识。特别是新时代确立立德树人的教育根本任务以后，这一特征表现得更为明显。

一、确立立德树人的根本任务

改革开放以来，在各项重大政策法律和重要讲话关于党的教育方针的表述中，始终强调受教育者在德、智、体等方面全面发展，始终坚持把"立德树人"作为教育最根本的任务。1978 年，邓小平同志在全国教育工作会议上指出："应该使受教育者在德育、智育、体育几方面都得到发展，成为有社会主义觉悟的有文化的劳动者。"①1982 年颁布的《宪法》第四十六条第二款规定："国家培养青年、少年、儿童在品德、智力、体质等方面全面发展。"1995 年颁布的《教育法》第五条规定："教育必须为社会主义现代化建设服务，必须与生产劳动相结合，培养德、智、体等方面全面发展的社会主义事业的建设者和接班人。"2002 年，党的十六大报告提出"坚持教育为社会主义现代化建设服务，为人民服务，与生产劳动和社会实践相结合，培养德智体美全面发展的社会主义建设者和接班人"。2007 年，党的十七大报告提出"坚持育人为本、德育为先，实施素质教育，提高教育现代化水平，培养德智体美全面发展的社会主义建设者和接班人，办好人民满意的教育"，首次提出了"育人为本、德育为先"。2010 年颁布的《教育规划纲要》就坚持德育为先、能力为重、全面发展进行了重点部署。胡锦涛同志在 2010 年全国教育工作会议上强调，"德是做人的根本，只有树立崇高理想和远大志向，从小打牢思想道德基础，学习才有动力，前进才有方向，成才才有保障"②，为立德树人工作指明了方向。2011 年，党的十七届六中全会通过的《中共中央关于深化文化体制改革推动社会主义文化大发展大繁荣若干重大问题的决定》提出要"全面加强学校德育体系建设"，要求"动员社会各方面共同做好青少年思想道德教育工作"。2012 年，党的十八大报告进一步强调要"全面贯彻党的教育方针"，"全面实施素质教育"。面对新形势、新要求，报告强调"坚持教育为社会主义现代化建设服务、为人民服务，把立德树人作为教育的根本任务，培育德智体美

---

① 《邓小平文选》第 2 卷，103 页，北京，人民出版社，1994。

② 胡锦涛：《在全国教育工作会议上的讲话》，12 页，北京，人民出版社，2010。

全面发展的社会主义建设者和接班人"，将"立德树人"的定位置于"全面发展"之上，强调促进人的德行成长是教育的首要任务，强调德行成长是人的全面发展的根本保障。这是以习近平同志为核心的党中央继承、丰富和发展党的教育方针的集中体现，是对党的全面发展的教育方针的重大发展，是党的教育理论创新的最新成果，为新时代培养什么人、怎样培养人指明了方向。

2013 年，党的十八届三中全会发布《中共中央关于全面深化改革若干重大问题的决定》，提出要"全面贯彻党的教育方针，坚持立德树人"，并指出了坚持立德树人的具体举措和要求，包括"加强社会主义核心价值体系教育，完善中华优秀传统文化教育，形成爱学习、爱劳动、爱祖国活动的有效形式和长效机制，增强学生社会责任感、创新精神、实践能力"。2015 年 12 月修订的《教育法》新增"教育应当坚持立德树人，对受教育者加强社会主义核心价值观教育，增强受教育者的社会责任感、创新精神和实践能力"为第六条第一款，以法律的形式确认了立德树人的教育方针，为相关改革提供了法律依据。据此，我国颁布了一系列政策文件，落实立德树人的根本任务，进一步丰富、完善和发展党的教育方针，主要体现在以下五个方面。

第一，把社会主义核心价值观融入国民教育全过程。2013 年 12 月，中共中央办公厅印发了《关于培育和践行社会主义核心价值观的意见》，指出要"把培育和践行社会主义核心价值观融入国民教育全过程"，并提出了"培育和践行社会主义核心价值观要从小抓起、从学校抓起""拓展青少年培育和践行社会主义核心价值观的有效途径""建设师德高尚、业务精湛的高素质教师队伍"等具体要求。2014 年 4 月，教育部发布《关于培育和践行社会主义核心价值观进一步加强中小学德育工作的意见》，围绕中小学德育工作如何回应社会主义核心价值观教育这一问题，提出了三个要求：一是"充分体现时代性，加强中小学德育的薄弱环节"，包括加强中华优秀传统文化教育、公民意识教育、生态文明教育、心理健康教育和网络环境下的德育工作；二是"准确把握规律性，改进中小学德育的关键载体"，包括改进课程育人、实践育人、文化育人和管理育人；三是"大力增强实效性，夯实中小学德育的基本保障"，包括改进方式方法、加强组织领导、强化协同配合和完善督导评价。2014 年 10 月，教育部党组、共青团中央联合发布《关于在各级各类学校推动培育和践行社会主义核心价值观长效机制建设的意见》，指出要"紧紧围绕立德树人根本任务，综合运用教育教学、实践养成、文化熏陶、制度保障、研究宣传等方式，重点在'融入'上下功夫，把社会主义核心价值观纳入国民教育全过程，落实到教育教学和管理服务各环节，覆盖到所有学校和受教育者，形成培育和践行社会主义核心价值观工作长效机制，使广大师生自觉将社会主义核心价值观内化于心、外化于行"。

第二，加强中华优秀传统文化教育。2014 年 3 月，教育部印发《完善中华优秀传统文化教育指导纲要》，不仅明确了开展中华优秀传统文化教育的主要内容，即以天下兴亡、匹夫有责为重点的家国情怀教育，以仁爱共济、立己达人为重点的社会关爱教育，以正心笃志、崇德弘毅为重点的人格修养教育；同时还提出，要分学段有序推进中华优秀传统文化教育，把中华优秀传统文化教育系统融入课程和教材体系，全面提升中华优秀传统文化教育的师资队伍水平。2016 年 1 月，《中共教育部党组关于教育系统深入开展爱国主义教育的实施意见》发布，其中特别强调要"尊重和传承中华民族历史和文化，加强中华优秀传统文化教育"，指出：一方面，要深入挖掘和阐发中华优秀传统文化的时代价值，要求重点建设一批中国传统文化协同创新中心和重点研究基地等研究机构，加强传统文化师资队伍和人才库建设，资助一批对传承中华文化、弘扬民族精神有重大影响的文化工程项目，一批在学术发展史上具有重要意义的文献资料发掘整理项目；另一方面，要完善中华优秀传统文化教育，要求把中华优秀传统文化教育系统融入课程和教材体系，围绕中华经典、非物质文化遗产、中华优秀传统文化艺术、中国语言文字等方面开发课程和教材、开展活动、建立基地和启动培训等。

第三，加强劳动教育和爱国主义教育。2015 年 7 月，教育部等部门联合印发《关于加强中小学劳动教育的意见》，指出"劳动教育是全面贯彻党的教育方针的基本要求，是实施素质教育的重要内容，是培育和践行社会主义核心价值观的有效途径"，提出劳动教育的主要目标不仅在于提高中小学生的劳动素养，促进劳动习惯和态度的形成，培养勤奋学习、自觉劳动、勇于创造的精神，同时还要用 3 至 5 年时间，推动建立劳动教育体系、劳动教育实验区、劳动教育实践基地和特色学校，并进一步指出了劳动教育的基本原则、关键环节和保障机制。2016 年 1 月，《中共教育部党组关于教育系统深入开展爱国主义教育的实施意见》指出"弘扬爱国主义精神，要从青少年做起"，并从五个方面提出了对教育系统开展爱国主义教育的要求，包括：把爱国主义教育作为弘扬爱国主义精神的永恒主题，贯穿国民教育全过程；坚持爱国主义与社会主义相统一，加强中国特色社会主义和中国梦的教育宣传；维护祖国统一和民族团结，增强青少年学生的国家认同；尊重和传承中华民族历史和文化，加强中华优秀传统文化教育；坚持立足民族又面向世界，增强人类命运共同体意识。

第四，全面深化课程改革。教育部于 2014 年 3 月印发《关于全面深化课程改革落实立德树人根本任务的意见》，指出"立德树人是发展中国特色社会主义教育事业的核心所在，是培养德智体美全面发展的社会主义建设者和接班人的本质要求。课程是教育思想、教育目标和教育内容的主要载体，集中体现国家意志和社会主义核心价值观，是学校教育教学活动的基本依据，直接影响人才培养质量"。文件提出了全面深化课程改革的十大关键领域和主要环节，包括：研究制定学生发展核心素养体系和学业质量标准，修订课程方案和课程标准，编写、修订高校和中小学相关学科教材，改进学科教学的育人功能，加强考试招生和评价的育人导向，强化教师育人能力培养，完善各方参与的育人机制，实施研究基地建设计划，整合和利用优质教育教学资源，加强课程实施管理。在此政策文件的指引下，我国在课程领域采取了一系列改革措施来落实立德树人的根本任务，例如，研制《中国学生发展核心素养》，统一组织新编义务教育道德与法治、语文、历史教材，发布高中新课程标准，等等。

第五，健全立德树人系统化落实机制。2017 年 9 月，中共中央办公厅、国务院办公厅印发《关于深化教育体制机制改革的意见》，在全面深化教育体制机制改革的同时，进一步聚焦育人方式改革这一人才培养的核心问题，为落实立德树人根本任务指明了方向。文件提出了三个方面的要求：一是要构建以社会主义核心价值观为引领的大中小幼一体化德育体系。针对不同年龄段学生，科学定位德育目标，合理设计德育内容、途径、方法，使德育层层深入、有机衔接，推进社会主义核心价值观内化于心、外化于行。二是在培养学生基础知识和基本技能的过程中，强化学生关键能力培养。着重培养学生的认知能力、合作能力、创新能力和职业能力。三是要建立促进学生身心健康、全面发展的长效机制。切实加强和改进体育，改变美育薄弱局面，深入开展劳动教育，加强心理健康教育和国防教育。

二、完善学生守则

学生守则可看作一项规定学生"做人、成人"基准的教育政策，具有很强的中国特色。国家层面的教育方针和核心价值观、地方或学校层面的学生行为规范和安全须知，都需要通过各种有计划、有系统的活动，使之内化于心、外化于行。学生守则的性质和功能恰恰处在上接国家教育方针、下接学校行为规范的基础准则层面。学生守则既是对国家教育理念的具体化阐释，又是对学校的理解和操作的规范性指导；既能让学生基本读懂和理解，更能让学校在制定本校具体操作性行为规范时有明确的底线标准，同时又为地方和学校留下了充足的教育载体创新余地，尤其是每所学校都可以根据本校的学生特点、传统特色制定更加具体、更加灵活、对学生更具直接指导性的行为规范。① 改革开放 40 年来，我国根据时代发展的需要和学生特点的变化，不断调整和修订学生守则，促进学生思想道德品质的全面提升和良好行为习惯的正确养成。

一方面，调整中小学生守则和日常行为规范，促进中小学生养成良好的行为习惯。改革开放以后，随着德育从"文化大革命"时期的政治教育向关注青少年思想的转化和社会风气的改良的转向，教育部于 1981 年颁布了《小学生守则》和《中学生守则》，从政治、学习、身体、卫生、劳动、生活、纪律、师生关系、公德、诚实十大方面，对中小学生在日常学习生活中必须遵守的道德行为准则进行了明确规定，体现了国家对中小学生在思想品德方面的基本要求。为配合《小学生守则》和《中学生守则》的贯彻执行，加强对中小学生的文明礼貌教育和行为训练，国家教委分别于 1991 年和 1994 年颁布了《小学生日常行为规范》和《中学生日常行为规范》，对中小学生的日常行为习惯提出了更具体、操作性更强的要求。中小学生守则和日常行为规范的颁布，对中小学生养成良好的行为习惯，以及学校形成良好的校风、学风、教风起到了重要的促进作用。进入 21 世纪以后，随着经济社会的不断发展，中小学生思想道德建设面临许多新的情况和新的问题，同时随着基础教育开始从"应试教育"向"素质教育"转变，德育理论和实践也开始了新的探索。在此背景下，根据《中共中央国务院关于进一步加强和改进未成年人思想道德建设的若干意见》《公民道德建设实施纲要》的要求，教育部于 2004 年将《小

---

① 安至正：《中小学生守则的性质与功能》，载《教育科学研究》，2016(4)。

学生守则》和《中学生守则》合并为《中小学生守则》，对《小学生日常行为规范》《中学生日常行为规范》的内容进行了必要的调整和补充，形成新的《小学生日常行为规范（修订）》《中学生日常行为规范（修订）》。合并后的《中小学生守则》仍为十条，《小学生日常行为规范（修订）》《中学生日常行为规范（修订）》分别为二十条和四十条。《中小学生守则》《小学生日常行为规范（修订）》《中学生日常行为规范（修订）》除对部分内容进行修改和调整外，根据社会发展对人才培养提出的新要求，分别增加了符合时代特征的内容。如诚实守信、加强实践、合作意识、创新意识、网络文明、安全自护、远离毒品等。党的十八大以来，中央对培育和践行社会主义核心价值观、落实立德树人根本任务、传承中华优秀传统文化做出了一系列重大部署。为落细落小落实新时代的精神实质和崭新要求，进一步增强中小学德育的针对性和实效性，教育部于 2015 年将原有的《中小学生守则》《小学生日常行为规范（修订）》《中学生日常行为规范（修订）》合并压缩，印发了《中小学生守则（2015 年修订）》。2015 年的新守则共 9条，282 字，涵盖学生德智体美劳全面发展的基本要求。在内容方面，它保留了 2004 年守则中仍具时代价值、体现中华传统美德、应长期坚持的内容，如热爱祖国、热爱人民、热爱中国共产党、诚实守信、珍爱生命等；补充了一些更具操作性、学生可以做到的具体行为规范内容，如主动分担家务、自觉礼让排队、不比吃喝穿戴等；增加了新时期学生成长发展中学校、社会和家庭高度关注的内容，如养成阅读习惯、文明绿色上网、低碳环保生活等。在形式方面，它适应中小学生学习生活的新环境，遵循中小学生认知规律和语言特点，表述生动，带有诗歌韵律，朗朗上口，充分体现以学生为本的教育理念。

另一方面，修订高校学生行为准则，加强对高校学生的行为规范和指导。1982 年，教育部颁布了《高等学校学生守则（试行草案）》

（以下简称《守则（试行草案）》），从八个方面对高校学生的思想品德和行为习惯提出了基本要求，成为改革开放后高校学生的首个行为准则。随着 1985 年以来教育体制改革的不断推进，国家教委遵照党的教育方针，根据建设中国特色社会主义事业对高素质人才的要求，于 1989 年颁布《高等学校学生行为准则（试行）》（以下简称《准则（试行）》），取代了《守则（试行草案）》。它对高校学生的政治、思想和品德提出了总体要求，即：“应当有坚定正确的政治方向，热爱社会主义祖国，拥护共产党领导和社会主义制度，努力学习马克思主义；应当热心于改革和开放，有艰苦奋斗的精神，走与工农群众相结合的道路，努力为人民服务，为实现具有中国特色的社会主义现代化而献身；应当自觉地遵守宪法、法律，严格遵守校纪校规，增强法制观念，有良好的品德；应当勤奋学习，努力掌握现代科学文化知识。立志成为有理想、有道德、有文化、有纪律的社会主义现代化建设事业的合格人才，做无产阶级革命事业的接班人。”在此基础上，它还提出了 15 条高校学生在日常生活中必须自觉遵守的行为准则。《准则（试行）》颁布后成为各高校对学生进行政治、思想和品德考核鉴定的重要依据，在引导学生坚持坚定正确的政治方向，促进学生树立良好的道德品质和养成文明行为习惯等方面发挥了良好的作用。进入 21 世纪，随着国内改革的持续深入和国际形势的深刻变化，高校学生的思想观念、价值取向、行为方式呈现出许多新的特点。有鉴于此，教育部于 2005 年对《准则（试行）》进行修订，颁布了新的《高等学校学生行为准则》。与 1989 年的旧准则相比，新准则具有如下变化和特征：第一，更新了高校学生思想政治教育的观念和要求。以培养社会主义合格建设者和可靠接班人作为根本目标，对高校学生在政治方向和理想信念方面提出了明确的行为要求，并将理想信念放在最为重要的位置；着眼于对高校学生可持续发展能力的培养，从思想素质、政治素质、道德素质、科学素质、文化素质、身体素质和心理素质等方面对大学生的成长提出了原则性的基本要求；取消了大量关于"按时熄灯就寝""不在禁烟区吸烟"等具体规定，代之以如何处理好与国家、社会、学校、个人四个层面的关系等内容，注重对高校学生思想行为层面提出要求。第二，更加贴近学生特点，体现出鲜明的时代感和针对性。针对当代高校学生的突出弱点，提出明确要求。例如，在学习方面提出"追求真理，崇尚科学""严谨求实""珍惜时间，学业有成"；在道德品质方面提出"履约践诺，知行统一""恪守学术道德"；在个人修养和心理健康方面提出"自尊自爱，自省自律""豁达宽容，健康向上""磨砺意志，不怕挫折"；等等。同时对大学生提出不同于中学生的递进性要求，例如，取消了《准则（试行）》中诸如"不浪费水、电、粮食""讲究卫生""爱护花草树木"等要求，代之以"珍惜他人和社会劳动成果""仪表整洁""爱护环境，珍惜资源"等。根据时代特征和社会发展要求，提出"培养同人民群众的深厚感情""增强社会责任感""甘愿为祖国为人民奉献""积极实践，勇于创新""正确行使权利，依法履行义务""文明使用互联网""热爱生活""关爱自然""自觉抵制黄、赌、毒"等。第三，在以人为本理念指导下，突出教育主体的重要作用。文件取消了《准则（试行）》中"不得""要"等外在的要求性表述，并按照年轻人的特点，减少条目，精炼文字，朗朗上口，便于记忆。[①]

三、推进青少年法治教育

法治教育是给人以法律、法律程序与法律制度有关的知识和技能，以及法律、法律程序、法律制度所立足的基本原理和价值观的教育。青少年法治教育是培养合格公民的应有之义和必要手段，对促进学生社会化的顺利进行并最终成为合格的社会主义建设者和接

---

① 陈希、何进：《新准则　新高度　新发展——对新版〈高等学校学生行为准则〉的解读与思考》，载《中国高等教育》，2005(8)。

班人具有十分重要的意义。它有利于帮助学生了解、掌握个人成长和参与社会生活必需的法律常识和制度，明晰行为规则，自觉尊法、守法；有利于增强学生依法规范自身行为、分辨是非、运用法律方法维护自身权益、通过法律途径参与国家和社会生活的意识和能力；有利于促进学生参与法治实践，践行法治理念，树立法治信仰，形成对社会主义法治道路的价值认同、制度认同，成为社会主义法治的忠实崇尚者、自觉遵守者、坚定捍卫者。改革开放40年来，随着依法治国进程的持续推进和对青少年法治教育认识的不断深化，我国的青少年法治教育相关政策也日臻成熟和完善，引领着青少年"法制教育"向"法治教育"的迈进。

自国家第一个五年普法规划至第六个五年普法规划中期，我国的青少年法治教育一直停留在"法制教育"的初级阶段。随着1980年邓小平在中共中央会议上提出加强法制教育的指导思想，1982年党的十二大报告对法制宣传教育和学校设置法制教育课程的强调，1985年11月，第六届全国人大常委会第十三次会议通过《关于在公民中基本普及法律常识的决定》，正式启动了我国的第一个五年普法规划。其中明确提出"学校是普及法律常识的重要阵地"，并要求大学、中学、小学及其他各级各类学校都设置法制教育的课程，或者在有关课程中增加法制教育的内容，列入教学计划，并且把法制教育同道德品质教育、思想政治教育结合起来，标志着我国青少年法制教育进程的正式开启。1995年12月，国家教委等部门联合印发《关于加强学校法制教育的意见》，指出"学校法制教育的任务，是通过向学生传授必要的法律基本常识和基础理论知识，使学生对社会主义法律制度有初步的了解和认识，增强法律意识，自觉地遵纪守法"，并对各级学校开展法制教育的目标、内容、途径和保障措施做出了较为明确的规定，可见，这一时期的青少年法制教育仍处于探索起步阶段，侧重法律法规初步的宣传教育，主要目标是促进学生的知法和守法。

随着1997年依法治国方略的正式提出，"建设社会主义法治国家"成为新的发展目标，我国普法教育也进入新的发展阶段。"三五"普法、"四五"普法、"五五"普法都强调，不仅要让公民知法和守法，而且更要学会用法、护法。在此背景下，教育部等部门先后于2002年和2007年颁布《关于加强青少年学生法制教育工作的若干意见》和《中小学法制教育指导纲要》，指出"开展中小学法制教育的主要任务是：努力培养中小学生的爱国意识、公民意识、守法意识、权利义务意识、自我保护意识，养成尊重宪法、维护法律的习惯，帮助他们树立正确的人生观、价值观和荣辱观，树立依法治国和公平正义的理念，提高分辨是非和守法用法的能力，引导他们做知法守法的合格公民"，提出了构建学校、家庭、社会"三结合"的青少年学生法制教育网络，法律知识教育与法治实践教育相结合等新的原则，以及开展依法治校、加强青少年法制教育基地建设、推进青少年网络文明行动等新的实施途径，并对小学、初中和高中各学段法制教育的内容做了更新和更为详细的规定，对各学科如何渗透法制教育、如何通过专题教育和校外活动开展法制教育等问题做了较为具体的规定，从而推动青少年法制教育从法律常识的普及宣传向全方位地提升学生法律意识，特别是权利意识的新阶段转变。

2012年党的十八大提出"全面推进依法治国"，首次把法治作为治国理政的基本方式；2011年开始的"六五"普法开始重视法治理念的教育和法治精神的培养，标志着我国法制教育进入提升期。为落实十八大精神和"六五"普法规划的要求，教育部等五部门于2013年联合印发《关于进一步加强青少年学生法制教育的若干意见》，指出"青少年学生法制教育要以弘扬社会主义法治精神，树立社会主义法治理念，培养知法尊法守法用法的合格公民为根本目标"，并针对我国青少年法制教育的现实问题提出了落实法治教育相关课程和活动、加强法制教育资源建设、增强法制教育的实践性、加强法制教育工作力量、强化经费保障、健全法制教育考核与督导制度等要求，凸显了青少年法制教育的重要地位，推动了青少年法制教育实践的不断深化发展。

2014年10月，党的十八届四中全会专门研究推进"依法治国"，第一次提出了"坚持走中国特色社会主义法治道路，建设中国特色社会主义法治体系"这一重大论断，明确了全面推进依法治国的重大意义和指导思想，标志着我国的法治进程进入新时代。在中共中央做出的决定中，首次提出"法治教育"的概念，并要求"将法治教育纳入国民教育体系，从青少年抓起，在中小学设立法治知识课程"，这标志着青少年法制教育进入法治教育的新阶段。为贯彻落实党的十八届四中全会精神，教育部等部门于2016年密集发布了一系列政策文件，推动法治教育纳入国民教育体系。1月，教育部颁布《依法治教实施纲要（2016—2020年）》，其中特别对青少年法治教育的开展做出了全面部署，提出了全面加强学生法治教育、积极推进青少年法治教育实践基地建设、健全青少年法治教育支持体系、着力提升中小学法治教育教师专业素质等一系列要求。4月，教育部办公厅发布《关于2016年中小学教学用书有关事项的通知》，要求从2016年起将义务教育小学和初中起始年级"品德与生活"和"思想品德"教材名称统一更改为"道德与法治"。6月，教育部、司法部和全国普法办联合印发《青少年法治教育大纲》，对在国民教育体系中系统规划和科学安排法治教育的目标定位、原则要求和实施路径做出了顶层设计，是新时代我国青少年法治教育的政策纲领和行动指南。大纲不仅根据青少年认知的特点和认知的规律，科学地规划教学内容，构建起了以宪法教育为核心，义务教育、高中教育、高等教育全覆盖，并且有机衔接的学校法治教育的体系，而且对青少年法治教育提出了不同于法制教育阶段的新要求：不仅要让青少年知法、守法，而且更强调培养其用法、信法、护法的自觉意识，将法治信仰的树立作为法治教育的最高目标；不仅要开设法治教育课程和开展法治教育主题活动，而且要重视校园法治文化的建设和学生主体作用的发挥；不仅强调法治教育要与德育结合，而且更突出法治教育相对独立的地位和独特的功能。7 月，教育部发布《全国教育系统开展法治宣传教育的第七个五年规划（2016—2020 年）》，9 月，教育部等七部门联合发布《关于加强青少年法治教育实践基地建设的意见》，进一步贯彻落实《青少年法治教育大纲》的要求，统筹推进青少年法治教育。这些政策文件，尤其是《青少年法治教育大纲》的颁布，促进了新时代青少年法治教育政策体系的不断完善，有力提升了法治教育在国民教育体系中的地位，并促进了法治教育实践的深入发展。比如，从 2017 年 9 月 1 日秋季学期开始，教育部统一组织新编的义务教育道德与法治教材在全国所有地区小学和初中起始年级投入使用，充分发挥了课程教育在青少年法治教育中的主渠道作用；教育部全国青少年普法网开通，成为青少年法治教育线上资源中心和支撑平台，截至 2017 年年底，普法网访问量大约是 12 亿人次；青少年法治教育实践基地普遍设立，并充分利用信息通信手段寓教于乐，提高了教育的针对性、趣味性、实效性；全国学生"学宪法　讲宪法"活动、全国青少年学生法治知识网络大赛、青少年学生法治教育优秀多媒体课件资源征集活动、宪法晨读活动等活动蓬勃开展，并已经逐渐成为教育系统开展法治教育的品牌活动，在教育系统营造了尊法、守法、学法、用法的良好氛围，推动青少年法治教育不断取得实效。

第三节　践行法治，让每个孩子都成为有用之才

改革开放 40 年来，我国运用政策法律手段治理学生事务，已初步建成学生权利的法律保护体系，并在学生行为的规范方面做出了

积极有效的探索。在全面依法治国的时代，必须继续坚持运用法治的思维和方式推动学生事务的改革和发展，充分发挥法治的力量为每个学生的全面健康成长保驾护航：应健全学生相关教育立法，实现学生事务的良法之治；促进依法治校，保证学生管理的法治化；完善法律救济机制，为学生权利的实现提供最有力的法律保障。

一、健全教育立法，平衡学生的权利和义务

法的价值取向是指法对社会利益关系进行规范和调整时所欲达到的目的或追求的社会效果。法作为利益调节机制，如何协调处理各种利益冲突，如何使各利益主体实现利益的最大化，并使社会能够稳定有序、和谐发展，它需要有一个选择方向。法的价值取向对于立法活动具有重大意义：它能够为立法提供统一的基调，使纷繁复杂的立法活动获得内在的和谐与一致。因此，确立法的价值取向是进行法律制定和修订的重要基础和前提。从改革开放 40 年我国学生政策法律的发展来看，其在价值取向方面经历了从学校权力本位向学生权利本位再向平衡学生的权利和义务的逐步转变。

改革开放初期，由于受传统的特别权力关系理论及儒家德教文化的影响，我国的学生政策法律一直以学校权力本位作为其基本的价值取向，将学校权力作为立法的起点、轴心和重点，呈现出如下特征：①学校权力无际，即"权力圆"无限大[1]，学校权力的使用范围和影响范围没有边际，可以渗透到学生生活的任何领域，不受学生"权利圆"的边界限制，其具体表现是学校权力无边，很少甚至不受约束。②学校权力万能，即相信学校权力可改变一切，做到想做的一切，受该权力支配的学生无条件服从，否则必受权力者处罚。③学校权力无上，指学校权力处于至高无上的地位，特别是与学生

---

[1] 石秀印：《中国社会转型时期的权力与权利——观念分析》，见夏勇：《走向权利的时代》，70 页，北京，中国政法大学出版社，1995。转引自童之伟：《权利本位说再评议》，载《中国法学》，2000(6)。

权利相比，其处在最高等级。④学校权力大于法律，在观念上将学校权力的价值看得高于法律，在实践中学校权力的享有者往往轻慢法律、虚置法律，破坏法定的制度，以自己的意愿取代法律。⑤学校权力被认为是天然合理、正确的，其与学生权利发生冲突时后者必须让位于前者。

随着改革开放的深入开展，尤其是 20 世纪 90 年代以来，经济社会不断发展，法治进程持续推进，我国制定了一系列重在彰显学生主体地位、保障学生权利的政策法律，实质是在价值取向上开始将学生权利作为立法的根本。这种价值取向的具体内容包括：①学生皆为权利的平等主体。②在学生权利与义务的关系上，学生权利是目的，是第一性的，是义务存在的依据和意义。③在学生权利和学校权力的关系上，学生的权利是学校权力配置和运作的目的和界限，即学校权力的配置和运作，只有为了保障学生权利的实现，协调权利之间的冲突，制止权利之间的互相侵犯，维护权利平衡，才是合法的和正当的。④学生在行使其权利的过程中，只受法律规定的必要限制，而确定这种限制的唯一目的在于保证对其他主体的权利给予应有的同样的承认、尊重和保护，以创造一个使所有主体的权利都能实现的自由而公平的法律秩序。

进入新时代以来，我国的学生政策法律开始重视对学生行为的规范，反映出在价值取向方面的新转变，即强调学生权利和义务的平衡。这种新的价值取向意味着：学生是一个社会的公民，学习不仅是学生的权利，同时也是社会赋予学生的义务和职责，每个学生都必须对自己的成长负责、对社会负责。在法治社会，每个学生都应该是权责统一的主体，在教育系统中既享有一定的法律权利，又承担着一定的法律责任；学生在享有受教育权、人身权利等各种权利的同时，也必须履行遵守法律法规、学校合法规章制度的义务；不仅要确立学生主体的观念，明确学生的权利，提高其自觉性和主动性，而且也要增强学生的责任感和法治意识，确保其行为合理合法。可见，平衡学生权利和义务的价值取向，是对学生权利本位的价值取向的补充、修正和发展，是在坚持学生权利为本的基础上，强调学生权利的有限性和义务的重要性，体现出对当前学生发展过程中所出现问题的深刻洞察和准确判断，有利于促进教育法治的真正实现，有利于促进学生的全面发展。正如德里克·希特所言："自由主义类型的公民资格理论强调个人的自由和权利。但在个人自由和权利对共同体的忠诚和义务之间，必须有某种平衡，不论这种平衡多么粗略，没有它，公民美德就将为自私自利所淹没。"①因此，它也应当成为未来健全学生政策法律所坚持的价值取向。

以平衡学生的权利和义务为价值目标，审视我国学生政策法律制定与实施的现状，可发现其主要存在两方面的问题：一方面，学生权利的实现情况不容乐观。学校安全事故以及学生欺凌和暴力、校园性侵害、教师体罚学生等事件频发，使学生的人身权利受到严重侵害和威胁；停课、劝退、劝转、开除、强制分流学生、拒绝学生入学、外派学生打工、违法拒发学历学位证书等侵犯学生受教育权的行为未能得到有效制约，尤其是农民工随迁子女平等受教育机会的实现仍有待法律保障的加强；学生的参与权、财产权、隐私权、荣誉权等权利未能得到法律的有效保护，常常被忽视和侵犯。另一方面，学生义务的法律规范有待加强。对学生义务的要求和行为的规范主要是通过零散的教育政策的形式提出，缺乏系统性、统一性和权威性；立德树人的根本要求未能在法律中得到全面体现，不利于全面育人目标的有效实现；集中体现对学生行为规制的教师惩戒权尚未在法律中得以确立，不能满足教育实践的迫切需要。针对以上问题，应适时修订《教育法》《教师法》《高等教育法》《义务教育法》

① ［英］德里克·希特：《何谓公民身份》，73 页，长春：吉林出版集团有限责任公司，2007。

《学位条例》等法律中的相关条款，研究制定《学校安全条例》《流动儿童少年教育法》等法律法规，对学生权利和义务的内容及其实现机制在法律中做出更明确和具体的规定，将教师惩戒权、立德树人等促进学生全面发展的最新需要纳入到法律体系之中，对学校安全、农民工随迁子女受教育等重点和难点问题进行专门的法律规制。结合《教育规划纲要》和《依法治教实施纲要（2016—2020 年）》中关于教育立法工作的规划，我国未来在健全学生相关政策法律体系方面，应优先和重点开展以下两方面的教育立法。

第一，研制《学校安全条例》。尽管我国目前已经形成了由《侵权责任法》《义务教育法》《校车安全管理条例》《学生伤害事故处理办法》等法律、行政法规和部门规章组成的学校安全法律制度体系，对学校与学生的法律关系、学校安全事故的归责原则、政府及有关部门的学校安全管理责任等关键问题进行了规定，但是仍未从根本上改变学校安全问题所面临的严峻局面。现有的法律制度存在着覆盖范围不周延、规范不具体的问题，难于对现实需求做出有效回应；同时学校安全的法律规范是一个综合性较强的法律问题，既涉及民事侵权行为，又涉及政府职责、学校管理义务等教育法、行政法问题。因此，有必要制定专门的法律规范，对有关问题做出系统的回应和安排。鉴于国家立法资源的紧张和部门规章的法律效力缺陷，较为可行的选择是起草行政法规，即《学校安全条例》，以实现制度原则性和可操作性的有机统一。从调整范围上，条例应当实现对学校安全领域的全覆盖，即学校安全的概念应覆盖从幼儿园到高校的各级各类学校，同时涵盖学校内可能发生的各类对学生、教师人身安全和权益造成侵害的行为或者事故，包括学校侵权行为、学生间的欺凌、教师侵权等。从规范的内容上，要将学校侵权责任具体化，即要依据《侵权责任法》确定的原则，将各级各类学校的教育、管理职责具体化，将学校的过错行为明确化、概括化，从而使学校责任的范畴与要求进一步细化，增强法律原则的可操作性和可执行性。同时，从法律角度促进学校安全制度的规范化，可以结合《企事业单位内部治安保卫条例》的规定，有针对性地完善校园安保制度和体系。从预防学校安全事故的策略上，条例要促进实现学校事故预防的专业化和安全责任的分散化，即条例要推动政府、社会及市场力量共建学校安全风险管理体系，健全学校安全管理机制，以政府购买服务的方式推行学校安全风险顾问制度，让专业机构参与学校风险防范；要允许和推动学校将学校安全的一些重要事项，如校园安保、餐饮等环节，通过招标采购方式委托专业公司承担，设立强制保险，适度分散风险。①

第二，修订《学位条例》。作为新中国第一部教育法律，《学位条例》的颁布标志着我国学位制度的正式建立，是我国依法治教和教育法治事业的开端。30 多年来，《学位条例》为我国高层次人才培养，促进各门学科学术水平的提高和教育、科学事业的发展，推进学位管理和研究生教育事业的进步，保障公民受教育权利的实现，做出了不可替代的贡献。2004 年，《学位条例》曾经进行过修正，但是只涉及一个条款，即对《学位条例》第九条第二款关于学位论文答辩委员会和学位评定委员会的组成做了修改，远不能满足学位制度实践的需要。由于《学位条例》制定最早，已不能完全适应我国高等教育体制和学位管理体制改革和发展的要求，有许多条款与《教育法》等其他法律的规定不相协调，甚至已经随着高等教育环境的重大改变成为实际难以实现的法律规定；同时，30 多年的学位管理实践中不断出现新情况、新问题，如学位授权审核的纠纷、学位授予申请的纠纷等，以及探索出的若干带有普遍意义的成功经验，如专业学位的设置、省级学位委员会的设立等，都急需在《学位条例》中加以系

---

① 王大泉：《学校安全立法的现状与需求》，载《北京教育（高教）》，2013(10)。

统解决和确定。因此，迫切需要对《学位条例》做出适时修订。在具体的修订工作中，首先，应当改变"条例"这一不符合当前立法技术和立法习惯的名称，改为《学位法》。其次，应当尊重现行《学位条例》的内容。能不修改的就不要修改，能少修改的就少修改，尽可能在现行《学位条例》的基础上进行适当的增加、修改和删除，保持历史的传承性，而不是重新立法。再次，应增强《学位条例》修订工作的针对性和实务性，对学位管理体制、学位授予单位及学科专业的审核、专业学位的设置、学位纠纷处理及权利救济等学位管理工作中的突出问题进行充分的研究论证。最后，应兼顾学位法自身的逻辑性与学位管理工作的实践经验。依照学位法的理论逻辑对其进行分章处理，凸显其逻辑自洽性和内容完整性；同时将学位管理工作中的成熟经验和做法上升为法律，如省级学位委员会的设立及职权、学位授予单位及学科专业的审核程序、学位授予正当程序等。①

二、促进依法治校，规范学校对学生的管理

学生管理工作是学校管理工作的重要组成部分，是教育教学工作得以正常、有效开展的重要基础，是教育工作的关键性环节之一。改革开放以来，学校的法治化水平有了很大程度的提高，学校法治意识不断增强，学生管理的制度化和规范化程度也与日俱增。但是由于几千年来根深蒂固的伦理政治影响下形成的以义务为中心的思维方式长期禁锢着人们的头脑，学校在学生主体思维上还是比较匮乏，对学生作为权利主体的实质认同不足，导致在学生管理活动中背离学生天性，不符合教书育人的教育理念，甚至严重损害学生的合法权益。目前，在我国大中小学校仍较普遍存在着侵害学生的受教育权、生命健康权、财产权、名誉权、人格尊严权、隐私权、休

① 马怀德：《学位法研究——〈学位条例〉修订建议及理由》，196～197 页，北京，中国法制出版社，2014。

息权等现象。比如：学校为提高升学率，把成绩不好的学生开除或劝其退学，不允许其参加升学考试；放弃或终止许多课程的开设和教学，不开设音乐课、美术课或随意挤占体育课等与应试无关的课程；教师对学生实施体罚、变相体罚或唆使他人侵害学生的身体，学校未提供符合安全标准的教育教学设施和生活设施，或未采取必要的安全预防和保护措施，导致学生伤害事故发生；学校没收学生的贵重物品，损坏学生财物，乱罚款、乱收费或变相收费，变相向学生索要礼物；教师、学校行政管理人员讽刺、挖苦、辱骂学生，当众贬损学生，给学生取带有歧视性和侮辱性的称号；某些学校、教师随意窥探学生私生活，擅自公开学生的隐私，对学生进行搜身，扰乱学生私生活的自由与安宁；学校不按时放学，占用课余时间给学生集体补课或训练，或占用学生午饭后的休息时间，组织诸如比赛、大扫除等活动；等等。这反映出我国在实现学生管理的法治化方面仍有较大的进步空间，其核心是对学校的学生管理权进行必要的规范和制约，促进学校依法治校。

学校拥有一定的学生管理权是十分必要的，其目的在于通过教育和管理学生，维护正常的学校教育教学秩序和学生生活秩序，使教育教学活动正常进行；并且在各种管理过程中培养学生具有良好的学习和生活习惯，使学生逐渐具有基本的自理能力、自制能力和独立处理日常生活事务的能力，从而间接或直接地实现全面发展的教育目的。但是任何权力都具有一定的扩张性，容易超越自身的界限和被滥用，从而造成对权利的侵蚀。因此，应明确学校在行使其教育管理学生的权力时必须遵循以下原则，以免侵害学生的具体权利。

第一，合法性原则。合法性原则是指学校权力的存在、行使必须依据法律，符合法律，不得与法律相抵触。这一原则要求学校在制定学校学生管理规章和教育管理学生时不仅应遵循宪法、法律，还应遵循行政法规、地方性法规、行政规章、自治条例和单行条例等。合法不仅指合乎实体法，也指合乎程序法。这个原则应适用于学校学生管理的各个方面。学校对违纪的学生进行处理，在涉及影响或剥夺学生依法享有的权利的时候，必须由法律做出明文规定，而不能由学校单纯依据学校规章自主处理。凡涉及公民基本权利的问题，只能由法律在符合宪法的前提下做出必要的、适当的约束，其他限制都可能是违宪的。学校在制定一切规定和章程时，必须首先用法律的眼光加以审视，必须符合国家的法律规定。学校依法办学的"自主权"，也只能自觉地置身于国家法律的监督之下，而不能凌驾于法律之上。

第二，合理性原则。合理性原则是指学校的教育管理行为的内容要客观、适度、合乎理性。这一原则要求学校的教育行政管理行为应该符合立法目的，并建立在正当考虑的基础上，不得考虑不相关因素，不对相同事实给予不同对待，并且应符合职业道德的要求。具体包括两个方面的要求：一方面，要合乎教育规律。即学校的管理必须符合教育规律。学校是实施教育的场所，而教育活动是有规律可循的。一些基本的教育规律在学生管理中同样具有重要作用，如学生管理的宽严结合原则、发挥学生的主动性实施自我管理的原则、启发与教育并重的原则、反复教育的原则等，这些都是学生管理符合教育规律的具体体现。另一方面，要合乎教育目的与青少年身心发展规律及特点。即学校的教育管理行为必须与培养全面发展的公民这一教育目的相适应，同时在教育管理过程中，要充分考虑到中小学生处在特殊的成长阶段，身心发展的特点是不成熟、不稳定、可塑性较强，充分考虑到其心理、智力和身体发育的水平与规律。值得注意的是，学校对学生的惩戒是对学生行为按照一定标准进行评价后的一定结果，这种评价的标准可以包括政治、经济、法律、道德等多元的维度，不同的评价标准得出的结论亦不相同。因此，在制定、执行纪律处分规定的时候，应当着眼于实现教育目的，以教育手段为主。既不能降低标准，迎合部分道德观念较低的人的要求和愿望，使制定出来的纪律处分包容学生违反最基本的道德要求的行为，失去促进高尚道德、推动文明进步发展的作用；也不应当提高道德标准，使制定出来的纪律为大多数学生难以达到。学校应根据学校培养目标，认识和判断学生应当遵守的最基本的道德标准，并从培养学生健康人格、尊重学生基本权利的角度，反思学校的纪律处罚标准。学校的纪律处分是学生行为规范的底线，应当与现行法律保持一致。

　　第三，比例原则。比例原则作为解决高校学生管理问题所依据的原则之一，具有总括性和普遍性。所谓比例原则，是指权力的行使，目的和所采取的手段之间必须符合一定的比例。比例原则本身又包含三个次要原则：一是妥当性原则，即行政行为必须是为了实现合乎法律要求的行政目标，并且是有助于实现特定行政目标的正确行为。如果一项行政行为的做出不是为了达到法定目的或无助于达到法定目的，则是违反了妥当性原则，从而违反了比例原则。这层含义强调的是目的与手段的相当。同时，只要该行政措施或行为（手段）能够部分地实现行政目标，即不违反妥当性原则。二是必要性原则，又称最少侵害原则，是指在符合妥当性原则后，在所有能够达到行为目的的方式中，必须选择最少侵害的方法，即在符合行为目的的前提下，行为者应该选择侵害最轻的方法。必要性原则的一个最精彩的描述来自德国魏玛时代弗莱纳的一句话："不可用大炮打麻雀。"这句话表明，严厉的手段只有在已经成为最后手段时才可以采纳。① 三是均衡原则，即行政手段给行政相对方所造成的损害或不利影响，不得超过其所追求的行政目的所包含的公共利益。换

---

　　① 李军：《行政法上的比例原则研究》，硕士学位论文，湘潭大学，2004。

句话说，行政行为的目的利益和手段成本之间应该保持适当的比例关系。倘若行政行为为了较小的公共利益而违反较大的个人利益，则不符合比例原则的要求。具体到学校学生管理上，比例原则要求学校行使管理权力必须充分考虑育人目的与管理手段之间的适度比例，不能因小过而重罚、罚过不相当和责过失衡，应注重保护受教育者的合法权益。同时，要求学校在做出纪律处分决定时必须坚持以下几个标准：①可处分可不处分时，应不给纪律处分；②处分可轻可重的，应选择较轻的纪律处分；③受处分的人所受的处分必须与违纪行为的性质、动机、目的及一贯表现相适应，不能畸轻、畸重。①

第四，正当程序原则。正当程序原则是指在做出影响相对人权益的行政行为时，必须遵循正当法律程序，包括事先告知相对人，向相对人说明行为的根据和理由，事中听取相对人的陈述、申辩，事后为相对人提供相应的救济途径，从而保证所做出的行为公开、公正、公平。正当程序原则的要义就是在行使权力及做出任何使他人遭受不利影响的决定前，应当听取当事人的意见。近年来，正当程序原则被大量地介绍到中国，越来越多的法律工作者认识到，法律程序是控制政府权力、保护公民利益、实现社会正义的重要手段。这一原则要求学校在做出影响学生权益的决定时必须遵循正当法律程序，包括事先告知学生，向学生说明行为的理由和依据，听取学生的陈述、申辩等，以保证所做出的决定公开、公正、公平。正当程序原则对学校的学生管理提出以下要求：首先，自己不做自己的法官。这一要求在学生管理中主要体现为被处分学生所在的院系(所)无权直接做出处分决定，而应向学生处或教务处等有权做出处分决定的机构提交调查记录和处分意见，由其做出处分决定。其次，

---

① 姜国平：《高校管理权与学生受教育权的冲突与平衡》，载《浙江师范大学学报(社会科学版)》，2005(2)。

说明理由。学校对学生做出处分，应当出具处分决定书，送交学生本人。处分决定书应当包括处分和处分事实、理由及依据。处分理由和依据应当援引教育法律法规以及学校规范性文件中的相应条款，坚持证据充分、依据明确、定性准确、处分适当的原则。最后，听取陈述和申辩。学校在对学生做出处分决定，特别是对其受教育权产生实质影响的决定之前，应当听取学生本人或者其代理人的陈述和申辩。

三、完善法律救济，保障学生权利的实现

法律救济是学生权利的最后保障，也是其顺利实现的可靠保证。改革开放以来，我国学生权利的救济途径已经得到了进一步的完善和扩展，但相关制度仍存在不足。一方面，学生申诉制度蹒跚前行。尽管《普通高等学校学生管理规定》的两次修订使学生申诉制度不断得到充实和细化，然而，仍有许多关键的制度设计问题未能解决，比如，校内申诉的相关程序规定不够精细，校内申诉与行政申诉、行政诉讼的关系尚未理顺，校外行政申诉渠道并不顺畅，从而导致申诉机制在实践中所发挥的作用相当有限，造成学生对申诉救济机制的普遍不信任。这种不信任对学生权利的平等保护和全面救济非常不利。另一方面，教育行政诉讼摇摆不定。虽然田永案和刘燕文案推动了教育行政诉讼理论和实践的发展，此后学生因对学校的处分行为不服或是认为学校的行为侵犯了自己的受教育权利而提起行政诉讼的案件，在短时间内呈雨后春笋之势，但各地法院在此般起诉浪潮面前显示出了一种谨慎却步的姿态。例如，熊怀欣对中国航天工业总公司 061 基地 302 所、曾昭玉对中国社会科学院、张保文对中国社会科学院的起诉均被告知不予受理，唐玉清诉新乡医学院、李树民诉四川美术学院等案先后被驳回起诉，张峻霄诉华西医科大学、刘兵诉天津轻工业学院等案被长期中止诉讼，黄渊虎诉武汉大学、

金竹青诉上海医科大学等案一审均以原告败诉告终。①同时，各地法院对是否受理此类案件的态度大相径庭，司法实践缺乏统一的标准，导致相似的案件裁判结果截然不同的现象时有发生，形成了对学生诉权保护极不平衡的局面，不利于司法权威的维护和学生受教育权的平等保护。教育行政诉讼的摇摆不定，在很大程度上是因为法律对教育行政诉讼的受案范围不明确、对学校的行政诉讼被告主体资格不确定、对学校管理行为的司法审查强度不明晰等。针对以上问题，可从以下两方面对我国学生权利的法律救济机制进行完善。

（一）完善学生申诉制度

第一，要增强学生申诉处理委员会的独立性。学生申诉处理委员会作为校内专门处理学生申诉的机构，虽与学校的职能部门有一定的关系，但不应该成为学校的职能部门，而应更多地有自己的独立性。在申诉处理委员会的人员组成上，应保证教师代表、学生代表和法律人士的参与，占到委员会总人数的一半以上。教师代表应更多地吸纳没有行政兼职的教授等学术人员，校领导不应担任申诉处理委员会的主任。同时，申诉处理委员会委员的产生和遴选，应由全校师生（或代表）投票选出，委员会产生后应向全校公布，保证选举的公开、公正，以对申诉处理委员会形成监督和制约机制。

第二，要明确学生申诉处理委员会的变更决定权。在我国的现行制度下，如果学生申诉处理委员会认为有必要改变原处理或处分决定，需要通过学校或原决定单位重新决定，这样就很可能面临学校或原决定单位拒绝理会申诉处理委员会的建议而坚持原决定的困境，从而使申诉处理委员会形同虚设。因此，有必要明确申诉处理委员会变更原决定的权力。这方面，我国台湾地区高校申诉机构的

---

① 何海波：《行政诉讼受案范围：一页司法权的实践史（1990—2000）》，见《北大法律评论》（第 4 卷第 2 辑），579～580 页，北京，法律出版社，2002。

制度设计与安排值得借鉴。例如，台湾大学的《学生申诉评议办法》第十五条规定：原处分单位认为评议决定有抵触法规或窒碍难行者，应自收到评议决定书副本之次日起十日内列举具体理由呈报校长，并告知申评会；校长如认为理由充分者，得交付申评会再议。除有上述情况外，评议决定书经呈请校长备查后，学校应立即执行。这样，既赋予申诉处理委员会变更原决定的权力，同时又给予原决定单位再次表明意见、陈述理由的机会，平衡了双方的权力，从而为实现学生权利的救济奠定了基础。

第三，要健全学生申诉的程序性规定。"只有公正的程序，才具有产生公正结果的能力。"①古老的自然正义原则，其要义就在于保证程序的正义，才能实现实体的公正。然而，从我国申诉制度的设计来看，"重实体、轻程序"的问题十分突出，进一步细化相关程序性规定势在必行，尤其应健全公开、参与、申辩、回避、听证等制度。建议申诉处理委员会在处理学生申诉时，是否公开应尊重申诉人的意见。但无论公开与否，都应保证申诉人和相关关系人出席。处理过程中应允许申诉人对自己的行为进行申辩，并允许其和原决定单位的代表进行辩论和质证。原来做出处理或处分的单位中参与处理或处分决定的个人不应当参与到申诉案件的裁定过程中，以保证申诉机构审理案件的客观中立。鉴于听证制度具有成本较高、削弱当事人隐私权等消极影响，因此不宜将听证设为申诉审查的必经程序，而只是在有需要的情况下使用，如对涉及学生重大权益的争议或纠纷规定进行听证，并确立案卷排他性原则等一系列听证的原则与规则。

第四，要建立申诉前置的诉讼衔接制度。从更长远的角度来看，应以申诉制度作为诉讼的前置程序的制度选择为宜。对于申诉制度与诉讼制度的具体衔接可做以下处理：首先，学生在对学校的处理

---

①　沈宗灵：《法理学》，49页，北京，高等教育出版社，1994。

或处分不满时，应当向学生申诉处理委员会提起申诉。受理学生申诉以后，学生申诉处理委员会如在规定时间内不做任何处理决定，那么学生可以针对该部门的不作为，向上一级教育行政机关申请行政申诉。如果学生对行政申诉的结果仍不满意，则可以向人民法院提起诉讼，依靠行政或司法监督纠正申诉受理机关的不作为。其次，如果学生对校内申诉处理结果不服，应根据不同情况采取不同的救济措施：①对涉及人身权、财产权的学校行为可以提起诉讼。②如果学生受到的处理或处分直接关系到其获得或失去作为学校成员这一特定身份，如取消入学资格、开除学籍等，由于这将改变学生的实质性地位，对学生受教育权利影响重大，学生有权提起行政诉讼。③如果学生受到的是学校基于自身内部的教学管理制度而做出的纪律处分，而且这种处分不足以改变其作为学校成员的实质性地位，此时申诉委员会对申诉请求所做的决定应视为终局决定。①

第五，要赋予省级教育行政部门对校内学生申诉处理决定的变更权。学生校外行政申诉制度在一定意义上类似于行政复议制度。应参照我国《行政复议法》，赋予省级教育行政部门对校内学生申诉处理决定的变更权。根据行政机关做出复议决定的原则，省级教育行政部门可以分以下情况对学生的申诉做出处理决定：①学校的管理行为符合法定权限和程序，适用校规正确、事实清楚，可以维持原决定。②学校的管理行为明显存在着程序上的不足，责令被申诉人进行补正。③对于被申诉人不履行法律、法规和规章规定的职责的，责令限期改正。④学校的处理或处分适用学校规章制度错误的，可以直接变更原决定。⑤学校的处理或处分所依据的学校规章制度与法律、法规及其他规范性文件相抵触的，可直接撤销原决定。

---

① 湛中乐：《高等学校大学生校内申诉制度研究（上）》，载《江苏行政学院学报》，2007(5)。

（二）健全教育行政诉讼制度

第一，要明确教育行政诉讼的受案范围。教育行政诉讼受案范围的明确在根本上有赖于《行政诉讼法》对受案范围的进一步拓宽。由于新修改的《行政诉讼法》仍采用肯定加否定的列举方式来规定受案范围，仅将人身权、财产权作为公民的合法权益予以明确，并沿用内部行政行为不可诉的逻辑，将行政机关对行政机关工作人员的奖惩、任免等决定排除在外，那么在实践中法院仍有很大可能遵循特别权力关系理论的惯性思维和做法，拒绝对侵害学生和教师公民基本权利的行为予以司法审查。因此，应进一步改进《行政诉讼法》对受案范围的立法技术，摒弃肯定式的列举方式，采用概括加否定列举的方式，规定"法院应受理公民、法人和其他组织认为行政机关侵犯其宪法规定的合法权益的具体行政行为"，同时借鉴对特别权力关系做出修正的"重要性理论"，仅将行政机关对行政机关工作人员做出的不涉及其公民基本权利的奖惩、任免等决定予以否定式列举。然而，鉴于《行政诉讼法》在短期内很难再进行修改且程序较为复杂，更为现实有效的选择是由最高人民法院制定统一的司法解释，以列举加兜底条款的方式明确纳入教育行政诉讼受案范围的具体行政行为，对学生和教师的基本权利给予全面保护。以学校管理学生的行为为例，可以是否足以改变学生的在学身份、是否对学生的公民基本权益有重大影响为标准，将下列学校管理学生的行为明确纳入行政诉讼的受案范围：①开除学籍等违纪处分类行为；②退学等学籍处理类行为；③不予颁发学业证书、宣布学业证书无效等学业证书管理类行为；④不予颁发学位证书、撤销学位等学位管理类行为；⑤取消入学资格、限制研究生报考资格等招生考录类行为。

第二，要明晰司法审查强度的标准。司法审查强度决定着教师、学生合法权益保护和学校自治权维护的力度，必须予以明晰。一方面，可采取程序审查为主、事实审查为辅的审查标准。学校的管理行为可分为两类：与教育、教学、研究的专业知识有关的管理行为，如课程安排、教师授课、学科成绩评定、论文专业水平评定、学位授予等；与教育、教学、研究的专业知识无涉的管理行为，如纪律处分、学籍管理、没收财物等。原则上，法院应对学校的前一类行为只做法律审查，并以正当程序原则对其进行检视，对实质的教学、学术问题则应该对学校保持高度的尊重，除非教师、学生有证据表明个人偏见、好恶、恩怨、打击报复等因素"腐蚀"了本应属于学术性的判断，或者专家证人证明学术判断存在极端不合理或明显错误之处；对学校的后一类行为可以对事实问题进行严格审查，运用证据规则审查学校提供的证据是否足以支持其纯粹事实认定的结论，并可以自己的判断取代高校的判断。在严格审查和高度尊重之间，还存在适度尊重的地带，即对某些虽然不涉及学术判断但通常需要学校根据其管理惯例而做判断的事实认定，法院应采取合理性审查的立场。只要学校的事实认定有一定的合理性，即便法院认为还存在其他合理的结论，也应尊重学校的认定。① 另一方面，可允许法院在一定条件下直接做出履行判决。最高人民法院在《中国行政审判案例》第 2 卷公布的第 77 号案例"谢文杰诉山西师范大学不履行颁发毕业证法定职责案"中，其裁判要旨明确了"高等学校不予颁发毕业证书，理由不能成立的，法院可以直接判决高校为学生颁发毕业证书"。② 可参照该判例的判决结果，对于此类不履行法定职责的案件，行政主体对是否做出某种行政行为已经没有裁量余地，法院直接判决行政主体做出某种行政行为。这样不仅有利于保护当事人的合法权益，还能有效地监督行政主体依法行政。

---

① 沈岿：《析论高校惩戒学生行为的司法审查》，载《华东政法学院学报》，2005(6)。
② 中华人民共和国最高人民法院行政审判庭：《中国行政审判案例》(第 2 卷)，225 页，北京，中国法制出版社，2011。

第六章

支持与规范：民办教育
政策法律建设 40 年

党的十九大报告指出：优先发展教育事业。深化教育改革，支持和规范社会力量兴办教育。自 1978 年改革开放至今的 40 年里，既大力支持又依法规范，一直是国家对民办教育发展所持的基本态度。随着民办教育的快速恢复和逐步发展，民办教育政策法律建设取得了巨大成就，当然其中也存在着一些亟须研究和解决的问题。

第一节　改革开放 40 年我国民办教育
政策法律建设的发展历程

回顾改革开放以来我国民办教育的发展历程，可以发现在民办教育发展需要的多种资源中，政府对民办教育性质的法律界定和政策支持具有决定性的影响。以民办教育政策和法律的颁布和实施为着眼点，可以将改革开放 40 年民办教育的发展划分为以下三个阶段。

一、民办教育政策法律建设的起步恢复时期(1978—1991 年)

新中国成立以后，为了对之前遗留下的旧教育进行改造，政府接管了所有的私立学校，从而垄断了教育资源。这一方面有利于迅速扩大学校教育的发展规模，为教育普及服务；另一方面有利于实施革命的教育内容和教育形式，通过教育来实现社会精神面貌的革新。但是中国教育的机械呆板、整齐划一的弊病也由此而生并日趋严重。①因此，在 1978 年党的十一届三中全会召开之后，随着党的工作重心从"以阶级斗争为纲"转移到经济建设上来，教育体制改革随即被提上日程。当时我国教育面临的迫切问题是如何改变国家对教育事业"包得过多"，政府对办学实体"统得过死"的局面。因此，国家一方面鼓励社会力量捐资助学与集资办学，另一方面逐步下放管理权力，逐步开放社会力量办学的渠道。民办教育事业处在这两方面改革的交汇点，开始复苏。②

1981 年我国建立"高等教育自学考试制度"，同年 9 月，教育部在给国务院的报告中提出："目前，国家和企事业办学还不能完全适应四个现代化建设和广大青年、职工学习科学技术的需要，社会上的离退休人员愿意为培养人才出力，因此，应当允许私人和社团根据当地需要和各自特长，举办补习学校和补习班。"③由此，一些具有非学历和职业培训性质的民办成人学校在政府的许可下，成为社会力量办学的一个重要组成部分，得到了初步发展。

民办教育的正式崛起，以 1982 年 12 月 4 日五届全国人大五次会议通过的《宪法》中有关社会力量办学的条款为起点。1982 年 11 月 26 日，彭真在五届全国人大五次会议上做了《关于中华人民共和国宪法修改草案的报告》，提出"两条腿"办教育的方针。《宪法》第十九条第四款规定"国家鼓励集体经济组织、国家企业事业组织和其他社会力量依照法律规定举办各种教育事业"，第一次将社会力量作为国家

---

① 胡东芳、蒋纯焦：《"民办"咋办——中国民办教育忧思录》，21 页，福州，福建教育出版社，2001。

② 陈桂生：《中国民办教育问题》，32 页，北京，教育科学出版社，2001。

③ 金忠明、李若驰、王冠：《中国民办教育史》，241 页，北京，中国社会科学出版社，2003。

教育事业的重要组成部分，对社会力量办学做出原则性规定，使民办教育地位得到了国家法律的承认，完成了民办教育自新中国成立以后由取缔到恢复的转变。事实上，集体经济组织和国家企事业单位一直以来都在举办各种教育事业，但是由于私人和私人团体办学的合法性尚存疑，因此，《宪法》采用了列举加概括的方式，以"其他社会力量"的提法为私人办学留下了空间，反映了在制定《宪法》之际，既有认可私人办学的初衷，又考虑到人们的普遍认同还须经历一定的认识转化过程。①

　　20 世纪 80 年代中期，伴随着经济体制改革的发展，国家教育体制改革的步子进一步加快，教育改革的环境更为宽松。1985 年《中共中央关于教育体制改革的决定》指出，地方要鼓励和指导国营企业、社会团体和个人办学，并在自愿的基础上鼓励单位集体和个人捐资助学，但不得强行摊派。这是教育为主动适应社会主义市场经济和社会发展的需要而做出的变革，为教育的多元化发展奠定了基础。《中共中央关于教育体制改革的决定》明确肯定了私人办学的形式，不但为民办教育的理论研究提供了指导思想和依据，而且有力地推动了民办教育实践的发展。

　　1986 年颁布的《义务教育法》第九条第三款又进一步重申："国家鼓励企业、事业单位和其他社会力量，在当地人民政府统一管理下，按照国家规定的基本要求，举办本法规定的各类学校。"在 1986 年 9 月 11 日由国务院办公厅转发的《关于实施〈义务教育法〉若干问题的意见》中，则添加了"个人依法办学可以进行试办"的明确规定，正式将私人办学权纳入国家规范体系。

　　在国家方针已定的前提下，国家教委于 1987 年颁布了《关于社会力量办学的若干暂行规定》，首次对民办教育的概念、地位、设置

---

　　①　陈桂生：《中国民办教育问题》，14 页，北京，教育科学出版社，2001。

等做出了比较全面的规定，成为我国第一部专门的民办教育规章。《关于社会力量办学的若干暂行规定》明确了"社会力量……是指具有法人资格的国家企事业组织、民主党派、人民团体、集体经济组织、社会团体、学术团体，以及经国家批准的私人办学者"，并将私人办学列入鼓励和引导的范围。但文件同时指出："社会力量办学是我国教育事业的组成部分，是国家办学的补充。"这表明政府认为民办教育的作用仅限于公办教育力所不及时所起的一种"拾遗补阙"的作用，是为了解决公办学校教育经费匮乏的难题。各地根据国家教委有关文件精神，并结合本地区实际情况，制定了关于社会力量办学管理办法和一系列鼓励政策，使民办学校稳步健康发展。到 1991 年年底，全国民办高等学校及民办高等教育机构数量达 450 余所。

但是由于民办教育的快速发展和法律法规上的相对滞后，在办学过程中，民办教育出现了很多不规范和违法违规现象，社会各界和教育主管部门对民办学校多做负面反映，常以纠偏的姿态出现。在 20 世纪 80 年代末 90 年代初，国家教委一直对民办教育持冷淡态度，在历年发表的"工作要点"中都无民办教育的踪影。这或多或少地属于当时社会思潮的反映。这种思潮的症结在于"姓资姓社""姓公姓私"的纠葛，而邓小平南方谈话所解开的，正是这种症结。①

二、民办教育政策法律建设的快速发展时期（1992—2002 年）

1992 年，邓小平南方谈话和党的十四大以后，我国开始了由计划经济体制向社会主义市场经济体制的转变，教育领域开始了力度更大的体制改革，民办教育也进入空前活跃和快速发展阶段，获得了更多的认可和重视，开始从公办教育的补充逐步发展成为国家教育事业的重要组成部分。

1992 年 10 月，江泽民在十四大报告中明确提出："鼓励多渠道、

---

① 陈桂生：《中国民办教育问题》，15 页，北京，教育科学出版社，2001。

多形式社会集资办学和民间办学，改变国家包办教育的办法。"以此为标志，教育体制的改革有了突破性的进展，民办高等教育开始有了较为明显的向市场靠近的趋势。

1993 年 2 月，中共中央和国务院颁布的《中国教育改革和发展纲要》肯定了"政府办学为主体、社会各界共同办学"的体制，同时首次明确表述了国家关于发展民办教育的十六字方针："国家对社会团体和公民个人依法办学，采取积极鼓励、大力支持、正确引导、加强管理的方针。"从中可以看出国家对民办教育的态度已经从一般性的鼓励和支持变成了"积极鼓励、大力支持"。十六字方针表明了国家和政府对发展我国民办教育的大政方针，对民办教育的健康有序发展起了很大的促进作用。在此期间，实施学历教育的民办教育机构开始出现，民办教育也推进到中等、高等职业教育和职业培训领域。

民办教育的快速发展使解决民办教育的规范问题提上日程，从而促使有关民办教育的法律、法规出台。从那时起，先后出台的教育法律中，均有涉及民办教育的条款。在 1993 年的《教师法》和 1995 年的《教育法》这两个重要的教育法律里，都较明确地指出了民办教育的性质、地位，提出了我国民办教育的法律基础，如《教师法》第三十二条、《教育法》第二十五条第二款等。

1995 年年初，国家教委发布《中外合作办学暂行规定》，确定中外合作办学机构是我国教育事业的补充。该规定在遵守我国法律、维护我国教育方针的前提下积极引进境外企业或教育机构的资金来我国合作办学，有限度地向国外开放办学市场，取得了一定的效果。

随着办学规模的空前扩大，举办者对民办教育有了进一步的诉求。1997 年，国务院颁布《社会力量办学条例》，重申了"积极鼓励、大力支持、正确引导、加强管理"的十六字方针，并对发展民办教育的基本原则、民办教育机构的设立、民办教育机构的教学和行政管理、民办教育机构的财产和财务管理、民办教育机构的变更与解散、保障与扶持以及法律责任等进行了具体的规定。这是第一个规范民办教育的行政法规，标志着中国民办教育进入了依法办学、依法管理、依法行政的新阶段。同年，党的十五大提出了"科教兴国"战略，政府加大了教育改革与发展的力度。

1998 年，《高等教育法》以法律形式确认了民办高等学校的地位，确立形成了以政府办学为主体、公办学校和民办学校共同发展的高等教育发展格局的目标。

1999 年，第三次全国教育工作会议召开，通过了《中共中央国务院关于深化教育改革全面推进素质教育的决定》。文件指出："进一步解放思想、转变观念，积极鼓励和支持社会力量以多种形式办学，满足人民群众日益增长的教育需求，形成以政府办学为主体、公办学校和民办学校共同发展的格局。凡符合国家有关法律法规的办学形式，均可大胆试验。在发展民办教育方面迈出更大步伐。"会议对中国教育的发展重新制定了更为大胆和开放的定位，民办教育的定位第一次从"对公办教育的补充"而改变为"与公办教育并重"，各级教育主管部门开始直接给予部分民办学校以资金支持。

随着整个国家经济体制和教育体制改革的深入开展，民办教育也进入了快速发展时期。国家一方面对民办教育给予大力鼓励和支持；另一方面针对民办教育发展中出现的各种问题，不断加强对民办教育的规范化管理，民办教育的合法性地位逐渐得以确立。虽然在此过程中出现过一些摇摆与反复，但其基本方向是正确的，保证了民办教育事业沿着正确的轨道发展。[1]

三、民办教育政策法律建设的规范完善时期(2003 年至今)

2002 年《民办教育促进法》颁布，这是我国民办教育走上规范发

---

[1] 张胜军、张乐天：《1978 年以来我国民办高等教育政策建设的历史、成就与问题》，载《黑龙江高教研究》，2007(12)。

展道路的里程碑，是我国民办教育事业发展史和我国教育改革发展史上具有里程碑和划时代意义的一件大事，它从教育观念、教育体制和办学体制等方面对我国教育改革和发展产生了深远的影响。该法规定，"民办学校与公办学校具有同等的法律地位"，"国家保障民办学校举办者、校长、教职工和受教育者的合法权益"，"民办学校享受国家规定的税收优惠政策"。《民办教育促进法》的颁布和实施，以及随后的《民办教育促进法实施条例》等行政法规的颁布和实施，从根本上改变了民办教育无法可依的状况，使得我国民办教育的合法性获得最终确立。民办教育事业获得广泛的合法性支持和社会认同，在教育权由国家转向公众的道路上迈进了一大步。

此后，在 2003 年 3 月，国务院发布《中外合作办学条例》，使得民办教育领域中的中外合作办学开始有法可依。该条例指出："中外合作办学……是中国教育事业的组成部分。国家对中外合作办学实行扩大开放、规范办学、依法管理、促进发展的方针。国家鼓励引进外国优质教育资源的中外合作办学"，"中外合作办学者、中外合作办学机构的合法权益，受中国法律保护。中外合作办学机构依法享受国家规定的优惠政策，依法自主开展教育教学活动"。这是我国履行加入世界贸易组织的承诺，也是积极应对经济全球化向教育提出的更高要求的重要措施。

2007 年 2 月，教育部发布《民办高等学校办学管理若干规定》，就民办高校招生、管理、教学等方面做了明确规定。2008 年 4 月 1 日起施行的《独立学院设置与管理办法》，则明确了独立学院的民办属性和学位授予权，对于独立学院的规范发展具有里程碑式的意义。

2010 年发布的《教育规划纲要》明确了民办教育是教育事业发展的重要增长点和促进教育改革的重要力量，确立了对民办教育大力支持、依法管理的基本方针，并提出积极探索营利性和非营利性民办学校分类管理的重大创新举措。

2012 年 6 月，为贯彻落实《国务院关于鼓励和引导民间投资健康发展的若干意见》和《教育规划纲要》，鼓励和引导民间资金发展教育和社会培训事业，促进民办教育健康发展，教育部发布了《关于鼓励和引导民间资金进入教育领域促进民办教育健康发展的实施意见》。该实施意见明确了民间资金进入教育领域的范围、方式和发展方向，体现了教育部对鼓励和引导民间资金进入教育领域的总思路，提升了办学者的积极性。

而随着经济社会改革发展进程的进一步加快，针对民办教育领域出现的新情况和新问题，教育部起草了《教育法律一揽子修订建议草案(送审稿)》，建议对《民办教育促进法》等四部法律的相关条款进行一揽子修订。2015 年 12 月和 2016 年 11 月全国人大常委会分别表决通过了关于修改《教育法》《高等教育法》和《民办教育促进法》的决定，其中，《教育法》原第二十五条中的"任何组织和个人不得以营利为目的举办学校及其他教育机构"修改为"以财政性经费、捐赠资产举办或者参与举办的学校及其他教育机构不得设立为营利性组织"。《高等教育法》原第二十四条"设立高等学校，应当符合国家高等教育发展规划，符合国家利益和社会公共利益，不得以营利为目的"，修改为"设立高等学校，应当符合国家高等教育发展规划，符合国家利益和社会公共利益"，厘清了教育的公益性与非营利性之间的关系，为民办教育分类管理去除了上位法的障碍。《民办教育促进法》修正案强调对民办学校进行分类管理，允许在非义务教育阶段兴办营利性民办学校，由此彻底解决了困扰民办教育多年的合理回报问题，奠定了我国民办教育长远持续发展的基础，启动了我国民办教育恢复以来影响面最广、意义最为深远的改革。[①]

在立法的基础上，2016 年年底和 2017 年年初，国家又陆续出台

---

① 王烽：《影响民办教育"新政"实施效果的关键因素》，载《教育发展研究》，2017 (3)。

了《国务院关于鼓励社会力量兴办教育促进民办教育健康发展的若干意见》《营利性民办学校监督管理实施细则》和《民办学校分类登记实施细则》，与上述修正案一起，构成了新时期我国民办教育"1＋3"的基本政策法律体系，突破了制约民办学校发展的制度瓶颈。

2017 年 7 月，教育部等多部门联合发布了《中央有关部门贯彻实施〈国务院关于鼓励社会力量兴办教育促进民办教育健康发展的若干意见〉任务分工方案》，标志着我国开始通过政府部门联席会议制度推动民办教育改革向纵深层次推进。

总之，这一系列政策法律的颁布与适时修改，标志着民办教育的政策法律建设上了一个新台阶，以《民办教育促进法》为核心的我国民办教育法律体系得以基本建立，并在不断发展和完善之中。

第二节　我国民办教育政策法律建设的历史成就

我国的民办教育在经济体制改革和教育改革的浪潮中复兴，它积聚了闲散的教育资源，满足人们对教育的多样化需求，推动了教育体制改革，促进了教育生态的完善，已经日益成为中国教育事业向现代化迈进的一种有效的催化剂。民办教育政策法律的科学性程度及相应的政策环境的好坏，对民办教育的发展起了决定性作用。政策法律的制定既可以在一段时期内推动民办教育的发展，继而也可能成为民办教育继续发展的障碍。经过 40 年的发展，我国民办教育政策法律建设取得了巨大成就，主要表现为如下几个方面。

一、确立了民办教育的合法性

新中国成立之初，我国对私立学校实行的是"公私兼顾"的政策，后来受苏联教育学界 1952 年《关于作为社会现象的教育的专门特点的争论总结》的影响，教育被简单地归结为社会上层建筑，是为无产阶级政治服务的。这一观点在 1957 年毛泽东同志《关于正确处理人民内部矛盾的问题》一文中被延续，到 1958 年中共中央、国务院确立为"两个必须"的教育方针，教育被确定为是意识形态的重要阵地，民办学校因丧失其合法性而退出了历史舞台。

改革开放以后，在"解放思想，实事求是"的理论前导下，教育学界开始了对教育本质问题的大讨论，认为教育不仅仅具有单纯的政治功能，打破了教育是上层建筑的错误认识。这些学术争鸣和理论探讨，为民办教育政策法律建设的突破提供了理论基础。20 世纪 80 年代初期，公办教育资源的社会供给严重不足，民办教育被认为具有"拾遗补阙"的作用，在改革开放的大环境下，获得了一种事实上的承认。虽然 1982 年《宪法》中有关社会力量办学的条款被视为是对恢复民办教育的肯定，但是当时的社会力量主要被认为是集体经济组织、国家企事业单位、社会团体和民主党派，对私人办学仍然是不置可否。民办教育存在与发展的整体政策环境并不明朗，也不具备形式上的合法性。

20 世纪 80 年代后期，随着改革开放的深入，社会主义市场经济的发展，民办教育开始被认为是我国教育事业的"组成部分"，成为"国家办学的补充"。但是，在整个 20 世纪 80 年代，民办学校的办学层次还比较低，主要是以非学历教育为主的职业学校和业余学校的方式生存和发展。进入 20 世纪 90 年代后，民办教育获得了较快的发展，不但民办学校的数量迅速增加，而且民办学校的办学层次也在不断提升。民办教育开始由非学历教育进入学历教育领域，民办教育的办学范围得以迅速扩大。但是从总体上看，在 1997 年以前，民办教育的法律地位并不牢固，其办学范围受到国家政策的严格限制。换言之，民办教育的合法性依然存在问题。

1997 年颁布实施的《社会力量办学条例》第一次肯定了民办教育的合法性。在《高等教育法》《中共中央国务院关于深化教育改革全面推进素质教育的决定》等重要政策法律颁行后，民办教育的合法性才真正得到了普遍的加强。2002 年《民办教育促进法》则使我国民办教育的合法性最终获得确立，民办教育事业获得了广泛的合法性支持和社会认同。2017 年 7 月教育部发布的《2016 年全国教育事业发展统计公报》显示：2016 年，全国共有各级各类民办学校 17.10 万所，各类教育在校生 4 825.47 万人；民办培训机构 1.95 万所，846.80 万人次接受了培训。民办教育已经成为我国教育事业发展的重要增长点。

二、建立了民办教育政策法律体系

经过 40 年的政策法律建设，我国已经初步建立起具有中国特色的民办教育政策法律体系，主要表现在以下三方面。

第一，现有的教育政策法律已经覆盖到民办教育的主要方面，如民办教育的办学方针、分类管理、法人登记、办学条件、设置与审批程序、管理结构、相关法律主体的权利义务关系等。这表明我国民办教育政策法律体系在事实上已基本建立。

第二，民办教育的政策法律体系的层级结构基本形成。就法律而言，《宪法》是国家的根本大法，具有最高的法律效力，它赋予了民办教育的合法性地位；《教育法》作为教育基本法，对各级各类教育具有普遍约束力，它实际上规定了民办教育的公益性，以及民办学校和政府、师生的基本权利义务关系；《教师法》规定了教师资格与条件等；《高等教育法》规定了高等学校的设置条件、程序和合法权益等。由此，一个以《宪法》为母法，以《教育法》为基本法，以《民办教育促进法》为核心，由《学位条例》《义务教育法》《高等教育法》《职业教育法》《教师法》等法律共同组成，同时包括国务院的有关行政法规、教育部发布的部门规章，以及各地制定的有关民办教育的地方性法规、地方政府规章的中国民办教育的法律体系基本建立。

第三，民办教育发展中一些重大的政策问题得到初步解答。从民办教育发展的历史来看，民办教育在发展过程中遭遇了一些重大政策问题，而民办教育政策法律体系的建立过程，就是对这些重大政策问题逐步解决的过程。主要成果有：①确立了民办教育的合法性；②明确了民办教育的公益性；③赋予了举办者营利与否的可选择性；④规定了民办学校及其师生与公办学校及其师生具有同等的法律地位；⑤初步明晰了民办学校举办者与不同类型学校之间的产权关系；⑥规定了不同类型民办教育的优惠措施与办法；⑦划分了政府的职责范围，规范了政府与民办学校之间的法律关系；等等。对这些重大政策问题的原则性回答与不断修正，为新时期民办教育的健康发展创造了一个相对稳定的政策法律环境，有利于民办教育的可持续发展。

三、推动了新时期的社会治理改革与创新

综观新中国成立以来的民办教育发展历史，可以发现我国的民办教育是在政府和社会、公办教育与民办教育的冲突与融合中逐渐发展起来的，是社会力量崛起的一种体现，因此，民办教育政策法律建设也就成为社会体制改革的重要组成部分，随着社会体制改革整体进程的推进而不断变化与完善。特别是党的十八届三中全会以来，政府开启了全面深化改革的新格局，其中，简政放权、向社会分权是国家治理体系和治理能力现代化的重要理念支撑和制度取向。作为国家治理体系的重要组成部分，加强和创新社会治理，依法培育并规范包括民办学校在内的社会组织也已纳入我国政治的最高议程。因此，党的十八届三中全会提出"加快形成科学有效的社会治理机制""深化教育领域综合改革""激发社会组织活力"，并且具体要求"健全政府补贴、政府购买服务、助学贷款、基金奖励、捐资激励等制度，鼓励社会力量兴办教育"。随后，"深化教育领域综合改革，加快推进教育治理体系和治理能力现代化"成为教育领域在之后一段时间内的工作目标和内容。

从传统的"教育管理"到现在的"教育治理"，这不仅是一个颇具

新意的理论表述，标志着我国的教育事业将迈上一个新台阶，而且其中蕴含着政府与社会之间关系变化的丰富内涵，是教育事业改革的宏观背景，对民办教育及其政策法律建设的发展将产生重大影响。

按照马克思主义国家与社会观，国家源于社会，并最终要回归社会。这一观点预言了当代政治发展的一个重要趋势，即人类政治过程的重心已经开始从统治逐渐转向治理，这是国家消亡的逻辑结果。①而凯恩斯主义的失灵和福利国家的危机，使得限制国家权力活动范围并促使其回归社会已经成为西方国家主流的政治思潮。②因此，从管理到治理，并非政策术语的简单升级，而是顺应了人类社会处理公共事务时"从统治到管理，再到治理"的历史发展趋势。就教育领域的治理而言，发展民办教育不仅意味着在权力行使主体上，从侧重于强调政府是管理教育事业合法权力的主要来源、由政府对教育直接进行管理，转变为主张政府、社会力量和公民个人都是合法权力的来源，任何单一主体都不能垄断对教育事务的管理；而且意味着在社会主体之间的关系方面，从政府对社会进行命令和控制，转变为政府和社会力量之间进行协商合作；它还意味着在权力行使方式上，从习惯由政府通过政策和法律来发号施令，转变为通过综合政策法律、乡规民约、市民公约、行业规章、团体章程、道德习惯等手段来规范和引导社会自治。

因此，从自上而下的教育管理到自下而上的教育治理，意味着政府的很多权力将下放给社会，由社会力量来承担很多本应由政府部门承担的教育职能。相比过去权力在政府内部流动的分权，向社会力量放权就成为当下改革的基本内容。对民办教育来说，则是从

① 俞可平：《让国家回归社会——马克思主义关于国家与社会的观点》，载《理论视野》，2013(9)。

② 张小劲、于晓虹：《推进国家治理体系和治理能力现代化六讲》，83 页，北京，人民出版社，2014。

管理客体到治理主体、从被动纳入到主动参与、从依赖他律到以自律为主的根本性转变。这将有利于最大限度地激发社会办学的活力，从而建立起一种政府与社会力量良性互动的教育治理体制。我们应当深刻认识到，民办教育的价值不仅仅在于"是教育事业发展的重要增长点和促进教育改革的重要力量"①，是教育治理体系和治理能力现代化的重要推手，而且是社会治理创新的重要主体和国家治理体系的重要组成部分。

与此相适应，《民办教育促进法》在 2013 年修改时取消了对民办学校聘任校长的行政审批；教育部在 2012 年出台了《关于鼓励和引导民间资金进入教育领域促进民办教育健康发展的实施意见》，以鼓励和引导民间资金发展教育和社会培训事业，促进民办教育健康发展。而其后教育法律的一揽子修订，删除了不得以营利为目的办学的条款，为营利性民办学校的合法存在确立了上位法基础。《民办教育促进法》修正案则从法律上破解了困扰民办学校的法人属性不清、财产归属不明、扶持措施难以落实等瓶颈问题，拓展了民办教育发展空间。②在 2016 年年底的《国务院关于鼓励社会力量兴办教育促进民办教育健康发展的若干意见》中，放宽办学准入条件、拓宽办学筹资渠道、探索多元主体合作办学、加大和创新财政扶持力度和扶持方式、落实同等资助和税费优惠等激励政策，实行差别化用地和分类收费政策等一系列市场化改革举措，为地方各级政府促进民办教育发展提供了明确的政策导向③；而其中保障民办学校依法自主办学、改进政府管理方式和健全监督管理机制等条款，对促使政府职

---

① 《国家中长期教育改革和发展规划纲要（2010—2020 年）》，http：//old. moe. gov. cn/publicfiles/business/htmlfiles/moe/info_list/201407/xxgk_171904. html，2018-08-10。

② 刘来兵：《论落实民办教育分类管理》，载《河北师范大学学报（教育科学版）》，2017(3)。

③ 吴华：《地方实施民办教育新政要坚持市场取向的变革方向》，载《教育发展研究》，2017(3)。

能转变，推进政府管理体制与运行机制创新，进而推动政府逐渐放权于社会、强化社会权力与自治权力具有积极意义。

四、为教育治理体系和治理能力现代化提供了法治保障

如前文所述，教育治理具有主体多元化特征，政府、市场组织、社会组织、公民个人等在其中相互交叉、彼此影响。这种复杂的互动关系需要法治来进行必要的规范和调整。法治不仅提供了一种社会成员共同遵守的规则体系，并通过这套规则来约束各方的行为，以保证所有的治理主体都能够在一个彼此认可的行为框架下活动；而且法治能够保障各种治理主体合法平等地参与到治理过程中来，并为各自的行为负责。可以说，如果没有健全的法制，没有对法律的充分尊重和建立在法治基础上的社会秩序，教育治理体系和治理能力现代化就无从谈起。

作为教育治理重要主体的民办教育，其与法治之间相互依存的关系更为明显。一方面，民办教育的发展迫切需要法治来进行保障。需要用法律来规范和引导民办教育，以提升其承接教育公共服务和管理教育事务的能力；需要营造以公益精神为核心的法治环境，依法界定民办学校和政府、公办学校和市场的权利边界，使民办教育保持自主性和独立性。另一方面，民办教育对法治建设的促进作用也无可替代。不仅推进教育科学立法和民主立法要求民办教育充分发挥立法协商作用，而且依法推进基层民主和行业自律也要求规范和引导民办教育健康发展。至于提升教育治理法治化水平，以及改革与完善社会组织监管体制，也理应需要发挥社会组织的主体作用。因此，法治不仅是治国理政的基本方式，而且是教育治理的基本方式。

第三节　我国民办教育政策法律建设的现实问题

从民办教育政策法律建设的发展历程可以看出，民办教育的发

展与民办教育政策法律建设的进程是双向互动的。改革开放 40 年来出台的一系列民办教育政策法律法规，引导和规范了我国民办教育的发展。民办教育的实践也不断检验着民办教育政策法律体系的科学性，为民办教育政策法律体系的建立、完善与创新提供了依据。然而，受我国法制建设整体水平和教育体制改革进程的影响，在民办教育政策法律建设的过程中，仍然存在一些矛盾和问题，需要立法进一步予以明确和解决。

一、民办教育政策法律体系仍不健全

（一）与相关法律的衔接不畅，缺乏配套落地措施

修改后的《教育法》取消了"不得以营利为目的举办学校"的规定，《民办教育促进法》中有关营利性学校和非营利性学校分类管理的修正案也获得通过，从而使原先的"合理回报和非营利性"这一结构性矛盾得以解决。但是，法律规定并不清晰，与相关法律法规未能理顺衔接，配套措施也迟迟未能出台。

例如，2016 年修改的《民办教育促进法》和《国务院关于鼓励社会力量兴办教育促进民办教育健康发展的若干意见》对政府扶持、税收优惠、教师待遇等虽有新的规定，但均为原则性要求，缺乏可操作性和约束力。如在税收方面，《国务院关于鼓励社会力量兴办教育促进民办教育健康发展的若干意见》基本延续了原来的政策，并没有解决由于民办学校收取的学费不纳入财政专户而缺乏免税的法律依据问题，也没有对各地反映强烈的法人财产权过户登记过程中过重的税费负担问题提出解决办法。[①]在教师社会保障方面，2016 年修改的《民办教育促进法》提出国家鼓励民办学校按照国家规定，为教职工办理补充养老保险，《国务院关于鼓励社会力量兴办教育促进民办教

---

① 王烽：《影响民办教育"新政"实施效果的关键因素》，载《教育发展研究》，2017 (3)。

育健康发展的若干意见》提出建立学校、个人、政府分担的民办学校教职工社会保障机制，但对于如何办理和分担则缺乏明确规定。

再如，修改后的《民办教育促进法》要求民办学校按营利性和非营利性分别进行相应的法人登记，但是《社会服务机构登记管理条例》《民办非企业单位登记管理暂行条例》修订草案征求意见稿）自 2016 年 5 月发布以来仍在进行修改完善，修订《民办教育促进法实施条例》被列入 2017 年教育部工作要点现仍未完成。这些急需出台和修订的法律法规不仅需要解决新法与《中华人民共和国民法总则》（以下简称《民法总则》）等相关法律的具体衔接问题，而且要考虑《国务院关于鼓励社会力量兴办教育促进民办教育健康发展的若干意见》中的许多新提法、新举措、新设计。例如，建立信息强制公开和黑名单制度、财务审计制度以及政府财政扶持纳入预算等内容①如何被立法吸收和强化，否则也会直接影响整个民办教育政策法律体系的科学性和完整性。

（二）立法存在"钟摆"现象，合法性、合理性和科学性不足

国家一方面通过立法扶持和鼓励民办教育，另一方面又立法允许和鼓励公办学校参与民办教育②，绕开公办学校不得营利的法律限制，继续扩展教育既得利益集团的垄断性，使得公办学校的"民办化"势头如火如荼，而民间资本支撑的民办教育却不断萎缩。③

2015 年修改的《教育法》第二十六条规定"以财政性经费、捐赠资产举办或者参与举办的学校及其他教育机构不得设立为营利性组

① 阙明坤：《〈民办教育促进法实施条例〉应更具可操作性》，载《人民政协报》，2017-11-15。

② 参见《民办教育促进法实施条例》第六条："公办学校参与举办民办学校，不得利用国家财政性经费，不得影响公办学校正常的教育教学活动，并应当经主管的教育行政部门或者劳动和社会保障行政部门按照国家规定的条件批准。……"

③ 周国平：《改革开放以来（1978—2006）中国民办教育政策法规回顾与思考》，载《民办教育研究》，2007(5)。

织"，而 2016 年修改的《民办教育促进法》第四十六条规定"县级以上各级人民政府可以采取购买服务、助学贷款、奖助学金和出租、转让闲置的国有资产等措施对民办学校予以扶持"。另外，《营利性民办学校监督管理实施细则》则仅规定了"社会组织和个人不得以财政性经费、捐赠资产举办或者参与举办营利性民办学校"，也就是说，财政性经费以外的国有资产如土地、房屋、知识产权等不仅可以参与举办非营利性民办学校，而且可以参与举办营利性民办学校。目前全国 200 多所独立学院和中小学阶段的"名校办民校"及公办高中的国际部等，就几乎都是公办学校利用国家非财政性经费与民间资本合作的产物，极大地挤压了真正的民办学校的生存空间。

此外，现有政策法律的可操作性也不强。目前，我国民办教育政策法律在一定意义上还是属于宣言性的，其条文多为原则性、实体性的规范，没有多少程序性的规范，缺少合法、有效的权力监督和权利保障机制。

二、民办学校分类管理面临新的问题

在《民办教育促进法》的制定过程中，有关民办学校分类管理的问题一直分歧很大。支持者认为分类管理有利于非营利性学校的发展，也符合国际趋势。反对者则认为将民办学校分为营利性和非营利性学校违反了 1995 年颁布的《教育法》第二十五条"不得以营利为目的举办学校及其他教育机构"的规定。为了缓解教育公益性与资本寻利性的矛盾和冲突，立法最终在保证民办教育公益性的前提下，允许办学者取得"合理回报"。同时，为了照顾分类管理的意见，附则中规定"在工商部门登记注册的经营性民办培训机构的管理办法由国务院另行规定"。这是在参与立法各主体意见分歧，加上立法过程中权力的相互制约，人大面临换届即政策之窗即将关闭的情况下，

在最高领导人的协调下，妥协折中的结果。①然而，立法的折中不仅未能解决现实中的民办学校分类问题，而且因合理回报的性质问题而备受质疑和诟病，因此，在《教育规划纲要》明确提出"探索营利性和非营利性民办学校分类管理"的改革方向以后，2016 年的《民办教育促进法》修正案正式删除了有关"合理回报"的内容，并将民办学校区分为营利性和非营利性两类分别管理。

（一）过渡期分类登记如何推进

根据要求，2016 年 11 月 7 日之后设立的民办学校应到相关部门分类登记。《民办教育促进法》修改前设立的民办学校选择登记为非营利性民办学校的，依照修改后的学校章程继续办学，履行新的登记手续。选择登记为营利性民办学校的，应当进行财务清算，依法明确财产权属，缴纳相关税费，办理新的办学许可证，重新登记后继续办学。相应具体办法由各省、自治区、直辖市人民政府制定。而鉴于分类管理问题的复杂性，在具体实施方式上采取的是"一省一规，一校一策"的指导思想。②

分类管理首先面临的就是如何在过渡期内稳妥推进现有民办学校的分类登记。《国务院关于鼓励社会力量兴办教育促进民办教育健康发展的若干意见》指出："举办者自主选择举办非营利性民办学校或者营利性民办学校，依法依规办理登记。对现有民办学校按照举办者自愿的原则，通过政策引导，实现分类管理。"对于办学者而言，选择非营利性，可以获得更多的财政扶持和更优惠的税收政策，但是可能会失去获得合理回报的机会，失去很多融资机会，而且国家的财务监管将大大加强，再通过关联交易等方式获得合理回报的法

---

① 程化琴：《〈民办教育促进法〉制定过程研究》，48 页，北京，北京大学出版社，2012。

② 阎凤桥：《民办教育政策推进为何缓慢？——基于组织行为决策视角的考察》，载《华东师范大学学报（教育科学版）》，2017（6）。

律成本将大大增加；选择营利性，所享受的优惠政策则要少些，但是可以进行更灵活的资金运作，获得更多的融资机会。这是一种艰难的抉择，在短时间内做出选择确实有困难。① 因此，在《民办教育促进法》修正案（草案）二审稿中，民办学校选择"营利"或"非营利"存在三年过渡期，即"对在三年内作出调整的，经出资人申请，可以从学校财务清算后的结余或者剩余财产中对出资人给予一次性合理补偿"，具体规定由地方制定。但修正案最终删除了上述规定，并对不同选择分别做出规定。这是因为各地民办教育发展差异太大，立法者担心设定统一的过渡期，会对民办学校造成政策性恐慌，所以最终决定将过渡期的设置权交予地方政府。

目前，各省份已公布的有关新修改的《民办教育促进法》的实施细则或征求意见稿给出了 2—10 年的过渡期，在过渡期，根据各地方规定，倾向于存量学校进行过渡期处理，新建学校实行分类管理。

而存量民办学校分类登记时，各地还将面临一系列难题。比如：非营利性民办学校的章程修改与规范问题，登记为事业单位的条件及政策待遇问题，现有民办学校登记为营利性的改制程序、土地等资产过户转移中的税费缴纳办法和有望降低转制成本的政策优惠问题，一贯制民办学校的分立转制问题，分类登记后的再选择问题，等等。②总的来说，新法的实施情况落后于预期，对于新法何时能够真正落地，各地仍然没有一个清晰的时间表。这一方面是因为不知道分类管理制度具体怎么操作，担心会在民办教育领域产生大的波动；另一方面也是为了形成政策洼地，所以各省份都在相互观望③，

---

① 徐绪卿：《关于贯彻落实〈民办教育促进法修正案〉五大热点问题的思考》，载《浙江树人大学学报（人文社会科学）》，2017(6)。

② 章露红：《贯彻"民促法"新法新政地方配套政策的重点与亮点》，载《人民政协报》，2017-07-12。

③ 吴秋婷：《新〈民促法〉实践落后于预期，民办学校何去何从？》，载《经济观察报》，2017-11-13。

这使得此次制度调整对未来民办教育发展影响的不确定性大大增加了。

（二）营利性民办学校的财产清算问题

推进分类管理还面临着民办学校的财产清算问题。[1]这是当前地方政府和民办学校举办者最为关注的问题之一。按照相关规定，选择非营利性的民办学校在终止办学时才进行清算，选择营利性的民办学校应当进行财务清算，依法明确土地、校舍和办学积累等财产的权属并缴纳相关税费，办理新的办学许可证，重新登记后继续办学。这就会产生以下问题：第一，财产清算涉及民办学校产权不明晰这一先天性问题。从某种意义上讲，分类管理表面上是非营利性与营利性之选，实际上是要解决长期以来民办学校产权悬置的问题，落实民办学校法人财产权，明晰产权和产权结构，使民办学校在非营利性与营利性两个不同的轨道上健康运行。然而，对于前期滚动发展型的民办学校而言，办学者的初始出资额通常不高，很多是在国家相对宽松的民办教育政策环境下逐步发展起来的，其清算工作将十分艰巨。而且办学的同时如何进行财务清算？财产权属处置法律缺失情况下，如何明确财产权属？第二，民办学校资产额度变化问题。比如，对于需要补缴土地出让金的学校，其补缴的相关税费将会是一笔巨额支出，学校很可能无法承受。这不仅会影响民办学校转化为营利性的热情，而且这类直接影响存量学校资产利益的政策实施起来难度可能较人。目前各省份正式出台的实施细则中基本未提及营利性学校补缴土地出让金的问题，仅湖北省提及营利性学校原来以划拨方式供地需要变更出让方式的，要对土地价值进行评

---

① 周朝成：《落实〈民办教育促进法修正案〉，稳步推进民办教育分类管理》，载《浙江树人大学学报（人文社会科学）》，2017(2)。

估，补缴土地出让价款。①可见，地方立法者对这一问题是予以审慎思考的。

总的来说，民办学校分类管理如果没有具体的实施细则和相关法律法规的配套支撑，只会给实践运作带来障碍。事实上，民办教育出资人对缺乏具体制度支撑的分类管理，一直怀有十分警惕的心理，甚至认为分类管理将会造成民办教育的新一轮寒冬。②虽然现有民办学校举办者大多存在投资动机，但是从修正案来看，民办教育今后发展的总体格局将是抑制营利性民办学校，政策资源倾向非营利性民办学校。因此，民办学校在被迫选择为非营利性后，国家法律规范与举办者的办学动机之间仍将长期处于紧张状态。③

三、民办学校法人地位仍未完善

民办学校法人地位是民办教育发展中的核心问题。因为其关系到国家运用何种法律规范民办学校，赋予民办学校何种权利和义务，如何界定民办学校与政府、社会、公办学校、教师、学生的权利边界，如何调整民办教育法律关系各主体之间的纠纷，以及如何规范民办学校的办学行为，建构完善的法人治理结构。民办学校的法人地位目前已由相关法律予以明确规定，而民办学校究竟属于哪一类型的法人，还应结合其法人地位的历史演变及《民法通则》和《民法总则》的规定予以具体分析。

（一）从民办事业单位到民办非企业单位法人

自 1986 年《民法通则》确立了我国的民事法人制度以来，民办学校的法人地位也历经变化。《民法通则》颁布时，教育体制改革的序

---

① 黄莞、田鹏：《14 省市 6 大维度横向对比，全方位解读民促法最新落地进展》，http://www.sohu.com/a/224371470_354900，2018-08-10。

② 杨中旭：《民办教育博弈教育中长期规划，多个难题待解决》，载《中国新闻周刊》，2009(20)。

③ 盛梦露：《民办教育何处去？——专访浙大民办教育研究中心主任吴华》，载《中国改革》，2017(1)。

幕才刚刚拉开，虽然学校一直都被公认为是事业单位，但其究竟是不是法人尚不明确。[1]传统上，我国的公办学校一直都是各级教育行政主管机关的附属机构，在国家改革的整体进程中，这种整齐划一、严格控制的政府管理模式所带来的僵化和弊端使决策者下决心要"改变过去的管理体制、扩大学校的办学自主权"。但是受到当时经济政治体制改革的整体进程的影响，在《教育法》颁布之前，立法者一直对公办学校的法律地位问题持回避态度。直到《教育法》颁布，此时教育管理体制改革已经进行了十年，学校完全附属于教育行政部门的状况得到了很大改变。因此，公办学校已经成为一个经费独立的预算单位，在实践上也初步具有了成为法人的条件。而学界对法人制度及学校法人制度的逐渐关注，则从理论上促成了教育领域法人制度的形成。[2]《教育法》中确认的学校的法人资格，其实是传统事业单位的法人化，因此，公办学校属于《民法通则》中的事业单位法人。从理论上看，民办学校和公办学校的举办目的和从事的业务领域范围基本相同，区别仅在于设立主体和资金来源上，因此，民办学校也属于事业单位法人。在实践中，民办学校也是一直被作为民办事业单位来对待的。[3]

---

[1]　事实上，即便是在学校的法人地位已经被牢固确立的今天，仍然有学者认为学校这类事业单位不应是法人："事业单位法人化是一个历史的误会，公立机构的组织和治理应当遵循公权力运作的机制，而不是民法。公立机构的组织形式历来是民法不及的范围。将政府机关、政府设立的公共服务机构、政府创设的政治团体分别纳入机关法人、事业单位法人和社会团体法人，这是中国民法学的教条主义和形而上学在立法中的反映。如果要对事业单位进行改革，那必须是区别对待，分类治理。在甄别区分之后，对那些继续保留的事业单位，如公立高等学校，不是要强化它们的法人地位，而是要'去法人化'，让它们回归于公权力的控制之下。"（参见方流芳：《从法律视角看中国事业单位改革——事业单位"法人化"批判》，载《比较法研究》，2007(3)。）

[2]　申素平：《中国公立高等学校法律地位研究》，博士学位论文，北京师范大学，2001。

[3]　事实上，直到 1998 年《民办非企业单位登记管理暂行条例》颁布，才规定民办非企业单位在申请登记时，除了要求有与其业务活动相适应的合法财产，还要求与同级同类事业单位的设置标准相同。

　　到 20 世纪末，为规范民办的从事非营利性社会服务活动的社会组织，国务院于 1998 年颁布了《民办非企业单位登记管理暂行条例》。由于立法时中央决策层认为："民办事业单位不是事业单位。因为只有国家核定事业编制并划拨事业经费的才是事业单位。事业单位由各级政府及其职能部门设立，行使一定的行政职能，与其设立主体之间存在着明确的行政隶属关系，是政府机构的延伸。"①为了和国家举办的事业单位相区别，非国有资产举办的非营利性社会组织被正式改称为"民办非企业单位"，民办学校依此被定性为民办非企业单位法人，由教育行政部门主管，在民政部门登记注册。

　　作为一种极具中国特色的法律创设，民办非企业单位法人自诞生以来就争议不断。由于其具有明显不同于《民法通则》四类法人的特征②，因此，参与立法的专家认为："现行的《民法通则》并未穷尽法人类型，只是进行了列举，说明可以有其他类型的法人。例如，中国人民银行的《金融机构管理规定》就将具备法人资格的金融机构规定为金融机构法人。"③因此，民办非企业单位法人是一种新的法人类型。然而，民办非企业单位法人作为一种非企业法人，和事业单位法人及基金会法人之间缺乏质的区别，它并不能概括这类社会组织的本质特性，如将民办非企业单位单列为一类法人又会引起民法体系的混乱。有学者就认为："我国所建立的民办非企业单位制度并非什么独创，不过是一个简陋型的财团法人制度。"④

　　2002 年《民办教育促进法》颁布以后，人们关注的焦点均集中于

---

　　①　赵泳：《民办非企业单位问题研究》，281 页，北京，中国社会出版社，2004。

　　②　由于民办非企业单位具有非企业性和民间性，显然不是企业和机关法人。1998 年《事业单位登记管理暂行条例》和《民办非企业单位登记管理暂行条例》的颁布，也明确了民办非企业单位法人与事业单位法人的本质区别。而社会团体和民办非企业单位的区别也是明显的：社会团体具有社会性；民办非企业单位具有实体性，可以从事一定经营活动。

　　③　赵泳：《民办非企业单位问题研究》，297 页，北京，中国社会出版社，2004。

　　④　苏力：《规制与发展：第三部门的法律环境》，128 页，杭州，浙江人民出版社，1999。

民办学校的独立法人地位和法人财产权，对于民办学校的民办非企业单位法人类型并未做修改。然而，这一定性除了强调了民办学校的非营利性以外，并没有区分不同的办学形式对民办学校法人地位的影响，由此引发民办学校的平等地位、产权、法人治理结构等出现了一系列问题。

(二)《民法总则》确定的民办学校法人定位

一方面，为了解决民办教育合理回报与教育的非营利性之间的结构性矛盾，2015 年 12 月，《教育法》《高等教育法》分别删除了不得以营利为目的举办学校的相应条款，接着，新修改的《民办教育促进法》将民办学校分为营利性学校和非营利性学校两种，而《民办学校分类登记实施细则》则进一步规定营利性民办学校应在工商部门登记，非营利性民办学校应在民政部门登记为民办非企业单位或者在人事部门登记为事业单位。

另一方面，民办非企业单位法人的尴尬地位问题也引起立法者的高度关注。2017 年 3 月 8 日，全国人大常委会副委员长李建国在第十二届全国人大第五次会议上做关于《民法总则(草案)》的说明时就指出：“随着我国经济社会的发展，新的组织形式不断出现，法人形态发生了较大变化，民法通则关于企业法人、机关法人、事业单位法人和社会团体法人的分类已难以适应新的情况，有必要进行调整完善。”[1] 2017 年 3 月 15 日通过的《民法总则》，遵循《民法通则》关于法人分类的基本思路，适应社会组织改革发展要求，按照法人设立目的和功能等方面的不同，将法人分为营利法人、非营利法人和特别法人三类。其中，非营利法人是指为公益目的或者其他非营利目的成立，不向出资人、设立人或者会员分配所取得利润的法人，

---

[1]　李建国：《关于〈中华人民共和国民法总则(草案)〉的说明》，载《人民日报》，2017-03-09。

可分为事业单位法人、社会团体法人和捐助法人。①

至此，民办学校的法人定位得以明晰：依据举办者是否选择以营利为目的办学，民办学校可分为营利法人和非营利法人两种类型。由于《民法总则》第九十二条第一款规定"具备法人条件，为公益目的以捐助财产设立的基金会、社会服务机构②等，经依法登记成立，取得捐助法人资格"，因此，更准确地来说，民办学校是分为营利法人和捐助法人两种类型。

（三）《民法总则》的法人分类制度分析

与《民法通则》相比，《民法总则》中关于法人制度的规定可以算得上是修改最多、变化最大的部分，而其中关于法人分类概念和体系可以算得上是法人制度中最重要的突破和创新。③在学界提交的各种建议稿中，"营利法人与非营利法人"分类模式和"社团法人与财团法人"分类模式几乎各占一半。④考虑到我国民法更注重法人的经济地位和作用，《民法总则》采用了营利法人和非营利法人的两分法概念，并相对放松了非营利性法人的成立条件，相比以往的立法有长足进步，但在法人分类方面的意见分歧仍然很大，以致在《民法总则》颁布之后，其采用的功能主义分类模式仍受到相当多学者质疑和批评。

首先，公、私法人没有明确界限。一方面，由于受经济水平和政治经济体制的限制，我国长期以来没有进行公、私法人的划分，其弊端是显而易见的。由于无法严格限定公法人对民事生活领域的

---

①　中国审判理论研究会民商事专业委员会：《〈民法总则〉条文理解与司法适用》，160 页，北京，法律出版社，2017。

②　社会服务机构即原来的民办非企业单位。

③　赵旭东：《民法总则草案中法人分类体系的突破和创新》，载《中国人大》，2016（14）。

④　张新宝：《从〈民法通则〉到〈民法总则〉：基于功能主义的法人分类》，载《比较法研究》，2017（4）。

准入规则，从而很难实现对私法人实施自主行为的保障，使得民法明晰社会政治生活与世俗生活的界限、推动国家政治架构的健康稳定发展、促进市民社会的和谐与进步的社会功能被大大削弱，民法所保护的私权利也长期处于过于强大的公权力的阴影之下。另一方面，非营利法人中的事业单位法人、社会团体法人和捐助法人都同时包含了公法人和私法人。公法人和私法人的主要区别之一就是设立依据，私法人基于私法上的设立行为（包括设立契约或捐助行为），公法人则基于国家的主权行为，特别是基于法律或行政行为。以社会团体法人中国红十字会和捐助法人宋庆龄基金会为例，其成立的基础分别是《中华人民共和国红十字会法》和国家领导人的决定，与依私法设立的社会团体和基金会存在本质的区别。如果立法上不加以区分，那么，这样的差异便被漠视，人们会误以为所有的事业单位法人、社会团体法人和捐助法人都是相同的。

其次，营利、非营利法人的分类模式不能体现法人的本质。从条文可以看出非营利法人中既有私法人又有公法人，既有人的集合又有财产的集合。因此，营利法人和非营利法人的分类"仅仅能够看出法人存在的目的，而不能反映出法人的其他特征"，亦无法体现提取各类法人制度规则的"公因式"。[①]事实上，非营利法人只是私法上社团法人的下位概念——非营利社团法人，与营利社团法人相对称。因为社团由成员组成，成员之所以组织社团，是为追求公益、私益（经济的、非经济的）的不同目的，故社团法人中方有区分营利、非营利之必要。而公法人（公法上的社团、财团、机构）以及私法上的财团（捐助法人），本就不可能以营利为目的，没有必要用"非营利"

---

① 李永军：《以社团法人和财团法人的基本分类构建法人制度》，载《华东政法大学学报》，2016(5)。

来概括。①

　　再次，营利、非营利法人的分类模式也未能体现新的时代要求。从立法对非营利法人的界定来看，须具备"以非营利为目的"和"不分配利润"两个要件，如此规定就使得取得利润但不分配利润的法人被排除在外。而在新公共管理运动影响下，寓"公益"于营利的公私共同治理正在兴起，英美法系与大陆法系有关营利与非营利的区分边界均日益模糊。2008 年，美国一些州先后在商业公司法律框架中的"社会企业"下设立了"低利润有限责任公司""共益公司""弹性目标公司""社会目的公司"四种法律组织形式，其特点是取消了董事必须为股东利润最大化目标服务的限定。英国商事公司立法则宣称公司章程可以明确规定从事非营利活动，只要章程中写入规定，且专门为从事非营利活动的公司提供一种"保证有限公司"形态。②德国学者指出，有限公司的形式常被选择用于公益目的，以确保财产得到商人式的管理，确保不同的承担者既可以广泛深入地参与公益，又可以将风险降到最低。我国目前也存在不以营利为目的的公司，有的是出于行业管理的需要，有的是出于公共服务提供的需要，有的是出于国家对经济干预的需要，例如，为了扩大内需、振兴经济，多个省级政府与社会资本合作共同出资，成立基础设施投资基金有限责任公司。③

　　最后，特别法人和捐助法人难入体系。就形式逻辑而言，营利法人加上非营利法人就构成了完整的法人类别，概念上已经周延。机关法人、农村集体经济组织法人、城镇农村的合作经济组织法人和基层群众性自治组织法人实际上也是不以营利为目的的，应当被

　　① 张谷：《管制还是自治，的确是个问题！——对〈民法总则（草案）〉"法人"章的评论》，载《交大法学》，2016(4)。

　　② 傅穹：《法人概念的固守与法人分类的传承》，载《交大法学》，2016(4)。

　　③ 张谷：《管制还是自治，的确是个问题！——对〈民法总则（草案）〉"法人"章的评论》，载《交大法学》，2016(4)。

纳入非营利法人的范畴。特别法人之所以单列，与其说是基于这四种法人具有共同的法律特征，倒不如说是这四种法人难以归入营利法人与非营利法人的范畴，因此，特别法人实际上是"剩余法人"，是"立法技术剩余"的产物。①也有学者指出，特别法人是社会主义体制的产物，诸如集体经济组织、居委会、村委会和合作社等均与体制有关，更类似于公法人。营利法人和非营利法人是私法人，其余是公法人，或者叫"体制法人"更好。②而捐助法人的典型形式是各种基金会，之前我国有关条例将基金会划入"社会团体"范畴。但基金会与明显具有社团特征的社会团体有着本质区别，如果不区分清楚，则有可能将基金会等福利机构中的管理人员误认为法人成员，从而导致其设立宗旨和财产用途被非法改变。因此，《民法总则》将这类法人单列，并对法人的设立、登记、活动范围等有关问题做出了明确规定。从捐助法人的定义来看，它符合财团法人的一切特征，实质就是财团法人，但是考虑到我国立法从未采用过社团和财团这两个概念，不仅"社会团体"概念与"社团"概念极易混淆，"财团"这一名称也影响了人们的接受程度，因此，立法改用了"捐助法人"的提法。但是捐助法人作为非营利法人的一种，其与事业单位法人、社会团体法人之间能否构成并列关系是令人怀疑的。《民法总则》的法人分类是以法人的生产和经济功能作为区分标准的，而捐助法人虽然在法条中再三强调其非营利属性，但是从本质来看，它仍然是以法人成立的基础来区分的，与其他的几类非营利法人没有共同的成立基础，致使法律无法完成对亚分类层面具体类型共同特征的再次抽象，使分类本身丧失了意义，也造成了法律体系的混乱。

---

① 张闻祺：《我国民法总则中的法人分类方式探析》，载《中州学刊》，2017(2)。

② 王立：《〈民法总则〉法人分类的学习笔记》，https://mp.weixin.qq.com/s?__biz=MzA4OTMzODkzOA%3D%3D&idx=1&mid=2683234369&sn=bc0a67670b9d4d72b51d4b357f1c2c0c，2018-08-10。

（四）现行法人制度体系下民办学校法人地位存在的问题

《民法总则》的法人分类方法立足于中国的实际状况，考虑了和现有法律的顺利衔接及人们的接受程度，并且对民办学校今后的健康发展具有重大的现实意义。但是，营利法人和非营利法人的划分，实质仍然是在现有的法律框架内来解决法人分类的技术层面上的问题，并没有修正现有框架内法律层面的质的缺陷。这种缺陷不仅会导致理念上的冲突，而且无法从根本上解决原有法人分类模式存在的问题，因此，对民办教育的持续健康发展将产生一定的消极影响。

具体而言，一方面，公私法人不分的立法模式不利于解决民办学校与公办学校的平等法律地位问题；另一方面，按照相关法律的规定，举办者可以依目的选择营利性或非营利性民办学校，营利性民办学校在工商部门登记为营利法人，非营利性民办学校在民政部门登记为社会服务机构（捐助法人）或者在人事部门登记为事业单位。[①]也就是说，不以营利为目的举办民办学校只能选择捐助法人的形式，这种非此即彼的立法模式对民办教育的发展是不利的。在《民办教育促进法》第二次修改以前，我国的民办学校分为三种：捐资举办的学校、投资举办要求合理回报的学校、投资举办不要求合理回报的学校。其中，投资举办不要求合理回报的学校就是前文所述以营利办公益的新兴组织模式。说到底，并非只有捐助法人才能举办公益事业，立法所要做的应是防止举办者利用自己对学校的控制权，通过关联交易、虚列成本等"打擦边球"的手段来获得收益[②]，而不是直接将公益事业的兴办模式框死。此外，虽然捐助人可以通过章

[①] 《民办非企业单位登记暂行办法》第五条规定，民办非企业单位必须拥有与其业务活动相适应的合法财产，且其合法财产中的非国有资产份额，不得低于总财产的 2/3。也就是说，如果学校资产经过清产核资，确定其中国有资产的份额超过总财产的 1/3 的话，就应登记为事业单位法人。

[②] 王一涛、徐绪卿、宋斌等：《非营利性民办学校举办者权益的合理保护》，载《中国教育学刊》，2017(3)。

程的设置进入理事会介入学校的管理，但是实践中仍有很多举办者认为"非营利办学＝捐资办学＝放弃管理权"，认为新法实施后举办者与学校不再有关联，从而引发了相当多举办者的担忧。[①]

四、民办学校教师的平等法律地位仍未落实

按照《教育法》《教师法》和《民办教育促进法》的相关规定，民办学校教师属于履行教育教学职责的专业人员，与学校之间是一种劳动关系。从理论上说，由于民办学校的经费是非国家财政性的，因此民办学校与教师之间是一种平等的私法契约关系，原本比公办学校要简单明确得多。然而，《民办教育促进法》关于平等地位的规定，使得民办学校教师的法律地位成为影响民办教育发展的最主要原因之一。

（一）民办学校教师与公办学校教师的同等地位难以实现

为维护民办学校教师的合法权益，《民办教育促进法》第四章的第二十八条到第三十二条，对民办学校教师的法律地位、任职资格、教育和培训机会、工资福利待遇与社会保险、职称职务评聘等做了明确规定。由于民办学校教师与公办学校教师一样，同样是履行教育教学职责的专业人员，其职业同样具有公共性，因此该法第二十八条规定："民办学校的教师、受教育者与公办学校的教师、受教育者具有同等的法律地位。"第三十一条规定："民办学校应当依法保障教职工的工资、福利待遇和其他合法权益，并为教职工缴纳社会保险费。国家鼓励民办学校按照国家规定为教职工办理补充养老保险。"第三十二条规定："民办学校教职工在业务培训、职务聘任、教龄和工龄计算、表彰奖励、社会活动等方面依法享有与公办学校教职工同等权利。"

但是，由于在其后的实施条例及相关的法律法规里，并没有对

---

①　徐绪卿：《贯彻落实〈民办教育促进法〉新法的若干思考》，载《复旦教育论坛》，2017(2)。

教师的工作人事关系等问题进行具体规定，而且《教师法》第三十二条规定："社会力量所办学校的教师的待遇，由举办者自行确定并予以保障。"这表明：公办教师的身份待遇是由国家政策予以规定的，而民办教师的待遇是由举办者确定的，因此，现实中民办学校教师在人事关系、退休待遇等方面与公办学校教师有着很大的差别。民办学校教师的档案等人事关系一般放在人才交流中心，导致民办学校教师严重缺乏职业安全感。在教师的养老金缴纳上，自 2008 年劳动保障部与民政部联合发布《关于社会组织专职工作人员参加养老保险有关问题的通知》，要求社会组织专职工作人员按照属地管理原则参加企业职工基本养老保险以来，大部分地区都将民办非企业单位从业人员的社会保障纳入了企业范畴。这一举措虽然暂时解决了民办学校教师的基本养老问题，但是其各项待遇仍然远低于公办学校教师。由于民办学校是按企业标准，而公办学校是按事业单位标准缴纳基本养老保险，因此，民办学校教师退休后按企业职工退休标准领取养老金，即使缴纳相同数额的社会保险资金，到退休时领取的基本养老金，仍然要比公办学校同资历的教师少 40% 以上。虽然新法第三十一条增加了第二款"国家鼓励民办学校按照国家规定为教职工办理补充养老保险"，但是基本养老保险标准尚如此之低，又遑论这种无强制性鼓励条款的落实呢？此外，分类管理实施以后，营利性民办学校的教师继续按照企业标准缴纳养老保险，非营利性民办学校教师的养老保险如果按照事业单位标准缴纳养老保险，那么，民办学校想要使自己的教师在职时的医疗、住房社会保障程度和退休后的待遇水平与公办学校的教师一致，无论是学校还是教师个人，都将承担极高的成本。

总之，退休待遇上与公办学校教师的巨大差别，使不少教师对在民办学校任教缺乏信心，这不仅影响了民办学校教师队伍的稳定，而且阻碍了民办学校与公办学校教师之间的合理流动，已经成为当前制约民办教育发展的一个重要因素。此外，民办学校教师的学历结构和职称结构与公办学校教师相比，也处于极其不合理的状态，民办学校教师在职称评定、工龄计算、评优评先等方面也无法享受到和公办学校教师一样的待遇。

（二）民办学校教师与公办学校教师法律地位不平等的原因

民办学校教师法律地位与公办学校教师不平等的原因主要有两个。

一是民办学校教师和公办学校教师的身份地位并不相同。按照《教师法》规定，公办学校和民办学校都实行教师聘任制，学校与教师之间的法律关系主要依靠教师聘任合同来调节。表面上看，公办学校和民办学校的教师聘任合同及身份地位都是相同的。但是实际上，我国公办学校作为事业单位，其教师享有事业单位编制，国家在参照公务员有关规定的基础上，建立了一套包括教师人事、工资和福利待遇等在内的、带有典型的人事制度特征的管理制度；而民办学校无论是营利性机构还是民办非企业单位，其与教师之间一直都是聘任与被聘任的关系。由于民办学校的举办主体和经费来源的非国家财政性，因此，在教学管理人员的聘任和管理上，民办学校享有完全的缔约自由权，民办学校和其聘用的教师之间就是一种平等的私法契约关系。2007 年《中华人民共和国劳动合同法》出台以后，民办非企业单位的聘用合同纠纷被明确纳入劳动合同的调整范围，更加明确了民办学校和教师之间是一种劳动关系，即教师以一个社会人的身份向学校提供劳动，从学校支取劳动所得，二者之间不存在行政隶属关系，也不是仅基于财产关系而形成的民事关系，而是一种以劳动为中介的、双方相对平等的劳动关系。虽然由于教育的公益性，民办学校和教师之间民事契约的意思自治要受到《中华人民共和国劳动法》（以下简称《劳动法》）、《教师法》等公法的限制，但是与公办学校和教师之间的人事关系仍然是完全不同的，只是劳动合同中的普通劳动者。因此，事业编制的有无，才是决定教师身份的决定性因素，教师聘任制只是用平等形式掩盖不平等内容的制度表象。所以，在公办学校教师和民办学校教师的身份地位及其与学校的法律关系完全不同的前提下，试图用教师聘任制这种形式来协调两者的差异是徒劳的。这也是民办学校教师无法享受和公办学校教师同等待遇的根本原因。

二是政府对民办教育地位和民办学校教师身份认识的偏差。目前，不少地方政府对民办教育的发展仍存在错误认识和观念歧视，民办学校"观念歧视，体制排挤，权力侵害，权益难以保障"的发展环境，还没有得到根本的改变。①一些政府部门简单地认为私人办学就是一种商业行为，民办学校收取学费，以市场的途径获取资源，就是一种营利行为，与教育的公益性背道而驰，从而将民办教育与公办教育区别看待。同样，尽管民办学校教师与公办学校教师具有教师职业的共同特性，同样是"履行教育教学职责的专业人员"，但一些地方政府更愿意将民办学校教师简单看成是民办学校工作人员，认为其工资和待遇理所当然应该由民办学校解决，而并未真正意识到政府在解决民办学校教师"同等法律地位"上应承担的职责。在2017 年召开的"两会"上，就有代表指出，《民办教育促进法》颁布 15年来，不仅相关法律规定在许多地方成了一纸空文，而且歧视、变相歧视民办学校教师的政策还在不断出台。②可以说，地方政府的错误观念正是造成目前民办学校教师无法完全实现与公办学校教师"同等法律地位"，其合法权益难以得到保障的另一个重要原因。

因此，仅仅在法律文本中规定民办学校与公办学校具有同等的法律地位，只会显得该规定缺乏理论依据且没有现实可操作性。只

---

① 张铁明：《民办教育法治：政府理解与执行是关键》，载《教育与职业》，2005（22）。

② 刘林：《完善政策措施，推动民办教育健康持续发展》，载《人民政协报》，2018-03-14。

有正视民办学校和公办学校的现实差异，明确民办学校的法人地位，理顺法律关系各主体的权利义务，才能使民办学校及其教师获得与公办学校及其教师同等的发展机会。

五、政府对民办学校的监管缺乏实效

从民办教育政策法律建设的发展历程可以看出，政府对民办教育已经形成了以双重管理为基本特征的监管体制。它以培育与规范民办学校为监管目的，以《民办教育促进法》与《民办非企业单位登记管理暂行条例》等法律法规为主要监管依据，以业务主管部门与登记管理机关为主要监管主体，以事前审批许可、年检等为主要监管手段。但是，民办教育在发展有限的同时，还频现行为失范和品质恶化的现象，可见受制于功利主义的管理理念、控制主义的管理目的、行政主义的管理方式和形式主义的管理手段①，当前的监管体制和监管手段并未能实现对民办教育的有效监管，反而成为制约民办教育进一步发展的桎梏。

（一）双重管理体制职责界定不清

按照现行法律的规定，民办学校在取得办学许可证以后还必须在民政部门进行民办非企业单位法人登记才算正式成立，因此，民办学校的业务主管机关是教育部门，法人登记管理机关则是民政部门。然而，登记管理机关和教育主管部门的职责界限模糊，存在较多交叉重复②，而且民办非企业单位的成立、变更、注销及年检均

---

① 康涛：《论政府对民办学校的再规制》，载《高教探索》，2017(9)。

② 《民办非企业单位登记管理暂行条例》第十九条规定，登记管理机关对民办非企业单位的监管职责为："（一）负责民办非企业单位的成立、变更、注销登记；（二）对民办非企业单位实施年度检查；（三）对民办非企业单位违反本条例的问题进行监督检查，对民办非企业单位违反本条例的行为给予行政处罚。"而第二十条规定，业务主管单位的监管职责为："（一）负责民办非企业单位成立、变更、注销登记前的审查；（二）监督、指导民办非企业单位遵守宪法、法律、法规和国家政策，按照章程开展活动；（三）负责民办非企业单位年度检查的初审；（四）协助登记管理机关和其他有关部门查处民办非企业单位的违法行为；（五）会同有关机关指导民办非企业单位的清算事宜。……"

需由教育主管单位预先审查，登记管理机关除了复核以外，并无其他专属性职能。这不仅是制度资源和政府执政资源的极大浪费，而且实践证明，监管职责的交叉重复，易导致相互推卸责任，出现监管漏洞。尤其是对于教育主管部门来说，本就不把对民办教育的监管当作其主要职责，而且监管的效果再好也不能以政绩的形式直观地体现出来，相反，一旦监管不到位，出了问题，其社会影响往往十分恶劣。此外，从上述规定来看，登记管理机关因为有教育主管单位把第一道关，很容易疏忽日常监管，最终使双重管理体制流于形式。①因此，如何从制度层面形成各部门各司其职、协调配合的综合监管体制，仍然是当前民办教育发展的突出问题。

（二）重许可轻监管的现象仍然存在

自民办教育监管体制建立以来，对符合法定条件的民办学校进行许可登记，就成为政府监管民办学校的主要手段之一。监管的重心集中在审批环节，不仅使得民办学校一旦获准登记则万事大吉，在其具体运作过程中缺乏持续有效的监督和制约；而且在当前的管理实践中，办学许可证和法人登记实际处于一种"能颁发而难吊销/撤销"的困境。

按照现有法律的规定，当民办学校在办学过程中出现了严重的违法行为时，吊销办学许可证和撤销法人登记是监管部门所能采取的最严厉的行政管理措施。考虑到学校教育的特殊性，为了维护广大学生和其他利益相关者的合法权益，相关法律就民办学校办学许可证被吊销以后的相关事宜做出了相应的规定。法律规定民办学校的资产由吊销其办学许可证的审批机关进行清算，至于民办学校的在校生则"应当妥善安置"，"实施义务教育的民办学校终止时，审批

---

① 俞可平：《中国公民社会：概念、分类与制度环境》，载《中国社会科学》，2006（1）。

机关应当协助学校安排学生继续就学"。①

但是就民办学校的资产问题来看，其中的产权问题、剩余资产处置问题、合理回报问题等始终没有定论。而在实践中违规办学的民办学校基本都存在着产权不清晰、财务制度混乱、法人治理结构不完善的问题，因此，当教育主管部门决定吊销其办学许可证时，就必须同时承担起清算民办学校资产的重任。从调研的情况来看，面对清算中所涉及的各种复杂的债权债务关系和可能陷入的诉讼，教育主管部门表现出的多是一种避之不及的态度。与此同时，学校被吊销办学许可证以后，如何妥善安置成百上千的在校生，则是比组织资产清算更难解决的问题。由于学校教育的连续性和系统性，一旦学校停办，就会严重影响所有在校生的学习和生活，因此，一个针对学校的单纯的行政处罚很容易异化成一起针对教育主管部门的群体性上访事件。在地方治理压力的常年加持之下，对于监管部门而言，吊销办学许可证具有难以避免的切实风险。

因此，吊销办学许可证实际已成为教育行政管理措施中的鸡肋，一旦民办学校获得了办学许可证便很难被吊销。监管部门更担心的是民办学校无法维持办学时遗留下来的众多问题，而不是自找麻烦去吊销民办学校的办学许可证。

(三)部分行政处罚措施难以实施

按照现有法律的规定，当民办学校在办学过程中出现了违反法律或者严重违反章程的行为时，监管机关有权依法对民办学校或其负责人给予行政处罚。处罚的依据除了《民办教育促进法》《民办非企业单位登记管理暂行条例》以外，还有一些特别法。行使处罚权的主体有登记管理机关、教育主管机关和有关国家机关。处罚的具体种类则包括警告、责令改正、责令停止办学、没收非法财产、没收违

---

① 详见《民办教育促进法》第五十七条和第五十八条。

法所得、罚款、吊销办学许可证和撤销登记等。

从现有法律规定来看，有的处罚措施设置不够科学，没有考虑到相应的社会效果。2016 年修改的《民办教育促进法》第六十四条规定："违反国家有关规定擅自举办民办学校的，由所在地县级以上地方人民政府教育行政部门或者人力资源社会保障行政部门会同同级公安、民政或者工商行政管理等有关部门责令停止办学、退还所收费用，并对举办者处违法所得一倍以上五倍以下罚款；构成违反治安管理行为的，由公安机关依法给予治安管理处罚；构成犯罪的，依法追究刑事责任。"与原第六十四条①相比，新规明确了执法机构，解决了与《民办非企业单位登记管理暂行条例》冲突的矛盾②，但是未明确停办以后的后续问题。以没有合法手续的大量农村幼儿园为例，其存在的原因是学前教育公共服务的缺失，法律只规定取缔，却忽略在园幼儿的去向以及政府对其继续就学权益保障上所应承担的责任，就会导致现实中相关部门的不作为，从而使本条规定无法达到预期的效果。

（四）以检代罚、滥用年检的现象突出

年检，也称"年度检查"，是由监管部门进行的，依法检查民办学校是否维持了其获得办学许可之时的状态，从而做出相应行政处理决定的行为。年检目前是相关部门对民办学校进行的常规强制性行政管理措施之一。按照现行法律的规定，教育和民政部门均要对民办学校分别进行年检，教育主管部门的年检结论作为民政部门年检结论的依据。年检不合格的主要结果为暂停招生、责令整改，严

---

① 《民办教育促进法》原第六十四条规定："社会组织和个人擅自举办民办学校的，由县级以上人民政府的有关行政部门责令限期改正，符合本法及有关法律规定的民办学校条件的，可以补办审批手续；逾期仍达不到办学条件的，责令停止办学，造成经济损失的，依法承担赔偿责任。"

② 《民办非企业单位登记管理暂行条例》规定，擅自举办的民办学校属于非法组织，应该予以取缔。

重的则吊销办学许可证。①

　　作为各行政机关对行政许可实施状况的主要监管手段，年检在行政管理实践中被十分广泛而又无序地使用着。由于缺乏法学理论的支撑，实践中年检种类繁多、内容界定不清、无法可依或者法律依据效力层次过低等现象十分突出。② 对于民办学校来说，由于其日常行为也是年检的考核内容，因此，经常会出现已经被行政处罚过的民办学校又因同一违法行为而在年检中被给予不合格结论的现象。由于年检不合格的结果是轻则限期停止活动，重则吊销办学许可证、撤销登记，因此，对于民办学校来说，年检异化成了"二次处罚"。

　　从理论上来说，年检既非一般的日常执法检查，也不是独立的行政许可行为。年检主要是检查民办学校在举办过程中的资格和条件是否维持，不应当涉及对具体违法行为的处罚。因此，对年检不合格的民办学校并不能采用警告、没收非法所得、责令停止活动、吊销办学许可证等行政处罚措施，否则会导致年检成为相关部门对民办学校违法行为进行处罚的工具，出现以检代罚、滥用年检的现象，使年检的设立初衷被曲解，作用被泛化，同时也使监管部门在行政复议和行政诉讼中处于不利地位。在实际工作中，年检的内容多而全，登记管理机关对民办学校开展的业务活动情况往往无法鉴别，形式上的审核并不能有效起到对民办学校的监管作用，而且耗时耗力，削弱了法律的约束力和登记管理机关的公信力。

　　由此可见，虽然相关法律赋予了监管部门对民办学校的监督与管理权，但是从总体上来说，监管部门对民办学校依然缺乏完整的监管体系和有效的管理制度。这不仅限制了民办学校的整体健康持

---

① 详见《湖北省民办学校年检办法(试行)》第十条。
② 刘平、王凤萍、沈竺文等：《与行政许可相关的定期检查(年检)法律制度研究》，http://www.shanghailaw.gov.cn/fzb/fzyj2006/20180306/6633.html，2018-08-10。

续发展，而且使社会对监管部门的行政能力产生了信任危机，降低了政府的公信力。

第四节　我国民办教育政策法律建设的未来展望

一、确立民办教育政策法律建设的基本原则

任何一种制度和规范都需要有基本原则的指导。民办教育政策法律建设同样需要贯穿始终的最一般的行为规范和价值判断准则。这一准则是民办教育政策法律建设基本精神的概括和抽象，也是其基本特征的集中体现。它不仅是指导民办教育政策法律建设的基本准绳，也是指导立法及适用的基本依据，还是从事民办教育政策法律问题研究的基本出发点。

由于涉及学生的受教育权利及公共利益，因而民办教育具有强烈的公共性，应受社会和国家的适当监督。又由于民办学校的办学权利是一种私权利，非依法律不得予以限制或禁止，而且民办学校的预算及经费均来自捐资与自筹，因此，民办学校又具有相当的自主性。"私人办学同时兼具公共性和自主性，二者并非是互斥不能两立的。国家在规范私人办学时，应考虑在保障兴学者、教学者与学习者的基本权利的最大满足情况下，使私人兴学之公共性得以维持，并促进教育的多元化与教育品质的提升。"①因此，我们应当确立公共性和自主性的协调作为民办教育政策法律建设的基本原则，并做出具体的制度设计。

教育的公共性通常是指教育涉及社会公众、公共经费及社会资源的使用，影响社会成员共同的必要利益，其共同消费和利用的可

---

① 周志宏：《私人兴学自由与私立学校法制之研究》，358 页，台北，学林文化事业有限公司，2001。

能性开放给全体成员，其结果为全体社会成员得以共享的性质。①此处的公共性则是指由于民办教育涉及多数人或社会公众的利益而应受到社会和国家适当监督的特性，具体可以分为教育的公共性和学校组织的公共性。教育的公共性是指民办学校本身所从事教育活动与事务的公共性。由于民办教育的对象为不特定的多数人，其所实施的教育具有某种外部效果会涉及公共利益，并得到国家的经费补助和税费减免，因此应当受到社会和国家的适当监督。学校组织的公共性指的则是民办学校作为非营利性组织的公共性。私立学校一般都被认为是不以营利为目的的非营利性组织，作为政治领域和经济领域之外的第三部门，私立学校为了执行政府和企业无法完成的公共事务，不以营利为目的，以盈余不得分配给成员和其他私人为基本规则，具有相当的独立性、公共性和民间性的特征。由于其以非营利性组织的身份获得社会物质和精神资源的支持并受到公众的信赖，因此，国家和社会的适当监督也成为必要。②从具体的制度设计来看，私立学校的公共性具体可以体现为法人的公共性、财产的公共性、招生的公共性、教职员工的公共性、董事组织的公共性、财务的公共性等。③

　　民办学校的自主性是指民办学校在达成教育目的的范围内，可以具有不受国家任意限制与干涉的自主空间。私立学校的自主性，主要包括办学者的自主性（私人兴学自由）、教学者的自主性（教育自由）和学习者的自主性（学习自由），其中，私人兴学自由包括设立私

---

　　① 余雅风：《重构中国高等教育公共性的法律保障机制》，见劳凯声：《中国教育法制评论》第 3 辑，89 页，北京，教育科学出版社，2004。

　　② 周志宏：《私人兴学自由与私立学校法制之研究》，351～352 页，台北，学林文化事业有限公司，2001。

　　③ 张国保：《私立大学董事会组织运作与职权效能研究》，博士学位论文，台湾师范大学，2003。

立学校、选择学校类型及经营管理私立学校之自由。① 我国台湾地区的有关文件规定，私立学校的自主性事项包括设立学校及分校的自主性、自行决定董事人数、人事和财务自主性、停办或解散及剩余财产处理的自主等方面。

因此，公共性与自主性是贯穿民办教育政策法律建设始终的一对基本矛盾。两者既不是互相排斥不能并存的，也不是静态并重的，而是在不断的协调中达到一种动态的平衡。公共性应以对自主性的保障为基础，来调和和兼顾民办学校的自主性与公共性。国家规范民办学校，也应当建立在维护民办学校自主性的前提下。如果国家的规范造成办学者、学生与教师任何一方的权利受到限制或侵害，民办学校的功能将遭到减弱。相反，如果国家不适当规范民办学校以维持其公共性，那么，各权利主体之间也将发生权利上的冲突，不但对相关人士的基本权利造成影响，也可能对国家和社会产生不利后果。

二、做好整体规划，健全民办教育政策法律体系

2016 年《民办教育促进法》修改至今，因各地分类管理实施细则尚未出台，其法律实效最终如何尚无法确定。但是要想让分类管理这样一个原则性法律规定真正落到实处，解决非营利性和营利性民办学校在登记、税收、资产处理等方面的问题，必须结合《民法总则》中的民事法人制度，并遵从民办学校作为一个现代教育机构所具有的教育特性，从而为民办学校找准法律定位。

如前所述，由于《民法总则》采用了营利法人和非营利法人的分类方法，因此，民办学校不再是民办非企业单位法人，而应登记为营利法人或捐助法人。对于民办教育来说，这一变化有利于我国民

---

① 周志宏：《教育法与教育改革》，225～227 页，台北，高等教育文化事业有限公司，2003。

办非企业单位这一类民间非营利性组织的健康发展，具有重大的社会意义。因为要想充分发挥这些不以营利为目的，进行志愿性公益或互益活动的非政府组织的功能和作用，调动其所有成员或工作人员的积极性、创造性，实现大社会、小政府的改革目标，关键就在于按其成立基础和宗旨的不同，依据特别法，确认其相应类别的法人地位。这一划分不仅将为高扬人道主义旗帜、发展社会公益事业提供必要的制度载体，还将为政治开放和民主进步创造适宜的法制环境。然而，这种分类方式也存在固有的缺陷，那就是使现实中以营利办公益的组织无处安身，非营利性民办学校也只能采用捐助法人的形态。

我国当前实际存在着三种民办学校：捐资办学的学校、投资举办要求合理回报的学校、投资举办不要求合理回报的学校，在立法取消合理回报以后，我们应当依据其成立基础和事业目的，将其分别归属于不同法人类别。

要求合理回报的学校应登记为营利法人。如前文所述，要求合理回报本质上就是营利，它与民办教育作为非营利性组织而应当具有的不分配限制产生了根本性的冲突，从而与非营利的民办学校有着本质的区别。因此，只要民办学校经营有盈余并分配给法人成员或其他人，就属于营利性社团法人，应当在工商部门登记注册，其组织机构和运行方式均由《中华人民共和国公司法》（以下简称《公司法》）等民商法进行调整。但是由于此种营利法人经营的是教育事业，在营利的同时也实现了社会的公益，因此具有一定的公益性质，和一般的营利法人有所不同，可以在税收等方面享有一定的政策优惠。

捐资举办的民办学校登记为捐助法人（财团法人）。对于捐资举办民办学校的办学者来说，运作型财团法人制度较有助于其捐助目的的实现。目前，在承认财团法人及其类似法人的法律体系中都有两种类型的财团法人：运作型财团法人，如大学、医院、博物馆等，法人的全部资金用于法人自己的活动；资助型财团法人，法人的财产主要用来资助其他组织或个人的活动，如福特基金会。不过，这两种财团法人只是运营方式不同，其运营规则是一样的。采用财团法人制度不仅可以防止管理者随意处置捐助财产行为，也可以防止因捐助人和管理者的分合并停或生死存亡而致捐助目的受阻。通过财团的方式，捐助的财产可以成为独立的主体，从而具有存续上的永久性、管理上的独立性，再辅之以国家的监督和法律的制约，最终完成捐助者的心愿。

不要求合理回报的学校在目前的法律框架下将不复存在。虽然财团法人是保障民办学校稳定经营发展最为适当的选择，但是绝大多数国家都没有排除其他形态的举办方式。

与《民法总则》衔接的同时，还应由国务院出台相关实施细则，对实践中涉及"非营利法人"和"营利法人"的具体问题加以规定。法律不仅要回应当下教育发展的新形势、新要求，还要超越就事论事、为修法而修法的狭隘视界，着眼于更长远的、具有前瞻性的整体设计，否则，恐难逃"被搁置"和"无法适用"的命运。①

三、深化事业单位改革，降低民办学校用人成本

以举办者（出资者）的不同身份为标准，将公办学校和民办学校区分为事业单位与民办非企业单位②，在身份地位、工资福利、监督管理等方面实行巨大的差别待遇，是当前影响民办教育发展的最主要因素之一。因此，民办学校能否成为教育公共服务提供的重要主体和教育公共治理的主要伙伴，不仅取决于完善的政策法律体系和良好的外部环境，更重要的还在于事业单位改革的方向和整体进程。

事实上，除了举办者不同以外，民办学校与公办学校在体制渊

---

① 尹力：《是"具体落实"还是"选择性移植"——〈教育法律一揽子修订草案（征求意见稿）〉解读》，载《教育学报》，2013(6)。

② 何增科：《中国社会管理体制改革研究》，17页，北京，法律出版社，2013。

源、活动领域、提供产品等方面并无实质差异。在《民办非企业单位登记管理暂行条例》出台以前，民办学校一直都被称为民办事业单位。然而，经过多年的市场化改革，我国的教育领域并没有发生重大的结构性转型，公办学校在教育公共服务领域仍然具有绝对的支配性，民办学校则依然羸弱。公办资源在民办教育领域的扩张，已经成为目前民办学校发展的最大障碍：一方面，公办学校垄断了几乎所有的优质教育资源，包括经费、师资、生源等，使民办学校的生存空间受到很大挤压；另一方面，民办教育的结构也正在发生变化，公办学校举办的民办学校和独立学院数量在不断增加，而真正民办教育机构的发展却不如预期。

鉴于事业单位有着官僚化公共部门的通病，近年来，事业单位一直在进行各种改革，虽然其中的市场化探索备受诟病、聘用制合同形同虚设，但是正在全力推进的养老保险和分类改革仍然为事业单位提供了继续改革深化的方向。而民办教育的从业者与研究者则一直希望能和事业单位同等地位同等待遇。这为我们提供了两种不同的思路：是公办学校民营化还是民办学校事业化？

以民办学校教师的地位和待遇为例，目前主要有两种解决方式：一种是将民办学校定性为民办事业单位，将符合条件的民办学校教师纳入机关事业单位养老保险范畴，以解决教师的后顾之忧，旨在确定并落实民办学校与公办学校具有同等的法律地位；另一种是将公办学校新招聘的教师全部纳入劳动合同管理，不再入事业编制，招聘教师人事关系实行人事代理，人事档案转入教育人才分市场。采用类似民办学校的方式管理公办学校教师，体现了公办学校对教师正在从行政化管理向法治化管理转变，学校与教师的法律关系也逐步从身份依附关系转向平等契约关系[1]，其目的在于加强教师流

---

[1]　韦保宁：《公立高等学校和教师法律关系研究》，博士学位论文，北京师范大学，2009。

动并促进教育教学发展。

这两种不同思路的教师管理模式其实是从不同的方向解决公、民办教师的地位和待遇差异问题。前者从对民办教育的定性出发，试图将民办学校向公办学校靠拢；后者则反其道而行之，试图借助事业单位改革的契机，将公办学校教师的身份待遇等往民办学校教师的方向转变。对比这两种模式可以看出，公办学校和民办学校的事实差异远非简单的定性正名即能消除，民办事业单位和民办非企业单位是否有实质的区别也有待商榷。至于事业单位的养老保险，由于其所需费用是由民办学校和个人自理，因此其实施效果必定大打折扣，毕竟能像宁波市那样对民办教师事业单位养老保险进行高额财政补贴的地方政府还是极其有限的。

事实上，将民办学校与教师的法律关系定位为劳动关系，是世界上许多国家和地区采用的做法。大多数国家和地区对于私立学校教师的身份一般定性为学校雇员，把私立学校与教师的法律关系定性为劳动合同关系，除非有特殊原因，一般均适用劳动法。如在美国，私立学校聘任教师一般实行公开招聘，签订聘任合同。合同明确规定了学校与教师的权利义务及聘任期限。由于美国私立学校的举办者多半有宗教背景，而给教师聘任适用劳动法带来了障碍，即使是这样，其聘任合同仍属私法契约。[①] "日本私立学校的教师由校方自主管理，从教师的聘用、晋升、工资待遇到解雇都由学校自行负责。""英国私立学校的师资管理权在主办者，私立学校在招聘教师等方面具有相当大的自主权。私立学校的教师在决定自己的教育行为时，同样具有较大的权力。国家对私立学校师资管理方面不加

---

① 陈韶峰：《中小学教师的任用及其纠纷的处理》，97 页，北京，教育科学出版社，2009。

干涉。"①

从当前国家事业单位改革的现状来看，事业单位全员聘用制和绩效工资改革已经完成，分类管理的时间表也已确定，养老保险改革虽是阻力重重，但也已基本实现，因此，后一种解决思路更能顺应国家事业单位改革的总体趋势，应区分义务教育阶段和非义务教育阶段，进一步予以改进和完善。从长远来看，我们应摒弃以资金来源的不同区分公办学校与民办学校的做法，以成立基础与事业目的为标准，统一将从事公益服务的公办学校与民办学校都确定为公益社团法人，由国家社会组织监督管理总局统一管理。否则，即便新法增加了"国家鼓励民办学校按照国家规定为教职工办理补充养老保险"的规定，仍然不能解决民办学校教师向公办学校和政府系统的高流动率问题。

民办学校目前急需解决的是我国包括社保费用等在内的人工成本大幅上涨的问题，这直接体现在民办学校教职员工"五险一金"费率偏高及缴费基数确定和增长机制上。因此，应在不影响参保教师待遇水平的情况下，合理降低学校"五险一金"缴费占工资总额比例，探索阶段性下调教师的社保缴费率；同时推动地方政府设立民办教育专项基金，优先用于教师队伍建设，采用按比例分担或者政府补贴的方式承担部分教师社保费用。还应对接公积金制度改革要求，规范和阶段性适当降低民办学校住房公积金缴存比例；彻底清理和纠正歧视性政策，解决民办学校教师合理流动、薪酬待遇、社会保障、专业发展、奖励扶持等政策不配套、不规范、不统一等问题，降低人才自由流动成本，破解人才"招不进、留不下"困局。②

---

① 吴忠魁：《私立学校比较研究——与国家关系角度的分析》，127～128 页，北京，北京师范大学出版社，1999。

② 周海涛、景安磊、刘永林：《助力支持和规范民办教育发展》，载《教育研究》，2017(12)。

四、完善落实分类管理配套政策，支持民办教育发展

（一）制定和落实营利性与非营利性民办学校的税收优惠政策

2016 年修改的《民办教育促进法》第四十七条规定："民办学校享受国家的税收优惠政策；其中，非营利性民办学校享受与公办学校同等的税收优惠政策。"《国务院关于鼓励社会力量兴办教育促进民办教育健康发展的若干意见》规定：民办学校按照国家有关规定享受相关税收优惠政策。对企业办的各类学校、幼儿园自用的房产、土地，免征房产税、城镇土地使用税。对企业支持教育事业的公益性捐赠支出，按照税法有关规定，在年度利润总额 12% 以内的部分，准予在计算应纳税所得额时扣除；对个人支持教育事业的公益性捐赠支出，按照税收法律法规及政策的相关规定在个人所得税前予以扣除。非营利性民办学校与公办学校享有同等待遇，按照税法规定进行免税资格认定后，免征非营利性收入的企业所得税。

对于非营利性民办学校的税费减免，目前各界并无分歧，现在的主要问题是营利性民办学校的税收优惠法律还没有明确。对此，《国务院关于鼓励社会力量兴办教育促进民办教育健康发展的若干意见》规定，营利性民办学校的财务清算、相关税费缴纳等具体办法都由省、自治区、直辖市来制定。从目前已公开的地方细则和征求意见稿来看，部分省份进行了原则性的规定，如浙江省提出："对营利性民办学校，增值税等按规定给予相应的税收优惠。"[①]所得税方面，在正式出台的实施细则中均未提及营利性民办学校的具体费率（此前在江苏及河北的征求意见稿中有提及），后续在实际操作中，大概率会参考高新技术企业的 15% 所得税率提缴。[②]但是按照税收法定的原

---

① 《浙江省人民政府关于鼓励社会力量兴办教育促进民办教育健康发展的实施意见》，http://www.zj.gov.cn/art/2018/1/5/art_32431_295889.html，2018-08-10。

② 黄莞、田鹏：《14 省市 6 大维度横向对比，全方位解读民促法最新落地进展》，http://www.sohu.com/a/224371470_354900，2018-08-10。

则，省级地方政府并没有权力制定税收减免举措。所以，最有可能明确这一问题的是国家级的配套文件，教育部目前正在和财政部、国家税务总局协调尽快出台营利性民办学校税收优惠的专门文件。然而，直到 2017 年 9 月 1 日新《民办教育促进法》实施以后，国家税务总局也没有出台相应减免通知，因此，营利性民办学校将按照"增值税 6％，所得税 25％"缴纳税费。按照行业的平均估算，民办学校结余约占当年收入的 30％，而税收将占到 15％，这意味着民办机构结余将减少一半。①

　　因此，应充分考虑现阶段我国民办教育发展的特点，按照《民办教育促进法》和《国务院关于鼓励社会力量兴办教育促进民办教育健康发展的若干意见》的要求，尽快针对不同类型民办学校出台相关规定。对于非营利性民办学校而言，税收优惠政策的重点应在所得税减免如何落地。财政部、国家税务总局《关于教育税收政策的通知》规定，免征企业所得税是以收费经批准并纳入财政预算管理，或纳入财政预算外资金专户管理为前提。而现实中，各地财政部门普遍未将民办学校的收费纳入财政预算外资金专户管理。②虽然在《民办教育促进法》修改以前，真正向民办学校征税的也不多，只有个别地方税务部门以此为由，对民办学校征收企业所得税，并将一些代收代管费用列入了计税范围。但是将民办学校的收费纳入财政预算外资金专户管理，从立法上解决《民办教育促进法》与上述通知的衔接问题才是长久之计。此外，在契税、房产税、土地使用税、资产过户增值税及民办学校免税资格的认定等方面，可以借鉴各地的一些减免和优惠的创新政策。

　　而对于营利性民办学校而言，公益性机构的定位在一定程度上

---

① 吴华：《希望出台更加优惠的税收政策》，载《人民政协报》，2017-01-25。

② 方建锋：《民办教育：发展转型与政策创新》，载《武汉长江工商学院学报》，2013（2）。

限制了其赢利能力。尽可能地对营利性民办学校提供税收优惠政策，不仅可以消除举办者对新法的疑虑，不至于因税费问题而使分类管理形同虚设；而且对地方政府来说，也是极其划算的投资决策。根据吴华教授对 2013 年数据的测算，如将所有民办学校均视为营利性学校，所能收取的税收总额也不到 200 亿，而民办学校产生的财政贡献却超过了 3 400 亿，这意味着政府向民办学校少收 1 元的税，就可以获得 17 元的投资回报。①因此，应由国家出台政策法律，对营利性民办学校采取减征、免征、缓征，以及对就读的学生提供所得税抵扣等多种税收优惠组合：企业所得税方面比照高新技术企业 15%税率征收，且专项补助收入不征收企业所得税；从事学历教育的学校暂缓征收或免征收房产税、城镇土地使用税；教育培训机构提供的非学历教育服务的增值税，给予简易计税方法的优惠；等等。

(二)明确营利性学校和非营利性学校的差异资助政策

基于民办学校的公益性和教育公平理念，国家应对民办学校及其在校学生提供财政资助。公共财政不等于公办财政，从国际视野看，政府是否承担对民办教育的财政责任，是该国教育发展战略和政策的重要内容，是决定民办教育是否拥有与公办教育同等地位的主要标志，也是决定该国民办教育发展地位的根本因素。大凡民办教育发展比较平稳而且在整个教育体系中占据举足轻重的地位的国家和地区，政府都通过立法方式来明确政府对民办教育的财政责任，以此保证民办教育拥有与公办教育同等的法律地位。目前公共财政对民办教育的资助主要用于以下四个方面：①教师养老保险；②对民办学校的奖励；③引导和支持民办学校的内涵建设；④义务教育阶段学生生均补贴。

---

① 吴华：《地方政府和民办学校在新法实施前急需开展的工作》，载《人民政协报》，2016-12-21。

近年来，各地政府不断加大对民办学校的财政扶持力度。上海市对民办高校按照生均 500～2 000 元的标准拨款，2015 年的财政扶持资金达到 7 亿元；重庆市的财政扶持力度很大，覆盖面也很广，2016 年扶持资金达到了 18 亿元，对所有民办幼儿园、中小学、高校都进行了生均拨款。① 2016 年年底出台的《上海市人民政府关于促进民办教育健康发展的实施意见》明确了探索试点政府资金支持符合条件的非营利性学校的教育教学等设施建设。对义务教育阶段民办学校，按照不低于生均公用经费基准定额的标准给予补助。同时，健全以招收进城务工人员随迁子女为主的民办小学办学成本政府补贴制度。②但是从全国范围来看，除少数财政能力较强的地区外，义务教育阶段民办学校尽管承担着义务教育的任务，但并未普遍享受到公共财政资助；民办学校也尚未与同级同类公办学校享有完全同等的政府项目资助待遇，例如，民办中等职业学校的奖、助学金政策尚未全面落实，国家及大部分地方政府没有设立民办教育发展专项资金。③这是因为尽管《民办教育促进法》在"扶持与奖励"一章中对政府资助民办学校进行了规定，但采用的都是授权性条款，无法约束政府行为。《国务院关于鼓励社会力量兴办教育促进民办教育健康发展的若干意见》也只要求地方将支持民办教育发展的经费列入预算，其他财政扶持政策要求同样是倡导性的。从规范的角度看，立法应当对资助的主体、方式、程序、对象做出明确的规定，并增加相应的责任条款和救济性的规定，否则，公共财政对民办教育的扶持将会流于形式。

---

① 张韦韦：《"民办教育实施征求意见稿"发布　利益博弈仍在进行》，http：//edu. takungpao. com/q/2017/0707/3470922. html，2018-08-10。

② 董圣足：《不说空话套话，重在破题解难　上海"40 条"开启民办教育改革发展新局面》，载《上海教育》，2018(3)。

③ 方建锋：《民办教育：发展转型与政策创新》，载《武汉长江工商学院学报》，2013 (2)。

2016 年修改的《民办教育促进法》实施以后，政府扶持民办教育还面临着一个突出问题，就是营利性学校和非营利性学校的差异资助政策。《国务院关于鼓励社会力量兴办教育促进民办教育健康发展的若干意见》确定了民办学校分类管理后的差别待遇，对于非营利性民办学校，政府要在政府补贴、政府购买服务、基金奖励、捐资激励、土地划拨、税费减免等方面给予扶持。而对于营利性民办学校，政府并无直接资助的义务，只是规定政府可以通过政府购买服务及税收优惠等方式对其给予支持。各地对于这一政策的理解也各有不同，如辽宁省没有区分不同类型民办学校的资助政策，只笼统提出"加大财政投入力度。探索建立差额补助、定额补助、项目补助、奖励性补助等多元化的公共财政扶持体系"①。而河北省则提出实行差别化扶持政策，规定各级政府要区别营利性和非营利性民办学校不同情况，在财政扶持、税收优惠、用地政策等方面实行差别化的扶持政策。

(三)明确非营利性民办学校终止时的补偿和奖励机制

对于民办学校终止时，清偿完受教育者、教职工的费用和其他债务后的剩余资产如何处理，2016 年修改的《民办教育促进法》第五十九条第二款规定："非营利性民办学校清偿上述债务后的剩余财产继续用于其他非营利性学校办学；营利性民办学校清偿上述债务后的剩余财产，依照公司法的有关规定处理。"为稳妥推进分类管理，完善现有民办学校的退出机制，《全国人民代表大会常务委员会关于修改〈中华人民共和国民办教育促进法〉的决定》指出："本决定公布前设立的民办学校，选择登记为非营利性民办学校的，根据依照本决定修改后的学校章程继续办学，终止时，民办学校的财产依照本法规定进行清偿后有剩余的，根据出资者的申请，综合考虑在本决

---

① 《辽宁省人民政府关于鼓励社会力量兴办教育促进民办教育健康发展的实施意见》，http://www.ln.gov.cn/zfxx/zfwj/szfwj/zfwj2011 _ 119230/201710/t20171011 _ 3072130.html，2018-08-10。

定施行前的出资、取得合理回报的情况以及办学效益等因素，给予
出资者相应的补偿或者奖励，其余财产继续用于其他非营利性学校
办学；选择登记为营利性民办学校的，应当进行财务清算，依法明
确财产权属，并缴纳相关税费，重新登记，继续办学。具体办法由
省、自治区、直辖市制定。"

从上可以看出，新修改的《民办教育促进法》在处理现有民办学
校时采取了符合中国实际的做法。此次修改并没有严格按照一般意
义上的非营利性组织来定义非营利性民办学校，而是规定现有民办
学校如果选择登记为非营利性民办学校，那么终止办学时给予补偿
和奖励。考虑到投资办学仍是我国民办教育的基本特征，大多数举
办者希望通过办学获得相应的收益，因此，立法没有强迫举办者捐
赠所有投入的资产，而是对原始投资和人力资本投入予以认可和保
护，尊重和回应了举办者的利益诉求。但是目前这一规定还缺乏具
体的细化措施。新修改的《民办教育促进法》出台至今，只有湖北、
浙江、上海、陕西、江苏等少数几个省份提及补偿及奖励机制。

其中较为详细的例子有：①湖北提及补偿可从清偿后的剩余资
产中以不高于经确认的出资额返还举办者，仍有结余的，可视情况
给予学校净资产 15% 的奖励。②江苏提及补偿数额为出资额及其增
值，增值按照清算当年中国人民银行 5 年期存款基准利率计算；并
且从民办教育专项资金和民办学校剩余净资产中给予出资者一定奖
励，奖励数额不高于民办学校补偿后剩余净资产的 20%。③《上海市
民办学校分类许可登记管理办法》规定，2016 年 11 月 7 日前设立、
登记为民办非企业单位的现有民办学校，继续作为非营利性学校办
学的，终止时，其出资者可以申请从学校的剩余财产中取得补偿与
奖励。并紧密围绕《全国人民代表大会常务委员会关于修改〈中华人
民共和国民办教育促进法〉的决定》提出的出资者原有出资、已取得
的合理回报和办学效益等因素，以重视出资者对教育的贡献和鼓励

今后长期办学、规范办学为基本考量，分别设置了补偿和奖励方案，允许符合规定的出资者同时获得补偿及奖励，最高可以获得扣除财政投入与社会捐赠后的全部剩余财产。其中，补偿与原有出资和合理回报密切相关，兼顾投资理财、社会公益的两方面情况，补偿金额＝（出资金额＋折算利息）－（合理回报＋折算利息）。奖励则与分类管理之后的办学效益密切相关，鼓励健康规范办学、长期稳定办学，奖励金额＝年度学费收入×（0.1×合格次数－0.5×不合格次数）。上海市民办教育网还开通了"现有学校终止后出资者获得补偿与奖励的计算模拟器"，方便办学者计算。

其他省份只是规定了框架性的指导意见，补偿奖励的标准、比例及兑现时间点均没有明确规定，更多的省份则仍在徘徊观望。[①]此外，修改后的《民办教育促进法》只明确了非营利性民办学校终止时，政府将对清偿后的财产进行一定补偿，剩余财产继续用于其他非营利性办学；而营利性民办学校的剩余财产将依据《公司法》进行处理，并未提及补偿机制。

因此，各地需明确补偿奖励的对象和资格、清产核资的时间和费用、补偿奖励的标准和测算方法、补偿奖励的获取方式和期限等一系列问题。就目前各地的政策探索看，在补偿奖励的资格问题上，多地认为应仅限于选择非营利性的民办学校，但也有地方提出基于对办学历史和贡献的尊重，选择营利性的民办学校具有同等补偿奖励资格。在清产核资相关问题上，为避免全面清算工作引起的政策性恐慌，以及举办者确权后大量抽离办学资金或选择终止办学的政策性风险，有的地区提出仅对选择登记为营利性的民办学校，以2017年8月31日为基准日进行资产清算，相关工作由学校自行委托有资质的中介机构承担。就测算方案来看，各地普遍的政策考虑是

---

① 吴秋婷：《新〈民促法〉广泛落地 亟需配套政策》，载《经济观察报》，2017-11-13。

以依法清偿后的净资产为限，给予举办者补偿和奖励，仅在具体数额和操作程序上有所区别。

总之，各地在制定补偿和奖励政策时应依据修改后的《民办教育促进法》的有关要求，既要考虑依法清偿后资产有剩余的前提，又要权衡举办者出资、取得合理回报情况和办学效益等因素的权重，还要遵循尊重办学历史和贡献，对于清算后净资产为零或负的民办学校，其确权后的补偿奖励如何实现，还有待进一步斟酌。①

（四）完善政府购买教育服务制度

政府购买教育服务，起源于西方国家 20 世纪 70 年代末开始的教育市场化改革，其主要特色是构建"小政府、大社会"的教育职能模式，将公民社会、市场领域力量引入教育治理之中，构建公私部门的合作伙伴关系，提高政府教育服务供给的质量和效益。也就是政府提供资金、民办学校承包服务，以合同关系实现特定公共服务目标的机制。目前，政府购买的教育服务主要包括学位、管理和评估。②

政府购买服务，不仅有助于充分发挥财政资金的"杠杆作用"，引导更多的社会资源来共同办教育，从而增加对教育服务的总体投入，缓解由于财政投入不足导致教育服务供应不足的问题；而且有助于把政府从教育服务的提供者、生产者和公共教育资产的名义所有者合一的角色中剥离出来，从而打破公办教育系统的垄断，建立有效的竞争机制，改善教育服务的效率。但是，政府向民办学校购买教育服务也带来不少的问题，例如，公共服务质量难以量化评估，公共服务成本和价格难以计算，特别是教育作为一种"软服务"，在成本和价格的计算、服务过程的监控和质量标准的制定等方面与实

---

①　章露红：《贯彻"民促法"新法新政地方配套政策的重点与亮点》，载《人民政协报》，2017-07-12。

②　周翠萍：《关于政府购买教育服务的制度设计》，载《教学与管理》，2010(15)。

物产品差别很大，从而可能产生各种合同漏洞，或者造成执行过程中顾此失彼的状况。尤其需要注意的是，在政府教育职能尚未完全转变、监管机制尚不完善、市场尚未充分发育的情况下，实施政府购买教育服务还会暴露出购买过程不规范、监督缺乏、责任流于形式等问题，导致承接教育服务的民办学校变成逐利机构，从而产生"第三部门失灵"。①

现有的《中华人民共和国政府采购法》《国务院办公厅关于政府向社会力量购买服务的指导意见》、财政部等三部门于 2014 年发布的《政府购买服务管理办法（暂行）》和各地颁布的政策文件基本，都是从公共服务的购买范围、购买方式、服务供应方的资质、评估标准、资金拨付方式等方面进行规范，还没有专门针对教育服务的政策法律。而教育服务由于具有不同于其他公共服务的复杂性和特殊性，造成了其购买过程的复杂性和特殊性。教育领域购买服务一直缺乏比较统一的政策，各地虽有尝试，但力度都很小。如果没有专门针对购买教育服务的相关政策和制度的话，将直接影响到政府购买教育服务这一政府工具实施的有效性、合法性和推广实施的可能性。②因此，可以考虑制定《政府购买教育公共服务法》，明确教育公共服务的购买主体、客体和范围，允许国家财政资金购买社会组织、企事业单位提供的多领域的教育公共服务，大力培育教育公共服务市场，形成政府、社会与公民共同举办教育、共同竞争公共财政教育资源的局面。③各地也可以通过地方性法规的修订，采取切实措施，加大政府向民办学校购买服务的力度，逐步提高政府向民办学校购买服务的份额或比例。例如，规定政府新增公共教育服务的支出中，

---

① 周翠萍：《我国政府购买教育服务的风险分析》，载《教学与管理》，2010(5)。

② 周翠萍：《论我国政府购买教育服务的现状与问题——基于上海市教育委托管理的分析》，载《教育发展研究》，2011(3)。

③ 董圣足：《教育服务政府购买的源头之问》，载《人民政协报》，2014-10-22。

通过政府购买服务安排的部分，向民办学校购买的比例原则上不低于 30％，以优化民办学校的发展环境，促进民办学校进一步发展。[1]

此外，还可以借鉴《上海市人民政府关于促进民办教育健康发展的实施意见》的相关规定，鼓励向民办学校购买学位、课程教材、科研成果、职业培训、政策咨询等教育服务，不断完善购买项目、标准和程序，制定政府购买教育服务制度，完善购买服务绩效评价机制。支持民办学校与公办学校在管理、课程、科研等方面探索资源共享，积极鼓励公办学校与民办学校相互购买管理服务、教学资源、科研成果，形成相互委托管理和相互购买服务的新机制。探索薄弱公办中小学在不改变其公益属性的前提下，由民办学校进行委托管理，鼓励民办中小学参与集团化办学。因地制宜开展地段内学生就近入读民办中小学与幼儿园的学位购买工作。鼓励民办学校开发适应市场和社会需要的各类教育公共服务项目，提高其承接政府购买的教育服务项目的能力。

五、坚持依法行政，规范民办教育发展

民办教育是教育事业发展的重要增长点和促进教育改革的重要力量，所以，对民办教育进行监管同样是政府的责任。各级教育主管部门应设立专门的民办教育管理机构，从以下几方面做好对民办教育的监管工作：一是充分保障民办学校的办学自主权，为民办教育发展创造一个宽松的政策、制度环境，合理确定政府行政行为和市场调节行为之间的界限。教育主管部门要明确职责，对于需要依靠市场机制解决的问题，政府不应过多干预。二是对民办学校依法办学、教育教学质量的提高、教师培训等方面进行监督和管理。三是对民办学校的收费、资金使用、财务管理进行有效监督。四是对

---

[1]　吴开华、邵允振、赵小平：《分类管理背景下广东民办教育地方性法规修订探析》，载《地方立法研究》，2018(1)。

民办学校的宣传广告进行审查批准。政府各部门应根据《民办教育促进法》的精神，制定有利于民办教育发展的扶植措施，对民办教育进行资助，创造一个良好的政策环境。各级政府也应当根据本地区的实际需要和可能，制定相应的配套政策，为促进民办教育的进一步发展提出一些好办法，创出好经验。

此外，民办教育的问题仅仅依靠教育部门是难以解决的，需要与民办教育有关的职能部门，如财政、税务、人事、民政、人社、编制等的综合协调与协作，对制约民办教育发展、涉及全局性的问题进行研究。民办学校的税收优惠问题、民办教师的身份问题、政府对民办学校的资助问题、民办学校的收费问题等，都需要政府各有关部门通力协作。具体而言，还要从以下几个方面完善民办教育的监管体制和监管手段。

(一)以业务主管部门的监管为主

我国对民办学校的设立采取的是双重管理体制，即设立民办学校首先须经享有审批权的业务主管部门审批，在取得审批机关颁发的办学许可证后，还须依《民办非企业单位登记管理暂行条例》的规定，到相应的民政部门进行登记，方可开展教育教学活动。这里需要说明的是，教育主管部门颁发的办学许可证的内容是不包含登记管理机关的登记事项的。业务主管部门的审批重在对其开展业务活动的能力进行资格认定，而登记管理机关颁发登记证书则是赋予民办学校合法的地位，两者之间存在明显区别。

由于作为登记管理机关的民政部门同样对民办学校的设立享有实质性审查的权力。也就是说，只要业务主管部门和登记管理机关有一方不同意，民办学校就不能合法成立。有学者称其为登记管理制度上的"双重许可主义"。①这种登记管理制度不利于民办学校的设立：它不仅使民办学校的设立程序更加烦琐，而且由于业务主管部门和登记管理机关的自由裁量权很大，在具体问题上极易发生分歧，因而两个部门在审查标准上可能出现不同，给民办学校的设立带来不便。应该认识到，作为登记管理机关的民政部门，应仅进行形式审查而非实质审查。这在很大程度上可以避免两者可能发生的冲突，从而简化民办学校设立的程序。

(二)将年检改为年度报告制度

为了加强对民办学校的管理，教育部门和民政部门均要对民办学校进行年检和其他执法检查。客观地说，由于目前缺乏有效的监管手段，监管部门，特别是登记管理机关，只有通过年检才能全面准确地了解民办学校的情况和变化，从而及时发现并解决问题；而民办学校也可以通过年检来回顾过去一年的活动情况，以有效促进自身行为的规范。然而，作为政府简政放权的重要内容，企业法人和事业单位法人已先后取消年检，而且考虑到年检与处罚相混淆、内容程序缺乏规范性、重复年检，以及年检形式化等问题，因此，将民办学校年检制度改为年度报告制度，既可以从理论上解决以检代罚的问题，使监管部门免于成为"二次处罚"行政诉讼的被告，而且可以提高登记管理机关的办事效率，减轻民办学校的负担，促进民办学校的发展。

具体来说，民办学校需要在规定期限内通过网络直接提交年度报告，监管部门进行形式审查后挂网公示，不再出具合格、基本合格、不合格等具体结论。监管部门每年按照一定的比例，对年度报告进行抽查，并建立和完善后续管理制度，从而实现监管部门从重

---

① 苏力：《规制与发展——第三部门的法律环境》，179 页，杭州，浙江人民出版社，1999。

登记轻管理到发展与规范、培育与监管并重的转变。

　　（三）构建协调配合的综合监管机制

　　按照现行法律的规定，登记管理机关和教育主管部门是行政处罚的主要主体，其他部门可以协助或者建议进行处罚。对于因立法原因导致的执法冲突，在法律修订完善之前，仍应严格按照现行法律规定进行处罚，无须以其他部门的处罚为前置条件。当不同部门都有处罚权时，应在法定权限内根据执法对象的不同，由适合的监管部门采取合适的处罚手段。

　　鉴于教育是具有连续性、系统性和稳定性的特殊公益事业，因此，掌握办学情况的教育部门更适宜承担主要的监管职责，从而维护学生的合法利益和社会的稳定。而民政部门作为法人登记管理机关，其主要功能在于确立民办学校的法律主体资格。对于民办学校这样的实体性公共服务机构来说，由于其具有较强的专业性且又服务于不特定的多数人，民政部门对其通常缺乏实质性监督管理的业务能力。从稳定社会、维持学校办学的角度出发，除非有重大违法行为，民政部门一般不应当对民办学校的法律主体资格进行直接干预，更不要说注销其主体资格，因而民政部门的监督作用十分有限。

　　从调研情况来看，监管部门也确实极少对民办学校这样的实体型社会组织使用吊销办学许可证或者撤销登记类的能力罚。这是因为按照谁审批谁负责的原则，监管部门不仅要尽量避免清算民办学校资产和应对各种债权债务关系的责任，更要避免处理学生安置等容易引起群体性上访的问题。对于罚款、没收违法所得等财产罚，因为涉及民办学校的产权性质等问题，监管部门在使用时也应很谨慎，以免损害公共利益。至于警告、责令改正等申诫罚，则有较大的适用空间。此外，从整体上看，目前登记管理机关对民办学校的检查执法较少，教育主管部门的情况也不乐观，全国 31 个省（自治区、直辖市）的教育主管部门，至今还没有一个成立专门的执法机构，部分省（自治区、直辖市）的教育厅（教委）近年来甚至无一起行政处罚。因此，加强民办教育行政执法，加大对违法行为的处罚力度，仍然是完善民办教育法制建设、促进民办教育持续、健康发展的重要内容。

第七章
构建终身学习体系

第一节　终身学习体系的发展历程

一、改革开放初始期，承载特殊历史任务的成人教育

20 世纪 80 年代，伴随着"改革开放"方针的确立，国内政治、经济形势日趋稳定，社会秩序日益恢复。但是，政治及思想上的混乱仍然难以在短期内根本消除，特别是"两个凡是"的提倡，更成为拨乱反正、恢复社会秩序的最大思想障碍。1977 年 9 月 19 日，邓小平发表了《教育战线的拨乱反正问题》的谈话，指出要完整、准确地理解毛泽东思想，实事求是是毛泽东思想的精髓。1978 年 5 月 10 日，中央党校内部刊物《理论动态》又刊出了《实践是检验真理的唯一标准》，而后在《光明日报》公开发表，并被《人民日报》《解放军报》及新华社全文转发。此后，全国范围内掀起了一场关于"真理标准"的大讨论。邓小平关于教育问题的谈话和教育界发出的思想解放的先声，奠定了否定"两个凡是"和进一步反思"文化大革命"的理论和舆论基础，并由此成为改革开放的源头和突破的契机。在此基础上，1978 年 12 月召开的党的十一届三中全会，又做出了要把党和国家的工作

重心转移到经济建设上来、实行改革开放的历史性决策。于是，围绕"四个现代化"(农业现代化、工业现代化、科学技术现代化和国防现代化)所制定的各项政策迅速得到推行，政治、经济形势日趋稳定，教育秩序也日益恢复。

改革开放的全面推行势必引起教育领域的响应，而因"文化大革命"变得满目疮痍的教育事业亦由此开始恢复。"文化大革命"结束后的改革开放，在教育领域的主要任务就是拨乱反正、恢复正常秩序。

"文化大革命"对教育的破坏，造成了当时大批的适龄青少年没有完成充分的初、中等教育就离开了学校，而这一部分人对教育的需求也就成为现代成人教育兴起与发展的最初动力。1981年，《中共中央国务院关于加强职工教育工作的决定》和《教育部关于职工初中文化补课工作若干问题的通知》先后发布，由此带动了一场规模巨大、以青年职工补习初中文化和初级技术的所谓"双补"教育运动的兴起。在此背景下，"成人教育"这一源于西方的专用术语亦完成了在中国的导入及"本土化"进程。1986年12月，国家教委主任李鹏在全国成人教育工作会议上做了题为《改革成人教育 发展成人教育》的讲话。李鹏指出：成人教育是我国教育事业极为重要的组成部分。就整个教育事业来说，大体上可分为四大部分，即基础教育、职业技术教育、普通高等教育和成人教育。前三部分教育是为社会主义建设事业培养输送后备力量的教育；而成人教育主要是对已经走上工农业生产岗位的劳动者和其他从业人员进行的教育。① 这一讲话在1987年6月23日又作为国务院正式批转的《国家教育委员会关于改革和发展成人教育的决定》而正式贯彻实施。该决定第一部分"提高全社会对成人教育在社会主义现代化建设中的重要地位和作用的认识"第二段即明确指出："成人教育是我国教育的重要组成部分。

---

① 《教育改革重要文献选编》，359页，北京，人民教育出版社，1988。

在整个教育事业中，它与基础教育、职业技术教育、普通高等教育同等重要。成人教育主要是对已经走上各种生产或工作岗位的从业人员进行的教育，能够直接有效地提高劳动者和工作人员的素质，从而可以直接提高经济效益和工作效率。"该决定第三段提出了成人教育的五大任务："（一）对已经走上各种岗位，以及需要转换工作岗位或重新就业的工人、农民、干部、专业技术人员和其他从业人员，进行相应的岗位培训，使他们在政治思想、职业道德、文化知识、专业技术和实际能力等方面达到本岗位的规范要求；（二）对已经走上岗位而没有受完初等、中等教育的劳动者，进行基础教育；（三）对已经在职而又达不到岗位要求的中等或高等文化程度和专业水平的人员进行相应的文化和专业教育；（四）适应社会的迅速发展和科学技术日新月异的进步，对受过高等教育的人进行继续教育；（五）为建设文明健康科学的生活方式，满足人们日益增长的精神文化生活的需求，对成人开展丰富多彩的社会文化和生活的教育。"此后，成人教育的概念开始在中国确立，而其所归属的教育活动亦随之获得了政府的认可和政策的支持。

1993 年 2 月 13 日，中共中央、国务院印发的《中国教育改革和发展纲要》指出："成人教育是传统学校教育向终生教育发展的一种新型教育制度，对不断提高全民族素质，促进经济和社会发展具有重要作用。90 年代，要适应经济建设、社会发展和从业人员的实际需要，积极发展。要本着学用结合、按需施教和注重实效的原则，把大力开展岗位培训和继续教育作为重点。重视从业人员的知识更新。国家建立和完善岗位培训制度、证书制度、资格考试和考核制度、继续教育制度。"

从上述终身学习体系的历史发展可以看出，在改革开放初始期，针对终身学习的内容虽然已开始出现，但相对较少。相反，在此时期，将学校教育结束后继续开展的成人教育视为终身教育，承载了扫盲、学历补偿等特殊历史性任务的成人教育，作为早期终身学习的最初形式，取得了迅猛发展。虽然终身学习的概念范畴远超成人教育而不应被狭隘理解为成人教育，但在当时背景之下的成人教育作为中国终身学习的最初形态，确实为终身学习体系的构建、人的发展及社会的发展打下了坚实基础。成人教育的发展，一方面表现了"文化大革命"后人们自身对知识文化的渴求；另一方面表明改革开放背景下的中国现代化之路，凸显人力资本服务国家社会经济发展的特点，具有功利性和国家性。

二、改革开放深入期，从成人教育逐步迈向终身教育

邓小平在改革开放之初就曾强调指出，"我们国家，国力的强弱，经济发展后劲的大小，越来越取决于劳动者的素质，取决于知识分子的数量和质量。一个十亿人口的大国，教育搞上去了，人才资源的巨大优势是任何国家比不了的"，"各级领导要像抓好经济工作那样抓好教育工作"。[①] 邓小平对教育的定位，极大地促进了教育的发展，同时也引发了人们对教育的深入思考。换言之，伴随着经济发展和改革开放的不断深入，人们对教育的全局性和基础性作用的认识也在日渐深化，传统仅以降低文盲率、进行"双补教育"的成人教育已经进一步扩大到企业的岗位培训、与职业有关的知识和技术更新，以及贯穿人一生的终身教育。这表明，教育不仅要为社会主义现代化建设培养急需人才，而且要为提高民族素质、转变经济增长方式、迎接知识经济时代的国际竞争多做贡献。

与此同时，社会主义市场经济发展也取得了重大进步。党的十四届三中全会把建立社会主义市场经济体制的目标和原则进一步具体化了，并系统地勾画出了新经济体制的框架。教育既受制于经济，又相对独立，并对经济发展具有巨大的能动性和反作用。随着社会

---

① 《邓小平文选》第 3 卷，120～121 页，北京，人民出版社，1993。

主义市场经济体制的确立，社会主义市场经济的大潮也势必涌向社会生活的各个领域，而一个更加开放的社会主义现代化建设热潮的来到，无疑使发展教育成为关键。因此，如何使教育遵循自身的规律，不断深化教育体制改革，以满足其对社会发展和人才培养的要求，就显得非常重要。

社会主义市场经济体制的建立和运作不仅需要有完善的市场体系和政策法规做保证，同时需要大批具有良好道德素养与专业文化知识，同时又善于按市场经济规律进行决策、管理和运作的专业人才。由于历史的原因，各种决策、管理和运营人才不仅数量短缺，而且由于知识结构陈旧、能力素质低下和思想观念落后，很难适应我国在由计划经济向社会主义市场经济转轨时的需要。为此，若要建立与发展社会主义市场经济，就必须应对激烈的国际市场竞争，而只有劳动力素质普遍提升，专业技术人才和高科技人才拥有优势，才能保证产品优势并赢得国际市场。这既对我国教育发展及改革提出了新的要求与挑战，同时又为之注入了新的活力，提供了好的机遇。换言之，经济体制改革将进一步解放生产力，促进经济社会加速发展，并增强教育发展的原动力；同时，经济体制的转轨也对教学内容、教育结构、教育体制的改革提出了新要求，从而增强了教育系统自身改革的压力。而这一切也为终身教育的进一步发展，尤其是政策化的进一步推动，提供了机遇与条件。一言以蔽之，社会主义市场经济体制的建立也成为这一阶段终身教育政策化深入发展的重要基础。

正是在社会现代化进程不断加快，以及市场化经济发展水平不断取得突破的背景之下，在特定时期承载特定历史任务的成人教育已经无法满足社会与个体的长远需要了，终身教育体系的构建开始进入人们的视野。然而，若要真正实现教育优先发展的大计方针与兴国战略，就必须重建我国既有的教育结构和教育体制，建立一个以普通教育为基础，包括成人教育在内的，能整合各种教育力量并使其相互衔接的教育体系。终身教育的基本内涵就是要整合各种教育资源，衔接各种形式的教育活动，并构建一个涵盖人的一生的教育体系。

1995 年 3 月 18 日，第八届全国人民代表大会第三次会议通过了《教育法》。在这一被称为"教育宪法"的基本法中，终身教育分别在第十一条、第十九条、第四十一条中三次被提及。正因为终身教育被列入法律条文，其作为基本国策的地位也同时被确立下来。自此，终身教育从一种理念乃至口号，一跃而成为一项需要具体推进并实施的国家政策，这一质的变化具有重要意义。

在 1995 年《教育法》中，涉及终身教育的共有三条。第十一条规定："国家适应社会主义市场经济发展和社会进步的需要，推进教育改革，促进各级各类教育协调发展，建立和完善终身教育体系。国家支持、鼓励和组织教育科学研究，推广教育科学研究成果，促进教育质量提高。"该条规定了国家进行教育改革和发展教育事业的总体目标，其中特别指出要建立和完善终身教育体系。这一目标不仅显示了终身教育在我国整体教育事业中的重要地位，而且把发展终身教育与推进教育改革、促进各级各类教育协调发展联系在了一起。第十九条规定："国家实行职业教育制度和成人教育制度。各级人民政府、有关行政部门以及企业事业组织应当采取措施，发展并保障公民接受职业学校教育或者各种形式的职业培训。国家鼓励发展多种形式的成人教育，使公民接受适当形式的政治、经济、文化、科学、技术、业务教育和终身教育。"该条明确规定了我国所实行的成人教育制度，其对终身教育的解读亦有利于拓展终身教育之后发展的空间。但把终身教育定位于职业教育与成人教育，无疑是狭隘理解了终身教育的内涵。这也与当时理论研究的滞后及理解出现偏差等因素有关。第四十一条规定："国家鼓励学校及其他教育机构、社会组织采取措施，为公民接受终身教育创造条件。"从这条规定可以看出，《教育法》已经将终身教育视为国内公民所应享有的一种权益，这与国际社会所提倡的作为权利的终身教育无疑越来越接近。虽然"鼓励"与"创造条件"的用语还具有一定的暧昧性，但在立法层面明确指出政府应该鼓励并创造条件，以满足公民的终身教育需求，这还是第一次。简言之，终身教育因为写入了《教育法》，其作为国家需要推动的一项基本国策已经牢牢地确立了地位。

三、改革开放新时代，努力建设全民终身学习的学习型社会

2002 年 11 月，江泽民总书记在党的十六次全国代表大会上所做的题为《全面建设小康社会，开创中国特色社会主义事业新局面》的报告中明确指出，21 世纪头 20 年是中国全面建设小康社会、实现现代化建设第三步战略目标的关键阶段，在此阶段，教育发展的总体目标是要"形成全民学习、终身学习的学习型社会，促进人的全面发展。加强职业教育和培训，发展继续教育，构建终身教育体系"。报告第一次提出要把我国建设成全民学习、终身学习的学习型社会。以此为契机，建设"学习型社会"成为我国科教文化事业的一个重要目标。换言之，继"小康社会"之后，"学习型社会"成了第二个与社会发展有关的重要目标，而且其涉及教育领域，尤其与终身教育密切相关。

2003 年 12 月，中共中央、国务院发布《关于进一步加强人才工作的决定》，提出："加快构建终身教育体系，促进学习型社会的形成。在全社会进一步树立全民学习、终身学习理念，鼓励人们通过多种形式和渠道参与终身学习，积极推动学习型组织和学习型社区建设。加强终身教育的规划和协调，优化整合各种教育培训资源，综合运用社会的学习资源、文化资源和教育资源，完善广覆盖、多层次的教育培训网络，构建中国特色的终身教育体系。"

2004 年 3 月，国务院批转教育部《2003—2007 年教育振兴行动

计划》。文件提出"大力发展多样化的成人教育和继续教育""鼓励人们通过多种形式和渠道参与终身学习""以更新知识和提高技能为重点，开展创建学习型企业、学习型组织、学习型社区和学习型城市的活动"。

继党的十六大报告以后，2007 年，胡锦涛总书记又在中国共产党第十七次全国代表大会的报告中就终身教育做了阐述：要"加快发展社会事业，全面改善人民生活。现代国民教育体系更加完善，终身教育体系基本形成，全民受教育程度和创新人才培养水平明显提高"。要"优先发展教育，建设人力资源强国……发展远程教育和继续教育，建设全民学习、终身学习的学习型社会"。十七大报告第一次同时并列使用"国民教育体系"和"终身教育体系"之后，这一组术语就频繁出现于党或政府的政策文本中。

2010 年，《教育规划纲要》提出了"到 2020 年，基本实现教育现代化，基本形成学习型社会，进入人力资源强国行列"的战略目标。

2012 年 11 月，党的十八大提出要"努力办好人民满意的教育"，并具体指出要"办好学前教育，均衡发展九年义务教育，基本普及高中阶段教育，加快发展现代职业教育，推动高等教育内涵式发展，积极发展继续教育，完善终身教育体系，建设学习型社会"。相比十七大报告，十八大报告特别强调了教育要为社会主义现代化建设服务、为人民服务，这就进一步明确了教育的职能和任务。建设学习型社会、完善终身教育体系，对办好人民满意的教育、服务社会主义现代化建设具有重要意义；建立终身学习的学习型社会，对提高人们的生活满意度也具有重要意义。

2016 年，《中华人民共和国国民经济和社会发展第十三个五年规划纲要》提出：①推进职业教育产教融合，强调"完善现代职业教育体系，加强职业教育基础能力建设。推动具备条件的普通本科高校向应用型转变。推行产教融合、校企合作的应用型人才和技术技能人才培养模式，促进职业学校教师和企业技术人才双向交流。推动专业设置、课程内容、教学方式与生产实践对接。促进职业教育与普通教育双向互认、纵向流动。逐步分类推进中等职业教育免除学杂费，实行国家基本职业培训包制度"。②加快学习型社会建设，要"大力发展继续教育，构建惠及全民的终身教育培训体系。推动各类学习资源开放共享，办好开放大学，发展在线教育和远程教育，整合各类数字教育资源向全社会提供服务。建立个人学习账号和学分累计制度，畅通继续教育、终身学习通道，制定国家资历框架，推进非学历教育学习成果、职业技能等级学分转换互认。发展老年教育"。

2017 年 1 月，《国家教育事业发展"十三五"规划》提出"十三五"时期教育改革发展的总目标："教育现代化取得重要进展，教育总体实力和国际影响力显著增强，推动我国迈入人力资源强国和人才强国行列，为实现中国教育现代化 2030 远景目标奠定坚实基础。"其中，在终身学习方面具体谈道："全民终身学习机会进一步扩大。形成更加适应全民学习、终身学习的现代教育体系，现代职业教育体系更加完善。学前教育机会显著增加，义务教育普及成果进一步巩固提升，普及高中阶段教育，高等教育发展进入普及化阶段，继续教育参与率明显提升，学习型社会建设迈上新台阶。"

另外，《国家教育事业发展"十三五"规划》在"大力发展继续教育"部分指出：①加快构建终身教育制度。制定国家资历框架，建立个人学习账号和学分累计制度。统筹协调各相关部门，建立各类继续教育基本统计制度。建立多种学习成果认证平台。探索高中后教育全面实行学分制，实行弹性学制和学习者自主选课。探索建立与完全学分制相适应的高校教育教学、课程设置、学籍管理、按学分收费等各项制度，推动各类高等学校之间以课程为基础开展学分认定和转换。创新高等教育自学考试学分认定和转换，完善不同专业、不同主考院校的学分认定和转换，推动高等教育自学考试认可高等学校课程学分，探索将高等教育自学考试学分转换为高等学校学分。探索非学历教育学习成果认定和转换，使各种非学历学习成果通过一定的标准和程序，经过高等学校和自考机构认定后，可转换成相应的课程学分，认定标准由高等学校自主制定。允许学习者通过课堂学习、在线学习、自学等方式获得学分，建立健全职业教育与普通教育、学历教育与非学历教育、职前教育与职后教育沟通衔接的机制，逐步扩大高等学校招收有实践经历人员的比例，制定不同人群接受教育的资助制度，使所有公民都有机会通过直接升学、先就业再升学、边就业边学习等多种方式不断发展。②加强继续教育平台建设。明确各类高等学校和职业学校发展继续教育的职责任务、考核标准，推动高等学校和职业学校进一步开放办学，面向城乡从业人员广泛开展教育培训服务，特别是面向行业企业，持续开展职工继续教育，重点增强职工的职业理想，提高职业道德、技术技能、管理水平及学历层次。加强顶层设计，完善自学考试制度，办好开放大学，提供优质继续教育资源。继续办好各类成人教育机构。支持办好企业大学和企事业单位职工继续教育基地，鼓励各类社会培训机构依法开展教育培训活动。充分发挥成人、社区教育机构，县级职业教育中心和农业广播电视学校的作用，使之成为区域职业教育与培训、技术推广、扶贫开发和社会生活教育的开放平台，健全遍布城乡的继续教育网络。③统筹扩大继续教育服务。强化省级、地市级政府对继续教育的统筹规划，加快构建政府、企业、社会共同参与的终身学习激励机制，建设覆盖全国城乡、开放便捷的终身学习公共服务体系。整合继续教育资源，基于社会工作岗位需求，向学习者提供教育培训"技能包"。重视开展面向现役和退役军人的继续教育，着力落实好退役大学生士兵专项硕士研究生招生计划等政策。整合资源，健全城乡一体的社区教育办学网络，广泛开展城乡社区教育，促进学校教育资源服务社区居民。推动学习型城市建设。持续开展"全民终身学习活动周"，倡导全民阅读。推进老年教育机构逐步纳入地方公共服务体系，完善老年人学习服务体系，办好老年大学，有效扩大老年教育资源供给。

2017 年 10 月 18 日，习近平总书记代表第十八届中央委员会，在中国共产党第十九次全国代表大会上做了《决胜全面建成小康社会 夺取新时代中国特色社会主义伟大胜利》的报告。报告要求"推动城乡义务教育一体化发展，高度重视农村义务教育，办好学前教育、特殊教育和网络教育，普及高中阶段教育，努力让每个孩子都能享有公平而有质量的教育。完善职业教育和培训体系，深化产教融合、校企合作。加快一流大学和一流学科建设，实现高等教育内涵式发展。健全学生资助制度，使绝大多数城乡新增劳动力接受高中阶段教育、更多接受高等教育""办好继续教育，加快建设学习型社会，大力提高国民素质"。党的十九大报告指出我国的社会主要矛盾已经发生转变，已转化为人民日益增长的美好生活需要和不平衡不充分的发展之间的矛盾。报告强调促进学前教育、义务教育、高中阶段教育、高等教育、职业教育培训和继续教育的全面发展，以提高公民素质，保障每一个公民从摇篮到坟墓都在不断学习；加快建设学习型社会，以满足人民的优质教育需求。

与此同时，随着政策层面力度的不断加强，有关终身学习的制度和法制建设也在积极进行。社会的许多领域建立了岗位培训和继续教育制度，如《公司法》《教师法》等都对从业人员的继续教育做了规定。1987 年以来，国家有关部门陆续颁发了《企业科技人员继续教育暂行规定》《全国专业技术人员继续教育暂行规定》等有关继续教育的法规。这些法规对专业技术人员继续教育的任务、组织管理和实施办法等提出了具体的要求。在教育领域内部，终身教育的立法也实现了"零"的突破，继 2005 年 8 月福建省制定了我国大陆地区第一部终身教育地方条例——《福建省终身教育促进条例》以后，上海、太原、河北、宁波也先后制定了终身教育促进条例。[①] 5 部地方性终身教育法规的出台，标志着终身教育从政策层面开始上升到了立法层面，我国在通过终身教育政策来推动终身学习、建设学习型社会的同时，也开始通过终身教育立法来建设全民终身学习的学习型社会。

第二节　改革开放 40 年终身学习的发展成果

一、终身学习理念逐步发展深化

改革开放 40 年来，终身学习发展成果显著。其中，终身学习理念的发展经历了一个从无到有、从潜在理念到现实实践不断发展深化的过程，终身学习已经成为社会生活中的一大重要观念。

终身学习理念的最初形态是保罗·朗格朗 1965 年在联合国教科文组织主持召开的成人教育促进国际会议期间提出的。他认为一个人的教育不再是由初等、中等学校或大学等毕业之后就算完结了，而应该是人一生持续进行的。除此之外，他还认为现行教育仍以学校为中心，而且各类教育之间彼此分割、相互隔绝；终身教育却是要把社会整个教育的培训机构和渠道进行统合，从而使人们在其生存的所有部门，都能够根据需要，方便地获得接受教育的机会。自此之后，终身教育的理念迅速传遍世界，并且得到了众多国家的大力推行。不少国家制定了一系列相关的教育政策，并着手进行终身教育立法，以确保本国终身教育的实现。例如，美国早在 1976 年 10 月，就由国会通过了由议员蒙代尔递交的《终身学习法议案》，并将其作为《高等教育法》修正案第一节的 B 部分予以实施，由此，美国的《终身教育法》(也称《蒙代尔法》)随之诞生。[②] 与国外终身教育发

---

① 吴遵民：《终身教育发展的中国经验——改革开放 37 年终身教育的历史回顾与展望》，载《江苏开放大学学报》，2016(1)。

② 黄欣：《终身教育立法：国际视野与本土行动》，载《教育发展研究》，2010(5)。

展情况相比，我国则处于严重滞后阶段。由于我国此时尚处于"文化大革命"特殊历史时期，国内教育事业发展处于停滞甚至倒退状态，国内社会对国际教育发展一无所知，终身学习并不为国人所知晓，终身学习理念一片空白。

1976年，"文化大革命"结束，经过拨乱反正、正本清源，我国又重新确立了解放思想、实事求是的思想路线。1979年，终身教育理念开始出现在国人视野之中。在人民教育出版社出版的《业余教育的制度和措施》一书中，由张人杰撰写的《终身教育——一个值得关注的国际教育思潮》和钟启泉翻译的朗格朗的名篇《终身教育的战略》两篇文章均对终身教育理念产生的社会背景、发展脉络、主要论点，以及部分发达国家实施终身教育政策的状况做了较详细的介绍。1985年5月，由保罗·朗格朗撰写的《终身教育引论》被周南照和陈树清翻译成中文出版。上述学术作品让国内教育理论界开始关注国际终身教育，终身教育开始走进教育理论研究者的视野，直接促进了终身教育理念在中国社会环境下的生根发芽。此外，《学会生存——教育世界的今天和明天》对促进我国终身学习理念的形成与发展也产生了重要影响。1972年，联合国教科文组织国际教育发展委员会撰写的报告《学会生存——教育世界的今天和明天》提出终身学习(lifelong learning)的概念，指出人们再不能一劳永逸地获取知识了，而需要终身学习如何去建立一个不断演进的知识体系。1979年，该报告中译本由上海译文出版社出版，很快销售一空，并且在教育界形成了一股讨论终身学习的热潮。自此，终身学习理念经过一个艰难的发展历程，终于从改革开放初期的空白开始为国人所熟知，并最终为社会大众所认可接受。

在此背景下，终身学习理念的发展深化开始由潜在的态度观念不断外化实现。一方面，终身学习理念体现为自上而下的方式，具体表现为有关终身学习的政策法规开始不断出台；另一方面，终身学习的理念体现为自下而上的方式，具体表现为有关终身学习的地方实践开始陆续涌现。

国务院在 1988 年 2 月发布《扫除文盲工作条例》，并在 1993 年对其做了修改，其中提出要采取多种教育形式手段来帮助 15 周岁以上的文盲、半文盲公民提高文化素质，明确个人脱盲与单位脱盲的具体标准，同时制定了相应的职责分配、验收检查、鼓励措施、经费安排等具体制度对扫盲教育加以保障。终身学习理念第一次在国家重要政策中得到体现，是 1993 年 2 月由中共中央、国务院印发的《中国教育改革和发展纲要》。文件指出："成人教育是传统学校教育向终身教育发展的一种新型教育制度，对不断提高全民族素质，促进经济和社会发展具有重要作用。"1995 年颁布实施的《教育法》第十一条第一款明确规定："国家适应社会主义市场经济发展和社会进步的需要，推进教育改革，促进各级各类教育协调发展，建立和完善终身教育体系。"第十九条第三款规定："国家鼓励发展多种形式的成人教育，使公民接受适当形式的政治、经济、文化、科学、技术、业务教育和终身教育。"第四十一条规定国家要"为公民接受终身教育创造条件"。由于终身教育被写入《教育法》，因此其作为被国家法律所规定并得以保障的教育活动亦就成为一项基本国策而被确立下来，同时其根本性地位得到确定。

此后，党的十六大报告、十七大报告、十八大报告，国家有关教育、人才等文件都表明终身学习理念已经成为我国教育政策文件制定的基本观念，提高公民终身学习水平、建设学习型社会已经成为我国发展的重要目标。教育部认真贯彻落实国家关于加强终身教育、终身学习，加强城乡劳动者教育培训的精神，出台了一系列文件推动终身教育、成人继续教育工作。习近平主席在十九大报告中再次强调终身学习，强调"办好继续教育，加快建设学习型社会，大力提高国民素质"。《国家教育事业发展"十三五"规划》更对终身学习理念做出了具体的规划安排，提出："推进教育现代化，全民终身学习机会进一步扩大。形成更加适应全民学习、终身学习的现代教育体系，现代职业教育体系更加完善。学前教育机会显著增加，义务教育普及成果进一步巩固提升，普及高中阶段教育，高等教育发展进入普及化阶段，继续教育参与率明显提升，学习型社会建设迈上新台阶。"

除了终身学习理念的政策化以外，终身学习理念也体现在社会的终身教育改革实践层面。改革开放初期，由于"文化大革命"产生了大量的文盲或半文盲，为了让这一部分年轻人的知识素质得到补偿，同时为改革开放经济建设中心服务，终身教育理念在特殊历史背景下的成人教育中得到充分体现。"双补"教育运动大规模开展，各种层次各种类型的成人学校迅速涌现，中国独创的成人自学考试制度也在全国范围建立。

在老年教育方面，1983 年 9 月，山东省委组织部和山东省红十字会共同创办了全国第一所老年大学——山东省红十字会老年人大学。1988 年 12 月，全国又成立了第一个民间性的老年教育组织——中国老年大学协会。1996 年，我国颁布的《中华人民共和国老年人权益保障法》提出"老有所为，老有所养，老有所医，老有所学，老有所乐"的"五有"目标。"五有"目标和健康老龄化与老年人的人生发展任务在根本上是一致的，它们与老年教育的目标密切相关。在"实现老有所学，保障老年人受教育的权利，不断提高老年人的素质"和"实现老有所为，发挥老年人的作用"方针指导下，各地、各部门采取多种形式办学，2005 年，全国有老年大学 2.6 万所，在校学员达 234 万人。在成人远程教育方面，1999—2007 年，电大系统开放教育累计招生 458 万人，毕业学生 238 万人。在社区教育方面，从 2001 年至 2007 年，教育部先后确定四批 114 个全国社区教育实验区，并评选出 34 个全国社区教育示范区。各地还建立了省级、市级社区教育实验区近 300 个，成为全国发展社区教育的先行骨干力量。在职工教育方面，据统计，2006 年参加各类培训和学历教育的企业职工达 9 174 万人次，占企业职工总数的 43.7%。同时，结合现代企业制度和企业文化建设，我国开展了学习型企业的创建活动，使教育与企业生产销售、技术创新、经营管理相适应，实现员工与企业共同发展的目标。① 实践中还有一项影响较为广泛的活动，即每年的"全民终身学习活动周"。该活动是由中国成人教育协会、中国联合国教科文组织全国委员会于 2005 年发起举办的，至今已连续举办十四届。活动周期间，全国各地将集中举办面向各类人群、形式多样的学习活动，展示全民终身学习的发展成果，对各地涌现的"百姓学习之星"和"终身学习品牌项目"进行重点宣传，交流各地推进全民终身学习的典型案例和经验，宣传普及终身教育理念和学习型社会理念，凝聚学习型社会的建设力量，营造全民终身学习氛围。

二、终身学习体系结构基本形成

新中国成立以来，特别是改革开放以来，我国教育发展取得了巨大的历史性成就。党的十七大强调要建设全民学习、终身学习的学习型社会，到 2020 年要达到现代国民教育体系更加完善，终身教育体系基本形成的重要目标。

我国教育普及程度进一步提高，奠定了教育共享发展的坚实基础。2016 年，学前三年毛入园率 77.4%，比 2012 年提高 12.9 个百分点，超过中高收入国家平均水平。小学净入学率 99.9%，初中阶段毛入学率 104.0%。九年义务教育巩固率 93.4%，比 2012 年提高 1.6 个百分点，普及程度超过高收入国家平均水平。高中阶段毛入学率 87.5%，比 2012 年提高 2.5 个百分点，高等教育毛入学率 42.7%，

---

① 中国教育发展战略学会终身教育工作委员会：《中国终身教育蓝皮书》，103 页，北京，现代出版社，2010。

比 2012 年提高 12.7 个百分点，超过中高收入国家平均水平。① 此外，职业教育、成人教育进一步发展，各地学习型组织、学习型社区蓬勃兴起，取得了显著成绩，积累了宝贵经验。教育信息化基础设施建设及其在教育教学工作中的应用，取得了重大进展。网络教育、社区教育、老年教育蓬勃发展，人人学习、时时学习、处处学习的学习型社会建设不断加快。至此，我国已经基本形成以普通教育和成人教育为主、其他类型教育为辅的终身学习体系(见图 7-1)。

值得关注的是，成人教育体系已成为我国终身学习体系的重要组成部分。从目前我国成人教育体系来看，我国的现代成人教育大致可分为两大类：学历教育系统和非学历教育系统。

我国的成人学历教育大都采取与学校教育相近的教育形态，学制亦大体与普通学校教育的学制相类似，即无论是中等还是高等成人教育，都必须通过全国或地区组织的入学统一考试。考试合格并经审查被录取为新生者，其学习形式又可分为全脱产、半脱产及业余等。学习者在规定的时间内完成教学计划所规定的课程学习，将获得国家承认的学历证书。目前我国成人高等学历教育主要有广播电视大学、管理干部学院、省级和地市级教育学院、独立设置的函授大学、普通高等院校附属夜大学及函授部等类型。

我国的成人非学历教育种类多样，主要有职前教育、在职教育(对企业内部从业人员的岗位培训)、继续教育和闲暇教育等。成人非学历教育的学习形式主要为短期课程、集中讲座等。学习内容可以与现在已从事的工作无关，而是与未来可能从事的工作相关。我国目前对参加职前教育、在职教育和继续教育的人员分别提供岗位资格证书、专门技术证书及单科结业证书等三种形式的证书。这类证书虽不同于学历证书，但在应聘就职及评定技术、 技能等级时，

---

① 陈宝生：《让 13 亿人民共享教育发展成果》，http://www.moe.gov.cn/jyb_xwfb/moe_176/201712/t20171205_320613.html，2018-08-10。

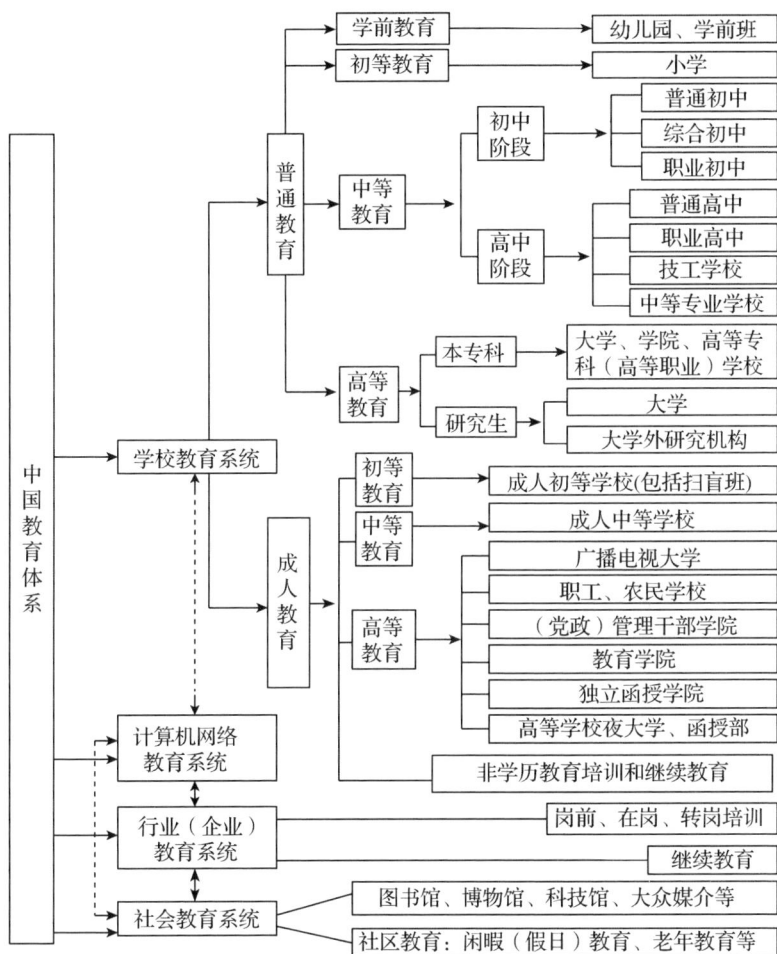

图 7-1　当代中国教育体系

资料来源：

郝克明：《跨进学习社会：建设终身学习体系和学习型社会的研究》，40 页，北京，高等教育出版社，2006。

可以起到与学历证明几乎相同的效能。①

_____

① 吴遵民：《新版现代国际终身教育论》，351 页，北京，中国人民大学出版社，2007。

三、终身学习方式更为灵活、开放

(一)我国终身教育实践创新——高等教育自学考试制度

成人高等教育自学考试是我国一种独特的成人教育制度。它创始于 20 世纪 80 年代初，当时党和政府主张以多种形式、多种规格发展高等教育，并积极鼓励自学成才。1981 年 1 月 13 日，国务院批转了教育部《高等教育自学考试试行办法》，在京、津、沪、辽等地试行自学考试。到 1988 年，高等教育自学考试事业获得了极大发展。为了进一步推动其发展，国务院于 1988 年 3 月 3 日颁布了《高等教育自学考试暂行条例》，明确高等教育自学考试是对自学者进行以学历考试为主的高等教育国家考试，是个人自学、社会助学和国家考试相结合的高等教育形式。1998 年 8 月 29 日，第九届全国人大常委会第四次会议通过了《高等教育法》，确定了高等教育自学考试的法律地位和它在我国高等教育体系中的地位。

高等教育自学考试是一种对自学者进行以国家组织的学历考试为主的新型教育制度。其主要任务是通过国家考试促进广泛的个人自学和社会助学活动，推进在职专业教育和大学后继续教育，造就和选拔德才兼备的专门人才，提高全民族的思想道德、科学文化素养，以适应社会主义现代化建设需要。高等教育自学考试制度不仅是我国终身教育实践的一大实践创新举措，同时也是充分体现学习者自由选择、努力学习、自主发展的重要渠道。[1]

(二)社区教育正在兴起

社区是社会发展的基本单位，是聚居在一定地域空间内的人们的共同体，社区教育在许多国家和地区已相当普及，走出了非常有特色的发展之路，积累了丰富的经验。随着我国城市经济的快速发

---

[1]　贺宏志：《我国终身教育体系及其推进策略研究》，147 页，北京，首都师范大学出版社，2013。

展，社区作为广大居民生活的主要场所不断发展完善，社区教育对提高社区居民的素质，促进社会的进步具有重要作用。

1999 年，国务院批转教育部《面向 21 世纪教育振兴行动计划》。文件明确提出："开展社区教育实验工作，逐步建立和完善终身教育体系，努力提高全民素质。"2000 年 4 月，教育部发出《关于在部分地区开展社区教育实验工作的通知》，在京、津、沪等省市的 8 个地区启动了社区教育实验工作。2001 年 11 月，教育部召开社区教育实验工作经验交流会议，通过实践总结和经验概括，明确了社区教育实验工作的指导思想、目标任务和推进措施，确定了第一批 28 个全国社区教育实验区，把社区教育实验工作推向全国。2004 年 12 月，教育部印发《关于进一步推进社区教育工作的若干意见》，进一步明确了新形势下开展社区教育工作的指导思想、工作目标和相关的政策措施。至 2007 年，教育部先后确定 4 批 114 个全国社区教育实验区，约占全国城区的 14%。至 2010 年，教育部共确定 68 个全国社区教育示范区。2012 年，在 68 个示范区中有 63 个建立了社区学院或社区教育中心，作为区级的社区教育业务管理和实施机构。其建设模式主要有：依托电视大学分校、依托党校、依托职业技术学校和成人教育培训基地以及独立校舍四种类型，其承担了青少年校外教育、弱势群体培训、老年教育、职业技术培训以及开展各类学习活动等各项职能。① 2016 年 6 月，《教育部等九部门关于进一步推进社区教育发展的意见》出台。该意见以促进全民终身学习、形成学习型社会为目标，以提高国民思想道德素质、科学文化素质、健康素质和职业技能为宗旨，以建立健全社区教育制度为着力点，统筹发展城乡社区教育。

与此同时，地方社区教育也发展迅速。福建省于 2005 年率先颁

---

① 《全国社区教育示范区建设的主要经验与成效》，old. moe. gov. cn//publicfiles/business/htmlfiles/moe/s7276/201303/148797. html，2018-08-10。

布《福建省终身教育促进条例》，明确社区教育为其重要内容。上海市委、市政府于 2006 年颁发《关于推进学习型社会建设的指导意见》，把社区教育作为上海创建学习型城市的重要基础，明确提出到"2010 年初步建成'人人皆学、时时能学、处处可学'的学习型社会框架"的总目标。

　　社区教育在教育连续性、社会适应性、教育手段多样性，以及教育与社会各部门的合作方面，都较好地适应了终身教育的原则要求，在构建终身学习服务体系中具有重要作用。社区教育的开放性和灵活性，具有便民、利民、惠民的特点，为社区居民搭建全民终身学习平台，提供不同层次、不同类型的教育培训。随着学习型社会的不断发展，居民个人的学习需求也日益迫切，且具有多样化、情感化的特点。各地针对不同层次居民的教育需求进行"学习市场"调研，深入了解居民学习需求，编辑社区居民选课手册，向居民提供了"菜单式""超市式"教育培训模式，形成了内容序列化、形式多样化的教育培训形式。各地挖掘社区内非教育机构的教育资源，建立教育基地，如科技教育基地、国防教育基地。开放社区内的图书馆、博物馆、展览馆、文化中心、体育中心等各种设施；开放学校的教育资源，以组织活动、办理"终身学习卡"等形式面向社区开放操场、图书馆、阅览室、计算机房等教育资源。[①] 据统计，2015 年，477 个全国和省级社区教育实验区和示范区内的学习培训，面向老年人约 4 218 万人次，占比 31.44%；青少年约 2 717 万人次，占比 20.25%；进城务工人员约 1 753 万人次，占比 13.07%；新型职业农民约 1 516 万人次，占比 11.3%；下岗再就业人员约 856 万人次，占比 6.38%；残疾人培训 187 万人次，占比 1.40%；其他类型培训 2 168 万人次，占比 16.16%。2014 年，教育部组织的社区教育满意

---

　　① 郝克明：《跨进学习社会的重要支柱——中国继续教育的发展》，455 页，北京，高等教育出版社，2011。

度调查显示，七成以上受访学习者对参与过的社区学习活动表示满意，认为参与社区教育活动丰富了生活，提高了技能，提升了幸福指数。①

（三）学习型组织的创建和发展

在 21 世纪，在一个以知识为核心的社会，一个组织要想生存发展，就必须在结构、文化及方法上进行有利于学习的变革，通过学习实现组织的柔性化，以快速适应外部的竞争环境。同时，只有当一个组织进行学习，并创设有利于组织成员学习的环境和条件时，个人的学习速度才更快、更有效果，这就要创建学习型组织。这是个人与组织应对社会环境变化的必由之路。

在我国，学习型组织建设源于两个理论与实践领域：组织管理与终身学习。20 世纪 90 年代中期，我国部分先进企业从组织的管理变革角度接受学习型组织理论，自发开展学习型组织创建活动，教育部、国家经贸委等部门，以及上海、北京等地方政府逐步推动学习型企业建设。进入 21 世纪以后，建设学习型社会成为我国社会发展的重要目标。从构建终身学习体系、建设学习型社会的目标出发，创建学习型组织得到新的、更广泛的推动。2002 年 5 月，中共中央办公厅、国务院办公厅下发《2002—2005 年全国人才队伍建设规划纲要》，提出开展创建"学习型组织""学习型社区""学习型城市"活动，促进学习型社会的形成。2004 年 2 月，经国务院批准的教育部《2003—2007 年教育振兴行动计划》提出："以更新知识和提高技能为重点，开展创建学习型企业、学习型组织、学习型社区和学习型城市的活动。"2014 年 8 月，《教育部等七部门关于推进学习型城市建设的意见》出台。该意见把全民终身学习作为城市发展的重要基础，以

---

① 《教育部对十二届全国人大四次会议第 1931 号建议的答复》，http：//www.moe.gov.cn/jyb_xxgk/xxgk_jyta/jyta_zcs/201611/t20161110_288391.html，2018-08-10。

改革创新为动力，以信息技术为支撑，努力构建灵活、开放的终身教育体系，积极推进城市各类学习资源的建设与共享，创造人人皆学、时时能学、处处可学的社会环境，促进全民学习、终身学习，促进城市的包容、繁荣与可持续发展。

从全国情况来看，我国学习型组织建设主要从三个方面加以推进。第一，中共中央推动学习型政党与学习型党组织建设。2009 年 9 月，党的十七届四中全会强调把建设马克思主义学习型政党作为重大而紧迫的战略任务抓紧抓好，明确提出在全党营造崇尚学习的浓厚氛围，积极向书本学习、向实践学习、向群众学习，优化知识结构，提高综合素质，增强创新能力，使各级党组织成为学习型党组织、各级领导班子成为学习型领导班子。2010 年 2 月，中共中央办公厅印发《关于推进学习型党组织建设的意见》，进一步明确了建设学习党组织的重要意义、总体要求和主要原则、方法和途径。第二，地方政府在建设学习型社会过程中，全方位推进学习型组织建设，重点突出学习型机关、社团、学校创建。目前，全国已有上百个大中型城市提出创建学习型城市，并把学习型组织建设作为其重要的基础。例如，北京市委、市政府于 2007 年 3 月颁发《关于大力推进首都学习型城市建设的决定》，明确提出大力推进各类学习型组织的创建活动，重点是创建学习型机关、学习型企事业单位、学习型学校、学习型社团，并开创性地提出创建学习型街道、乡镇、社区等区域性学习型组织，整合区域内教育和学习资源，形成具有区域特点的学习网络和创建模式。第三，各部门、行业推动以创建学习型企业为重点的学习型组织建设。2003 年 4 月，教育部职成司发出《关于进一步推进学习型企业创建工作暨推荐创建学习型企业成绩突出单位的通知》。2004 年 1 月，中华全国总工会、中央文明办、国家发展改革委、教育部等九部委联合下发了《关于开展全国"创建学习型组织，争做知识型职工"活动的实施意见》。此外，各个行业内部也积极制定了创建学习型组织的实施意见，例如，2004 年 4 月，全国铁路总工会等部门联合印发了《全国铁路开展"创建学习型组织，争做知识型职工"活动的实施意见》。2009 年 4 月，中国煤炭教育协会职工教育分会第五次会员代表大会向全国煤炭行业职工发出了《积极行动起来，把创建学习型企业的活动推向新阶段》的倡议书。[①]

（四）以信息技术为工具的现代远程教育

面对经济全球化、信息化的浪潮，我国教育行政部门及时做出决策，采用高新技术，促进数字化、网络化、多媒体、交互式的新型远程教育迅速发展，以扩大教育规模，提高教育质量，构建终身学习体系，缩小城乡教育差距，推动经济和社会发展。我国远程教育最早采用的是函授教育方式，即以函件寄送印刷学习资料的自学模式为主，广播电视教育尚为萌芽状态。改革开放以后，我国远程教育进入广播电视教育阶段，即以录音、录像、广播、电视为主要教育媒介，但不放弃函授教育的远程教育模式。

1999 年 1 月，国务院批转教育部《面向 21 世纪教育振兴行动计划》，明确提出"实施'现代远程教育工程'形成开放式教育网络，构建终身学习体系"，至此，我国现代远程教育的序幕拉开了。现代远程教育主要是以三大网络及计算机多媒体为主，函授、广播电视教育为补充的远程教育模式。同年，教育部批准 4 所普通高校开展现代远程教育试点。截至目前，教育部共批准 69 所普通高校和中央广播电视大学(现更名为国家开放大学)开展现代远程教育试点。2003 年，经国务院同意，教育部、国家发展改革委、财政部共同开展并实施了"农村中小学现代远程教育工程"试点工作。与此同时，现代远程教育在职业教育领域也得到了长足发展，为我国推进终身学习

---

① 郝克明：《跨进学习社会的重要支柱——中国继续教育的发展》，468 页，北京，高等教育出版社，2011。

和学习型社会奠定了基础。越来越多的人在实践中认识到，现代远程教育正以它技术先进、平等民主、开放灵活、远程传递等优势，成为适合人们终身学习的首选形式和构建终身学习、全民学习的学习型社会的第一选择。[①]

改革开放以来，我国远程教育发展取得了重大成就。根据2011—2015年历年全国远程教育统计数据，网络学历教育规模在2013年前呈稳步增长状态，2014年出现拐点，之后，每年招生规模保持在200万人左右。毕业生数方面，2012—2015年保持稳定增长。在校生数从2014年开始，稳定在630万人左右（见表7-1）。

表 7-1　2011—2015 年全国远程教育发展情况

年份	招生人数（万人）	毕业生数（万人）	在校生数（万人）
2011	138.6	189.9	492
2012	211	136	270
2013	232.9	156	615
2014	206.2	166.1	631
2015	203.4	180	628

资料来源：
杨志坚：《中国远程高等教育发展研究报告（2016）》，2 页，北京，中央广播电视大学出版社，2017。

远程教育对推动义务教育阶段的优质教育资源共享、保障教育公平、提高教育质量起到了重要作用。2003 年，国务院召开了全国农村教育工作会议，决定"实施农村中小学现代远程教育工程，促进城乡优质教育资源共享，提高农村教育质量和效益"，要求"在试点工作的基础上，争取用五年左右时间，使农村初中基本具备计算机教室，农村小学基本具备卫星教学收视点，农村小学教学点具备教

---

① 陈乃林、周蔚：《现代远程教育：终身教育的第一选择》，载《现代远距离教育》，1999(2)。

学光盘播放设备和成套教学光盘"。教师远程培训充分发挥了农村中小学远程教育工程和全国教师教育网络联盟计划的优势和作用。2003年9月，教育部启动实施全国教师教育网络联盟计划，鼓励各地建立省级区域性教师教育网络联盟，充分利用卫星电视、计算机互联网，构建"三网合一"的教师培训体系，大规模、高质量、高效益地开展远程教师培训。截至2008年10月，网联成员师范专业远程学历教育学员累计达100多万人次，教师非学历远程培训每年达100多万人次。网联成员单位累计开发学历教育网络课程3 000多门，非学历培训网络课程10 000多门，有力地促进了中小学教师培训工作的开展和培训质量的提高。"中小学教师继续教育网"已经覆盖31个省份，日均教师点击率达60万人次。[1] 重庆市以大足县为试点，通过网络实现多校同步讲授素质教育课程，解决农村教师不足的问题；湖南省在职业教育改革中建立教师和学生网上个人学习空间，构建交流和资源共享平台，实现教师和学生共教共学，改变了传统教育模式。[2]

在针对农村农民的教育培训中，远程教育为提高农民文化水平、丰富农民业余精神生活、促进农村经济水平提高起到了重要作用。2017年，我国农业广播电视培训学校学历教育部分，中等职业教育招生50 590人。中央校统开专业招生18 289人，占36.15%；省校自开专业招生32 301人，占63.85%。全国农广校联合办学（含高等教育自学考试和合作高等教育）共计招生13 490人。各级农广校充分发挥媒体资源优势，全年共制作广播教学节目9 422集，226 405分钟，拥有电台栏目626个，年播出量804 703分钟，拥有"大喇叭"广播站35 780个。制作电视教学节目10 042集，176 233分钟，拥有

---

[1]　刘华蓉：《中小学教师培训计划成效显著》，载《中国教育报》，2008-11-22。
[2]　杜占元：《以贯彻落实〈教育规划纲要〉为契机，全面推进教育信息化建设——在"第十一届教育信息化创新与发展论坛"上的致辞》，载《中国教育信息化》，2011(9)。

电视台播出时段 505 个，年播出量 914 817 分钟。拥有网站或主页 385 个，卫星远端站 937 个，手机应用程序（APP）186 个，微信公众号 375 个，演播室 82 个，机房 426 个。制作计算机多媒体课件 36 971 个。使用各类教材 5 115 979 册。①

四、终身学习保障更加稳健有力

(一)构建终身学习的基础性保障制度

1. 终身学习激励制度不断完善

激励制度的完善有效促进了终身学习的发展，原因有二：一方面，政策法律规定了劳动者接受继续教育和职业培训的权利和义务，以及劳动者所在单位应该为劳动者提供相应的学习机会和条件，尤其是某些职业或行业明确对就业者提出了进一步教育培训的要求。另一方面，社会经济高速发展后，劳动力市场对劳动者文化素质、专业能力等多方面的要求也开始激发学习者主动学习的需求，使他们通过成人学历教育及各类职业培训等非学历教育途径来提升自我，以获得更好的发展。

我国《劳动法》在第六十六条明确规定："国家通过各种途径，采取各种措施，发展职业培训事业，开发劳动者的职业技能，提高劳动者素质，增强劳动者的就业能力和工作能力。"第六十八条规定："用人单位应当建立职业培训制度，按照国家规定提取和使用职业培训经费，根据本单位实际，有计划地对劳动者进行职业培训。从事技术工种的劳动者，上岗前必须经过培训。"《教育法》第四十一条规定："从业人员有依法接受职业培训和继续教育的权利和义务。国家机关、企业事业组织和其他社会组织，应当为本单位职工的学习和

---

① 中央农业广播电视学校、农业部农民科技教育培训中心：《关于印发 2017 年度全国农业广播电视教育培训事业发展综合统计情况的通知》，www. ngx. net. cn/tzgg/gztz/201801/t20180111_198365. html，2018-08-10。

培训提供条件和便利。"《职业教育法》第八条明确指出："实施职业教育应当根据实际需要,同国家制定的职业分类和职业等级标准相适应,实行学历证书、培训证书和职业资格证书制度。国家实行劳动者在就业前或上岗前接受必要的职业教育的制度。"《职业教育法》第二十条规定:"企业应当根据本单位的实际,有计划地对本单位的职工和准备录用的人员实施职业教育。企业可以单独举办或者联合举办职业学校、职业培训机构,也可以委托学校、职业培训机构对本单位的职工和准备录用的人员实施职业教育。从事技术工种的职工,上岗前必须经过培训;从事特种作业的职工必须经过培训,并取得特种作业资格。"除此之外,其他法律如《中华人民共和国体育法》《中华人民共和国农业法》《中华人民共和国妇女权益保障法》《残疾人保障法》《公司法》等也都规定了特定领域公民所享有的接受教育和参与学习的权利,相关社会组织应提供教育机会的义务,政府、社会对特定人群的学习应提供协助。

　　职业资格证书制度及就业准入制度是我国保证公民职业培训、继续学习的具体关键制度。国家职业资格证书制度是劳动就业制度的一项重要内容,也是一种特殊形式的国家考试制度。职业资格证书是通过政府认定的考核鉴定机构,按照国家规定的职业技能标准或任职资格条件,对劳动者的技能水平或职业资格进行客观公正、科学规范的评价和鉴定的结果,是劳动者具备某种职业所需要的专门知识和技能的证明。随着我国职业资格证书制度的发展,职业资格在劳动力市场中的作用日趋重要。所谓就业准入,是指根据《劳动法》和《职业教育法》的有关规定,从事技术复杂,通用性广,涉及国家财产、人民生命安全和消费者利益的职业(工种)的劳动者,必须经过培训,并取得职业资格证书后方可就业上岗。实行就业准入的职业范围由人力资源和社会保障部确定并向社会发布。

　　与此同时,为了加强法律条文的可操作性,我国又在相关的职业培训政策中规定了职业培训的经费来源。例如，2004 年 8 月颁发的《国务院关于大力推进职业教育改革与发展的决定》就再次明确了企业用于职工培训的经费来源：各类企业应将其职工工资总额的 1.5% 用于职工培训，从业人员技术素质要求高、培训任务重、经济效益较好的企业可按 2.5% 提取和使用。在各地政府支付的就业经费和建立的失业保险基金中，也必须划出一定的比例（一般为 15%），用于失业人员的就业前训练和转业训练。

2. 终身学习质量保障制度开始建立

在远程网络教育发展初期，2000 年 7 月，教育部《关于支持若干所高等学校建设网络教育学院开展现代远程教育试点工作的几点意见》对清华大学、浙江大学、北京邮电大学、湖南大学等试点普通高校的试点工作的目的、任务、条件、检查评估等给出了具体要求。

由于当时缺乏相应的质量保障评价机制，高等院校远程教育的发展初期也出现了较为严重的问题。根据教育部《关于支持若干所高等学校建设网络教育学院开展现代远程教育试点工作的几点意见》，试点高校享有完全充分的自主权。试点高校可以自定专业、学制、收费标准，自发毕业证书，自行招生，自行设立学习中心。对学习中心的设立没有明确要求，办学、教学、管理、技术和服务模式多种多样。随着网络教育的快速发展，试点高校开始跑马占地，盲目扩大招生，少数高校办学不规范，网络教育办学出现了无序竞争，社会认可度急剧滑落。

对此，国家在 21 世纪初针对高等院校远程教育发展过程中出现的问题积极进行干预管控，相继出台了《关于现代远程教育校外学习中心(点)建设和管理的原则意见(试行)》《现代远程教育校外学习中心(点)暂行管理办法》《关于规范现有现代远程教育校外学习中心(点)管理工作的通知》《关于加快对现有现代远程教育校外学习中心(点)清理整顿工作的通知》等多个政策文件。在内部保障体系建设上，远程教育主体自身也积极加强内部质量保障。例如，国家开放大学于 2015 年正式发布了《国家开放大学质量标准(1.0 版)》，开展了教学检查工作和开放教育统设必修课程文字主教材配置情况专项督导工作，发布了教学质量因子年度数据。高校网络教育学院的校外学习中心(点)走出了与开放大学不同的发展道路，主要表现在国际标准化组织系列质量认证和网络课程资源建设方面，如在加强教学督导工作的同时建立网络教育质量标准体系以保障教育质量。除自身质量保证体系建设外，国家和地方还建立了由教育行政部门主导的外部质量保障体系，实施主体一般是各级教育行政部门，评估对象主要是实施远程高等学历教育的高校、校外学习中心(点)和公共服务体系，具体制度包括审批制度、年报年检制度、网络统考制度和招生管理制度。这一保障体系涵盖了机构资质、招生宣传、基础设施、师资队伍、专业建设、课程开发、教学实施、支持服务、毕业考试等众多质量保障要素和环节，凸显了政府主导和信息化监管的特点，对我国远程高等学历教育的发展起到了重要的保障和推动作用。2015 年 10 月 11 日，《国务院关于第一批取消 62 项中央指定地方实施行政审批事项的决定》发布，取消了校外学习中心(点)审批事项，关注重心由事前审批转向事中事后监管。目前，北京、上海、陕西、山东、河北等省份的教育行政部门已建立继续教育质量年报制度，推进高校严格自律、教育行政部门加强监管、第三方评估机构积极参与的多元化继续教育质量监控评价机制建设。陕西省教育厅明确规定每三年开展一次质量评估，同时发布质量报告，接受社会监督。

(二)积极创新终身学习制度

改革开放以来，终身学习的不断发展与深化都源自实践中的制度创新。只有在制度层面上开拓创新，才能有效打破旧有的束缚与限制，才能更好地为我国构建终身学习的学习型社会创造有利的条件和保障。这方面最为典型的是高等教育自学考试制度与学分银行制度。

高等教育自学考试是我国改革开放以来特有的一项教育制度创新，它也是世界上规模最大、最能体现终身教育理念与学习社会特点的教育形式。1988 年《高等教育自学考试暂行条例》的颁布，以国家法律的形式确定了高等教育自学考试制度的地位。此外，2004 年，教育部办公厅又印发了《关于加强和改进高等教育自学考试专业建设的若干意见》，为改进并完善自学考试专业管理体制和工作机制，逐步建立和完善以主干课程为主体内容、体现地方特色、与其他教育形式及非学历证书教育相互衔接、开放的自学考试专业和课程体系奠定了基础。此项制度的创新不仅有效扩大了我国公民的学习机会，提高了国民的文化水平，同时也对促进、保障我国终身学习的发展及学习型社会的发展做出了重要贡献。①

2010 年的《教育规划纲要》明确提出要"建立学习成果认证体系，建立'学分银行'制度"。之后，我国以国家开放大学为依托，开展了继续教育学习成果认证、积累和转换的试点。2013 年 7 月，国家开放大学学分银行启动学习成果认证服务体系建设试点工作，首批 13 个国家开放大学学习成果认证分中心（认证点）试点建设单位获批。2014 年 12 月，教育部委托国家开放大学在前期研究与实践的基础上，联合地方开放大学及有关行业、院校和培训机构，开展继续教育学习成果认证、积累与转换试点工作，共有铸造、煤炭、邮政、社工、物流、信息安全、养老服务、汽车 8 个不同行业的单位参加试点。试点工作采用"框架＋标准"的技术路径，推动实现多种非学历证书与学历证书的双向或单向转换。2015 年，国家开放大学与中国铸造协会、中国煤炭工业协会合作建设 4 个专科专业，依据学分

---

① 吴遵民：《新版现代国际终身教育论》，390 页，北京，中国人民大学出版社，2007。

银行认证的框架和要求，引入 5 种国家职业资格证书和 8 种行业培训证书，实现学历教育与非学历教育学习成果的双向互认（双证融通）。

（三）帮扶制度更加精准、有效

改革开放以来，我国已经确立了努力建设全民学习、终身学习的学习型社会这一伟大目标。终身学习的教育制度以全社会所有公民为对象，这就要求社会中的每一成员都坚持终身学习，以不断提高自身整体文化修养及某项专业能力，以便更好地工作和生活。而现实社会中存在一部分对社会发展极为重要的人，由于主观意识不强或客观条件所限，而无法实现终身学习。对此，我国出台了具体相关政策，对这部分人加以精准帮扶，为其提供参与学习和培训的机会，以提高其综合能力。

在残疾人教育方面，为了发展残疾人教育事业，探索残疾人现代远程教育，经教育部批准，中央广播电视大学残疾人教育学院于 2002 年 11 月正式成立，2012 年 12 月更名为国家开放大学残疾人教育学院。该学院充分利用全国电大系统/国家开放大学体系的教育资源和中国残疾人联合会的系统及政策优势，为全国残疾人及残疾人工作者提供高等本科、专科学历继续教育和非学历继续教育，逐步构建起比较完整的残疾人远程教育体系。截至 2018 年春，该学院已在全国先后建立 52 个地方学院和教学中心，累计招收本、专科学生 1.6 万余人，毕业 8 891 人，还有大量残疾人和开放大学的普通学生一起参加学习。学院建设了适合听障人士学习和就业的数字媒体专业、适合视障人士学习和就业的社会工作专业，开设英语（商务方向）、英语（教育方向）、会计、法学、网络营销等 11 个专科专业，以及广告学、社会工作、法学 3 个本科专业。此外，根据专业课程体系和残疾人的学习需求，学院进行了课程资源建设，共出版系列教材 28 本，拍摄制作了近 400 学时的网络教学课件和近 200 学时的手语教学视频。作为一所以现代信息技术为支撑、面向全体社会成员开展远程教育的新型大学，国家开放大学为提高残疾人教育水平、提升特殊教育教学质量提供了有力支撑。①

　　在农民工教育方面，加强进城务工人员职业培训，为农民工提供更加灵活多样的职业教育和终身教育，对促进农民工就业创业、提升我国人力资本水平、促进新型城镇化和经济转型升级具有重要意义。2011年10月，教育部等九部门联合印发了《关于加快发展面向农村的职业教育的意见》，确定开展农村劳动力转移培训，提高农村富余劳动力转移就业能力，并提出每年开展各类农民和农民工培训8 000万人次。推动省级人民政府按照统筹规划、集中使用、提高效益的要求，科学安排农村成人教育经费。在城市确定一批职业学校、成人学校、社区学校和培训机构作为农民工培训基地，开展农民工职业教育与技能培训。同时，推动县级人民政府加强统筹新型农民培训工作的力度，制定培训规划并纳入县域经济社会发展总体规划，建立健全新型农民培训管理规章制度。2014年国务院印发的《关于加快发展现代职业教育的决定》明确提出，要建立有利于全体劳动者接受职业教育和培训的灵活学习制度，要利用职业院校资源广泛开展职工教育培训；推进农民继续教育工程，加强涉农专业、课程和教材建设，创新农学结合模式。2016年3月，教育部联合中华全国总工会印发《农民工学历与能力提升行动计划——"求学圆梦行动"实施方案》，要求各省（自治区、直辖市）教育系统、工会系统创新工作机制，整合多方资源，加大经费投入，加强农民工学历继续教育与非学历培训，满足农民工，特别是新生代农民工提升学历、增加技能、稳定就业、融入城市、幸福生活等多方面的需求，促进教育强民、技能富民、就业安民的实现。

---

　　① 《国家开放大学残疾人教育学院简介》，http：//www. sunnylearn. cn/list. aspx? cid＝34，2018-08-10。

此外，教育部积极推动职业学校、社区学校和乡镇成人文化技术学校参与"阳光工程""雨露计划""农村劳动力技能就业计划"等农民和农民工培训项目的实施，对拟转移农民和农民工分别开展职业技能培训，每年开展农民工职业技能培训约 1 500 万人次，其中，承担各部门培训任务约 500 万人次。①

第三节 终身学习发展的未来挑战

一、持续推进终身学习法规建设，为建设学习型社会提供立法保障

国家要构建终身教育体系、建成学习型社会，除了政策方面的引导之外，还应对之专项立法。2012 年 12 月，教育部组织十几个省份联合开展终身教育立法的前期调研工作，并推动教育相关法规修订和地方立法工作。目前，我国有 5 个省市出台了有关终身教育的促进条例，包括《福建省终身教育促进条例》(2005 年)、《上海市终身教育促进条例》(2011 年)、《太原市终身教育促进条例》(2012 年)、《河北省终身教育促进条例》(2014 年)、《宁波市终身教育促进条例》(2015 年)。但国家层面的终身教育立法仍然进展缓慢，迟迟未能出台。我国目前的终身教育立法缺乏完整、系统的体系框架，政策规定也呈现零星散布的状况，整体立法基础薄弱。这一立法困局主要可归结为理论研究、体系构建和法制建设三个方面的原因。

理论研究方面，人们片面地将终身教育排除在学校教育之外，认为终身教育等同于校外教育或自我学习，或是将终身教育局限为注重技能培养的学徒教育、职业教育、岗位培训或老年教育等形式

---

① 教育部：《关于政协十二届全国委员会第四次会议第 0140 号（教育类 029 号）提案答复的函》，http://www.moe.gov.cn/jyb_xxgk/xxgk_jyta/jyta_zgs/201610/t20161019_285559.html，2018-08-10。

中的某一项或某几项。① 而其实终身教育是贯穿人的一生的，是包含了所有类型和内容的教育。

体系构建方面，构建终身教育体系自党的十六大以来就已经成为一项基本国策，但校外教育形式发展不足、学前教育与继续教育环节薄弱、现有教育资源整合与沟通困难等诸多实践困境也进一步导致终身教育立法存在困难。

法制建设方面，根本大法《宪法》中缺乏对终身教育的直接确认，教育法律体系内部的《教育法》也将重点集中于学校教育，而对范围层次更为广泛的终身教育重视不够，地方终身教育条例立法也尚存诸多缺陷。②

二、进一步畅通终身学习通道，完善终身学习体系

自改革开放以来，尤其是进入 21 世纪以后，我国终身学习体系建设进入高速发展阶段。其中，学校教育已经较为成熟，成人继续教育、社会教育等终身学习类型也正在不断发展，我国已经基本具备建设全民学习、终身学习的学习型社会的条件。今后，"学分银行"的建立及终身学习"立交桥"的搭建等终身学习基础性制度建设，是决定我国真正成为全民学习、终身学习的学习型社会的关键所在。

我国已从政策制度上开始强调终身学习的基础性制度建设。2014 年国务院出台《关于深化考试招生制度改革的实施意见》，提出"形成分类考试、综合评价、多元录取的考试招生模式，健全促进公平、科学选才、监督有力的体制机制，构建衔接沟通各级各类教育、认可多种学习成果的终身学习'立交桥'"的总体目标。2017 年，《国家教育事业发展"十三五"规划》指出：在第十三个五年计划中要建立学分银行和信息化平台。完善学习成果认证制度，通过部分地区率

---

① 王桂玲：《基于法理视角的我国终身教育立法之比较》，载《广东开放大学学报》，2015(2)。

② 兰岚：《中国终身教育立法研究》，博士学位论文，华东师范大学，2017。

先探索、以点带面的方式，推进国家学分银行建设，为每一位学习者提供能够记录、存储自己的学习经历和成果的个人学习账号，对学习者的各类学习成果进行统一的认证与核算，使其在各个阶段通过各种途径获得的学分可以得到积累或转换。被认定的学分，可累计作为获取学历证书、职业资格证书或培训证书的凭证。

自 2012 年以来，教育部指导国家开放大学开展继续教育学习成果认证、积累和转换试点，并已在实践中取得显著成果。截至 2017 年 9 月，全国已建立 70 个学习成果认证分中心（认证点），5 所地方开放大学承担了地区学分银行建设工作，为数万人开展了学分积累与转换服务。此外，我国在许多地区开展了学分银行制度建设的实践；很多高校之间也通过建立学分互认联盟、签订多边或双边协议等形式，开展学分互认和转换实践，取得了一定成绩。2017 年 3 月，广东省质量技术监督局批准发布《广东终身教育资历框架等级标准》，旨在实现各级各类教育的沟通和衔接，搭建人才成长"立交桥"。《广东终身教育资历框架等级标准》将资历成果分为 7 级，明确了普通教育、职业教育、培训及业绩相互之间的关系，并从知识、技能、能力三个维度确立了各等级的标准。该标准是国内第一个资历框架等级地方标准，也是广东职业教育创新的特色亮点。具体等级如表 7-2 所示。①

表 7-2　广东终身教育资历框架等级标准

级别	知识	技能	能力
第 1 级	掌握工作或学习所需要的基本的常识性简单知识	具有完成简单任务的基本技能	能够在他人的直接指导下完成简单的学习或工作任务

① 吴少敏、姚瑶：《终生教育资历有据可依！广东发布全国首个终身教育资历框架等级地方标准》，https://www.sohu.com/a/211379166_321615，2018-08-10。

续表

级别	知识	技能	能力
第2级	掌握工作或学习所需要的基础知识	具有应用相关信息和简单工具，完成常规任务的基本技能	能够在他人的指导下，在一定程度上自主地完成学习或工作任务
第3级	掌握某个工作或学习领域所需要的事实性和理论性知识	具有在某个工作或学习领域中，选择和应用相应的信息、工具和方法，解决具体问题和完成相应任务所需要的技能	能够在变化但可预测的环境中，基于工作或学习的指引进行自我管理，监督他人的常规工作，承担评价和改进工作或学习的有限职责
第4级	掌握某个工作或学习领域所需要的综合、专业、理论的知识，并了解知识应用的范围	具有创新性地解决抽象问题的综合的认知和实践技能	能够在不可预测的工作或学习环境中，履行管理和指导的职责，评估和改进自己和他人工作或学习的表现
第5级	掌握某个工作或学习领域所需要的高层次知识，对理论和原理进行批判性理解	具有在某个专业的工作或学习领域中，创新性地解决复杂和不可预测问题的高级技能	能够在不可预测的工作或学习环境中，管理复杂的技术或专业项目，承担管理个人和团队专业发展及做出决策的职责
第6级	掌握某个工作或学习领域中高度专业化的知识，包括某些可作为原创思维和/或研究基础的前沿知识；对某个领域和交叉领域的知识形成批判性认识	具有在研究和/或创新中，为发展新知识、新工艺及整合不同领域知识所需的专业化解决问题的技能	能够应对和改变复杂、不可预测、需要新策略方法的工作或学习环境，承担促进专业知识、实践发展和/或评估团队战略绩效的职责
第7级	掌握某个工作或学习领域及交叉领域最先进的前沿知识	具有最先进的技能和方法，包括综合和评价，解决研究和/或创新中的关键问题，扩展和重新定义已有知识和专业化实践	能够站在工作或学习（包括研究）的前沿，表现出高度的权威性、创新性、自主性、学术性和职业操守，能持续不断地形成新的理念和方法

但是从总体上来说，我国终身学习体系的建设还处在学习探索和起步阶段。目前，这方面的实践还是地区性的，比较零散。这表明在实践中，如何真正达成全局性的职业教育与普通教育、学历教育与非学历教育、职前教育与职后教育、不同学习方式及不同学习过程之间的学分互认转换仍然是未来我国终身学习体系建设的重点和难点。具体来说，存在以下困难。

第一，完成学分认定的标准是什么。是课程课时量、学生学习时间，还是学习成果？不同的学分认定方式是搭建整个终身学习"立交桥"的基础。① 第二，学分认定的具体标准如何设定。终身学习意味着不同年龄阶段及不同身份的人群可能同时在学习同一课程，那么是统一性还是差异性的学分标准设定更加合理？若是差异性，那些差异性又该如何把握？因此，在不同类型的教育或不同的终身学习机构中，同一课程的学分认定具体标准如何较为科学合理且公平，将成为终身学习"立交桥"搭建的另一关键。第三，学分认定完成后，如何实现转换。不同教育类型及不同终身学习机构之间如何妥善制定学分转换规则，以便具体实施操作；不适当的学分转换机制可能会对某些类型的教育或某些终身学习机构造成消极影响。第四，如何确保学分认定、转换的质量及公信力。这也是终身学习"立交桥"搭建的重要保障。这一点涉及两个方面：对学分即学习成果的认定，是否有严格的质量标准和严格规范的质量保障体系作为支撑；学分的转换是否公平公正并得到社会监督。②

三、积极探索学习国际经验，建设中国特色的终身学习体系

由于历史原因，无论是在理念层面还是在实践层面，我国终身

---

① 袁松鹤：《搭建终身学习"立交桥"的四个关键问题》，载《现代远程教育研究》，2013(3)。

② 郝克明：《学分认证、转换制度与终身学习——在2016构建终身学习立交桥和学分银行系统学术论坛(南京)上的发言》，载《终身教育研究》，2017(2)。

学习的发展相较于世界发达国家均存在较大差距。因此，积极探索
学习世界发达国家在终身学习发展之路上的经验和智慧，对建设中
国特色的终身学习体系有重要启示意义。

（一）建立终身学习的公共管理与政策协调机制

世界各国的终身教育管理机构均在不同阶段、不同程度上面临
着部门分割、资源分散、政出多门的问题。但由于终身学习涉及政
府各部门和社会的方方面面，制定终身学习的公共政策需要协调各
个利益相关者的责、权、利关系。于是，加强政府各有关职能部门
的统筹能力，建立从中央到地方、从政府公共部门到各种社会组织
或机构的跨部门协调机制，成为世界各国促进终身学习发展、建立
学习型社会的共同举措。这些举措主要包括政府内部机构的组建或
整合，以及加强政府机构与其他利益相关团体的协调两种形式。

（二）制定终身学习的战略规划和政策文件

为了促进终身学习的发展，不少国家将终身学习纳入国家的社
会发展规划和教育改革计划，制定、颁布终身学习的战略规划或政
策报告，提出明确的发展理念、改革目标与步骤，具体形式主要表
现为规划、计划型，白皮书、绿皮书型及政策文件型。

（三）终身学习的法制化

美国于 1976 年颁布了《终身学习法》，日本于 1990 年颁布实施
了《终身学习振兴整备法》，韩国于 1999 年颁布了《终身教育法》等。
发达国家和地区在终身学习立法方面呈现出以下特点：第一，立法
层次高，权威性强。不少国家从中央层面高度重视终身学习的立法
工作，因此，终身学习的立法成为国家教育制度的重要方面。第二，
注重实效，可操作性强。通过立法明确终身学习的地位和管理体制，
从法律层面保障其经费投入和管理体制的落实，并对相关主体的权
利和义务予以明确界定，具有权利义务明晰、实施过程可行、奖惩

措施到位的特点。第三，立法的原则性与灵活性互补。一方面，国外终身学习立法都有一套严格的程序和原则，尤其中央立法，原则性很强；另一方面，注重适时对法律法规进行调整、修订，以适应时代发展和教育改革需要。

还有一些国家虽然并未针对终身学习专门立法，但也在一些相关法案中强调了终身学习的思想。

（四）终身学习的相关制度设计

第一，完善质量保障制度。如终身学习机构的认证，建立课程认证体系，制定相关课程标准，利用现代信息技术为质量保障提供技术支撑。第二，创新、完善终身学习成果的评估认证制度。例如，针对个人的知识与技能认证（主要是对个人通过学习获得的知识、技能与态度进行评价和认证，通过对正规教育机构以外的个人学习成果做出鉴定和认证，将之转换为学分或资格证书）；统筹对课程学分的认证；整合、统一资格体系，建立学习者在不同类型或层次的学习机构间转移的资格框架，将不同机构的资格纳入统一的层次体系中，使各种资格有了统一的能力标准依据。

（五）终身学习的经费投入和保障机制

很多国家和地区都出台了相关的终身学习财政政策，除大力增加政府公共投入外，还采取各种措施，鼓励企业组织增加教育培训投入，支持学习者个人负担学习成本，不断探索建立、完善所有利益相关者参与的终身学习成本分担机制。不同国家的成本分担模式各有特点，大致可归纳为：国家-个人-企业分担模式、政府-企业分担模式、政府-社会分担模式。对于我国来说，首先应该不断提高政府对终身学习的经费投入，可采取政府直接资助、对地方政府的转移支付、向企业提供专项补贴及对第三部门的经费支持等多种方式。与此同时，鼓励企业、产业部门及雇主对员工培训进行投入，并采取政策引导或法律强制手段来增加其投入。

第八章

迈向回应型教育法律与政策：致力于实现更加公平、更有质量的教育

第一节　教育公平观：改革开放40年教育法律与政策价值取向的变迁

教育法律与政策的实质是对教育利益进行分配，这种分配离不开价值判断和价值选择。教育法律与政策的价值取向是指教育法律与政策的制定主体基于自身的价值观，在面对或处理教育领域中的各种问题、矛盾、冲突和关系时所持的价值立场、价值态度及表现出来的价值倾向。由于教育法律与政策的制定主体存在着自身的需要，因此，某一特定时期对特定的教育法律与政策会有不同的价值取向。教育公平是教育的一种基本价值观念与准则，并以此为基准，规定着社会成员所享有的基本教育权利，规定着教育资源与利益在社会成员之间的合理分配。[①] 可见，教育公平是教育法律与政策追求的价值，它包含教育起点公平、教育过程公平和教育结果公平，三者是个统一体。教育起点公平是指尊重和保护每个人的受教育权

[①] 苏红：《建国以来我国教育效率与公平的关系：演变路径及其局限》，载《国家教育行政学院学报》，2008(2)。

利。受教育权利公平是最基本的教育公平，主要体现在价值层面和制度层面，包括每个人公平地享有受教育权利，公平地享有个人发展所必需的教育资源，公平地享有对高级教育利益的竞争机会权。教育过程公平体现在整个教育活动过程中。教育过程公平不仅包含主观方面的公平，如教师公平地对待学生；而且涵盖客观因素的公平，主要表现在教育活动的有形投入方面，如对教育活动配置的师资力量、教学硬件设备、教育经费投入等方面的公平，通过相应的制度、政策继续体现和维护教育公平等。教育结果公平是指每个人都能有效利用所提供的教育机会，取得符合其个性、智力、能力的学业成就，从而为其未来发展创造条件，最终体现为学业成就和教育质量的平等。"教育公平的概念是唯一的，它有一个确定含义或本质，以表征其所反映对象的特有属性，但教育公平观却是历史变化的，在不同的历史时期，人们对教育公平的认识是不同的。"[①]教育公平原则是一个具体的历史范畴，不同国家在不同的历史发展阶段有着不同的认识和价值取向。改革开放以来，我国教育法律与政策的价值取向在不同时期强调教育公平的不同方面，对教育公平的理解经历了一个逐渐深化、趋于实质的认识过程。

一、"效率凸显"的教育公平观

十一届三中全会以来，党和国家的工作重心转移到以经济建设为中心的轨道上来，社会经济发展需要教育为之培养人才。教育作为产出人力资源、促进经济发展的手段，存在于国家以经济建设为中心的基本战略之中。在经济社会思潮的冲击和影响下，效率备受社会推崇，教育领域也备受冲击。当时追求以"效率"为价值取向的教育质量观，即将教育质量定位在提高教育效率上，认为提高了教

---

① 钱志亮：《关于教育公平问题的探索——中青年教育理论工作者专业委员会第10次年会综述》，载《中国教育学刊》，2001(1)。

育效率也就提升了教育质量。受这种观念影响，人们认为教育是为了"快出人才，出好人才"，以便更好地服务于经济建设。因此，国家优先将资源分配给高等教育、中心城市、重点中学等，呈现出"重效率，轻公平"的价值取向。

1977 年 5 月 24 日，邓小平在同中央两位同志的谈话中，在很大程度上确立了新时期教育的发展方向和基本价值："要办重点小学、重点中学、重点大学。要经过严格考试，把最优秀的人集中在重点中学和大学。"[①]1978 年 4 月 22 日，邓小平在全国教育工作会议上的讲话，提出要提高教育质量，提高科学文化的教学水平，更好地为社会主义建设服务；教育事业必须同国民经济发展的要求相适应。1978 年 1 月，教育部颁发《关于办好一批重点中小学试行方案》；1980 年 10 月，教育部颁发《教育部关于分期分批办好重点中学的决定》。重点学校制度的初衷可以概括为"快出人才，出好人才"，是在教育资源稀缺的情况下，将公共教育资源集中向重点学校倾斜，推动重点学校办学条件的极大改善和教育质量的提高。邓小平在倡导办重点学校的同时也强调"办教育要两条腿走路，既注意普及，又注意提高"[②]，兼顾了效率和公平。但是，鉴于当时的经济状况，国家只能优先集中人力、财力和物力办好一批重点学校，加上部分地方政府为凸显政绩，全力树典型，而对其他的非重点学校难以兼顾。出于加快人才培养、提高教育效率的考虑，国家教育发展的重心放在能够直接促进经济和科技发展的高等教育和职业技术教育上。1980 年 2 月正式颁布的《学位条例》成为我国第一部教育法律，正说明发展高等教育、使研究生教育尽快走入正轨时不我待。1983 年 5 月，教育部、劳动人事部、财政部、国家计委联合颁发《关于改革城市中等教育结构，发展职业技术教育的意见》。这些法律与政策文件

---

① 《邓小平文选》第 2 卷，40 页，北京，人民出版社，1994。
② 《邓小平文选》第 2 卷，40 页，北京，人民出版社，1994。

在当时的历史条件下突出了教育发展的效率，教育过程的公平性价值取向受到一定程度的忽略。

公平与效率往往是两个难以同时兼顾的方面，人们经常会遇到公平优先还是效率优先的两难选择。在凸显教育效率的背景下，教育公平是指公民受教育权利的平等。公民的受教育权利是以个人的学习能力为依据的，其能否实际享有该权利，取决于个体的能力大小，教育资源依据其能力而不是身份、等级来配置。[①] 过度追求效率，造成教育资源分配严重不均衡，将资源重点投入好学校，有意扩大质量差别，这一政策可能间接地扩大了不公平的情况，使得城乡之间受教育机会不均等的现象更加严重。[②]在注重效率的指挥棒下，有限的教育经费投向了高等教育，投向了重点学校，投向了城市，这种政策上的倾斜导致了城乡、区域、学校间的巨大不平等。

过度追求效率，也使教育质量的整体提升缺乏动力。国家出于对升学率的片面追求，采取分班和各种奖惩措施，为提高升学率或竞赛的总体成绩，按照学生的成绩"抓中间，放两边"，这些不正常现象阻碍了学生的发展。师资和生源上的分流也对教育的不均衡发展产生了推波助澜的消极影响，导致学校之间师资和生源上的巨大差异。过度追求效率，以学生能力为依据的教育公平观造成了学校教育发展的严重分化和不均衡，在更大群体上放弃了教育公平，同时效率水平也不尽如人意。

二、"效率优先，兼顾公平"的教育公平观

20 世纪 80 年代后，我国的教育实现着由外延式发展向内涵式发展、从权利平等到优质均衡的渐次转变，教育体制改革集中地表现

[①] 劳凯声：《中国教育改革 30 年：政策与法律卷》，223 页，北京，北京师范大学出版社，2009。

[②] 杨宜勇等：《公平与效率——当代中国的收入分配问题》，4 页，北京，今日中国出版社，1997。

为"教育效率优先，兼顾教育公平"的价值取向。1985 年，《中共中央关于教育体制改革的决定》发布，我国基础教育领域开始了以突破原来的教育体制和教育观念，尝试增加新的变革因素和形成新观念为特征的改革探索。针对当时基础教育学校数量少、质量差、师资力量薄弱、设备严重缺乏等问题，基础教育改革首先从系统的体制改革入手。《中共中央关于教育体制改革的决定》指出：教育体制改革的根本目的是提高民族素质，多出人才，出好人才，"衡量任何学校工作的根本标准不是经济收益的多少，而是培养人才的数量和质量"。《中共中央关于教育体制改革的决定》提出下放管理权，实行"地方负责，分级管理"的原则。1993 年党的十四届三中全会提出"效率优先，兼顾公平"的分配原则，也影响了教育体制改革。1993 年的《中国教育改革和发展纲要》提出"综合配置、分步推进"的方针，进一步推进以下放管理权为特征的教育管理体制改革。《中国教育改革和发展纲要》提出："改变政府包揽办学的格局，逐步建立以政府办学为主体、社会各界共同办学的体制。现阶段，基础教育应以地方政府办学为主……"并指出："国家对社会团体和公民个人依法办学，采取积极鼓励、大力支持、正确引导、加强管理的方针。"基础教育管理权利和责任的分权分级管理体现了经济性价值取向。1997 年国家教委《关于规范当前义务教育阶段办学行为的若干原则意见》进一步指出，"可依实际情况实行'公办民助'、'民办公助'、社区参与、举办民办学校等多种形式"举办义务教育。为扩大现有民办学校的规模，1998 年的《面向 21 世纪教育振兴行动计划》又提出："今后 3—5 年，基本形成以政府办学为主体，社会各界共同参与、公立学校和民办学校共同发展的办学体制。"1999 年《中共中央国务院关于深化教育改革全面推进素质教育的决定》提出："积极鼓励和支持社会力量以多种形式办学……凡符合国家有关法律法规的办学形式，均可大胆试验。"效率优先原则在基础教育体制改革中得以充分体现。2001

年，《国务院关于基础教育改革与发展的决定》明确指出"义务教育坚持以政府办学为主，社会力量办学为补充"，从政策上重视义务教育的公共属性，注重做到教育起点公平；同时将非义务教育阶段办学放开，充分考虑实现教育效率的提高。2002 年 4 月国务院办公厅发出的《关于完善农村义务教育管理体制的通知》将"由地方政府负责、分级管理、以县为主"的基础教育管理体制正式确立下来。国家通过上述管理体制改革，实现横向和纵向管理权的下放，以扩大地方办学自主权，盘活有限的教育资源，提高教育效率。

这一阶段，基础教育受教育过程和结果的权利和机会分配政策，体现了"选拔性"和"分层、分类、分流培养"的价值取向。1985 年，《中共中央关于教育体制改革的决定》指出：我国广大青少年一般应从中学阶段开始分流，初中毕业生一部分升入普通高中，一部分接受高中阶段的职业技术教育；高中毕业生一部分升入普通大学，一部分接受高等职业技术教育。小学毕业后接受过初中阶段的职业技术教育的，可以就业，也可以升学。凡是没有升入普通高中、普通大学和职业技术学校的学生，可以经过短期职业技术培训，然后就业。这一阶段，国家对基础教育过程的分流主要通过"选拔性考试"，体现了"能力性"价值取向。国家教委 1990 年 6 月印发的《全国中学升学和考试制度改革工作会议纪要》等文件都体现了这种价值取向。"选拔性"的政策价值取向与"教育性"和"经济性"的政策价值取向一致，将教育作为国家人力资源开发的手段。

鉴于高校严进宽出、效率低下，尤其是国家教育经费总量短缺，高等教育总量无法满足全体人民需要的状况，效率就成为我国高等教育发展中首先关注的问题，在政策上主要体现为高等教育成本分担和重点高校扶持政策。1994 年 7 月，《国务院关于〈中国教育改革和发展纲要〉的实施意见》决定：逐步废除"双轨制"，实行高校招生"并轨"。1996 年 12 月，国家计委、国家教委、财政部联合颁布了

《高等学校收费管理暂行办法》，规定高校收取的学费最高不得超过生均教育培养成本的 25%，并对培养成本的核算范围和学费减免范围做了规定，高校收费制度正式确立。高等教育成本分担，通过扩大高等教育入学机会，部分实现了教育公平，加速了我国高等教育向大众化迈进的进程。但同时，高等教育成本分担和高校扩招政策由于没有经过科学、周密的政策评估，缺乏相应的配套政策做保障，引发了不少社会问题，突出表现为大学生就业问题和高校贫困生问题。①

在追求教育效率的同时，国家也通过政策，加大对教育的投入，以促进教育公平。1985 年，《中共中央关于教育体制改革的决定》指出："多渠道筹措教育经费。"为了保障基础教育经费投入，该决定首次提出了教育经费的"两个增长"，即"中央和地方政府教育拨款的增长要高于财政经常性收入的增长，并使按在校学生人数平均的教育费用逐步增长"。1988 年 3 月，国家教委、财政部颁布《关于加强普通教育经费管理的若干规定》，1990 年 6 月，国务院发布《关于修改〈征收教育费附加的暂行规定〉的决定》，这些文件为确保教育经费的投入提供了政策性保障。1993 年出台的《中国教育改革和发展纲要》进一步强化了向基础教育倾斜的政策。文件指出，增加教育投资是落实教育战略地位的根本措施，各级政府、社会各方面和个人都要努力增加教育投入，确保教育事业优先发展。要逐步建立以国家财政拨款为主，辅之以征收用于教育的税费、收取非义务教育阶段学生学杂费、校办产业收入、社会捐资和设立教育基金等多种渠道筹措教育经费的体制。从教育经费筹措上体现国家对义务教育的充分保证和对非义务教育的放开，实现教育效率优先。《中国教育改革和发展纲要》还指出，逐步提高国家财政性教育经费支出占国民生产总

---

① 苏红：《建国以来我国教育效率与公平的关系：演变路径及其局限》，载《国家教育行政学院学报》，2008(2)。

值的比例，在 20 世纪末达到 4％。在贯彻落实《中共中央关于教育体制改革的决定》所规定的教育经费"两个增长"的基础上，《中国教育改革和发展纲要》又提出"切实保证教师工资和生均公用经费逐年有所增长"，以及"提高各级财政支出中教育经费所占比例"的要求，明确乡（镇）财政收入主要用于发展教育，后来在《教育法》中明确为教育经费的"三个增长"。《中国教育改革和发展纲要》还提出城乡教育费附加主要用于普及九年义务教育的要求。针对基础教育发展不均衡的状况，在 1995—2000 年的六年时间里，通过"国家贫困地区义务教育工程"，中央财政投入 39 亿元，加上地方财政配套资金 87 亿元，用于改善贫困地区的义务教育办学条件。① 2001 年，《国务院关于基础教育改革与发展的决定》进一步强调"基础教育在社会主义现代化建设中的战略地位，坚持基础教育优先发展的战略思想"。基础教育的重要地位得到充分肯定，并以法律保障教育起点公平，以政策促进教育过程公平。在基础教育入学率提高的情况下，我国政府为缩小基础教育的区域差距、实现教育公平采取了很多措施，比如，基础教育中农村初中普职分流政策、"三教结合"政策、"绿色证书"政策、农村教师政策、农村义务教育经费投入政策、农村学校布局调整政策，以及对义务教育"两免一补""财政转移支付"等政策。

　　国家在保障教育公平的同时，积极推进素质教育。1993 年的《中国教育改革和发展纲要》第一次明确提出"中小学要由'应试教育'转向全面提高国民素质的轨道，面向全体学生，全面提高学生的思想道德、文化科技、劳动技能和身体心理素质，促进学生生动活泼地发展"。以政策的规定扭转对"应试教育"的片面追求，基础教育开始从关注外在社会需求向关注人自身发展转变。1997 年《关于目前积极推进中小学实施素质教育的若干意见》和 1999 年《中共中央国务院关

---

　　① 《国家贫困地区义务教育工程》，http：// www. china. com. cn/aboutchina/data/zgjy/2008-08/20/content_16282359. htm，2018-08-10。

于深化教育改革全面推进素质教育的决定》两个专门关于素质教育的文件出台。2001 年，《国务院关于基础教育改革与发展的决定》鼓励"各地要建设一批实施素质教育的示范性普通高中"。这些文件对素质教育的界定、落实均提供了政策上的保障，加强了地方教育行政部门推进素质教育的力度，旨在通过实施素质教育实现教育结果的公平。①

　　这一阶段的教育公平主要强调教育机会平等及教育条件的平等，即起点与过程公平，并在一定条件下重视教育结果的公平。"效率优先，兼顾公平"存在这样一种逻辑假设：在资源既定的情况下，照顾公平就必然要把资源平均分配，进而牺牲把资源投入优势群体或组织以实现更高效率的机会。然而，优势群体和组织毕竟在数量上是不占优势的。若鉴于资源有限而放弃公平，把少数群体或组织的效率建立在牺牲大多数群体或组织的效率基础之上，那么以牺牲公平为代价的效率，严格来说，只是某种特定意义上的局部范围的效率，而不是一般意义上的整个社会的效率，进而以牺牲公平为代价之效率，其价值也难免受到质疑，是否在真正意义上实现了效率最大化，也是值得商榷的问题。② 本阶段改革追求的"效率优先，兼顾公平"是在国力薄弱的情况下，为实现穷国办大教育目标的实事求是的举措。国家通过教育管理体制的分权和放权结合，建立多元办学主体机制，调动了地方办学积极性；通过立法，保障义务教育的实施；通过多渠道筹措教育经费机制，实现教育资金的供给；通过鼓励经济文化发达地区，先进促后进，以兼顾落后地区的教育发展。总之，以"效率优先，兼顾公平"为导向，以梯度推进和重点突破为战略，

---

　　① 王华：《改革开放以来教育效率与教育公平的回瞻与展望——基于基础教育宏观决策的分析》，创新教育学术会议论文，武汉，2011。
　　② 苏红：《建国以来我国教育效率与公平的关系：演变路径及其局限》，载《国家教育行政学院学报》，2008(2)。

我国基本实现了"两基"目标，为后期改革奠定了坚实基础。但是，效率优先是以牺牲一定的公平为条件的，随着国家经济发展和综合国力的增强，教育资源配置不公、地区发展不平衡、教育差距扩大、教育机会不均等、教育经费落实不到位、对素质教育理解偏颇等问题凸显出来，成为人们关注和教育改革的新问题。[①]

三、"教育均衡发展"的教育公平观

随着"效率优先，兼顾公平"为导向的基础教育改革的不断深入，整个社会的教育不公平趋向越来越突出，主要体现在区域、城乡教育发展的失衡，阶层、校际教育差距的扩大等方面。自我国进入全面建设小康社会后，针对新情况、新任务，政府开始了"坚持教育优先发展，促进教育公平"的新一轮探索。21世纪初，效率第一的教育质量观才有所缓解，开始在教育的各个层面推动公平意义上的质量提升。随着关于教育公平和教育均衡发展（尤其是义务教育均衡发展）问题讨论的深入，以及国家相关政策、文件的相继印发，教育公平取向由起点的机会均等延伸到过程、结果的教育质量均衡。

基础教育充分吸取前段教育改革经验教训，从2003年开始走向以重建新体制、重建新教育系统的教育变革新阶段。伴随全面建设小康社会目标的提出，政府加大对落后地区、薄弱学校和弱势群体的扶持力度，缩小地方差距，积极促进基础教育均衡优质发展。为缩小城乡教育差距，推进教育公平，2003年《国务院关于进一步加强农村教育工作的决定》把农村教育作为教育工作的重中之重，与此同时，教育的区域差距也引起了国家的注意。对此，2004年3月国务院批转的教育部《2003—2007年教育振兴行动计划》提出以制度创新为特色，旨在促进教育系统内部均衡发展；提出完善小学升初中

---

① 王华：《改革开放以来教育效率与教育公平的回瞻与展望——基于基础教育宏观决策的分析》，创新教育学术会议论文，武汉，2011。

就近免试入学制度，健全助学制度和科学规范的教育经费管理制度等；提出加大对西部地区、少数民族地区等的教育支持力度，促进东、中、西部地区教育的协调发展。2005 年，鉴于义务教育的城乡差距、地区差距、校际差距依然存在，并有进一步扩大的趋势，义务教育均衡发展成为备受关注的问题。对此，教育部印发《关于进一步推进义务教育均衡发展的若干意见》，全面阐述义务教育均衡发展的政策。2005 年年底，国务院决定将农村义务教育纳入公共财政保障范围，深化农村义务教育经费保障机制改革，从 2006 年春季学期起，对西部地区农村义务教育阶段学生学杂费实行全免，对贫困家庭学生无偿提供教科书，对贫困家庭寄宿生提供生活费补助。2007 年春扩大到中东部农村地区。"两免一补"政策确保不让农村学生因家庭经济困难而失学。2006 年修订的《义务教育法》是教育公平的重要转折点，它以法律的形式规定了"以义务教育均衡发展为内容的教育公平"，使我国的教育公平从政策规章层面进入法律层面。其中第六条规定："国务院和县级以上地方人民政府应当合理配置教育资源，促进义务教育均衡发展……" 2007 年，党的十七大报告将教育摆在民生问题的首位，明确提出"教育是民族振兴的基石，教育公平是社会公平的重要基础"；指出要实现"优先发展教育，建设人力资源强国"的目标，"就必须实现教育公平"，从而完全确立了教育公平的重中之重地位。2008 年，国家规定免除城市义务教育阶段学生学杂费，将进城务工人员随迁子女接受义务教育纳入公共教育体系，免费义务教育在全国范围内推行。可见，国家通过教育法律与政策的制定和修改，充分关注和促进基础教育阶段教育公平。2009 年，温家宝同志主持会议，研究部署《教育规划纲要》的制定工作时强调，要"把促进教育公平，满足人民群众不断增长的多层次、多样化的教育需求作为规划的重点，把促进人的全面发展，办人民满意的教育作为规划的落脚点"①。2010 年颁布的《教育规划纲要》明确指出："教育公平是社会公平的重要基础。教育公平的基本要求是保障公民依法享有受教育的权利，关键是机会公平，重点是促进义务教育均衡发展和扶持贫困群体，根本措施是合理配置教育资源，向农村地区、边远贫困地区和民族地区倾斜，加快缩小教育差距。教育公平的主要责任在政府，全社会要共同促进教育公平。"

这一时期，为了促进教育公平，政府大力推进教育的均衡发展，教育的均衡发展成为国家发展教育的目标。一方面，教育均衡发展的衡量指标由关注原有的外在的资源配置的均等性，转向了对不同学校自身的内涵、特色及消化和吸收教育资源的具体情况的关注；另一方面，教育均衡的发展方式正从外延式发展逐步走向内涵式发展，高质量的教育普及和优质均衡得到政府和理论研究者的关注。这一转变，不仅进一步证明先前"物质优先，精神附属""公平与效率相对立"的教育公平观念存在片面性，也使内在于受教育者和学校教育之中的无形的东西得以真正凸显，并成为教育公平、教育均衡发展的最终归宿。②

义务教育均衡发展的法制化、薄弱学校资助制度的建立、政府间财政转移支付制度的实行等措施，是以"和谐""科学""可持续"为价值导向的社会发展观在教育中的反映，是和谐社会建设的必然要求。因为教育公平既是最重要的社会公平，也是社会公平的平衡器。对教育公平的认识，从实质上看，主要围绕一个核心，即如何协调教育的普及与提高之间的关系。教育公平的取向已由形式层面逐渐转向实质层面，即深入教育公平的精神内核，凸显家庭经济、社会、文化资本对

---

① 《温家宝在科教领导小组会讲话：百年大计教育为本》，www.gov.cn/ldhd/2009-01/04/content_1194983.htm，2018-08-10。

② 武秀霞：《从权利平等到优质均衡——我国教育公平取向之演变》，载《教育学术月刊》，2012(5)。

教育权利和教育机会的影响，明确教育机会的特定意指，确认个体差异作为衡量教育公平的重要依据。这表明教育公平取向发生了很大变化，其已从对入学机会平等的关注转向对投入公平、过程公平与结果公平的关注，而弱势群体的受教育权利和受教育机会的补偿问题也成为国家教育法律与政策制定、修改时重点考虑的一个方面。

四、有质量的教育公平观

2010 年，我国基础教育已经进入了一个"后普及时代"，追求"有质量的教育公平"成为我国推进教育公平的新诉求。"有质量的教育公平"是指在我国教育事业规模不断扩大的基础上，各级政府以推进教育公平为取向，以提高教育质量为重点，通过制定各种政策和采取相应措施，合理调节公共教育资源的供给和配置，满足社会公众享有高质量教育的需求，促进教育自身可持续发展和社会和谐发展的一种新的价值观念、政策取向和行动措施。

《教育规划纲要》提出："把提高质量作为教育改革发展的核心任务""制定教育质量国家标准，建立教育质量保障体系"。自此，"促进公平"和"提高质量"成为 2010—2020 年我国教育发展的基本方针和重要目标。这意味着推进教育公平必须"以提高教育质量、促进内涵发展为重点"，全方位地关注教育质量公平，使教育质量越来越成为教育公平的内在规定性和本质要求。一方面，我国经济结构亟待升级，经济发展方式转变和社会转型都对人力资源提出了更高要求。国家和社会希望通过发展教育，提高"人"的素质，以实现可持续的经济增长与结构的顺利升级和转型。另一方面，人民群众希望获得更加平等的和高质量的教育，不仅能"有学上"，而且能"上好学"，盼望通过教育改变命运，实现向上的社会流动，过上有尊严的生活。当前，我国教育事业发展的根本矛盾在于社会日益增长的教育需求与公共教育供给相对不足，特别是优质教育资源不足之间的矛盾。社会日益增长的教育需求包括量与质两个层面。从量上看，

"后普九"时代的教育需求层次向两头延伸，重点在学前教育、高中阶段教育和高等教育；从质上看，社会需求正在从受教育向受好的、优质的教育转化。在基础教育阶段，社会需求与教育供给的矛盾正在由供给总量的短缺性矛盾，转变为优质教育供给不足而产生的结构性矛盾，部分城市出现的择校、乱收费等现象正是这种矛盾的一种表现。这说明，我们在保障基本的"有学上"的教育公平的同时，还必须将提高质量、推进义务教育均衡发展纳入新的基础教育公平体系，并作为教育战略调整的方向和教育政策的关键点。

有质量的教育公平观使教育公平与教育质量的关系从"对立"走向"统一"：教育质量涵盖并体现在机会公平、过程公平和结果公平的三种状态中，三种公平的实现反过来促进教育质量的提高。尽管提升教育质量和实现教育公平的目标不是互相矛盾的，不过在实践中，有时也会产生对抗。此时，应当追求一种合理的和现实的折中与平衡。就我国义务教育阶段的教育公平而言，目前和今后相当长时期内，仍然需要进一步推进教育机会的公平，在此过程中，各个地区，特别是在已全面普及义务教育的大多数地区，应更多地关注教育质量公平，大面积地提高教育质量。要通过全面实施素质教育，提供促进人的全面发展和适应社会需要的高质量教育，使义务教育真正为每个受教育者的生存和发展打下应有的基础。①

有质量的教育公平以推进教育公平为基本价值取向。在满足人民群众受教育权、确保教育起点的公平后，应认真考虑教育过程和教育结果的公平，实现学业成就和教育质量上的平等。提供平等的入学机会和办学条件，只是为实现教育公平提供了客观条件，而学生是否真正受到公平的教育，更重要的是看教育者是否尊重了教育对象的能力和兴趣差异，使具有不同潜质的个人都得到充分发展。

---

① 谈松华、王建：《追求有质量的教育公平》，载《人民教育》，2011(18)。

因此，学生是否受到平等而有差异的教育，才是教育公平更本质的要求。① 教育公平不仅要从"量"的角度考虑，还必须从"质"的方面把握。一般来说，这种"质"的内容总是与个性化、差异化、特色化、多元化等联系在一起的，是以学生的和谐发展为本的。教育平等并非仅仅是以人的尊严和基本权利为标准的无差别的完全平等，它也是以能力为标准的按比例分配的有差别的平等。② "平等"已不再是简单意义上的相同、无差别，而是与权利相对照，具有一定的相对性。由于教育公平的相对性逐渐凸显，个体差异在教育公平中得到承认，关于教育公平的标志也随之由"平等"转向了"差异"。公平与平等是两个不同的概念，公平并不是给予一切人以同样的东西。公平是相对的、有差别的，而平等则是无差别的、绝对的。③教育应有区别地对待每一个对象④，应正视并尊重个体差异，使个体所受教育与其社会权利和自身素质相称⑤。

有质量的教育公平重在提高学生学业成就，从重视学生的认知到重视学生的素养。"素养"的概念更为宽泛，它是一种广义的学生能力的连续体，包括学生在主要学科领域中应用知识和技能的能力，分析、推理和有效交流的能力，以及在不同情境中解决和解释问题的能力。教育质量的内涵已经从单纯评价学生掌握知识的多少，扩展到包含认知发展、社会均衡和学习态度等方面。有质量的教育公平要追求学生身心的全面发展和个性发展。真正的质量应该体现在学生综合素质的提高上，体现在学生身心的全面发展上。因此，对学生的评价应体现全面性、发展性、差异性的特点。有质量的教育公平为确保素质教育全面实施，应更加关注教育均衡发展，提供更

---

① 谈松华、王建：《追求有质量的教育公平》，载《人民教育》，2011(18)。
② 冯建军：《教育公正需要什么样的教育平等》，载《教育研究》，2008(9)。
③ 章毛平：《论教育公平与公平教育》，载《江苏社会科学》，1997(5)。
④ 田正平、李江源：《教育公平新论》，载《清华大学教育研究》，2002(1)。
⑤ 曾继耘：《差异发展教学与教育公平的关系》，载《中国教育学刊》，2005(6)。

多、更好的教育资源，满足人民群众对优质教育的需求。同时，应大力提倡和鼓励区域、学校广泛开展特色教育。2014 年，《教育部关于全面深化课程改革落实立德树人根本任务的意见》出台。文件提出"教育部将组织研究提出各学段学生发展核心素养体系，明确学生应具备的适应终身发展和社会发展需要的必备品格和关键能力"。

从发展阶段看，"有质量的教育公平"处于教育公平发展的高级阶段，是在扩大教育规模和获得基本的教育机会之后，对接受高水平、高质量教育的一种新的诉求。从发展水平看，有质量的教育公平既有教育机会的公平，又有教育过程的公平，更主要的是教育结果的公平。从发展内容看，有质量的教育公平以提高教育质量为重点，倡导符合社会、教育和人的发展需求的新教育质量观。[①]

科尔曼在《教育机会均等的观念》一文中指出："由于存在着差别性校外影响，机会均等只可能是一种接近，永远也不可能完全实现。"[②]这告诉我们：教育公平是个相对的概念，更是个动态的发展过程；作为一种价值取向，教育公平是我们永远的追求。世界范围内，教育公平思想的演进遵循着大致相同的路径，即从起点的教育公平到过程和结果的教育公平。质量公平是教育公平演进的高级阶段，但并不意味着教育公平演进的终点。事实证明，全球范围内的权利公平、机会均等、过程公平、结果公平只能有限地接近，并不能无限地达成。教育公平是人类永恒的追求，它永远在路上。改革开放以来，我国的教育法律与政策对教育公平进行了持续的实践探索，反映了我们对教育公平的不断变化的认识过程，对教育公平的理解逐渐走向深入，也有力地阐释和丰富了教育公平理论，进而将有力地推进今后我国教育法律与政策的发展。

[①]　陈如平：《走向有质量的教育公平》，载《中国教育报》，2007-08-18。

[②]　张人杰：《国外教育社会学基本文选》，191 页，上海，华东师范大学出版社，1989。

第二节　教育公平：改革开放 40 年
教育法律与政策体系建设主旋律

一、教育公平：改革开放 40 年教育法律与政策体系建设的重要基准

2001 年颁布的《全国教育事业第十个五年计划》，首次将教育公平作为教育改革与发展的"指导思想和基本原则"："坚持社会主义教育的公平与公正性原则，更加关注处境不利人群受教育问题。努力为公民提供终身教育的机会。"2010 年颁布的《教育规划纲要》制定了新的发展蓝图，确定了"从教育大国向教育强国、从人力资源大国向人力资源强国迈进"的目标，以及"优先发展、育人为本、改革创新、促进公平、提高质量"的工作方针。《教育规划纲要》把促进公平作为国家基本教育政策，提出："教育公平的关键是机会公平，基本要求是保障公民依法享有受教育的权利，重点是促进义务教育均衡发展和扶持困难群体，根本措施是合理配置教育资源，向农村地区、边远贫困地区和民族地区倾斜，加快缩小教育差距。教育公平的主要责任在政府，全社会要共同促进教育公平。"

2015 年，政府工作报告提出"促进教育公平发展和质量提升"；2016 年，政府工作报告提出"发展更高质量更加公平的教育"；2017 年，习近平总书记在十九大报告中指出：中国特色社会主义进入新时代，我国社会主要矛盾已经转化为人民日益增长的美好生活需要和不平衡不充分的发展之间的矛盾……让每个孩子都能享有公平而有质量的教育。新时期的教育公平，必须是向农村、薄弱校、贫困地区和弱势群体倾斜的公平；"满足人民日益增长的美好生活需要"，也成了教育领域集中攻坚、重点突破的目标。2017 年，仅清华大学就通过"自强计划"和国家专项计划录取 352 名考生，占总体招生规

模的 10.5％。事实上，早在 2017 年 4 月初，教育部就对重点院校招收贫困地区学子进行了部署。《关于做好 2017 年重点高校招收农村和贫困地区学生工作的通知》要求，国家专项计划录取人数不少于 6.3 万人。8 月，招生季结束，统计显示，国家、地方和高校三个专项计划共录取农村和贫困地区学生 10 万人，较 2016 年增加 8 500 人，增长 9.3％。2017 年 9 月，中共中央办公厅、国务院办公厅印发《关于深化教育体制机制改革的意见》要求，坚持以人民为中心，着眼促进教育公平，提高教育质量要着眼于人民群众反映强烈的突出问题，集中攻坚、综合改革、重点突破，扩大改革受益面，增强人民群众获得感……这些促进教育公平的重要举措，彰显着改革开放以来我国政府把"教育公平"作为出台、修改教育法律和制定教育政策的重要基准，也是建立我国新时期社会主义教育法律与政策体系的基本原则。

二、保障公民教育公平的法律体系

（一）普及义务教育，保障教育机会均等

1986 年 4 月 12 日，第六届全国人大第四次会议通过了《义务教育法》，这是我国历史上第一部关于普及义务教育的法律，其以国家立法的形式确立了九年制义务教育的实施，使普及教育走上了依法治教的轨道。《义务教育法》指出，国家实行九年制义务教育，但是，各省、自治区、直辖市不强调统一步调，可以根据本地经济文化发展的具体状况，来决定适合自己本地区的义务教育发展步骤。在保障平等的入学机会、促进义务教育公共服务均等化方面，1986 年版的《义务教育法》第五条规定："凡年满六周岁的儿童，不分性别、民族、种族，应当入学接受规定年限的义务教育。条件不具备的地区，可以推迟到七周岁入学。"第十条规定："国家对接受义务教育的学生免收学费。国家设立助学金，帮助贫困学生就学。"《义务教育法》的颁布，标志着我国的普及教育进入了以制度推进实施的历史发展新阶段。此后，全国迅速进入"普九"（普及九年义务教育）的实施状态。

1997 年，我国政府签署的《经济、社会及文化权利国际公约》第十三条第一款规定："本公约缔约各国承认，人人有受教育的权利。它们同意，教育应鼓励人的个性和尊严的充分发展，加强对人权和基本自由的尊重，并应使所有的人能有效地参加自由社会，促进各民族之间和各种族、人种或宗教团体之间的了解、容忍和友谊，和促进联合国维护和平的各项活动。"

2005 年开始，我国的义务教育进入了免费时期。2006 年 6 月，《义务教育法》通过修订。修订后的《义务教育法》指出义务教育是国家统一实施的所有适龄儿童、少年必须接受的教育，是国家必须予以保障的公益性事业。修订后的《义务教育法》对义务教育的管理体制和投入体制做了新规定，明确了各级政府的义务教育责任。从 2008 年开始，我国实现了全面免除城乡义务教育阶段学杂费，这被认为是政府推动义务教育均衡发展、促进教育公平、消除失学儿童现象的又一重大举措。

改革开放以来，我国保障教育机会均等的法律及具体条文可参见表 8-1。

表 8-1　改革开放以来我国保障教育机会均等的法律规定

法律名称	最新修改年份	具体条款	具体内容
《宪法》	2018 年	第四十六条	中华人民共和国公民有受教育的权利和义务。国家培养青年、少年、儿童在品德、智力、体质等方面全面发展
《教育法》	2015 年	第九条	中华人民共和国公民有受教育的权利和义务。公民不分民族、种族、性别、职业、财产状况、宗教信仰等，依法享有平等的受教育机会
		第三十七条第一款	受教育者在入学、升学、就业等方面依法享有平等权利

续表

法律名称	最新修改年份	具体条款	具体内容
《义务教育法》	2015 年	第二条	国家实行九年义务教育制度。义务教育是国家统一实施的所有适龄儿童、少年必须接受的教育，是国家必须予以保障的公益性事业。实施义务教育，不收学费、杂费。国家建立义务教育经费保障机制，保证义务教育制度实施
		第四条	凡具有中华人民共和国国籍的适龄儿童、少年，不分性别、民族、种族、家庭财产状况、宗教信仰等，依法享有平等接受义务教育的权利，并履行接受义务教育的义务
《高等教育法》	2015 年	第九条第一款	公民依法享有接受高等教育的权利
《国防教育法》	2018 年	第五条第一款	中华人民共和国公民都有接受国防教育的权利和义务

(二)优化资源配置，保障教育过程公平

教育过程公平，是指个人或群体在教育的不同部门和领域内经历和参与的性质和质量，例如，个人参与教育的选择性，各级各类教育之间的开放性、可流通性，以保障个人能够接受自己所需要的教育。[①] 从狭义上讲，教育过程公平指的是无论区域、城乡，其所在的每一所义务教育学校都能够得到大致水平相当的经费、师资和教育教学设施的投入，以实现教育资源的均衡配置，使不同地区的儿童、少年在接受义务教育公共服务的过程中能够享受到同等的待遇，享有同等质量的教育，以便从根本上保证国民素质的整体提

---

① 杨东平：《中国教育公平的理想与现实》，37 页，北京，北京大学出版社，2006。

升。①《教育法》第十一条第二款规定："国家采取措施促进教育公平，推动教育均衡发展。"《义务教育法》第六条第一款对此更是做出了具体而全面的规定："国务院和县级以上地方人民政府应当合理配置教育资源，促进义务教育均衡发展，改善薄弱学校的办学条件，并采取措施，保障农村地区、民族地区实施义务教育，保障家庭经济困难的和残疾的适龄儿童、少年接受义务教育。"

改革开放以来，我国促进教育过程公平的法律及具体条文可参见表 8-2。

表 8-2　改革开放以来我国促进教育过程公平的法律规定

法律名称	颁布或最新修改年份	具体条款	具体内容
《教育法》	2015 年	第十条	国家根据各少数民族的特点和需要，帮助各少数民族地区发展教育事业。国家扶持边远贫困地区发展教育事业。国家扶持和发展残疾人教育事业
《义务教育法》	2015 年	第二十二条	县级以上人民政府及其教育行政部门应当促进学校均衡发展，缩小学校之间办学条件的差距，不得将学校分为重点学校和非重点学校。学校不得分设重点班和非重点班
		第三十二条第二款	县级人民政府教育行政部门应当均衡配置本行政区域内学校师资力量，组织校长、教师的培训和流动，加强对薄弱学校的建设
		第三十三条第一款	国务院和地方各级人民政府鼓励和支持城市学校教师和高等学校毕业生到农村地区、民族地区从事义务教育工作

---

① 柳欣源：《义务教育公共服务均等化的制度构建》，博士学位论文，华东师范大学，2017。

续表

法律名称	颁布或最新修改年份	具体条款	具体内容
《义务教育法》	2015年	第四十二条第一款	国家将义务教育全面纳入财政保障范围，义务教育经费由国务院和地方各级人民政府依照本法规定予以保障
		第四十四条第一款	义务教育经费投入实行国务院和地方各级人民政府根据职责共同负担，省、自治区、直辖市人民政府负责统筹落实的体制。农村义务教育所需经费，由各级人民政府根据国务院的规定分项目、按比例分担
《高等教育法》	2015年	第九条第二款	国家采取措施，帮助少数民族学生和经济困难的学生接受高等教育
		第十二条第一款	国家鼓励高等学校之间、高等学校与科学研究机构以及企业事业组织之间开展协作，实行优势互补，提高教育资源的使用效益
《职业教育法》	1996年	第十七条	县级以上地方各级人民政府应当举办发挥骨干和示范作用的职业学校、职业培训机构，对农村、企业、事业组织、社会团体、其他社会组织及公民个人依法举办的职业学校和职业培训机构给予指导和扶持
		第三十条	省、自治区、直辖市人民政府按照教育法的有关规定决定开征的用于教育的地方附加费，可以专项或者安排一定比例用于职业教育
《民办教育促进法》	2016年	第四十五条	县级以上各级人民政府可以设立专项资金，用于资助民办学校的发展，奖励和表彰有突出贡献的集体和个人
		第四十六条	县级以上各级人民政府可以采取购买服务、助学贷款、奖助学金和出租、转让闲置的国有资产等措施对民办学校予以扶持；对非营利性民办学校还可以采取政府补贴、基金奖励、捐资激励等扶持措施

（三）提倡弱势补偿，促进教育结果公平

要实现教育均衡发展，让每一个公民都接受公平和有质量的教育，就必须关注弱势群体的受教育情况，通过各项补偿措施，让弱势群体也能够取得更普遍的教育结果。

只有教育资源和机会的平等并不能达到学业成就的平等。教育公平与社会公平的不同之处在于，教育公平不仅要实现资源、机会的公正分配，同时要关注个人的发展。只有资源和机会的平等，并不能自然达到教育结果的实质平等。教育资源的公正分配被视为教育系统的"外部公正"，它在很大程度上取决于社会公正的状况和水平；而教育系统的"内部公正"是指在教育过程中，公正地对待每一个人，让每一个人得以充分发展。结果平等是指最终体现为学业成就、教育质量的平等，是一种实质性的、目标层面的平等。[①]

改革开放以来，我国体现弱势补偿的法律及具体条文可参见表8-3。

表 8-3　改革开放以来我国体现弱势补偿的法律规定

法律名称	颁布或最新修改年份	具体条款	具体内容
《教育法》	2015 年	第十条	国家根据各少数民族的特点和需要，帮助各少数民族地区发展教育事业。国家扶持边远贫困地区发展教育事业。国家扶持和发展残疾人教育事业
		第十二条第二款、第三款	民族自治地方以少数民族学生为主的学校及其他教育机构，从实际出发，使用国家通用语言文字和本民族或者当地民族通用的语言文字实施双语教育。国家采取措施，为少数民族学生为主的学校及其他教育机构实施双语教育提供条件和支持

[①]　杨东平：《中国教育公平的理想与现实》，11页，北京，北京大学出版社，2006。

续表

法律名称	颁布或最新修改年份	具体条款	具体内容
《教育法》	2015 年	第三十八条	国家、社会对符合入学条件、家庭经济困难的儿童、少年、青年，提供各种形式的资助
		第三十九条	国家、社会、学校及其他教育机构应当根据残疾人身心特性和需要实施教育，并为其提供帮助和便利
《义务教育法》	2015 年	第十二条第二款	父母或者其他法定监护人在非户籍所在地工作或者居住的适龄儿童、少年，在其父母或者其他法定监护人工作或者居住地接受义务教育的，当地人民政府应当为其提供平等接受义务教育的条件。具体办法由省、自治区、直辖市规定
		第十九条	县级以上地方人民政府根据需要设置相应的实施特殊教育的学校(班)，对视力残疾、听力语言残疾和智力残疾的适龄儿童、少年实施义务教育。特殊教育学校(班)应当具备适应残疾儿童、少年学习、康复、生活特点的场所和设施。普通学校应当接收具有接受普通教育能力的残疾适龄儿童、少年随班就读，并为其学习、康复提供帮助
		第四十三条第三款	特殊教育学校(班)学生人均公用经费标准应当高于普通学校学生人均公用经费标准
《教师法》	2009 年	第二十七条	地方各级人民政府对教师以及具有中专以上学历的毕业生到少数民族地区和边远贫困地区从事教育教学工作的，应当予以补贴
《高等教育法》	2015 年	第八条	国家根据少数民族的特点和需要，帮助和支持少数民族地区发展高等教育事业，为少数民族培养高级专门人才

续表

法律名称	颁布或最新修改年份	具体条款	具体内容
《高等教育法》	2015 年	第九条第二款、第三款	国家采取措施，帮助少数民族学生和经济困难的学生接受高等教育。高等学校必须招收符合国家规定的录取标准的残疾学生入学，不得因其残疾而拒绝招收
《职业教育法》	1996 年	第七条	国家采取措施，发展农村职业教育，扶持少数民族地区、边远贫困地区职业教育的发展。国家采取措施，帮助妇女接受职业教育，组织失业人员接受各种形式的职业教育，扶持残疾人职业教育的发展
《民办教育促进法》	2016 年	第三十四条	民办学校的受教育者在升学、就业、社会优待以及参加先进评选等方面享有与同级同类公办学校的受教育者同等权利
		第五十二条	国家采取措施，支持和鼓励社会组织和个人到少数民族地区、边远贫困地区举办民办学校，发展教育事业

三、促进公民教育公平的政策体系

　　教育公平是一个伴随经济发展和社会民主化逐渐扩大和深入的过程，在不同的阶段，问题和重心各不相同。在广大的农村和西部地区，贯彻"教育机会均等"的原则，保障"起点的平等"，最重要的是普及九年义务教育，保障儿童平等接受教育的权利。在基本普及了九年义务教育之后，中等教育的公平具有结构性的关键作用，高等教育机会的不公平主要是中等教育结构性特征的积累和延续。在高等教育大规模扩招之后，普通高中成为狭窄的"瓶颈"，中考竞争的激烈程度远远超过高考。这种对教育过程公平的要求，就教育制度安排而言，接近于"过程的平等"。改革开放 40 年，我国已经形成了较为完备的保障教育公平的政策体系，主要体现在以下三方面。

（一）缩小城乡差距，促进均衡发展

伴随我国经济的快速增长，政府对农村义务教育的发展给予了越来越多的财政支持。2002 年 4 月起，国务院规定对农村义务教育的责任从以乡镇为主转移到以县为主，由县级政府统筹九年义务教育经费，并接受中央及省级财政的教育转移支付。2005 年，《关于深化农村义务教育经费保障机制改革的通知》确立了"在国务院领导下，由地方政府负责、分级管理、以县为主"的农村义务教育管理体制，逐步将农村义务教育纳入公共财政保障范围。农村义务教育经费保障机制改革，从 2006 年农村中小学春季学期开学起，分年度、分地区逐步实施。2006 年，西部地区农村义务教育阶段中小学生全部免除学杂费；中央财政同时对西部地区农村义务教育阶段中小学安排公用经费补助资金，提高公用经费保障水平；启动全国农村义务教育阶段中小学校校舍维修改造资金保障新机制。2007 年，中部地区和东部地区农村义务教育阶段中小学生全部免除学杂费；中央财政同时对中部地区和东部部分地区农村义务教育阶段中小学安排公用经费补助资金，提高公用经费的保障水平。2008 年，各地农村义务教育阶段中小学生均公用经费全部达到该省（自治区、直辖市）2005年秋季学期开学前颁布的生均公用经费基本标准；中央财政安排专项资金，扩大免费教科书的覆盖范围。2009 年，中央出台农村义务教育阶段中小学公用经费基准定额。各省（自治区、直辖市）制定的生均公用经费基本标准低于基准定额的差额部分，当年安排 50%，所需资金由中央财政和地方财政按照免学杂费的分担比例共同承担。2010 年，农村义务教育阶段中小学公用经费基准定额全部落实到位。

2011 年，中共中央、国务院印发《中国农村扶贫开发纲要（2011—2020 年）》，提出推进边远贫困地区适当集中办学，加快寄宿制学校建设，逐步提高农村义务教育家庭经济困难寄宿生生活补助标准。2012 年召开的全国教育工作会议强调要促进县域内的教育资源合理配置，加强农村义务教育寄宿制学校建设，解决好农村留守儿童的教育问题和进城务工人员随迁子女的受教育权问题。中国发展研究基金会 2017 年 6 月 1 日发布的报告显示，自 2011 年年底以来，中央财政已累计安排资金 1 591 亿元，用于实施农村义务教育学生营养改善计划，受益学生总数达到 3 600 多万人，学生体质明显改善。① 国家通过实施西部地区"两基"攻坚计划、营养改善计划、校舍安全工程、农村薄弱学校基本办学条件改善计划、农村教师特岗计划、对口支援、定向招生等重大举措，推动中西部教育迈上了新台阶。

2012 年以来，我国促进农村教育发展的主要政策文件及其内容可参见表 8-4。

表 8-4　2012 年以来我国促进农村教育发展的主要政策梳理

时间	文件名称	内容
2012 年 7 月	《国家基本公共服务体系"十二五"规划》	保留必要的村小学和教学点，加强农村中小学寄宿制学校建设和寄宿生补助；公共教育资源重点向农村、边远、贫困、民族地区和革命老区倾斜；研究制定农民工随迁子女参加升学考试的办法
2013 年 1 月	《关于加强义务教育阶段农村留守儿童关爱和教育工作的意见》	从高度重视留守儿童工作、明确留守儿童工作的基本原则、切实改善留守儿童教育条件、不断提高留守儿童教育水平、逐步构建社会关爱服务机制五个方面进一步加强义务教育阶段农村留守儿童工作
2013 年 12 月	《关于全面改善贫困地区义务教育薄弱学校基本办学条件的意见》	保障基本教学条件、改善学校生活设施、办好必要的教学点、妥善解决县镇学校大班额问题、推进农村学校教育信息化、提高教师队伍素质

---

① 申铖、韩洁：《我国已有 3 600 多万学生受益农村学生营养改善计划》，http://www.xinhuanet.com/local/2017-06/01/c_1121072204.htm，2018-08-10。

续表

时间	文件名称	内容
2014 年 6 月	《关于启动实施中小学校长国家级培训计划的通知》	主要包括边远贫困地区农村校长助力工程(面向中西部地区国家级贫困县、集中连片特殊困难地区乡镇以下农村中小学校长展开培训)和中西部农村校长培训项目
2014 年 7 月	《关于进一步推进户籍制度改革的意见》	扩大基本公共服务覆盖面，保障农业转移人口及其他常住人口随迁子女平等享有受教育权利
2014 年 9 月	《关于进一步做好为农民工服务工作的意见》	公办义务教育学校要普遍对农民工随迁子女开放并落实符合条件的农民工随迁子女在输入地参加中考、高考的政策
2014 年 12 月	《国家贫困地区儿童发展规划（2014—2020 年）》	涉及 680 个县的集中连片特殊困难地区的农村儿童的健康和教育，实现到 2020 年贫困地区儿童发展整体水平基本达到或接近全国平均水平的目标
2015 年 5 月	《关于进一步做好全面改善贫困地区义务教育薄弱学校基本办学条件有关工作的通知》	一是进一步明确办学标准；二是进一步完善项目规划；三是进一步落实优惠政策；四是进一步落实公开公示；五是进一步加强安全管理；六是进一步强化省级统筹
2015 年 6 月	《乡村教师支持计划（2015—2020 年）》	把乡村教师队伍建设摆在优先发展的战略地位，抓好八方面举措。让乡村教师"下得去、留得住、教得好"，让每个乡村孩子都能接受公平、有质量的教育
2017 年 4 月	《关于做好 2017 年重点高校招收农村和贫困地区学生工作的通知》	高校专项计划主要招收边远、贫困、民族等地区县(含县级市)以下高中勤奋好学、成绩优良的农村学生。报考学生须同时具备下列三项条件：①符合 2017 年统一高考报名条件；②本人及父亲或母亲或法定监护人户籍地在实施区域的农村，本人具有当地连续 3 年以上户籍；③本人具有户籍所在县高中连续 3 年学籍并实际就读

续表

时间	文件名称	内容
2017 年 12 月	《加快中西部教育发展工作督导评估监测办法》	加大学生资助力度。继续实施普通高中和中职学校学生国家资助政策。按照精准资助、动态管理原则，逐步分类推进中等职业教育免除学杂费，率先从建档立卡的家庭经济困难学生实施普通高中免除学杂费，对家庭经济困难学生继续给予助学金补助。推广"9＋3"免费教育模式，重点支持集中连片特困地区建档立卡的家庭经济困难初中毕业生，到省（区、市）内经济发达地区和东西协作对口帮扶省份接受中职教育
2018 年 1 月	《中共中央国务院关于全面深化新时代教师队伍建设改革的意见》	逐步扩大农村教师特岗计划实施规模，适时提高特岗教师工资性补助标准。鼓励优秀特岗教师攻读教育硕士。鼓励地方政府和相关院校因地制宜采取定向招生、定向培养、定期服务等方式，为乡村学校及教学点培养"一专多能"教师，优先满足老少边穷地区教师补充需要。实施讲学计划，鼓励支持乐于奉献、身体健康的退休优秀教师到乡村和基层学校支教讲学

（二）强调弱势补偿，保障机会公平

我国针对各类弱势人群都采取了较为适切的扶助政策，以保障其受教育的权利，满足其受教育的需求。国家层面有"两免一补"政策、"两为主"政策、随班就读政策，还有针对残疾儿童的助学项目、助学计划等。地方政府在贯彻落实中央政策的基础上，根据当地经济和社会发展情况设立专项资金，解决经济困难家庭子女就学等问题。目前，在我国已经形成了从中央至地方相对全面的扶助政策体制和机制。1996 年，国家教委印发了《全国教育事业"九五"计划和 2010 年发展规划》，指出"九五"期间要基本普及九年义务教育，基本扫除青壮年文盲，进一步缩小男女、城乡、贫困地区和发达地区、少数民族地区和其他地区学龄儿童入学率的差距，为残疾儿童、少年提供更多的学习机会。1999 年，《中共中央国务院关于深化教育改革全面推进素质教育的决定》提出到 2000 年基本普及九年义务教育和基本扫除青壮年文盲(简称"两基")；各地要采取多种办法，提高义务教育整体的办学水平；同时要加大对贫困地区和少数民族地区的扶持力度，继续加强发达地区对少数民族地区的教育对口支援工作，切实解决农村初中辍学率偏高的问题。

2003 年，国家开始实施西部地区"两基"攻坚计划。从 2004 年到 2007 年，用 4 年时间帮助西部地区尚未实现"两基"的 372 个县(市、区)，以及新疆生产建设兵团的 38 个团场，达到国家"两基"验收标准。为保障流动人口子女的平等入学权利，2001 年，《国务院关于基础教育改革与发展的决定》明确提出"以流入地区政府管理为主，以全日制公办中小学为主，采取多种形式，依法保障流动人口子女接受义务教育的权利"(简称"两为主"政策)。2015 年修改的《义务教育法》第十二条第二款明确规定："父母或者其他法定监护人在非户籍所在地工作或者居住的适龄儿童、少年，在其父母或者其他法定监护人工作或者居住地接受义务教育的，当地人民政府应当为其提供平等接受义务教育的条件。具体办法由省、自治区、直辖市规定。"2012 年以来，各项补偿弱势群体的教育政策陆续出台，更全面地保障了公民受教育机会的公平，具体如表 8-5 所示。

表 8-5 2012 年以来我国有关弱势群体补偿的重要教育政策梳理

时间	文件名称	内容
2012 年 8 月	《关于做好进城务工人员随迁子女接受义务教育后在当地参加升学考试工作的意见》	各省、自治区、直辖市因地制宜，在 2012 年年底前出台有关随迁子女升学考试的方案，进一步推动异地高考的实现。目前，各地异地高考方案纷纷出台

续表

时间	文件名称	内容
2013 年 2 月	《中西部高等教育振兴计划（2012—2020 年)》	继续实施面向贫困地区定向招生专项计划，"十二五"期间，每年在全国招生计划中专门安排 1 万名左右以本科一批招生为主的指标，面向集中连片特困地区参加全国统考的考生，实行定向招生。适度扩大少数民族高层次骨干人才计划，在研究生招生计划中单列。继续支持高校开展"援藏计划"招生。积极为新疆 7 所高校安排高层次双语人才培养专项推荐免试生计划。适度扩大少数民族预科班、民族班、高校招收内地西藏班、内地新疆高中班毕业生以及"非西藏生源定向西藏就业"等专项招生计划，加快培养少数民族地区急需人才
2014 年 6 月	《关于启动实施中小学校长国家级培训计划的通知》	实施特殊教育学校校长能力提升工程。面向全国特殊教育学校校长开展培训。通过培训，进一步提升特殊教育学校校长的专业水平，培养一批能够引领特殊教育改革发展的骨干校长
2016 年 6 月	《关于加快中西部教育发展的指导意见》	保障残疾人受教育权利。以普及残疾儿童、少年义务教育为重点，扩大特殊教育资源总量，提高残疾人接受教育的比例，提高特教教师职业吸引力，推进全纳教育。国家实施特殊教育提升计划，重点支持中西部各省（自治区、直辖市）建设特教学校和特教资源中心，改善特教学校办学条件，提高质量和水平。到 2020 年，形成较为完善的特殊教育体系，为每一位残疾儿童、少年提供更加适合的教育
2017 年 3 月	《高中阶段教育普及攻坚计划（2017—2020 年)》	到 2020 年，我国高中阶段教育毛入学率将达到 90%以上。攻坚的关键是保基本、补短板、促公平，重点是提高中西部贫困地区、民族地区、边远地区和革命老区普及水平，保障家庭经济困难学生、残疾学生和随迁子女受教育机会，解决普通高中大班额比例高、职业教育招生比例持续下降、学校运转困难等突出问题

续表

时间	文件名称	内容
2017 年 4 月	《关于实施第三期学前教育行动计划的意见》	支持地方通过多种方式为农村和边远贫困地区培养补充合格的幼儿园教师。采取核定编制、区县统一招考管理等方式及时补充公办幼儿园教师。根据国家有关规定和当地实际情况，采取多种方式，切实解决公办幼儿园非在编教师工资待遇偏低问题，逐步实现同工同酬
2017 年 4 月	《关于进一步落实高等教育学生资助政策的通知》	各地区、高校等培养单位要把建档立卡家庭经济困难学生、农村低保家庭学生、农村特困救助供养学生、孤残学生、烈士子女及家庭遭遇自然灾害或突发事件等特殊情况的学生作为重点资助对象，国家助学金等相关资助政策原则上应当按照最高档次或标准给予相应资助，确保其顺利就学
2017 年 4 月	《残疾人参加普通高等学校招生全国统一考试管理规定》	为听力残疾考生免除外语听力考试；为视力残疾考生提供现行盲文试卷、大字号试卷，延长考试时间 30%～50%；在考点、考场专门配备引导辅助人员、手语翻译人员，对参加普通高考的残疾考生提供合理便利
2017 年 7 月	《第二期特殊教育提升计划（2017—2020 年)》	明确完善特殊教育体系、增强特殊教育保障能力、提高特殊教育质量三大重点任务，通过优先采用普通学校随班就读方式、特殊教育学校就读方式及送教上门方式，到 2020 年，实现残疾儿童、少年义务教育入学率达到 95% 以上的目标
2017 年 7 月	《关于进一步加强控辍保学提高义务教育巩固水平的通知》	落实扶贫控辍，避免因贫失学辍学。一是要精准确定教育扶贫对象，把控辍保学工作作为脱贫攻坚的硬任务，压实工作责任，确保孩子不因家庭经济困难而失学辍学。二是全面落实教育扶贫和资助政策，完善扶贫助学工作机制，提高贫困地区义务教育学生升学的信心

（三）平衡区域发展，优化资源配置

由于自然、历史、社会等多方面原因，中西部经济社会发展相对滞后，教育基础差，保障能力弱，特别是农村、边远、贫困、民

族地区优秀教师少，优质资源少，教育质量总体不高，难以满足中
西部地区人民群众接受良好教育的需求，难以适应经济社会发展对
各类人才的需要。2000 年，为加强西部贫困地区义务教育工作，中
央政府决定启动"两个工程"，即"东部地区学校对口支援西部贫困地
区学校工程"和"西部大中城市学校对口支援本省贫困地区学校工
程"，动员东部地区和西部大中城市的各方面力量，大力支援西部贫
困地区的发展。该项制度在 2004 年启动的国家西部地区"两基"攻坚
计划中得到进一步强化。21 世纪以来，国家通过实施西部地区"两
基"攻坚计划、营养改善计划、校舍安全工程、农村薄弱学校基本办
学条件改善计划、农村教师特岗计划、对口支援、定向招生等重大
举措，推动中西部教育迈上了新台阶。

2010 年，《教育部关于进一步推进对口支援西部地区高等学校工
作的意见》提出了八项政策。这八项政策包括：①支援高校可向相关
部门申请定向培养博士、硕士研究生单独招生指标，用于受援高校
现有师资队伍的培养。②被授予国家级教学名师的支援高校教师，
原则上每两年要帮带一名西部受援高校的教师。③国家公派出国留
学继续采取倾斜政策，使西部受援高校教师有更多的出国进修学习
培训机会。④鼓励支援与受援高校有计划、有重点地开展联合培养
博士、硕士研究生和本科生工作。⑤进一步采取措施，推进现代信
息技术在对口支援工作中的利用。⑥加强科研合作，促进区域经济
社会发展。在教育部人文社会科学研究项目中设立"西部和边疆地区
项目"。⑦加强互派干部挂职工作，不断提升受援高校的管理水平。
⑧搭建国际合作平台，增强受援高校国际合作交流的能力。2011 年，
财政部领导在全国财政教科文暨事业资产管理工作会议上表示，按
照"地方为主、中央奖补"的原则，重点支持中西部地区和东部困难
地区发展农村学前教育。各地要坚决避免政府大包大揽、大干快上、
运动式地发展学前教育，坚决避免负债发展学前教育，坚决避免搞

豪华建设。为更好地统筹现有政策、措施和项目，积极服务"一带一路"建设，全面提升中西部教育发展水平，2012 年以来我国出台了一系列推动中西部教育发展的重要政策，具体见表 8-6。

表 8-6　2012 年以来我国促进中西部教育发展的重要政策梳理

时间	文件名称	内容
2013 年 2 月	《中西部高等教育振兴计划（2012—2020 年）》	针对中西部高等教育改革发展的重要领域和薄弱环节，要重点加强优势特色学科专业建设、人才队伍建设、深化教育教学改革、提升科研创新水平、增强社会服务能力、促进优质资源共享、扩大中西部学生入学机会、优化院校布局结构、加强交流与合作、健全投入机制等十个方面的主要任务
2014 年 6 月	《关于启动实施中小学校长国家级培训计划的通知》	中央财政专项支持中西部省份按照"国培计划"要求，实施农村中小学校长培训项目，对中西部农村校长开展有针对性的培训，不断提高中西部农村校长自身素质
2016 年 6 月	《关于加快中西部教育发展的指导意见》	实现县域内义务教育均衡发展。保障教学点基本办学需求。标准化建设寄宿制学校。基本消除大班额现象。全面加强乡村教师队伍建设。继续实施营养改善计划。大力发展职业教育。改善中等职业学校办学条件。提升高等职业院校基础能力。改革人才培养模式。加快普及高中阶段教育。新建、改扩建普通高中，办好乡村高中。提升中西部高等教育发展水平，建设一批高水平大学和学科。在资源配置、高水平人才引进等方面加大倾斜力度，支持中西部高校建设一流大学和一流学科。积极发展农村学前教育，推动民族教育加快发展

续表

时间	文件名称	内容
2017 年 3 月	《高中阶段教育普及攻坚计划（2017—2020 年)》	到 2020 年，我国高中阶段教育毛入学率将达到 90％以上。攻坚的关键是保基本、补短板、促公平，重点是提高中西部贫困地区、民族地区、边远地区和革命老区普及水平，保障家庭经济困难学生、残疾学生和随迁子女受教育机会，解决普通高中大班额比例高、职业教育招生比例持续下降、学校运转困难等突出问题
2017 年 4 月	《关于做好 2017 年重点高校招收农村和贫困地区学生工作的通知》	国家专项计划定向招收贫困地区学生。招生学校为中央部门高校和各省（自治区、直辖市）所属重点高校，2017 年安排招生计划 6.3 万名。实施区域为集中连片特殊困难县、国家级扶贫开发重点县以及新疆南疆四地州
2017 年 4 月	《关于进一步落实高等教育学生资助政策的通知》	各省级财政、教育部门要结合实际、因地制宜，对民族院校、以农林水地矿油核等国家需要的特殊学科专业为主的高校、家庭经济困难学生较多的高校等培养单位倾斜
2017 年 12 月	《援藏援疆万名教师支教计划实施方案》	在对口支援机制下，每年从内地学校选派一批优秀教师赴西藏、新疆支教，带动和培训当地教师，帮助西藏、新疆整体提升教育发展水平，为西藏、新疆经济社会发展和长治久安，培养爱党爱国的社会主义事业合格建设者和可靠接班人提供坚实保障。2018 年首批将向西藏、新疆、新疆生产建设兵团共援派教师 4 000 人

第三节　我国回应型教育法律与政策模式：
致力于构建更加公平、更有质量的教育体系

　　作为一种高度专门化的社会组织手段，法律与政策对教育正发挥着越来越大的组织和调节作用。教育改革是要消除阻碍教育发展的因素，而教育法律与政策又需要有一定的稳定性，以促进教育合理秩序的形成，因此二者的不同取向会产生一定的矛盾。在持续深

入的教育改革中，我国的教育利益主体不断分化，各主体之间的教育利益处于不断调整之中。要准确地把握教育改革的复杂性，有效应对教育改革的需求，切实发挥法律与政策规范、促进教育发展的功能，需要建立回应型教育法律与政策模式。

一、我国致力于更加公平、更有质量的教育的回应型教育法律与政策模式

回应型教育法律与政策是与压制型、自治型①教育法律与政策相对应的一种模式，它是指国家以回应重大教育改革的现实需求为导向，在注重教育法律与政策稳定性的同时，积极回应教育改革的需求，以教育公平为价值追求，注重教育立法与政策制定的民主性、开放性，综合运用教育法律与政策的制定、实施、遵守等手段，以促进更加公平、更有质量的教育的实现。具体来说，回应型教育法律与政策模式具有以下特点。

（一）回应型教育法律与政策要回应现实的重大问题

回应型教育法律与政策最大的特点是回应性，它要求教育法律与政策成为解决教育发展当中重大现实问题的有效机制，并且通过教育法律与政策机制的创新来解决教育问题，满足公民对教育的需求。我国教育改革已经进入深水区、攻坚期，与之前的改革相比，全面深化教育领域综合改革是在新的历史条件下，对我国教育管理体制的一次深刻变革，涉及的责任主体和利益主体更加多元，与相关体制和机制衔接的关联度更加密切，社会关注度也更高。如何在现有教育资源的基础上建构一个惠及 13 亿国民的更加高效、公平的教育管理体制，亟须在顶层设计和社会基础上明晰核心理念，理顺改革和法治的关系。教育改革的正当性诉求，需要借助那些具有约

---

① ［美］P. 诺内特、P. 塞尔兹尼克：《转变中的法律与社会：迈向回应型法》，16页，北京，中国政法大学出版社，2004。

束效力的规则，否则会陷入"为改革而改革"的逻辑困境。

为了达成公平和正义的制度设计，实现教育的法治化，"重大教育改革必须于法有据"无疑是一个基本的理念。《教育规划纲要》提出"按照全面实施依法治国基本方略的要求，加快教育法制建设进程，完善中国特色社会主义教育法律法规"，对教育法制建设高度重视，为完善我国教育法律体系提供了重要的政策支持。2011 年 3 月 10 日，全国人大常委会委员长在十一届全国人大四次会议第二次全体会议上宣布"中国特色社会主义法律体系已经形成"，中国社会主义法制建设进入新的历史阶段。这为教育法制建设提出了新的要求。2014 年 10 月，党的十八届四中全会首次以全会的形式专题研究部署"依法治国"，审议并通过了《中共中央关于全面推进依法治国若干重大问题的决定》，强调坚持依法治国、依法执政、依法行政共同推进，坚持法治国家、法治政府、法治社会一体建设，实现科学立法、严格执法、公正司法、全民守法。通过法律对教育实施治理，是依法治国的重要组成部分，是实现教育治理体系与治理能力现代化的必然途径。它要求教育管理与改革实践依循法治思维，采取法治方式，因而必须有科学、全面、成体系的教育法律法规做支撑。

教育改革强调对既定规则的突破，必然面对法律的立、改、废、释。教育制度的改革侧重于对已有体制和机制的突破，还未形成立法的空白领域需要填补，旧的不适应改革要求的法律制度必须进行修改。教育法治侧重于运用法治思维，透过法律的具体规则，对教育领域牵涉的重大利益、重大问题进行规制和约束。《教育规划纲要》把我国教育发展新阶段存在的重大教育问题概括为："我国教育还不完全适应国家经济社会发展和人民群众接受良好教育的要求。教育观念相对落后，内容方法比较陈旧，中小学生课业负担过重，素质教育推进困难；学生适应社会和就业创业能力不强，创新型、实用型、复合型人才紧缺；教育体制机制不完善，学校办学活力不足；教育结构和布局不尽合理，城乡、区域教育发展不平衡，贫困地区、民族地区教育发展滞后；教育投入不足，教育优先发展的战略地位尚未得到完全落实。"新阶段教育的基本矛盾，仍然是现代化建设和人民群众对良好教育的强烈需求和良好教育资源供给不足的矛盾。这一矛盾在不同教育层次、不同区域有不同的表现形式。随着教育事业的快速发展和向深层次改革，学校办学体制、组织形态发生重大变化，教育领域利益关系深刻调整，教育行政部门与学校之间，举办者与学校之间，学校与教师、学生之间，已经形成了复杂的权利义务关系。所有这些新情况、新问题，对教育法律与政策都提出了新的挑战，一些法律规定已经不适应现实情况，新的教育法律也需要制定。要统筹解决不同教育法律中均涉及的教育重大问题，需要加强教育法律与政策的回应性，不断对教育法律与政策予以调整、规范和解决。

（二）回应型教育法律与政策以坚持更加公平、更有质量的教育体系为导向

现代教育以"教育公平"为基本诉求，是面向人人、尊重差异、注重补偿的教育。教育公平包含教育资源配置的三种合理性原则，即平等原则、差异原则和补偿原则。教育资源配置的平等原则包括权利平等和机会平等，即受教育权平等和教育机会平等两个方面。受教育权平等是社会正义的内在要求，它不承认凌驾于法律之上的任何特权，一切权利主体享有相同或者相等的权利。机会平等是在权利平等基础上所设立的制度平等，保证社会成员有平等的参与机会，它要求社会提供的生存、发展、享受机会对于每一个社会成员都始终均等。机会平等实际上是一种起点平等。[①] 教育资源配置的差异原则是指根据受教育者个人的具体情况区别对待，表现为教育

---

① 牛先锋：《社会公平的多重内涵及其政策意义》，载《理论探讨》，2006(5)。

资源配置的差异性。它反映的是"不同情况不同对待"的原则，即不是平均或平等分配教育资源的份额。受教育者的先天禀赋或缺陷，以及他们的需求，也是资源分配必须考虑的前提。教育公平正视个体的差异性，放弃对教育同质性的追求，主张人人都应接受适切的教育。与差异原则关注受教育者个人的差异不同，补偿原则关注受教育者社会经济地位的差距，并对社会经济地位处境不利的受教育者在教育资源配置上予以补偿。这样配置教育资源是不平等的，却是公平的。该原则与罗尔斯的差别补偿原则是一致的。罗尔斯认为，只允许那种能给最少受惠者带来补偿利益的不平等分配，任何不平等的利益分配都要符合最少受惠者的最大利益。① 追求（权利、机会）平等、尊重（个人）差异、补偿（社会经济）差距，都是教育公平的体现。教育公平的三个原则意味着有三种教育公平：平等性公平、差异性公平和补偿性公平。

回应型教育法律与政策要促进教育公平，首先需要在立法中全面反映三种公平的要求，并通过具体的法律规定夯实三种公平，使其上升为国家意志。教育的平等性公平要求教育机会均等。在教育实践中，教育机会均等并没有完全实现，突出表现在流动人口子女的入学机会不均等、升学机会不平等、异地高考等问题，这是未来教育立法不能回避的问题。教育的补偿性公平要求教育资源向弱势地区、弱势学校和弱势群体倾斜。在我国，农村儿童（尤其是农村留守儿童）、居住在城市的进城务工人员子女、城市贫困儿童、少数民族儿童、女童、贫困大学生等是教育补偿立法应该重点关注的对象。此外，《教育法》还应该完善相关的程序立法，促进程序公平，为相关主体，特别是弱势人群维权，提供完善的程序保障，以更好地服务于实质公平的实现。在立法中，平等性公平和补偿性公平容易受

---

① ［美］约翰·罗尔斯：《正义论》，292 页，北京，中国社会科学出版社，1988。

到立法者的青睐，而差异性公平因为貌似不公平，往往受到忽视甚至否定，应该给予更多的关注。[①]

（三）回应型教育法律与政策注重民主性与科学性，着力提高教育法律与政策的质量

我国原有的教育管理体制是建立在计划经济的基础之上的，行政集权的色彩十分浓厚，教育管理权、决策权、执行权与监督权全部集中于各级教育行政机关。在社会主义市场经济条件下，行政集权式的教育管理体制已经严重阻碍了我国的教育现代化进程。教育立法必须转变为构建一套与我国社会主义市场经济相适应的法律法规体系。法律的立、改、废、释都需要一个改革和发展的思路，这种思路设计应该与一个国家的经济、社会、文化发展水平相适应。从我国现行的教育立法的主导思路来看，计划经济的思维仍然十分明显。所以，未来我国应该摆脱计划经济条件下教育立法的思路，树立适合社会主义市场经济的教育立法思路。[②]

回应型立法范式转换的关键在于探索适应社会发展更有效和更具回应能力的新教育法律与政策模式。回应型教育法律与政策强调法律与政策具有能动的能力，使追求的教育公平价值得以实现，也使法律与政策获得更多的支持，可以在开放中保持完整，因此，我们应注重科学立法、民主立法，积极借鉴域外教育立法与政策制定的经验，提高教育法律与政策的质量。

教育问题在当下中国是全社会普遍关注的公共话题，它涉及国家、学校、学生、家长、社会其他主体等。在中国这样一个大国推进教育法律与政策，首先要面对的问题就是怎样处理好多方利益主

[①]　褚宏启：《教育法的价值目标及其实现路径——现代教育梦的法律实现》，载《教育发展研究》，2013(19)。

[②]　涂云新：《教育综合改革背景下教育立法的理念、问题与对策——复旦大学"教育改革与教育法治"学术研讨会综述》，载《复旦教育论坛》，2015(4)。

体之间的平衡。强调政府与公民对教育的共同管理与参与，加大专家和公众的参与力度，充分听取和吸纳各方面的建议，是立法质量提升的一个重要保证。

回应型教育法律与政策强调，尽管法律与政策受一个国家的政治、经济、文化的影响，具有鲜明的地域性，但是教育法治不一定只有单一途径，它可以是多样的。"法治没有单一的模式。在法治国家内部和不同的法治国家间……并不存在从法治角度看哪个更好的热烈讨论。"①由于教育问题的共通性，教育法律与政策能够考虑不同社会环境的需要，考虑不同国家实现法治的不同方式，可以相互借鉴。我国教育法律与政策的制定，应该积极吸收域外国家和地区的良好经验，以提高我国教育法律与政策的水平，增强其回应教育改革的能力。

(四)回应型教育法律与政策把对教育问题的回应与教育法律和政策的运行联系起来

回应型教育法律与政策通过立法，把对教育问题的回应与教育法律和政策的运行联系起来。教育法律与政策需要考虑教育现实的种种情况，并对教育问题进行法律回应，在教育立法实践中予以解决。首先，教育法律与政策要有明确的顶层设计，要以教育公平为基本理念进行法律制度的设计，而且要保证立法设计能够在法律实践中完全实施，让法律实践的每一个环节都有法可依。其次，要在宏观层面进行立法设计和法律改革，立法要有前瞻性，不仅能够解决当前的社会问题，还要为未来可能出现的社会问题进行预防性的设计。最后，立法还应考虑绝大多数普通民众的社会需求，使法律系统能够接纳普遍化的价值目的，并将这些价值目的变成法律规范的内容，避免"法律"成为国家或社会团体用以限制或压制公民及社会的工具。回应的具体方式如下。

---

① [美]菲利普·塞尔兹尼克：《美国社会与法治》，见《北大法律评论》(第 5 卷第 2 辑)，570～571 页，北京，法律出版社，2004。

第一，加强教育法律执行与政策实施的合法性，在执法活动中回应社会问题和社会需求。回应型教育法律与政策模式下，行政主体与行政相对人的关系呈现出权利本位的特质。重视行政相对人的利益，加强对实质正义和社会利益的关注，可以减轻服从义务的压力，创造一种和谐的社会氛围。

第二，在教育司法过程中贯彻教育法律与政策对社会的回应。回应型法通过强调教育法律和司法的适度能动性，主张通过教育司法等方式积极回应、反馈教育领域的治理问题。教育司法回应教育问题，是在保持司法中立等司法固有特性的前提下，将司法与教育的关系、司法的目的、司法的功能与社会发展纳入视线范围，强调司法机关通过对案件的裁判，反思教育现象、教育利益纷争、教育法律缺陷，回应社会对实质正义的需求，解决教育问题，推动教育发展。

二、我国致力于更加公平、更有质量的教育的回应型教育法律与政策的障碍

党的十八大明确提出了"全民受教育程度和创新人才培养水平明显提高，进入人才强国和人力资源强国行列，教育现代化基本实现"的目标任务。"十三五"时期是我国全面建成小康社会的关键时期，也是我国基本实现教育现代化的决定性阶段。实现教育现代化要以法治为根本保障。但是我国的教育法治建设与党和国家教育事业的发展要求、人民群众的期待，以及推进国家教育治理体系和治理能力现代化目标相比，还不能完全适应教育改革与发展的现实需要。

（一）教育法律体系还不完善，不能完全满足教育改革和发展的新要求

改革开放以来，我国教育法律从无到有，已初步形成教育法律体系，但从整体上看，现有的教育法律体系还不能完全适应国家整体法治推进和教育改革发展的步伐，与我国全面建成小康社会的新

形势相比，与全面深化教育综合改革、全面推进教育法治建设的新要求相比，还有许多问题和不足。

一方面，我国教育法律还存在很多立法空白。立法及修订不及时，与新型社会管理体制、社会主义市场经济体制严重脱节，影响了教育自身改革与发展。根据立法规划，教育法律方面要"六修五立"，也就是要修订《教育法》《职业教育法》《高等教育法》《学位条例》《教师法》《民办教育促进法》，制定《考试法》《学校法》《终身学习法》《学前教育法》《家庭教育法》等。2015 年 8 月，第十二届全国人大常委会第十六次会议初次审议了对《教育法》《高等教育法》《民办教育促进法》进行一揽子修正的草案。但总体来看，我们的教育法律体系还不够完善，教育法律法规缺乏系统性、全面性，在很多领域还是空白，如《学校法》《农村教育法》《学前教育法》《特殊教育法》《终身教育法》《教育投入保障法》《考试法》等。①一些法律，如《学位条例》《教师法》《教育法》《职业教育法》等制定时间较早，其中一些规定已不能适应新形势下保障公民受教育权的需要。另一方面，法律实施的配套制度制定严重滞后，每一部法律的配套实施制度或下位支持制度尚待完善。比如，《义务教育法》于 1986 年 7 月 1 日开始施行，而《义务教育法实施细则》1992 年 3 月 14 日才发布；2015 年全国人大常委会对《义务教育法》进行了修改，而实施细则至今仍未进行修改。②

(二)教育立法模式与技术不完善，影响了教育立法的科学性

我国教育法律与政策是一种典型的政府主导型法律生成过程。政府主导型立法带来的弊端是"教育立法的价值取向是强调行政权的权威，是社会公益性与社会秩序。公民的权利被置于行政权的权威

---

① 周洪宇：《"十三五"时期教育立法应"竞速提质"》，载《团结报》，2015-10-27。
② 孙霄兵、翟刚学：《中国教育法治的历史回顾与未来展望》，载《课程·教材·教法》，2017(5)。

之下，不太强调公民个体基本权利的保障"①。尽管《教育法律一揽子修正案（草案）》注意到了各项法律之间的衔接，但依然没有超出工具主义的范畴，明显地体现出重管理和秩序、轻权利保障的倾向，具体表现为：现有的教育法律管理色彩比较浓，偏重于调整教育的外部关系，对受教育者的权利规定，特别是权利救济途径的规范还比较缺乏；教育法律责任的完善，仅限于学校、学生和其他社会组织与公民个人，与政府无涉。②

　　除了教育立法模式外，教育立法的技术也有待提高。一些用语不够严谨，影响《教育法》的适用。例如，我们只是将"教育现代化""教育信息化""教育国际化""优质教育资源"这些提法照搬入《教育法》，没有具体指出各教育法律关系主体的权利和义务，没有明确列举出各自应采取的具体措施，即没有任何关于"如何落实"的实际举措，违背了法律用语应有的具体、明确、可操作的基本要求。含义不明、内容不定、权利和义务界限不清的法律规范，难以对各种教育利益关系加以有效调整，也就无法建立起良好的法律秩序，法律条文形同虚设，加剧了《教育法》作为一种"软法"的特质。表面上看，这降低了《教育法》的可操作性，在更深层面上，这种不严谨降低了《教育法》的权威。③

　　（三）教育法律与政策存在一定程度的错位，影响了教育法律与政策的实施效果

　　我国各种教育法有国家强制力为后盾，但没有充分关注重大教育利益。尽管改革开放40年来，我国教育法律体系建设取得了重大

---

　　①　余雅风：《教育立法必须以教育的公共性为价值基础》，载《北京师范大学学报（社会科学版）》，2005(1)。

　　②　尹力：《是"具体落实"还是"选择性移植"——〈教育法律一揽子修订草案（征求意见稿）〉解读》，载《教育学报》，2013(6)。

　　③　尹力：《是"具体落实"还是"选择性移植"——〈教育法律一揽子修订草案（征求意见稿）〉解读》，载《教育学报》，2013(6)。

进展，但总体上教育法律对教育改革与发展的推动作用并未彰显，对于重大教育问题的关切和解决力度不够，教育法律文本的形式意义、象征意义大于实质意义，教育中的一些老大难问题久攻不克。教育法律中重大教育利益问题的缺席、缺位，使得教育法律难有作为。相对而言，我国教育政策充分关注了重大教育利益，但没有国家强制力做后盾，对于利益的调整力度显然不够。不论是在教育法律还是在教育政策中，重大教育利益（教育改革目标）与国家强制力的保障是分离的。而只有二者的结合，才能使重大教育利益关系的调整得以完成。如果教育立法不关涉或者少关涉重大教育问题、重大教育利益，那么，其对教育改革与发展的贡献必然就小。①

（四）教育行政执法薄弱，与维护教育秩序和师生权益的需求不相适应

党的十八届四中全会特别强调法律实施体系建设。习近平总书记多次强调加强法律的实施，指出法律的生命力在于实施，法律的权威也在于实施。目前，教育法律在实施过程中存在很多问题，教育领域的违法行为不能及时有效地查处，学校和师生权益的法律保障不够有力。教育行政执法不力主要表现在：第一，教育行政执法机构不健全。教育行政执法机构一直是缺位的。第二，教育行政执法队伍整体素质不高。第三，教育行政执法职责不清。当前地方教育行政部门执法职权不清，教育行政执法存在多头负责、多头管理的现象。有些教育违法事件的查处，虽然是多部门联合执法，但各自职责权限并不明确。教育行政执法体制不顺，直接导致了教育行政执法相对滞后。第四，教育行政执法制度不健全。第五，教育行政执法过程不规范。之所以教育行政执法职责不清，究其原因，一是教育法律、法规规定不够明确具体，且没有制定相应的实施细则

---

① 褚宏启：《教育法的价值目标及其实现路径——现代教育梦的法律实现》，载《教育发展研究》，2013(19)。

或办法。二是政府没有设置、授权或指定执法机构，缺乏专业的执法人员，导致执法职责不落实。教育行政执法机构普遍空缺，队伍建设明显不足。统计数据显示，截至 2014 年年底，31 个省（自治区、直辖市）的教育行政部门，还没有一个教育厅（教委）成立专门的执法机构。[①] 此外，教育行政执法不得力，还与我国教育法律监督不到位相关。目前，例行公事的监督比较多，但在解决和处理问题过程中没有有效监督，以言代法，以权压法、执法不严、违法办案，以及以罚代法、重罚轻管的现象比较普遍。[②]

（五）教育司法制度比较薄弱，不能有效定分止争

司法救济是公民的权利最强有力的程序性法律保障。近几年来，我国司法介入在推动教育法制建设、维护当事人合法权益、推进依法行政等方面发挥了极其重要的作用，且已成为教育法制建设中不可缺少的重要力量。但是，由于我国教育司法发展的历程较短，加之法律规定不健全，我国教育司法制度还相当薄弱。实践中，司法介入教育的范围难以确定，甚至出现了较混乱的状况。目前，对司法应否介入教育也有较大的争议。司法部门也存在不愿、不常引用教育法律的现象。即使是在教育法律的适用范围内，也出现了更愿意、更经常引用民法等法律的状况。由于立法不明和立法滞后，司法介入教育案件的标准不一。在教育司法实践中，教育法律的许多有关受教育权利的实体规定由于缺乏程序法的保护而缺乏可诉性，使当事人在教育上的合法权益难以得到有效的保护。此外，人民法院对教育案件受理的承受力不足。由于我国解决教育纠纷的其他渠道有限，并且尚不通畅，致使大量的教育纠纷迟迟得不到有效解决。而在教育改革和发展中，新的矛盾和冲突又不断引发和催生新的教

---

① 柴葳：《教育执法体制不顺何谈依法治教》，载《中国教育报》，2015-03-08。
② 柯进：《教育行政执法为何"硬"不起来》，载《中国教育报》，2015-03-10。

育案件，人民法院的司法承受力明显不足，致使通过其他途径无法解决的案件，也难以通过法院解决。① 这既不利于正确指导教育实践，也不利于我国法律体系的构建。

三、我国构建更加公平、更有质量的教育体系的法律与政策展望

（一）以填补立法空白为重点，进一步完善教育法律体系

健全教育法律制度规范体系是实现依法治教的基础和根本。我们要坚持立法先行，加大立法力度，填补法律空白，坚持教育立法和改革决策相衔接，做到重大改革于法有据，以法律规范引领和推动教育改革，保障和促进教育发展。教育立法要达到全面覆盖各级各类教育、全面覆盖各种教育行为、全面调整各种教育利益关系的目标，形成纵横交错、疏而不漏的教育法网，通过法律的完备性，形成"全面的"教育秩序。因此，应结合现实国情，努力实现教育领域内重大问题有法可依。

我们要把国家的教育发展战略、人民群众的热切关注作为重要的依据，确定教育立法的目标。《教育规划纲要》提出"根据经济社会发展和教育改革的需要，修订教育法、职业教育法、高等教育法、学位条例、教师法、民办教育促进法，制定有关考试、学校、终身学习、学前教育、家庭教育等法律"，从中可以看出《考试法》《学校法》《终身学习法》《学前教育法》《家庭教育法》是国家教育战略关注的重点，在教育法制建设与发展中具有重要性、优先性。

目前，《教育法》《高等教育法》《民办教育促进法》已经完成修正，其他立法项目也在积极推进。除了《教育规划纲要》提出的立法项目，还要积极推动制定教育行政法规，目前不能制定法律的，可以先起草行政法规。要加快部门教育规章及相关配套文件建设，根据实践需要，按照及时、系统、有效、针对性强的要求，在招生考试、师

---

① 柯进：《教育行政执法为何"硬"不起来》，载《中国教育报》，2015-03-10。

生权益维护、学校管理、教材选用、教学行为规范等涉及群众和公共利益的重要领域，整合管理措施，统筹考虑制度安排，制定、修订相应的综合性部门规章、地方政府规章，推动管理措施、改革举措的稳定化、规范化。要加强教育标准、规范性文件等"软法"建设。标准和规范性文件虽然不属于法的范畴，但是可以视为一种"软法"，作为法律的配套文件，在教育管理中发挥重要作用。①

（二）加强民主立法，借鉴域外经验，提高教育立法质量

未来教育立法在质量上要有新突破。要从以人为本的理念和全面落实科学发展观的高度出发，完善中国特色教育法律体系。在立法原则上，突出教育"以人为本，促进人的全面发展"的核心价值，更加突出教育公益性原则和公平原则，要把最大限度地保障和扩大公民的受教育权利作为根本原则。在体制创新上，要以构建有利于教育优先发展、科学发展的体制为目标，整合学校教育、家庭教育和社会教育资源，建立一个开放的、多元的，有利于学校、社会和公众积极参与的新型教育体制，促进和保障公民学习权利的实现。在制度设计上，要以突出教育主体的地位、激发学校和其他教育机构的积极性为出发点，建立更为灵活的、更富有效率的教育法律制度。在具体的法律规范上，要突出法律的可执行力，切实提高教育法律对教育活动的规范、调整力度，要便于社会各界依法参与教育活动，对教育进行监督。②

要进一步完善民主立法、民主决策机制，保证教育法律与政策的质量。建立健全教育决策的专家咨询论证、公众参与、合法性评估等制度，最大限度地降低因决策失误而增加的行政成本，最大限

---

① 孙霄兵、翟刚学：《中国教育法治的历史回顾与未来展望》，载《课程·教材·教法》，2017(5)。

② 孙霄兵、翟刚学：《中国教育法治的历史回顾与未来展望》，载《课程·教材·教法》，2017(5)。

度地提高教育决策的社会公信力、执行力。

在完善我国教育法律体系的过程中，要注意加大法律借鉴、法律移植的力度。所谓法律移植，是指在鉴别、认同、调适、整合的基础上，引进、吸收、采纳、摄取、同化国外已有的法律规范，使之成为我国法律体系的有机组成部分，为我所用。法律移植的范围，一是外国的法律，二是国际法和惯例。我国教育改革与发展中面临一系列由教育国际化趋势带来的新问题，这些新问题的解决需要我们拓展国际视野，需要我国的教育法制建设借鉴国外先进的法律理念、法律技术、法律规范。在法律移植与借鉴过程中，需要将我国的教育法律体系与其他国家法律及国际法进行比较，并结合国情进行理性选择和本土化改造。[1]

（三）改变教育法律与政策错位现象，使教育政策法律化

教育法律应该关注重大教育利益，将重大教育利益置于法律手段的调整之下，并以国家强制力为后盾，调整重大利益关系。要改变教育法律与教育政策的错位现象：教育立法必须关注重大教育利益问题，必须把本领域核心利益的调整放在首位；教育立法必须走出追求内容全面、形式好看的传统，不求面面俱到，但求重点突破；加大教育政策法律化的力度，尽快地、更多地把一些成熟的教育政策通过一定程序转化为教育法律法规，提高其实施的约束力。[2] 近年来，党中央、国务院根据经济社会的发展情况，按照科学发展观的要求，就教育工作，特别是推进教育公平和优先发展，做出了一系列重大决策，推动教育事业快速发展。这些重大政策措施经过实践检验，是行之有效的。其中一些已经通过 2006 年和 2015 年修改

---

[1]　秦惠民、谷昆鹏：《对完善我国教育法律体系的思考》，载《北京师范大学学报（社会科学版）》，2016(2)。

[2]　褚宏启：《教育法的价值目标及其实现路径——现代教育梦的法律实现》，载《教育发展研究》，2013(19)。

的《义务教育法》转变为法律规定，成为国家意志的体现，具有国家执行力。但是，还有相当一部分未上升为法律规定。比如，国务院先后于 2002 年、2005 年两次就职业教育做出决定，出台了一些指导职业教育发展的重要措施，急需通过修订《职业教育法》予以体现。

（四）完善教育行政执法机制，保证教育法律与政策的有效实施

第一，推动教育系统法律的实施，必须加强教育行政执法。明确教育行政执法的主体，建立相对独立的教育行政执法机构，保证教育行政执法权力的相对集中，解决多头执法、职责交叉、推诿塞责等问题。明晰教育行政执法机构的职能和定位，比如，对教育违法违规行为依法实施行政处罚，监督和检查教育法律法规的实施情况，配合公安、司法机关，积极对教育案件进行查处和审判。同时，建立专业化的教育行政执法队伍，保证教育行政执法的专业性，提高行政执法的效率和质量；为教育行政执法提供经费保障、人力保障、制度保障。[①]

第二，创新教育行政执法方式，实行联合执法，提升教育行政执法的实际效果。行政指导、行政检查、行政处罚等多种行政手段应综合运用，刚柔并济，寓服务于管理之中，提高教育法律法规和政策的执行力。[②] 建立教育行政执法横向联动机制，加强与综治、公安、法院、卫生、文化等部门的协作，开展联合执法活动。

第三，完善执法程序，规范教育行政执法行为。制定教育行政执法的具体细则、裁量标准和操作流程，做到步骤清楚、要求具体、期限明确、程序公正，并规范统一教育行政执法文书，充分保障教育行政管理相对人的各项权利。

第四，建立和健全一套完备、严格、公正的教育行政执法监督

---

① 柴葳：《教育执法体制不顺何谈依法治教》，载《中国教育报》，2015-03-08。
② 董少校、金志明：《刚柔并济执法　护航教育发展》，载《中国教育报》，2012-03-17。

制度，实施监督一体化机制，使各种法律监督之间既有分工又有合作，既独立行使职权又需要协调配合，从而形成一个优势互补、高效联动的一体化的监督机制。

（五）提高司法机构处理教育问题的能力和水平，有效化解教育利益纠纷

美国著名法学家德沃金指出："要真正享有一项实体性权利，就必须求助于第二项权利——程序性权利。"[①]赋予公民维护自身实体性权利的程序性权利，是现代法制的一个重要特征。程序性权利的实质就是当公民的合法权益没有受到应有的保障或者受到非法侵犯的时候，公民能够通过何种渠道、经历何种程序来维护自身的合法权益。司法部门要更多、更准确地引用教育法律法规。在司法机构的建设上，建议专设教育法庭和青少年法庭，处理教育案件和青少年案件。[②] 为了更好地发挥教育司法的作用，最大限度地维护利益受损一方的合法权益，国家应对司法介入教育的范围有明确的规定；更加重视教育司法成果的综合应用与转化，及时出台相关教育司法解释，以保证教育法律的正确适用；加强司法判例的积累和研究，以充实和完善教育司法理论和审判实践。

（六）健全教育问责制度，增强教育问责实效

国家应强化违反法律规范的责任追究，促进教育法律秩序的形成。《教育规划纲要》明确要求完善教育问责机制。除了教育督导制度包含的问责内容，从机制出发，我国还需要建立三项机制：一是建立各级人大监督、问责机制。对于教育法律法规的落实、执行，人大具有质询、监督的功能，人大应监督教育部门，对教育部门不

---

① 转引自陈瑞华：《走向综合性程序价值理论——贝勒斯程序正义理论述评》，载《中国社会科学》，1999(6)。

② 孙霄兵：《教育法律的法理性质及其法学价值》，见劳凯声：《中国教育法制评论》第 6 辑，13 页，北京，教育科学出版社，2009。

落实教育法律法规的行为追究责任。二是建立家长委员会及社区教育委员会，使其参与教育管理、决策、监督、评价。三是司法问责机制。学校违规办学、招生，涉嫌违法犯罪的，应由司法机关介入调查，并根据调查结果追究当事人的责任。目前，对于违法行为的调查，主要在行政部门内部进行，一些处理轻描淡写，有的不了了之。因此，要让教育问责"硬"起来，不能只依靠内部行政问责，而是需要教育督导部门联合人大问责，联合司法问责，家长参与监督。①

---

① 张滢：《教育执法：腰板怎么"硬"起来》，载《中国教育报》，2014-04-14。

后　记

　　法律与政策同属于社会规范。社会规范是调整人们社会关系的行为规则，是人们社会行为的规矩、社会活动的规则。它是人类为了社会共同生活的需要，在社会互动过程中衍生出来，约定俗成，或者由人们共同制定并明确施行的。任何主体的社会行为对社会生活及社会秩序都有着直接的影响，因而需要有一定的社会规范加以规定。20世纪以来，法律与社会的联系愈发密切，并向社会各个方面渗透。社会生活的各个领域都开始通过法律来调节，新兴的法律部门不断涌现。可以说，现代国家的发展，正是在法律的规范和促进下得以实现的。政策作为执政党在一定历史时期，为调整特定的社会关系和实现特定的任务而规定的路线、方针、规范和措施等，也是现代国家推动社会进步、协调社会发展的一种重要形式，与法律关系密切，相辅相成。在40年中国教育改革与发展的过程中，特别是在教育立法从无到有、从粗陋到初步体系化的过程中，教育政策无疑起到了极其重要的作用。

　　教育是人类社会的一种极其重要的、广泛存在的社会实践活动，它与国家和社会的经济发展、人才培养密切关联。18世纪以来的社会现代化进程给予教育的最大影响就在于孕育和产生了普及的、社会化的、与现代工业相结合的现代教育，它区别于以往任何一种教育的一个特征就是教育教学活动的日益复杂化。而任何国家要对教育进行有序的、科学的管理，就必须把教育管理置于科学的法律与政策之下，实现国家教育管理的有序化。教育法律与政策在组织和调控教育发展方面的作用，表现在它规定了国家机关在组织和调控教育方面的职权和职责，使教育事业做到有序发展。现代各国都充分认识到教育活动的复杂性及教育的重要意义，无一例外地通过国家强制力来推行普及和发展教育的法律与政策。

法律、政策之前冠之以"教育"，就意味着教育法律与政策作为社会规范的一种，是专门调整教育领域的主体关系的。这就要求教育法律与政策契合教育规律，反映教育活动的基本价值诉求，最大限度地贴近教育领域的各个层次、各个方面，准确地反映教育关系的各种要素，真切体现来自教育的各种价值需求，并根据客观条件的可能性加以协调。在当前我国社会变革与发展的关键阶段，通过法律与政策解决改革过程中教育领域出现的一系列矛盾和问题，保障每一个人都能够得到适合自己的教育，积极引导和推进教育发展，必定成为摆在我们面前的一项极其重要的工作。认识教育的基本特性，确立教育法律、政策的特有内生价值，关乎教育法律与政策实践的基本立场和目标确定，不但影响教育法治的进程，而且影响教育改革的质量与教育发展的步伐。只有深入理解教育活动的基本价值诉求，准确把握教育改革的复杂性，才能提升教育法律与政策的伦理质量，最终提高教育改革的道德水准进而协调好不同群体之间的利益关系，真正促进教育的良性发展。

公共性是现代教育的基本属性，教育的公益性、平等性、民主性、科学性等特点均源于此。现代教育是指由政府向社会成员提供，可以为每个社会成员消费的最基本的教育服务的总称。它是从多种观点出发，有目的、有计划地加以组织和运筹的，目的是实现广大国民的教育福利。① 从这个意义上讲，现代教育具有显著的公共性。"教育的公共性是指教育涉及公共经费、社会资源的使用，影响社会公众共同的必要利益，其消费和利用的可能性属于全体社会成员，其结果为社会公众共享的性质。"②维护教育的公共性，是社会发展的必然要求，是社会诉求在教育上的反映。

"教育机会平等一直被当作教育体系的组织原则。"③在我国计划经济体制下，单位和个人的主体性、积极性都受到"计划"和"平均"的抑制和约束，理念上强调教育机会的"绝对"平等。教育在计划经济体制下运作，是纯"公共物品"和由政府包办的消费性公益事业，但这一模式并不能适应中国现代化建设的客观需要。随着社会主义市场经济体制的逐步建立，原有相对单一的公办教育，逐渐演变成为"公共物品""准公共物品"及"私人物品"。市场背景下，教育公共性理念的制度形态层面在由谁来举办教育、由谁来支付教育费用、由谁来控制教育发展等方面都发生了变化。教育的有偿化、可选择性和消费者权利保护、受教育者个性自由发展等观念的普及，使得教育平等观发生动摇，保持何种程度的教育平等成为一个需要重新考虑的问题。改革过程中出现的教育市场化导向和行为，将经济效益作为衡量办学绩效的重要标准，由此造成办学过程中出现大量带有浓厚实用主义色彩的短期行为、"近视"行为，出现教育不公、质量下降、社会服务弱化问题，教育的公共性面临危机。

"以良法促进发展、保障善治"是党的十九大报告有关推进全面依法治国、深化依法治国实践的新提法、新要求，但"全面依法治国任务依然繁重，国家治理体系和治理能力有待加强"。公共性要求以

---

① ［日］筑波大学教育学研究会：《现代教育学基础》，214 页，上海，上海教育出版社，2003。

② 余雅风：《公共性：学校制度变革的基本价值》，载《教育研究》，2005(4)。

③ ［日］藤田英典：《走出教育改革的误区》，208 页，北京，人民教育出版社，2001。

社会每个人为本位，广泛提供教育福利，在实现人的发展的基础上
实现社会的发展，这需要通过特殊的、有效的手段积极促成。传统
法律部门基于其调整理念、调整对象和调整手段而固有的属性，难
以担当维护教育公共性的重任。这就必然要求产生新的法律部门，
通过一种理性的手段，回应教育公共性凸显所反映的社会要求，协
调好不同主体之间的利益关系，真正促进教育的良性发展。教育法
就是现代社会各国维护教育公共性、促进教育发展的一个理性选择。
作为教育的本质属性，公共性为教育法律与政策确立了价值目标和
规范原则。然而，何谓教育的公共性，为何、如何维护教育的公共
性，并非自明的。这使得教育管理与研究的重点常常是实现教育目
标，而体现教育根本特征的公共性却不被重视。教育法律成为管理
的工具而非教育的最高准则①，教育政策注重管理价值而非政治价
值、法律价值②。

　　教育法律与政策研究作为一门学科起步较晚。40 年来，教育改
革与发展取得巨大成就，学界对教育法律与政策的关注及相关研究
也迅速升温，但教育法律与政策的研究还有待深化，理论体系还有
待构建，学科建设还有待加强。教育是一个极其复杂的系统，与其
密切关联的教育法律与政策的制定和实施同样也较为复杂。所以，
在教育法律与政策的研究中，基于怎样的事实与视角就显得尤为重
要。2003 年，党的十六届三中全会提出了科学发展观，并把基本内
涵概括为"坚持以人为本，树立全面、协调、可持续的发展观，促进
经济社会和人的全面发展"，坚持"统筹城乡发展、统筹区域发展、
统筹经济社会发展、统筹人与自然和谐发展、统筹国内发展和对外

---

　　① 余雅风：《教育立法必须以教育的公共性为基本价值》，载《北京师范大学学报（社
会科学版）》，2005(1)。
　　② 叶杰、包国宪：《我国教育政策的管理、政治和法律价值——基于 1987—2013 年
教育部"工作要点"的文本分析》，载《复旦教育论坛》，2015(2)。

开放"的要求。科学发展，对教育发展提出了新要求，同时对教育法律与政策的科学、理性提出了更高要求。

探寻教育发展规律，建立适合我国国情的现代化教育治理体系，是当前深化教育领域综合改革的重要内容。为此，我们不仅需要总结既往教育管理体制，更要对教育治理未来发展路径进行展望。本书从国家与政府、学校、教师、学生等教育法律与政策的重要主体，以及教育公平、终身学习等重要主题出发，以教育的公共性为分析基础，总结改革开放 40 年来我国教育法律与政策的变迁与发展，客观呈现教育法律与政策在促进教育发展方面产生的积极作用和面临的挑战，探讨未来教育改革的目标，为未来教育立法与政策制定提供借鉴。限于时间和能力，其中有些观点可能还有待于进一步探讨，我们期待读者的批评指正。

本书的整体框架由我和蔡海龙设计提出，各章撰写的具体分工如下。

第一章：北京师范大学教育学部余雅风；第二章：首都师范大学教育学院蔡海龙；第三章：首都师范大学教育学院何颖、北京师范大学教育学部刘水云；第四章：首都师范大学教育学院陈正华、北京师范大学教育学部吴会会；第五章：首都师范大学教育学院罗爽；第六章：安徽省委党校安阳；第七章：教育部政策法规司杨志刚、北京师范大学教育学部张颖；第八章：浙江师范大学科学研究院姜国平、北京师范大学教育学部王祈然。最后由我和蔡海龙统稿。

余雅风

2018 年 9 月

图书在版编目(CIP)数据

中国教育改革开放 40 年:政策与法律卷 / 余雅风,蔡海龙等著.
—北京:北京师范大学出版社,2019.2
(中国教育改革开放 40 年/朱旭东主编)
ISBN 978-7-303-24414-0

Ⅰ.①中… Ⅱ.①余… ②蔡… Ⅲ.①教育改革－成就－中国
②教育政策－教育改革－成就－中国 ③教育法－教育改革－成就
－中国 Ⅳ.①G521

中国版本图书馆 CIP 数据核字(2018)第 272651 号

营 销 中 心 电 话　010-58805072　58807651
北师大出版社高等教育与学术著作分社　http://xueda. bnup. com

ZHONGGUO JIAOYU GAIGE KAIFANG 40 NIAN:ZHENGCE YU FALYU JUAN
出版发行:北京师范大学出版社 www. bnup. com
　　　　　北京市海淀区新街口外大街 19 号
　　　　　邮政编码:100875
印　　刷:北京盛通印刷股份有限公司
经　　销:全国新华书店
开　　本:710 mm×1000 mm　1/16
印　　张:28
字　　数:364 千字
版　　次:2019 年 2 月第 1 版
印　　次:2019 年 2 月第 1 次印刷
定　　价:138. 00 元

策划编辑:陈红艳　　　　　　　责任编辑:孔　军
美术编辑:王齐云　　　　　　　装帧设计:王齐云
责任校对:包冀萌　　　　　　　责任印制:马　洁

版权所有　侵权必究
反盗版、侵权举报电话:010-58800697
北京读者服务部电话:010-58808104
外埠邮购电话:010-58808083
本书如有印装质量问题,请与印制管理部联系调换。
印制管理部电话:010-58805079